개정세법에 의한

# 부동산매매업과 세금이야기

개정세법에 의한

# 부동산매매업과 세금이야기

| | | |
|---|---|---|
| 2판 발행 | 2011년 4월 15일 | |
| 2쇄 발행 | 2012년 3월 28일 | |
| 저 자 | 홍 명 희 | |
| 발 행 인 | 허 병 관 | |
| 발 행 처 | 도서출판 어울림 | |
| 주 소 | 서울시 영등포구 양평동3가 14번지 이노플렉스 707호 | |
| 등 록 | 제 2-4071 호 | |
| 전 화 | 02) 2232-8607, 8602 | |
| 팩 스 | 02) 2232-8608 | |
| 편 집 | 유 리 진 | |

ISBN 978-89-6239-204-3   92320                    값 15,000원

http://www.aubook.co.kr
파본은 구입하신 서점이나 출판사에서 교환해 드립니다.

본서에서 언급하고 있는 저자의 규정해설과 과세관청의 해석과는 차이가 있을 수 있
으며 또한 특정사안에 대한 구체적인 의견제시가 아닙니다. 따라서 실제사안에 적용
할 때는 저자 또는 전문가집단과 충분히 상담하신 후 적용하실 것을 권고합니다.

개정세법에 의한

# 부동산매매업과
# 세금이야기

홍 명 희 저

**부동산매매업자가 꼭 알아두어야 할 세금이야기!**

- 부동산매매업이란?
- 세금 바르게 내기(절세)
- 부동산매매업자의 유의할 점
- 다주택 비교과세 피해가기
- 법인사업자와 부동산매매업자(개인)의 비교
- 사업자 등록

도서출판
어울림
www.aubook.co.kr

# 개정판을 출간하며

그동안 본서의 초판인 「부동산매매업과 세금바르게내기」에 보내주신 독자 여러분의 관심과 성원에 매우 감사드립니다.

금번에 개정판을 내면서 달라진 세법령 내용을 반영하는 것은 물론 많은 독자분들께서 지적해 주신 부분, 질의하신 내용 등을 정리하여 세무종사자가 아닌 일반독자 여러분들께서도 쉽게 이해하도록 많은 부분을 고쳤습니다.

여러 독자분들의 지적에 따라 본서의 제목도 「부동산매매업과 세금이야기」로 바꾸어 좀 더 친근감 있게 하였습니다.

이점 널리 양해하시고 오해 없으시기 바랍니다.

아무쪼록 미약하나마 많은 도움이 되기를 바라며 앞으로도 지도편달과 조언을 부탁드립니다.

끝으로 본서의 개정판이 나올 수 있게 도움을 주신 「도서출판 어울림」의 허병관사장님과 편집실 직원분께 감사드립니다.

2011. 4

*필자  홍 명 희

*1.* 1993. 8. 12 오전 7시 김영삼 대통령 주재의 임시국무회의에 이어서 오전 7시 30분 대통령 특별담화를 통해 "대통령 긴급재정경제명령 제16호"를 발동함으로써 1993. 8. 12. 20시부터 금융실명거래 및 비밀보장에 관한 긴급재정경제명령이 전격 발효되었습니다. 이른바 「금융실명제」가 탄생한 것입니다.

내친김에 정부는 1995. 3. 30 "부동산 실권리자 명의등기에 관한 법률"을 공포하고 동년 5. 19 동법시행령을 공포, 동년 6. 17 동법시행규칙을 제정 공포함으로서 1995. 7. 1부터 부동산명의신탁을 금지시키는 내용을 핵심으로 하는 「부동산실명제도」를 실시하게 됩니다.

이로써 김영삼 정부는 불완전하기는 해도 어쨌든 이 두가지 과제를 해냄으로서 정치·경제 영역에서의 정직하고 투명한 국가사회질서의 건설이라는 높은 가치의 실현을 가능케 하는 민족사적인 수단을 제공하였습니다.

금융실명제가 아니라 금융차명제라 불릴 정도로 미흡한 제도로 출발하였고 아직도 시행의 시작단계로 볼 수 있지만 그래도 기업의 비자금에 기생하는 정치행태나 정치자금을 매개로 권력과 유착하는 혼탁한 경제 질서도 많이 개선되고 있으며 뇌물과 같은 불법적거래 또는 개인·법인의 부동산투기와 변칙 상속·증여를 통한 세부담회피도 이제는 숨을 곳이 만만치 않게 되었습니다.

이와 같은 토대위에서 참여정부가 망국적인 부동산투기를 근절코자 2005. 8. 31 마련한 「서민주거안정과 부동산투기억제를 위한 부동산제도 개혁방안」에서 모든 부동산의 거래를 실거래가로 신고하도록 의무화하고 그 금액을 등기부에 기재하도록 함으로서, 금융과 행정 및 부동산에 관한 전산시스템 구축확대를 배경으로 하여 부동산거래에 있어서 정직한 거래·투명한사회로 가는 선진화의 길을 마련하였습니다.

우리가 국내·외적으로 어려운 경제여건에 처해있는 현실에서 이와 같이 올바른 경제적·사회적 기반을 갖추고 있다는 것은 그래도 다행이라 여겨집니다.

무엇보다 온갖 저항과 반대 속에서 어렵게 마련되어진 개혁차원의 제도들이 안정적으로 정착하고 지속적으로 개선됨으로서 국가발전에 크게 기여하게 되기를 기대합니다.

과거 금융실명제나 부동산실명제가 없던 시절, 그리고 실거래가 과세도 없던 시절에는 개발정보와 자금을 가진 이들이 차명거래나 위장전입 등의 수단으로 부동산투기를 통해 막대한 시세차익을 얻고도 세부담을 크게 줄일 수 있었는데 양도소득세 과세방식이 지금과 같이 실거래가 과세가 아니라 시가 반영률이 매우 낮게 정해진 이른바 기준시가라는 형식과세 원칙이었으므로 손쉽게 가능하였습니다.

그러다가 1년 이내 단기 양도거래 등 국세청장이 지정하는 일정한 거래에 대해 실가로 과세할 수 있도록 법이 시행되었을 때는 보유기간을 1년을 넘기고 기준시가로 세금을 내든가 여의치 않으면 속칭 다운계약서라는 허위계약서에 의해 신고하면 되었습니다.

지금과 같이 모든 거래에 대해 실거래가를 기준으로 양도소득세 과세방법이 바뀐 시점에서 보면 그와 같은 지난 세월은 가히 그러한 투기꾼들의 세상이었다 해도 과언이 아닙니다.

강력한 부동산투기조사 운운하지만 차명거래나 부동산명의신탁이 합법적으로 가능한 시절이었으므로 약간만 주의를 기울이면 부동산투기조사도 대부분 빠져나갔던 것입니다.

그리고 이제는 금융실명제 및 부동산실명제의 실시와 실거래가에 의한 양도차익의 계산 등 과세환경에 의해 종전과 같은 의미의 부동산투기거래와 세부담회피 행태는 많은 긍정적인 변화를 겪고 있습니다.

현업에 종사하며 세무상담을 하다보면 부동산매매에 따른 과세문제로 고민하는 이들 중 의외로 집이 없어 세들어 사는 사람도 많습니다.

숫자상으로 보면 직장인, 퇴직자, 학생, 전업주부 등 그야말로 소형의 부동산매매를 통해 먹고 살려고 하는 생계형, 내집 마련을 하든가, 집 평수를 늘리려고, 부자가 될지언정 가난을 대물림 시키지 않겠다고 각종 부동산관련 강좌, 공경매강좌, 세금강좌 등을 수강하고 서로 교류하면서 지식과 정보를 교환하고 틈틈이 시간을 쪼개 임장활동에도 열심인 그런 이들이 대부분입니다.

필자는 이들이 부적절한 세금을 억울하게 내지 않고 정당한 세금을 기꺼이 낼 수 있도록 올바른 세무정보를 제공하려고 하는 것입니다.

*2.* 일반적으로 개인이 토지·건물 등 부동산과 부동산에 관한 권리를 양도하게 되면 그 양도차익에 대하여 양도소득세로 신고·납부 하는 것이지만, 반복적인 거래가 있는 경우에는 세법이 정한대로 부동산매매업으로 사업자등록을 하고 그 사업소득에 대하여 종합소득세로 신고·납부하기도 합니다.

알려진 바와 같이 2007. 1. 1 이후에는 이른바 「기준시가」에 의하여 양도차익을 계산하는 과세방식이 폐지되어 모든 부동산거래에 대해 「실지거래가액」에 의하여 양도차익을 계산하여 양도소득세를 산출하게 됨으로 인해 세금의 부담이 커지게 되었고 이에 따른 과세문제를 고심하던 이들은 부동산매매업의 사업자등록과 그에 따른 종합소득세 신고·납부방식 또는 법인사업자등록 후 법인세로 신고·납부 하는 방식에 관심을 갖게 되었습니다.

이와 같은 종합소득세 납세방식 또는 법인세 납세방식은 일정한 조건 하에서는 양도소득세에 비해 세부담을 현저히 줄일 수 있는 방법이 되는 것은 사실입니다.

반면에 사업자의 지위에서 부담하게 되는 세법상의 각종 의무도 간단하지 않습니다.

그런 가운데 현실적으로 일반인들이 이와 관련하여 필요한 세무정보를 얻기가 매우 어려운 실정인데 이는 과세당국은 물론 현업에 종사하는 세무사들마저도 부동산매매업관련 세무처리에 익숙하지 아니하거나, 혹은 종합소득세 방식의 납세지도에 소극적인 입장을 보이기 때문이라고 봅니다.

다시 말하면 과세관청이나 현업세무사 모두 자칫 양도소득세 회피를 돕기 위해 부적절한 절세를 계도하는 일로 인식되는 것을 우려하여 상담자체를 기피하는 경향이 있다는 것입니다.

그러다보니 보통은 인터넷상에 떠있는 여러 단편적인 정보에 의존하는 경우가 많은데 어쩔 수 없이 그 정보의 내용이 불량지식 내지는 오류가 많다는 것이 문제입니다.

본 책자는 이와 같은 상황을 감안하여 부동산매매업의 과세문제를 쉽게 정리하여 전반적으로 접근할 수 있도록 안내해드림으로서 부동산매매업과 관련된 세무정보에 대한 오해나 착오에 의한 과세상황이 일어나지 않도록 조금이나마 도움이 되고자하는 것입니다.

그리고 본 책자는 사업소득으로서의 부동산매매업의 과세상의 문제 등 세무정보를 다루게 되므로 양도소득세 분야에 있어서는 부동산매매업의 종합소득세 과세내용과 비교설명을 위한 부분을 살펴볼 것입니다.

양도소득세의 감면, 비과세 그 밖의 여러가지 특수문제에 대해서는 부득이하게 생략하게 될 것입니다. 독자여러분들의 양해 바라오며 많은 지적과 충고를 바랍니다.

끝으로 본 책자가 나오기까지 바쁜 가운데서도 교정과 타이핑 등 많은 수고를 해주신 우리 사무소 강미선양에게 감사를 전합니다.

그리고 바쁜 업무 가운데 본서의 원고를 감수하여 주신 서울지방 국세청 소득재산세과 사무관 전희재님에게 감사를 드립니다.

2009. 5.

필자  홍 명 희

## ▶ 제4편 다주택 비교과세 피해가기

▶ **부록 : 참고서식**

제 **1** 편

# 부동산매매업이란

## 1 부동산매매업 이야기

개인의 부동산 거래에 대해 지금과 같이 실지거래금액 원칙이 아니라 기준시가 원칙에 의해 양도소득세를 매기던 시절에는 상당한 양도차익이 있는 경우에도 양도소득세는 그 부담이 다소 미미 하였다고 할 수 있습니다.

왜냐하면 기준시가라는 것이 부동산 종류별, 지역별로 다르긴 해도 대체로 시가반영률이 매우 낮은 금액이었으며, 단기적인 가격급등 시에는 적시에 이를 반영시키지 못했기 때문입니다.

그 당시 과세관청이 과세자료처리 과정이나 부동산 투기조사 등에서 부동산 거래가 빈번한 자, 단기 거래자 등에 대해 거래횟수, 규모, 영리 목적성, 독립성 등 사업성 요건을 관찰하여 판매목적이 있는 것으로 판단되며 부동산 매매업자로 간주하여 실지거래금액에 의해 조사한 매매차익에 대해 사업소득으로서 종합소득세로 과세하는 일이 많았습니다.

부동산 투기조사 실무에서 실적을 올릴 때 다수의 부동산을 거래한 일반인을 부동산 매매업자로 간주하여 종합소득세로 매기는 것과, 구입자금의 흐름을 쫓아서 구입명의를 빌려준 부동산의 제3자 명의신탁에 대해 증여로 간주하여 증여세를 매기는 것이 가장 손쉬운 방법이었습니다.

만일 부동산을 수차례 양도하고 세무조사라도 받게 되어 부동산 매매사업자로 간주되면 그 당시에는 매우 충격적인 일로 인식했던 것입니다.

왜냐하면 종합소득세 과세에서는 양도소득세와 같이 기준시가라는 개념

이 없기 때문에 관련된 모든 거래를 실지거래금액에 의해 매매차익을 계산 하였으며 당시 종합소득세 최고세율이 60%가 넘는 세율 구조에서 몇 년분 의 가산세까지 내게 되므로 부동산 매매업자로 간주되어 과세되면 경악스러 운 세금을 종합소득세로 부담하였기 때문입니다.

이와 같이 부동산매매업이라는 것이 일반인이 부동산을 양도한 것을 과세 관청이 부동산매매업이라는 사업으로 간주하여 종합소득세로 세금을 매기 던 과세수단에서 출발한 것입니다.

수년 전 까지만 해도 건물을 신축해서 판매하는 사업을 제외하고는 부동 산매매업의 사업자등록을 한 후에 부동산을 매매하고 종합소득세로 신고, 납부하는 일은 거의 없었다는 것입니다.

이와같은 원인으로 인해 부동산매매업이라는 것이 일반인은 물론, 세무대 리인이나 과세관청의 업무처리자에게도 매우 낯설은 분야인 것입니다.

심지어 세무서에 가서 부동산매매업 사업자등록을 신청하면, 「1과세기간 에 1회이상 부동산을 취득하고 2회이상 판매해야 부동산매매업자인데 부동 산을 취득하거나 양도한 사실이 없으므로 사업자등록을 해 줄 수 없다」라는 황당한 말씀으로 사업자등록의 신청을 취하 하도록 종용하는 사례가 심심치 않게 있었습니다.

물론 요즘은 세무종사자는 물론 일반인도 부동산매매업에 대해 상당히 폭 넓은 지식과 정보를 갖고 있는 것을 볼 수 있습니다.

앞에서 살펴본 기준시가 과세라는 형식과세는 법령의 여러 변천과정을 거 쳐 2007.1.1. 이후부터는 기준시가 제도가 전면 폐지되고 실지거래 금액에 의 해 과세하게 됩니다.

그에 따라서 양도소득세 산출을 위한 양도차익 계산에 있어서도 부동산 매매업자의 사업소득계산과 마찬가지로 동일하게 실지거래가액 방법에 의 하게 됩니다.

그런데 세율구조 면에서 보면 2011년 귀속기준으로 양도소득세는 1년 미

만 보유 시 50%, 1년 이상 2년 미만 보유 시 40%, 2년 이상 보유 시 6% ~ 35%의 세율구조를 가집니다.

종합소득세는 보유기간 구분 없이 기본세율로 6% ~ 35%의 세율구조를 가집니다.

따라서 일반인 「갑」이 부동산을 1년 미만 또는 1년 이상 2년 미만 보유하였다가 수차에 걸쳐 매매하고 양도소득세로 신고, 납부 했을 때 과세관청이 부동산 매매업자로 간주하여 종합소득세로 과세하려 하면 부과하려는 종합소득세의 금액보다 양도자가 납부한 양도소득세 금액이 더 많으므로 기왕에 납부한 양도소득세 중 상당부분을 「갑」에게 오히려 환불 해 주어야 하는 일이 생기는 것입니다.

그러다보니 요즈음은 단기거래자, 거래가 빈번한 자 등에 대해 과세관청이 거래횟수, 규모 등 사업성 요건을 관찰하여 부동산매매업자로 간주하는 수고를 하지 않고 있습니다.

오히려 세부담의 절약이라는 측면에서 이제는 부동산을 양도하는 자가 적극적으로 부동산매매업의 사업자등록을 하고 종합소득세로 신고, 납부하거나 법인사업자로 사업자등록을 한 후 법인세로 신고, 납부하고 있는 상황입니다.

그리고 이와같이 부동산매매업으로 사업자등록을 하거나 법인사업자로의 사업자등록을 하는것은 양도소득세 부담을 회피하기 위한 우회적인 수단이 아니라 세법이 정하고 있는 요건에 따른 정상적인 납세의무의 이행인 것입니다.

원래 부동산 투기혐의자라는 것이 부동산을 반복적, 계속적으로 매매하면서 많은 차액을 얻고 사업자로 등록하지 않은 자를 말하는 것입니다.

그러므로 부동산매매를 주업으로 하는 자가 부동산매매업으로 사업자등록을 한 후 그에 따른 세법상의 지위에서 경상적인 영업활동에 따른 적법한 납세의무를 이행하는 것은 상식적인 행위입니다.

이러한 영업활동을 부동산공급업이라고 하는 것인데 소득세법시행령 제122조 제①항에서는 부동산매매업을 비주거용건물 건설업 (자영건설하여판매) 과 부동산개발 및 공급업으로 구분하고 있으며, 국세청의 조세자료인 「기준경비율, 단순경비율」에서는 부동산매매업을 세분류의 부동산매매업과 건물신축판매업으로 구분합니다.

앞에서 설명한 바 와 같이 최근의 과세환경에서는 거래가 빈번한 자등이 사업자등록을 하지 않은 경우에도 과세관청이 사업성 요건을 검토하여 부동산매매업자로 간주하는 일이 거의 없는 것입니다.

그러나 만일에 사업자로 간주 할 요건이 있는 자가 사업자등록을 하지 않고 양도소득세로 신고, 납부 함으로서 건물분에 대한 거액의 부가가치세 납부를 회피하는 경우에는 사업자로 간주하여 이미 납부한 양도소득세를 환불해주고 부가가치세 및 종합소득세로 과세 할 것입니다.

또는 조세특례제한법상의 감면주택을 판매의사로 다수매입하여 판매하고 양도소득세를 감면받는 경우 등 조세면탈이 있는 경우에도 사업자로 간주하여 과세권을 행사하려 할 것입니다.

이와 같이 부동산매매업에 있어서는 일반적으로 고정자산으로 인식되고 있는 토지, 건물 등 부동산을 재고자산(상품)으로 하여 매매하는 특성이 있는 관계로 세법의 해석, 적용에 있어서 난해한 부분이 종종 발생하므로 과세당국의 태도를 유심히 관찰해야 합니다.

개인이 토지, 건물 등 부동산과 부동산에 대한 권리, 일정요건의 주식 등을 양도하게 되면 양도소득세를 내는 것입니다.

그리고 그와 같은 부동산 등의 양도행위가 일시적이 아니라 계속적, 반복적으로 이루어져 사업형태로 운영되는 경우는 이를 사업소득으로 보아 종합소득세로 과세하는 것입니다.

예를 들어 부동산매매업 (세분류의 부동산매매업과 건물신축판매업) 과 부동산업 등 주택신축판매업 (주거용건물개발 및 공급업) 이 그것입니다.

그러나 주식의 경우에는 계속적, 반복적으로 이를 매매한다 해도 소득세법은 자본시장 육성차원에서 이를 사업소득에서 제외하고 있으므로 주식매매차익은

종합소득세로 과세할 수 없도록 하고 있습니다.

　토지, 건물 등 부동산과 부동산 권리의 매매에 있어서는 그 매매차익에 대해 양도소득세를 내거나 부동산매매업 또는 주택신축판매업의 사업소득에 대한 종합소득세로 내게 되는 것입니다.

　주택을 신축하여 판매하는 때에는 부동산업인 주택신축판매업의 사업소득에 대해 종합소득세로 과세되는 것입니다.

　그리고 거주목적으로 신축하여 거주하다가 양도하는 경우 또는 임대목적으로 신축하여 상당기간 임대하다가 양도하는 경우에는 주택신축판매업의 사업소득에 대한 종합소득세가 아니라 고정자산 양도에 따른 양도소득세로 신고, 납부하는 것입니다.

　주택이 아닌 일반건축물을 신축하여 판매하는 것을 건물신축판매업 이라고 하는데 이는 부동산매매업에 속하는 것으로서 종합소득세로 과세 되는 것입니다.

　그리고 임대목적으로 신축하여 상당기간 임대하다가 양도하는 경우 또는 제조업, 숙박업등 사업을 직영할 목적으로 신축하고 일정기간 사업에 사용한 후 양도하는 때에는 부동산매매업(건물신축판매업) 의 종합소득세가 아니라 양도소득세로 신고, 납부하는 것입니다.

　그러나 거주목적 또는 임대목적, 직영사업의 목적이 아니라 판매목적으로 신축하여 일시적으로 거주 또는 임대, 직영한 후에 판매하였다고 하면 양도소득세가 아니라 주택신축판매업 또는 건물신축판매업의 종합소득세로 신고, 납부하는 것입니다.

　다시 말하면 신축에 의해 취득하든가 일반매매에 의해 취득하든가 하여 본래의 용도대로 거주 또는 임대하다가 일시적, 비경상적으로 판매하는 것은 양도소득세로 신고, 납부하는 것입니다.

　그런데 양도시점에서 사업의 의사로 판매하는 경우 즉, 사업자등록에 의해 부동산매매업 또는 주택신축판매업의 의사를 대외적으로 표방하고 계속사업을 위한 판매활동의 일환으로 판매하는 경우에는 양도소득이 아니라 사업소득 이므로 종합소득세로 신고, 납부하는 것입니다.

개인의 부동산거래에 대해 부동산매매업인 사업소득으로 볼 것인가 양도소득으로 볼 것인가 하는 문제에 있어서의 구분기준으로 수익을 목적으로 하는가 여부 및 사업활동으로 볼 정도의 계속성, 반복성이 있는가 여부 등을 가지고 판단하게 되는데 이때 부동산의 취득과 양도의 목적, 보유기간 중 이용실태, 보유기간, 매매차익의 발생형태, 양도자의 직업, 보유하고 있는 전체 부동산의 운용상황 등 제반사항을 종합적으로 고려하여 정하는 것으로서 이는 사실상 판단자의 시각에 따라 다를 수 있는 어려운 문제입니다.

과거 기준시가 원칙에 의해 양도소득세를 매기던 시절에는 부동산의 투기적 매매차익에 대하여 왜곡된 과세를 정상화 하겠다는 입장에서, 어느정도 사업성이 있다고 보여지면 양도소득이 아니라 부동산매매업이라는 사업소득으로 판단하는 실례가 많았던 것으로 생각됩니다.

부동산의 거래내역 중 특정거래를 사업소득으로 볼것인가 양도소득으로 볼것인가 하는 문제에 관한 과세당국의 심사, 심판례 또는 대법원판례는 주로 과세당국이 과세자료처리 또는 세무조사과정에서 부동산매매업으로 간주하여 사업소득으로 종합소득세를 과세한 처분에 대해 납세자가 불복하여 양도소득세로 인정해 줄것을 청구하는 사항에 대한 판단사례가 많으며 예규, 해석도 그와 같은 과세상황을 예상한 질의에 대한 판단이 대부분입니다.

이와 같은 과세환경이나 과세불복상황에서 나온 예규, 해석, 심판례, 대법원판례 등 대부분은 부동산의 투기적 매매차익에 대한 합리적으로 과세함으로서 양도소득세 과세제도가 형식적이고 엉성한 가운데서도 그나마 조세정의를 일으켜 보겠다는 시각에서 사업성 요건을 완화시켜 적용함으로서 양도소득이 아니라 부동산매매업의 사업소득으로 판단하는 경우가 많았던 것으로 생각할 수 있습니다.

그리고 그와 같은 판단사례들은 지금과 같이 동일한 거래에 있어 종합소득

세가 양도소득세보다 세부담이 적게 된 현실에서는 오히려 납세자에게 유리하게 된 측면도 있습니다.

그러나 이와 같이 부동산매매업으로 간주하거나 또는 사업의 인정범위를 판단하는 문제는 양도자가 사업자등록을 하지 않은 상태에서 이루어진 부동산매매거래에 대해 관세관청이 부동산매매업으로 간주할 때 주로 발생하는 것이며 양도자 본인이 능동적으로 부동산매매업으로 사업자등록을 하고 신고, 납부하는 경우에는 그와 같은 문제가 발생할 여지가 많지 않은 것입니다.

본인이 사업의 의사로 사업자등록을 하고 판매하여 사업소득으로 신고·납부한 것을 제3자인 과세관청이 그 의사를 부인하고 양도소득으로 과세하겠다고 하는 것은 보통의 상식에서 벗어난 특수한 문제인 것입니다.

부가가치세 집행기준에서도 부동산의 매매 또는 중개를 목적으로 나타내어 부동산을 판매하는 경우에는 부동산의 취득과 매매횟수에 관계없이 부동산매매업에 해당한다고 하고 있습니다.

### 부가가치세 집행기준 (2010. 12. 14.) 1-1-2 【부동산매매업의 범위】

건설업과 부동산업 중 재화의 공급으로 보는 부동산매매업은 다음과 같다
1. 부동산의 매매 또는 중개를 목적으로 나타내어 부동산을 판매하는 경우에는 부동산의 취득과 매매 횟수에 관계없이 부동산매매업에 해당한다.
2. 사업상의 목적으로 1과세기간에 1회 이상 부동산을 취득하고 2회 이상 판매하는 경우와 과세기간별 취득횟수나 판매횟수에 관계없이 부동산의 규모, 횟수, 태양등에 비추어 사업활동으로 볼 수 있는 정도의 계속성과 반복성이 있는 때에는 부동산매매업에 해당한다.
3. 주거용 또는 비거주용 및 기타 건축물을 직접 또는 총괄적인 책임을 지고 건설하여 분양·판매하는 주택신축판매업과 건물신축판매업은 부동산매매업에 해당한다.
4. 부동산매매업을 영위하는 사업자가 분양목적으로 신축한 건축물이 분양되지 아니하여 일시적·잠정적으로 임대하다가 양도하는 경우에는 부동산매매업에 해당한다.
5. 과세사업에 계속 사용하던 사업용고정자산인 건축물을 매각하는 경우에는 재화의 공급으로 부가가치세가 과세되나, 부동산매매업에는 해당하지 아니한다.

위의 집행기준 제3호에서 보면 주택신축판매업도 부동산매매업에 포함시키고 있는 것을 유의하시기 바랍니다.

구 소득세법(2009. 12. 31.이전)은 제19조 제①항 6호에서 주택신축판매업을 건설업으로 분류하고 있었으나 2009. 12. 31. 소득세법 개정으로 2010. 1. 1.부터는 주택신축판매업을 건설업에서 제외하고 부동산업으로 하고 있습니다.

부가가치세 집행기준(2010. 12. 14)에서 주택신축판매업을 부동산매매업으로 분류하는 것과 달리 소득세법 관련 규정들은 주택신축판매업을 부동산업으로 분류하고 있으면서도 부동산매매업에서 제외하고 있습니다 (소득세법 시행령 제122조 제①항, 2010. 12. 30.참조).

그러나 소득세법 기본통칙 19-5 (주택신축판매사업의 범위) 및 소득세법 기본통칙 19-7(부동산매매업의 업종구분)의 종전 규정을 그대로 유지하고 있는 것입니다.

그리고 주택신축판매업이 소득세법상 부동산업으로 분류되어도 조세특례제한법 제7조에 의한 중소기업특별세액감면을 받을 수 있는 것입니다.

이는 조세특례제한법 제2조 ③항에서 업종의 분류는 통계법에 의한 한국표준산업분류표에 따르도록 하고 있어 건설업으로 분류되기 때문입니다.

다만 직접 건설활동을 수행하지 않고 전체 건물건설공사를 일괄도급하여 주거용건물을 건설하여 분양판매하는것은 부동산업으로 분류되어 중소기업 특별세액 감면을 받지 못하는 것입니다.

한편 기장의무의 판단, 단순경비율적용 등에 있어서는 부동산매매업을 부동산업이 아닌 건설업에 포함되도록 각각 해당조항에서 규정하고 있습니다.

이와 같이 함으로써 주택신축판매업의 경우 소득세법상 「부동산매매업자에 대한 세액계산의 특례」의 규정 또는 부동산매매업자의 「토지 등 매매차익 예정신고·납부」 등의 규정이 적용되지 아니 하도록 하고 있습니다.

이상으로 부동산매매업이란 무엇인가 하는 관점에서 대략적으로 검토해 보았습니다. 덧붙여서 부동산매매업 실무와 관련하여 강조드리고 싶은것은 빌라, 아파트, 단독주택등 주거용 건물을 위주로 매매하고자 하는 경우엔 부동산매매업으로 사업자등록을 하기 전에 소득세법이 정하고 있는 이른바 부

동산매매업자에 대한 세액계산의 특례규정의 내용을 충분히 이해하여야 한다는 것입니다.

부동산매매업자의 경우 1세대가 2주택이상을 보유한 상태에서 주택을 판매하여 생긴 소득에 대한 종합소득세를 낼 때에는 해당거래를 양도소득세 방식으로 계산하여 산출한 양도소득세상당금액과 비교하여 큰 금액을 종합소득세를 내도록 하고 있는데 이와같은 것은 부동산매매업자에 대한 세액계산의 특례라고 하여 흔히 비교과세 라고도 합니다.

이와 같은 비교과세는 부동산매매업자가 양도하는 모든 부동산에 대하여 적용하는 것이 아니고
① 1세대가 2주택 이상을 보유한 상태에서의 주택 매매차익
② 비사업용 토지의 매매차익
③ 미등기양도의 매매차익등 3가지에 있어서만 적용하는 것입니다.

이때 「1세대가 2주택 이상을 보유」한다고 할 때 주택수의 계산에 있어서 소득세법은 주택 수에서 제외 하도록 하고 있는 것을 규정하고 있습니다.
예를 들어 지역기준 제외주택이라는 것은 수십 채가 있어도 당해세대의 주택 수에 포함하지 않고 따집니다.
또 이와 같은 제외주택을 매매할 때는 수십 채를 매매해도 비교과세 되지 않는 것입니다.
그밖에 1세대가 2주택인 상태에서 매매해도 비교과세를 적용하지 않는 주택, 1세대가 3주택이상을 보유한 상태에서 매매해도 비교과세를 적용하지 않는 주택등도 있습니다.
이러한 내용은 이 책의 「제4편 다주택 비교과세 피해가기」에서 상세히 다루고 있습니다.

부동산매매 거래에 대해 이와 같은 세법적인 이해나 고려 없이 부동산매매업자가 세금을 적게 낸다는 막연한 생각으로 사업자등록을 하고 보면 비

교과세에 의해 양도소득세 상당금액을 종합소득세로 내게되는 경우 세부담이 줄어드는 것도 아니고 세법상의 각종 신고·납부의무를 지게되어 번거롭게 될 뿐만 아니라 4대보험 부담금도 부담하게 되며 또 양도소득세 상당금액 외에 부가가치세를 내게 되는 일도 있는 것입니다.

이 책의 다른 편에서 이와 같은 내용을 충분히 살펴보도록 하겠습니다.

다음 장에서는 부동산매매업의 사업의 인정범위, 세법상 신고·납부의무 등에 대해서 살펴보고 부동산의 거래 시 양도소득세 또는 부동산매매업 및 주택신축판매업의 종합소득세로 과세가 구분되는 요건을 다시 살펴 보겠습니다.

## 2  부동산매매업과 사업의 인정범위

> 부동산매매업이란 토지, 건물 등 부동산을 판매하는 사업입니다.
> 개인인 경우 부동산매매업에서 얻은 이익은 소득세법상 양도소득이 아니라 종합소득에 속하므로 양도소득세가 아닌 종합소득세로 신고·납부해야 합니다.
> 법인인 경우 법인소득에 대해 법인세로 신고·납부하게 됩니다.
> 본 장에서는 개인사업자의 부동산매매업에 관해 설명하게 되며 법인사업자의 경우는 다른 장에서 다루게 됩니다.

부동산매매업으로 판단하는 기준은 첫째는 「사업자등록」입니다.

둘째로는, 부동산거래의 규모·횟수 등에 비추어 사업 활동으로 볼 수 있을 정도의 계속성·반복성이 있는 형태(이를 사업성요건 또는 판매목적이라고 한다)를 가질 때, 사업자등록을 하지 않은 때에도 과세당국에 의해 「사업자로 간주」되는 경우입니다.

그러나 세법에서 사업자로 간주하기위한 효력요건으로 규정된 것은 없습니다.

소득세법기본통칙은 사업자등록이 없더라도 사업상의 목적으로 부가가치세법상 1과세기간 내에 1회 이상 부동산을 취득하고 2회 이상 판매하는 경

우도 부동산매매업으로 보도록 하고 있습니다.

## 소득세법 기본통칙 19-7 【부동산매매업 등의 업종구분】

① 영 제34조의 규정에 의한 부동산매매업 범위는 다음과 같다.
1. 부동산의 매매(건물을 신축하여 판매하는 경우를 포함한다) 또는 그 중개를 사업목적으로 나타내어 부동산을 매매하거나 사업상의 목적으로 부가가치세법상 1과세기간 내에 1회 이상 부동산을 취득하고 2회 이상 판매하는 경우
2. 자기의 토지위에 상가 등을 신축하여 판매할 목적으로 건축 중인 건축법에 의한 건물과 토지를 제3자에게 양도한 경우
3. 토지를 개발하여 주택지·공업단지·상가·묘지 등으로 분할판매하는 경우(공유수면매립법 제14조의 규정에 의하여 소유권을 취득한 자가 그 취득한 매립지를 분할하여 양도하는 경우 포함)

여기서 1과세기간이란 1 ~ 6월 또는 7 ~ 12월의 각 6개월을 말하는데, 그러나 이와 같은 요건에 해당하는 경우라 하더라도 명백히 매매목적이 아닌 경우에는 부동산매매업으로 간주할 수 없는 것이고, 이 요건에 해당하지 않는 경우에도 보유하는 부동산의 거래전반에 비추어 사업목적이 있다고 판단되는 경우에는 부동산매매업으로 간주할 수 있는 것입니다.

예를 들어 1월 ~ 6월 사이에 공장을 취득하여 제조업을 운영하다가 사업부도로 인해 같은 기간에 공장을 포함한 5건의 부동산을 순차적으로 양도하거나 경매당했다고 하면, 1과세기간 내에 1회 이상 취득하고 2회 이상 양도한 경우에 해당하지만 명백히 부동산매매사업 목적이 아니므로 부동산매매업으로 간주할 수 없는 것입니다.

반면에 1월 ~ 6월 사이에 모텔 하나를 경매 또는 신축으로 취득해서 7월 ~ 12월 사이에 양도하고 그와 같은 거래양태가 매년 또는 격년으로 반복되는 경우라 하면, 1과세기간에 1회 이상 취득하고 2회 이상 양도한 경우에 해당하지는 않지만 사업목적이 있는 것으로 보아 부동산매매업으로 간주할 수 있다는 것입니다.

**문서번호**  국심 96경3271
**생산일자**  1997. 09. 10
**제  목**  1과세기간내에 부동산거래가 1회 이상 취득하고 2회 이상 양도안해도 전체
적으로 사업목적을 갖고 계속·반복적으로 이루어진 것으로 인정되면 부동
산매매업임
**요  약**
1과세기간 내에 부동산거래가 1회 이상 취득하고 2회 이상 양도안해도 전체적으로 사업
목적을 갖고 계속·반복적으로 이루어진 것으로 인정되면 부동산매매업임

대법원 판례도 위의 소득세법기본통칙의 내용은 부동산매매업으로 볼 수
있는 경우를 예시적으로 규정한 것에 불과하고 어느 부동산의 매매로 인한
소득이 소득세법상의 사업소득인가 또는 양도소득세의 과세대상인 양도소
득인가 여부는 그 매매가 수익을 목적으로 하고 있는지와 그 매매의 규모·
횟수·태양 등에 비추어 사업 활동으로 볼 수 있을 정도의 계속성·반복성
이 있는지 등을 고려하여 사회통념에 따라 가려야 한다고 하여 사회통념에
따른 합리적 해석을 기준으로 제시하고 있습니다.

**판결요지**

가. 부가가치세법시행규칙 제1조 제1항과 소득세법기본통칙 19 - 7 제1항 제1호는
구 소득세법(1990. 12. 31. 법률 제4281호로 개정되기 전의 것) 제20조 제1항
제8호, 같은법시행령 제36조 제3호의 소정의 부동산매매업으로 볼 수 있는 경
우를 예시적으로 규정한 것에 불과하고, 어느 부동산의 매매가 수익을 목적으
로 하고 있는지와 그 매매의 규모, 횟수, 태양 등에 비추어 사업활동으로 볼
수 있을 정도의 계속성, 반복성이 있는지 등을 고려하여 사회통념에 따라 가
려야 한다.

나. 조세법률주의란 납세의무자, 과세물건, 과세표준, 세율과 같은 과세요건은 법
률로 정하여야 한다는 원칙을 말하는 것으로서, 그 과세요건 자체는 법률로
정하여야 한다는 것이지 이를 규정한 조세법의 적용단계에 있어서 사회통념
이나 법의 일반원칙에 따라 합리적으로 해석, 적용하는 것을 금지하는 것이
아니다(대법94누6352판결, 1994. 9. 23).

어쨌든 본인이 적극적으로 사업자등록을 하였거나 과세당국에 의해 사업
자로 간주되었거나하여 부동산매매업이라는 사업에서 생긴 소득에 대해 세
금을 내야 하는 사람을 「부동산매매업자」라고 합니다.

그런데 이와 같은 부동산매매업자가 가지고 있는 부동산에 대한 모든 거래를 사업소득의 대상거래로 볼 것인가? 하는 문제가 있게 됩니다.

다시 말해서 부동산매매업자가 갖고 있는 주거용 주택, 점포, 토지 등 부동산에 관한 거래 중 어떤특정의 거래를 사업소득의 범주에 포함시킬 것인가 아니면 양도소득의 범주로 볼 것 인가 하는 관점 즉, 사업 활동의 인정범위에 관한 문제에 대해 과세당국의 견해와 입장을 주의 깊게 살펴보아야 합니다.

이와 관련하여 부동산매매업 관련 실무에서 나타나는 것 중 몇 가지를 정리해보면 다음과 같습니다.

## (1) 사업자등록 이전부터 갖고 있던 부동산을 양도하는 경우

사업자등록 이전부터 갖고 있던 부동산을 사업자등록 후에 판매할 때 이와 같은 경우의 매매거래는 양도소득세 대상인가 종합소득세 대상인가 하는 문제입니다.

이는 실무에서 부동산매매업관련 세무상담을 하다보면 사업자등록을 신청하기 전에 가장 빈번하게 문의하는 것 중의 하나입니다.

이때 판매용 외의 목적으로 취득한 부동산을 판매용으로 양도한 것에 대하여 토지, 건물 등 부동산의 취득원인이나 취득시기가 중요한 것이 아니라 양도시점에서 사업성이 있느냐 여부가 포인트가 되는 것입니다.

즉, 양도시점에서 수익을 목적으로 계속성, 반복성이 있는 사업활동의 외관 내지 사업의사가 있는 판매행위라 하면 사업소득으로 보아야 합니다.

따라서 사업자등록 이후의 사업목적의 판매라 하면, 상속 또는 증여를 받았거나 사업자등록 이전에 오래전부터 보유한 부동산이라는 이유로 사업소득에서 제외되는 것은 아닙니다.

회계학적 측면에서 보면 사업개시일전에 보유하고 있던 재고자산을 사업개시일 후에 판매하는 경우 사업개시일에 취득원가로 기초 이월되는 재고자산(부동산)의 장부가액은 사업개시일의 시가평가 금액이 아니라 당해 재고자산을 당초에 취득했을 때의 가격에 등록세, 취득세 등 취득부대비용을 합한 금액이 됩니다.

만일 취득원인이 매매가 아니라 상속 또는 증여에 의한 것이라면 사업개시일에 기초 이월되는 장부가액은 상속 또는 증여 당시의 당해 상속재산의 평가액 또는 증여재산의 평가액과 등록세, 취득세 등 취득부대비용을 취득가격으로 하여 계상되어야 합니다(소득세법시행령 제 163조 제⑨항 참조).

이때 상속세 및 증여세 납부액은 취득부대비용으로 인정되지 않는 것입니다.

### 소득세법 집행기준 39-89-7 【증여 및 상속받은 토지의 취득가액 등】

① 특수관계 있는 자로부터 증여 또는 상속받은 토지를 주택신축판매업에 사용한 경우 해당 토지의 취득가액은 「상속세 및 증여세법」 제60조 및 제61조에 따라 평가한 증여세 또는 상속세 과세가액에 증여 또는 상속 당시의 취득세·등록세 및 그 부수비용을 합계한 금액으로 한다.
② 사업용 부동산을 증여받아 해당 사업을 계속 경영하는 경우 해당 부동산의 취득가액은 증여세가 포함되지 않는 금액이며, 증여세를 납부하기 위한 차입금의 이자는 필요경비에 산입하지 않는다.

소득세법에서도 부동산매매업의 필요경비 중 취득가액의 경우, 사업용 외의 목적으로 취득한 부동산을 사업용으로 사용한 것에 대하여는 당해 사업자가 당초에 취득한 때의 가격에 취득부대비용을 합한 금액으로 하도록 하고 있습니다.

### 소득세법시행령 제55조①항2호

부동산의 양도 당시의 장부가액(건물건설업과 부동산 개발 및 공급업의 경우만 해당한다) 이 경우 사업용 외의 목적으로 취득한 부동산을 사업용으로 사용한 것에 대해서는 해당 사업자가 당초에 취득한 때의 제89조를 준용하여 계산한 취득가액을 그 장부가액으로 한다(2010. 2. 18 개정).

따라서 사업자등록 이전부터 보유하던 부동산을 사업자등록일 이후 계속 사업의 의사로 판매하였다면 양도소득세 과세대상이 아니라 부동산매매업의 사업소득 즉, 종합소득세 과세대상이 되는 것입니다.

## (2) 부동산매매업자가 임대에 제공한 부동산을 매매할 때

부동산매매업자는 부동산을 매입하여 판매할 때까지의 기간동안 빈집으로 두거나 공실로 놔두는 경우도 있지만, 취득시 자금부담을 줄이기 위해 기왕에 매도자와 세입자간에 체결된 전세계약을 승계 받는 경우가 있게 됩니다.

또한 취득시 차입한 융자금의 이자비용에 충당하려고 월세로 임대를 놓는 경우도 있습니다.

한편 자금부담을 줄이려는 목적 외에도 매각조건을 용이하게 하기위하여 전세 또는 월세로 임대를 준 상태로 갖고 있기도 합니다.

앞서 살펴본바와 같이 부동산매매업에 있어서는 사업자등록이 없는 경우에도 사업성이 있는 것으로 볼 정도로 수차에 걸쳐 계속적, 반복적인 판매행위가 있음을 요건으로 하여 과세관청이 부동산매매업자로 간주할 수 있는 것입니다.

그러나 부동산임대업에 있어서는 엄밀히 말하면 하나의 부동산을 임대한 경우라 해도 과세관청이 부동산임대사업자로 간주할 수 있는 요건이 성립합니다.

왜냐하면 부동산임대라는 본질이 부동산임대용역을 계속적·반복적으로 공급하기로 하고 그 임대용역이 제공되는 기간동안 계속적으로 그 대가를 받기로 하는 계약이기 때문입니다. 즉, 부동산임대라는 행위는 그 자체가 사업활동이라는 것입니다.

그렇다면 부동산매매업자가 취득 후 일정기간 임대에 제공하였던 부동산을 매매할 때 이를 매매사업용 재고자산의 매매로 보아 사업소득으로 볼 것인가, 임대사업용 고정자산의 매매라 하여 양도소득으로 볼 것인가 하는 문제가 있게 됩니다.

과세당국에서는 이에 대하여 「부동산의 취득 및 양도의 목적과 이용실태, 거래의 규모, 계속성, 반복성 등 제반사항을 통합하여 사회통념에 비추어 판단할 사항」이라는 견해를 보입니다.

취득시부터 판매목적인지 혹은 임대목적인지 등에 대한 사업자의 의사와 임대기간의 장기화여부, 보유하고 있는 다른 부동산의 운용실태 등도 고려하여 일시적임대로 보게되면 판매시 부동산매매업의 사업소득으로 보는 것이며, 임대목적 또는 임대사업으로 전환 후 의 사업용자산이라고 하면 양도소득세 대상으로 본다는 것입니다.

**문서번호**  서면1팀－472
**생산일자**  2007. 4. 11
**제    목**  부동산매매업 해당여부
**질    의**
질의자는 2004년 3월 주상복합아파트를 신축하여 분양하고자 기존 연립주택 및 토지를 매입하여 "건물신축판매 및 임대업"으로 사업등록을 한 후, 지상물을 철거하고 주상복합아파트 건축허가를 신청하였으나 허가를 득하지 못하게 되어 2004년 10월 업무용 빌딩으로 설계변경 하였으며 2005년 9월 준공하여 각 층·호별로 구분등기 하였으나, 그동안 분양이 되지 않아 모두 임대를 하고 있는 상황임.
분양목적으로 건설한 상가를 일시적으로 임대하다가 분양(층별 분양 또는 일괄 분양)하는 경우 부동산매매업에 해당하는지 아니면 양도소득에 해당하는지 여부
**회    신**
판매를 목적으로 취득(신축포함)한 부동산을 일시적으로 임대하다가 판매하는 경우에는 부동산매매업에 해당하며, 임대목적으로 취득(신축포함)한 부동산을 임대하다가 양도하는 경우에는 양도소득에 해당하는 것으로 부동산의 양도로 인하여 발생하는 소득이 양도소득에 해당하는지, 사업(부동산매매업)소득에 해당하는지 여부는 부동산의 취득 및 양도의 목적과 경우, 이용실태, 거래의 규모·계속성·반복성 등을 종합하여 사회통념에 비추어 사실판단할 사항입니다.

원칙적으로 부동산매매업자가 판매목적의 부동산을 매입하고 일시적으로 임대 놓는 경우라 해도, 그 임대업에 대한 사업자등록을 별도로 해야 합니다.
그러나 일시임대 후 매매시 신고·납부는 당초 부동산매매업을 영위하는 사업장의 명의로 세금계산서를 교부하고 당해사업장에서 신고·납부하여야 한다는 견해도 있으므로 그 임대사업 수입금액에 대하여 임대사업자등록을 별도로 할 필요 없이 기존의 매매사업자등록번호에 의해 그 임대수입에 대한 부가가치세 및 종합소득세를 신고·납부하여도 된다고 봅니다.

| 문서번호 | 부가 46015-183 |
|---|---|
| 생산일자 | 2001. 1. 27 |
| 제 목 | 부동산매매업자가 미분양 부동산 일시임대 후 공급하는 경우 세금계산서 교부방법 |
| 요 약 | 건물을 신축하여 분양하는 부동산매매업을 영위하는 사업자가 미분양으로 인하여 당해 건물의 등기부상 소재지에 사업자등록을 하고 일시적으로 임대하다가 분양하는 경우에는 부동산매매업을 영위하는 사업장의 명의로 세금계산서를 교부하는 것임 |

오피스텔, 상가 등 일반건축물 매입시 부가가치세를 거래징수 당하고 매입세금계산서를 받는 경우에도 일시 임대할 목적이라면 신규로 임대사업자등록을 할 필요 없이 기왕의 매매사업자등록번호에 의해 매입세금계산서를 수취하여 그 매입세액을 공제·환급받을 수 있습니다.

이와 같이 하는 것으로 일시적 임대 여부에 따른 소득구분에 관한 논란의 소지를 줄일 수 있을 것입니다.

그러나 매매용으로 취득한 부동산을 일시적으로 임대한 후 판매하는 때 이와 같은 거래에 따른 소득을 부동산매매업에 관련된 사업소득으로 볼것인가 임대사업용 고정자산 매각으로 인한 양도소득세 대상인 양도소득으로 볼 것인가 하는 구분은 별로 그 실익이 없는 경우가 많습니다.

왜냐하면 2년 이상을 장기간 임대함으로서 일시적임대로 볼 수 없어 양도소득세 대상이라고 한다면 보유기간 2년 이상인 경우 양도소득세율이 종합소득세율과 같기 때문에 종합소득세와 양도소득세의 필요경비 계산범위가 다르다 해도 양도소득세의 경우엔 장기보유특별공제(3년 이상 보유시)등을 공제받기도 하므로 세부담 면에서 크게 문제가 되지 않기 때문입니다.

뿐만 아니라 부동산매매업이 아닌, 부동산임대업으로 취급되어야 한다고 하면 상가 등 사업용고정자산의 양도시에는 포괄적인 사업양도양수방식에 의해 건물분 부가가치세 문제가 해결되므로 부동산매매업으로 취급되는 것보다 오히려 유리할 수도 있게 됩니다.

부동산매매업에서는 부동산임대업과 달리 사업용고정자산이 아니라 매매용재고자산의 양도가 되므로 사업양도양수가 인정되지 않는 것이기 때문에 부가가치세를 내야하는 문제가 있게 되는 것입니다.

그리고 매매용 재고자산 취득 후 일시적으로 임대업에 제공하거나, 일시적으로 사무실운영 또는 모텔업운영 등에 직영한 후에 양도한 경우에도 사업용고정자산 양도로 보지 않고 부동산매매업의 사업소득으로 보게 됩니다.

**문서번호** 대법 95누290
**생산일자** 1995. 11. 10
**제  목** 매수한 건물로 여관업을 경영하다가 양도한 경우, 부가가치세의 과세대상이
되는지 여부
**요  약**
매수한 건물로 여관업을 경영하닥 양도하였다 하더라도 그것이 부동산매매업자로서의 사업활동에 해당하는 것이라고 볼 수 있는 경우라면 그 소득은 부가가치세법상의 사업소득으로서 과세대상이 됨

한편 부동산매매업자가 다수의 주택을 매입하고 임대주택법에 의한 주택임대사업등록을 하고 주소지 관할 세무서에 주택임대사업자등록을 한 경우 이와 같은 부동산을 추후 임대의무기간 만료 후 매매하는 때는 임대사업에 제공된 고정자산의 매각이므로 부동산매매업의 사업소득이 아니라 양도소득으로 보아 과세되거나 감면요건에 해당하는 경우에는 양도소득세를 감면받게 됩니다.

그러나 부동산매매업자가 주택을 매입하여 주택임대사업등록을 하고 임대업을 영위하던 중 계속적으로 적자가 발생하여 임대의무기간인 5년 이내에 임대업을 포기하고 사업자의 사정에 따라 판매목적으로 전환하여 판매하는 경우도 있게 되는데 이와 같은 경우에는 건설임대주택과 관련된 다음의 예규를 준용할 수 있다고 봅니다.

**문서번호** 재재산 46014-28
**생산일자** 2002. 1. 31
**제  목** 주택신축판매업 해당여부

**요  약**

임대주택법에 의한 건설임대주택을 신축 후 5년 이내에 양도함으로서 발생하는 소득이 양도소득에 해당하는지 사업소득에 해당하는지 여부는 부동산 취득 및 보유현황, 양도의 규모, 횟수, 태양, 상대방등에 비추어 그 양도가 수익을 목적으로 하고 있는지, 사업활동으로 볼 수 있을 정도의 계속성과 반복성이 있는지 여부등을 고려하여 사실판단할 사항임

참고로 2007. 3. 27 이후에는 임대주택의 임대의무기간 만료 전에 매각허가 신청하는 요건으로서 2년 연속 적자발생사실을 확인한 손익계산서를 시장, 군수, 구청장에 제출하면 매각허가 결정을 받을 수 있도록 임대주택법시행령 규정이 신설되었습니다.

실무에서 보면 세무사, 공인회계사가 확인한 손익계산서를 첨부하여 매각허가신청을 하면 시청, 구청 등에서 대부분 매각허가결정을 해주고 있습니다.

### ❄ 임대주택법 시행령 제9조 【임대주택의 임대의무기간 등】

① 법 제12조제1항제4호에서 "대통령령이 정하는 기간"이라 함은 다음 각호의 구분에 따른 기간을 말한다.
1. 법 제12조제1항제1호 내지 제3호 외의 건설임대주택은 당해 임대주택의 임대개시일부터 5년
2. 매입임대주택은 당해 임대주택의 임대개시일부터 5년(2005. 9. 16 본항개정)
② 법 제12조제3항의 규정에 의하여 다음의 각호의 경우에는 임대의무기간 이내에 매각할 수 있다(2005. 9. 16 본문개정).
1. 다름 임대사업자에게 매각하는 경우
2. 임대사업자가 파산하거나 기타 경제적 사정 등으로 임대를 계속할 수 없어 다음 각목의 구분에 따른 허가를 받은 경우
  가. 국가 · 지방자치단체 · 대한주택공사 또는 지방공사가 임대하는 임대주택의 경우에는 건설교통부장관의 허가
  나. 가목외의 임대주택의 경우에는 당해 임대주택의 소재지를 관할하는 시장 · 군수 또는 구청장의 허가(2005. 12. 13 본호개정)
③ 제2항제2호나목에 따라 임대사업자가 기타 경제적 사정 등으로 임대를 계속할 수 없어 시장 · 군수 또는 구청장의 허가를 받으려는 경우에는 다음 각호의 어느하나에 해당하는 서류를 제출하여야 한다.
1. 2년연속 적자발생사실의 입증이 가능한 해당 기간의 손익계산서
2. 2년연속 부(負)의 영업현금흐름이 발생한 사실의 입증이 가능한 해당 기간의 현금흐름표(2007. 3. 27 본항신설)

## (3) 부동산매매업자가 주거용주택과 매매용주택(재고자산)이 있는 경우 주거용주택 양도시 과세방법

부동산매매업을 영위하던 중 재고자산인 매매용주택이 아니라 본인 또는 배우자 등 가족구성원이 소유하고 주거용으로 사용하는 주택을 양도하는 경우가 있게 됩니다.

이와 같은 경우 주거용주택을 양도할 때에는 사업소득으로 과세되는 것이 아니라 양도소득으로 과세되거나 감면(감면대상 주택일 경우) 또는 1세대 1주택 비과세 되는 것입니다.

그런데 이때 주택수의 계산에 있어서 주의를 요하는데 재고자산인 매매용주택을 판매할 때에는 양도당시 보유하고 있는 주거용주택도 주택 수에 포함하여 다주택자 여부를 판단합니다.

그러나 주거용주택을 양도하여 1세대1주택 비과세 여부를 판정할 때는 주택수의 계산에 있어서 양도당시 보유하고 있는 매매용주택은 주택 수에 포함하지 아니합니다.

따라서 부동산매매업자가 주거용주택을 팔 때 3년 이상 보유 등 비과세 요건을 갖춘 경우에는 다수의 매매용주택이 있는 상태에서도 비과세 되는 것입니다.

이때 주거용주택 이라는 것이 전제되고 있는 것이므로 1세대1주택 비과세 요건 중 3년 보유요건 외에 2년 거주요건은 해당되지 않는 지역(예 : 인천, 수원 등)의 주택이라 하더라도 부득이한 경우 외에는 원칙적으로 세대전원이 거주했어야 합니다.

그리고 위와 같은 요건을 적용함에 있어서 가족구성원 중 일부가 매매용주택을 다수 보유하고 다른 구성원이 소유하는 주거용주택을 양도하는 경우에도 세대단위로 판단하여 1세대1주택 비과세 요건을 판정하게 됩니다.

다시 말해 매매사업자인 부인이 매매용부동산을 다수 보유하고 있는 상태에서 남편이 소유하던 주거용주택을 양도하는 경우에도 부인이 갖고 있는 매

매용주택은 1세대1주택 비과세 판정할 때 당해 세대의 주택 수에 포함시키지 않고 계산한다는 것입니다.

이때 주거용주택이 1세대1주택 비과세 대상이 아닌 경우에는 매매용주택도 주택수에 포함하는 것을 유의하시기 바랍니다.

다시 말해서 양도소득세로 과세되는 경우라 하면 매매용주택을 주택수에서 제외하는 것이 아니라 매매용주택을 주택수에 포함하여 다주택 여부를 판단하는 것입니다.

보유기간이 3년 미만이거나 거주요건이 있는 주택(서울, 과천, 1기 신도시지역내 주택 등)을 양도시점에 거주요건을 못 채운 경우 등 주거용 주택이 1세대1주택 비과세요건을 갖추지 못하여 양도소득세를 내게 되는 때에는 매매용주택을 당해 세대의 주택 수에 포함하여 계산한다는 것입니다.

다만, 1세대1주택 비과세요건을 갖추었음에도 양도가액이 9억원을 초과하여 그 초과분에 대해 양도소득세를 내게 되는 경우에는 1세대1주택 비과세 판정시와 같이 매매용 재고자산인 주택은 주택수에 포함시키지 않고 1주택으로 보아 일반세율로 계산해야 할 것으로 생각됩니다(2013. 1. 1이후 중과세율이 시행되더라도).

그리고 이와 같이 9억원 초과하는 주택의 경우 장기보유특별공제율 적용시에도 1세대1주택에 해당하는 공제율(24% ~ 80%)을 적용하게 되는 것입니다.

만일 1세대1주택 비과세 판정시 주택수의 계산에 있어서 주택으로 보지 않는 주택이 있는 경우 예를 들어 상속주택, 동거봉양주택, 혼인합가주택, 농어촌주택 등 법이 정한 요건에 해당하는 주택을 포함하여 1세대1주택 비과세되는 경우에도 매매용주택은 주택수에 포함하지 아니하고 계산합니다.

이와 같이 부동산매매업자가 매매용주택을 보유한 상태에서 주거용주택 양도시 1세대1주택 양도로 보아 비과세되는 요건은 법령의 특별한 규정에 의한 것이 아니고, 소득세법시행령 제154조(1세대1주택의 범위)의 일반 해석상 유추되는 것입니다.

그러나 실무에 있어서는 주거용주택 또는 매매용주택의 구분이 미묘한 경우

가 많게 되는데 예규·해석에서 이를 세무서장이 판단할 사항이라고 보고 있으므로 사전에 과세관청의 자문을 구하는 것이 착오를 방지할 수 있는 길입니다.

예를 들어 하나의 주거용주택에서 계속거주 하던 중 부동산매매업 사업자 등록을 한 후 다수의 매매용주택을 취득하고, 그 상태에서 주거용주택을 양도하는 경우라 하면 주거용주택과 매매용주택의 구분이 간단합니다.

그러나 사업자등록일 이전에 이미 다수의 주택을 보유한 상태에서 주거용이 아닌 주택을 매매용으로 판매할 의사로 사업자등록을 한 후 주거용주택을 양도한 경우, 또는 주거용주택을 포함하여 2주택인 상태에서 사업자등록을 하고 주거용주택을 양도하는 경우, 또는 수개의 주택에 대해 주거를 여기저기 옮긴 경우 등에 있어서 주거용주택과 매매용주택의 구분이 논란이 될 수 있을 것입니다.

만일 논란이 예상되는 가운데 주거용주택이라는 실질을 입증할 필요가 있다면 무엇보다도 장기간 거주하는 것이 좋습니다. 그리고 부동산매매업 사업소득에 대한 종합소득세 확정신고시 추계방법이 아닌 장부기장에 의한 신고를 통해 주거용주택을 제외한 매매용주택을 재고자산으로 하여 그 가액을 기초이월상품 또는 당기매입상품으로 계상시킨 후 당기 매출원가 혹은 기말 재고자산으로 배분하여 재무제표 상에 표시되도록 함으로서 주거용주택을 처음부터 재고자산에서 제외시키는 것도 좋은 방법이 될 것입니다.

**문서번호**　서일 46014-11536
**생산일자**　2002. 11. 19
**제　목**　부동산매매업자의 판매용 재고주택 주택 수 포함여부
**질　의**
- 1994. 5월 ○○소재 아파트를 구입하여 거주하다가 2002. 3. 26 양도
- 그 사이 2000. 3. 23 ○○시○○동 소재 연립주택을 법원경매로 취득하여 2000. 12. 3 매도하였으며 2000. 4. 14 ○○시○○동 소재 연립주택을 법원경매로 취득하여 2000. 10. 27 양도하는 등 7개 정도의 연립주택 및 상가를 법원경매로 구입하여 일부는 양도하고 일부는 현재 소유하고 있음
- 세무상담을 통하여 사업목적의 경우 사업자등록을 하여야한다고 하여 2000. 6월 부동산매매업으로 사업자등록을 하고 2개의 연립주택을 포함하여 종합소득세신고를 하였음

- 이 경우 사업자등록 이전에 취득한 연립주택을 사업용재고자산으로 보아 거주하던 아파트의 양도가 1세대 1주택에 해당하여 양도소득세가 비과세되는지 여부

**회　신**

귀 질의의 경우 붙임 우리청의 기 질의회신문(소득46011-544, 1999. 12. 28 및 재일 46014-2847, 1995. 10. 31)을 참고하시기 바라며, 귀 질의가 이에 해당하는지 여부는 관할 세무서장이 사업의 실질을 조사하여 판단할 사항인 것이고, 단순히 사업자등록의 시기에 의하여 구분되는 것은 아님을 알려드립니다.

**문서번호**　국심 2003중1886
**생산일자**　2003. 12. 16
**제　목**　쟁점주택을 양도할 당시 부동산매매업의 다른주택을 보유하고 있었다고 보아 쟁점주택의 양도에 대하여 1세대 1주택 비과세 규정을 적용할 수 있는지 여부(취소)
**요　약**

부동산매매업을 영위하였는지 여부는 단순히 사업자등록 시기에 의하여 구분되는 것이 아니고 사업의 실질에 의하여 판단하는 것(서일46014-11536, 2002. 11. 18 같은 뜻임)이므로 사업용 주택인 다른주택을 취득한 후 1~2개월 지나 사업자등록을 하였다고 하여 다른주택을 사업용으로 취득한 것에 해당되지 아니한다고 볼 수는 없다. 따라서, 청구인이 위와 같이 다른주택을 사업용주택으로 취득하였음에도 처분청은 사업자로 등록하기 이전에 다른주택을 취득하였다 하여 이를 거주용 주택으로 보아 쟁점주택의 양도는 1세대 1주택 양도에 해당하지 아니한다고 양도소득세를 부과한 처분은 잘못이 있음.

## (4) 신축주택감면, 8년 이상 자경농지감면, 농지대토 감면과의 관계

부동산매매업자가 8년 이상 자경한 농지를 양도하거나 3년 이상 자경한 농지를 양도하고 농지대토하는 경우 부동산매매업의 사업소득으로 보게 되면 조세특례제한법상의 양도소득세 감면을 받을 수 없게 됩니다.

이와 같은 경우에 대한 과세관청의 견해는 8년 자경농지와 농지대토의 감면은 조세특례제한법에서 규정하는 농지소재지에 거주하면서 일정기간 자경요건을 충족한 경우에 적용되므로 부동산매매업을 영위하면서 이에 해당하는지 여부는 사실 판단할 사항이라고 보고 있습니다.

**부동산매매업을 할 경우에도 조세특례제한법상의 다음 조항들을 적용 받을 수 있는지 알려주시면 감사하겠습니다.**
① 99조 3의 신축주택취득자에 대한 양도소득세 과세특례
② 69조 자경농지에 대한 양도소득세감면

③ 70조 농지대토에 대한 양도소득세감면

**답    변**

국세 행정에 대한 관심에 감사드리며, 다음은 귀 질의에 대한 답변입니다.

신축주택의 과세특례와 관련된 아래 기 질의회신문을 참조하세요.

**문서번호**   서면4팀－2245

**생산일자**   2005. 11. 17

신축으로 취득한 단독주택 또는 다가구주택을 다세대주택으로 용도 변경하여 세대별로 사업목적 없이 단순히 양도하는 경우 먼저 양도하는 주택에 대하여는 양도소득세가 과세되는 것이나, '판매목적'으로 수회에 걸쳐 분양하는 경우에는 소득세법 제19조 제1항 제12호에 의하여 부동산매매업에 해당되는 것임.

귀 질의의 경우 '판매목적' 여부에 대하여는 당해 주택의 양도가 사업 활동으로 볼 수 있을 정도의 계속성과 반복성이 있는지 등을 종합하여 사실 판단할 사항이며, 조세특례제한법 제99조의 3의 규정에 의한 신축주택의 취득자에 대한 양도소득세의 과세특례를 적용하는 거주자에는 부동산매매업자는 제외하는 것임.

8년 자경농지와 농지대토의 감면은 조세특례제한법에서 규정하는 농지 소재지에 거주하면서 일정기간 자경요건 등 감면요건을 충족하는 경우에 해당하므로 부동산매매업을 영위하면서 이에 해당하는지 여부는 사실 판단할 사항입니다.

과세관청이 부동산매매업으로 간주하여 해당기간의 모든 부동산거래에 대해서는 종합소득세로 과세한 처분에 대한 불복사건에서는 명백히 매매용으로 취득하지 아니하고 양도한 부동산이라 하여 8년 이상 자경농지를 부동산매매업에서 제외하고 양도소득세 감면되도록 청구인용하고 있습니다.

**문서번호**   국심 1992서4159

**생산일자**   1993. 6. 24

**제    목**   [1] 쟁점 ㉮㉯㉰토지의 양도행위를 부동산매매업으로 보아 과세한 처분이 정당한지 여부

　　　　　　　[2] 서울특별시 성북구 ○○○동 ○○○소재 부동산의 실지취득가액을 얼마로 볼 것이지 여부

　　　　　　　[3] 수원시 권선구 ○○○동 소재 양도토지에 대한 필요경비를 인정하여 줄 수 있는지 여부

　　　　　　　[4] 관련증빙이 불비하다고 볼 경우 소득금액을 추계경정할 수 있는지 여부

**주    문**

1. 도봉세무서장이 92.6.16 청구인에게 한 89년도 귀속분 종합소득세 231,147,380원 및 동 방위세 49,034,040원의 부과처분은 경기도 포천군 관인면 ○○○리 ○○○, 전 1,595평과 같은곳 ○○○, 임야 30평의 부동산은 종합소득세 과세대상에서 제외하여 그 과세표준과 세액을 경정한다.
2. 나머지 심판청구는 기각한다.

**문서번호**   국심 1999경1585
**생산일자**   1999. 11. 23
**제   목**   [1] 쟁점토지의 양도를 부동산매매업으로 보아 종합소득세를 과세한 처분이
　　　　　　　　맞는지 여부
　　　　　　[2] 쟁점토지의 양도를 부동산매매업으로 보지 않는 경우 양도소득세가 비과
　　　　　　　　세되는 농지의 대토에 해당하는지 여부
　　　　　　[3] 쟁점토지의 양도가액이 2,225,641,000원인지 1,850,000,000원인지 여부
**요   약**
취득한 토지의 거래규모가 크고 취득 횟수가 많지만 상속받아 농사지어오던 토지가 수
용됨에 따라 받은 보상금으로 대체 취득한 것이라 하여 부동산매매업을 영위한 것으로
인정하지 아니한 사례
**주   문**
동수원세무서장이 청구인에게 1998. 10. 2 결정고지한 1997사업년도 종합소득세 1,178,745,580원
(이의신청에 의하여 947,407,610원으로 감액경정됨)의 부과처분은 이를 취소한다.

## (5) 부동산매매업자가 보유한 부동산을 수용 당하거나 부득이하게 경매로 넘어간 경우

　부동산매매업자의 의지와 상관없이 부득이하게 양도되었다고 해도 매매
차익을 목적으로 취득하여 보유한 경우에는 사업소득에 해당합니다.

　양도원인에 불문하고 사업용 재고자산의 매매에 해당하므로 사업소득으
로 보는 것입니다(대법 94누14025, 1995. 11. 17 내용참조).

　공공용지로 수용되어 부득이하게 양도된 점은 인정되지만 취득 및 보유목
적이 매매차익 또는 부동산매매업의 재고자산에 해당하는 경우에는 양도사
유에 불구하고 사업소득으로 본다는 것입니다.

**문서번호**   대전지법 2010구합2144
**생산일자**   2010. 10. 27
**제   목**   토지의 양도가 사업성이 있는 경우 사업소득으로 과세함
**요   약**
부동산의 양도가 사업소득인지를 판단할 때는 당해 양도부동산에 대한 것 뿐만 아니라
양도인이 보유하는 부동산 전반에 걸쳐 당해 양도가 행하여진 시기의 전후를 통해 참작
하여야 하며, 양도의 태양이 토지수용법에 의한 협의수용이라 하여 달리 볼 것은 아님

**문서번호**   소득 46011−2194
**생산일자**   1993. 7. 23
**제　목**   건설업과 부동산매매업의 겸업시 보유토지 양도분에 대한 소득구분
**요　약**
주택 및 상가를 신축하여 판매하는 것을 사업목적으로 하는 거주자가 동 신축예정부지
수용으로 인하여 얻는 소득은 사업소득세 해당하는 것임
**질　의**
주된 사업인 건설업(APT신축판매)가 부수적인 사업인 부동산매매업(상가신축판매)를 영
위하는 개인사업자가 건설업에 사용하기 위한 용지(토지)를 사업용재고자산으로 보유하
고 있던 중 당해 용지(토지)가 수용된 경우 이를 부동산매매업에서 발생한 소득으로 볼
것인지, 혹은 양도소득으로 볼 것인지 여부

한편 부동산매매업자가 보유한 재고자산인 부동산이 경매방식에 의해 양
도된 경우에도 위의 예규가 준용되는 것으로 볼 수 있습니다.

## (6) 부동산을 취득할 수 있는 권리의 양도가 매매업에 해당하는지 여부

부동산매매업을 영위하는 개인이 부동산에 관한 권리(분양권, 당첨권,
입주권 등)를 취득하고 사업목적으로 양도하는 경우 그 매매차익은 부동산
매매업에서 발생하는 소득에 해당하는 것으로 봅니다.

**문서번호**   서면1팀 - 171
**생산일자**   2006. 2. 8
**제　목**   부동산에 과한 권리를 사업목적으로 매매하는 경우 소득구분
**요　약**
문의1의 경우 소득세법 제94조 제1항 제2호 가목에서 규정하는 "부동산에 관한 권리(입
주권)"를 사업목적으로 반복하여 취득하고 양도하는 경우 그 매매차익은 부동산매매업
에서 발생하는 소득에 해당하는 것임.

조세심판원도 같은 취지의 해석(국심 2003중3112, 2004. 3. 25)하고 있으므
로 부동산매매업자가 부동산에 관한 권리를 양도하는 때에는 양도소득세가
아니라 종합소득세로 신고・납부하면 됩니다.

분양권 등이 일반건축물이나 전용면적 85㎡초과하는 주택을 취득하게 되
는 권리인 경우 건물분 해당금액에 대한 부가가치세를 내야하므로 주의하시
기 바랍니다.

참고로 부동산을 취득할 수 있는 권리의 매매에 대해 소득세법이 이를 사업소득으로 열거하고 있지 않은 점에 비추어 국세청이나 조세심판원의 이와 같은 해석은 다소 뜻밖입니다.

청구인의 주장을 인용하여 납세자에게 유리하게 판단해준 결과이긴 해도 양도사안에 따라서는 납세자가 불이익하게 될 수 있으므로 해석이 변경될 가능성이 많은 판단이라고 생각됩니다.

예를 들어 부동산을 취득할 수 있는 권리의 양도에 대해 소득세법에 의해 양도소득세로 내는 것보다 현행 예규나 해석에 따라 종합소득세와 부가가치세를 내는 것이 세부담이 훨씬 많게 되어 납세자의 권리침해가 생길수도 있기 때문입니다.

## (7) 건설중인 주택을 취득하여 준공 후 매매하는 경우

주택신축판매업자가 허가대상 건축물을 시공 중에 부득이하게 미완성의 건축물과 토지를 양도하는 경우가 있는데 이때 매수인은 토지만 등기이전 받는 것이며 건축물에 대해서는 매수인 명의로 건축주 명의변경을 받은 후 준공하여 양도하게 됩니다.

이와 같은 경우 미완성 건물의 공사진행 정도가 건축법에서 규정하는 건축물에 해당하는 때에는 당초 양도자인 주택신축판매업자는 주택신축판매업의 사업소득으로 과세되는 것이며, 미완성 건물의 매수인이 준공 후 양도할 때는 판매목적인 경우 부동산매매업의 사업소득으로 과세되는 것이며 사업성이 없는 경우엔 양도소득으로 과세되는 것입니다.

만일, 주택의 공사진행 정도가 건축법에서 규정하는 건축물에 해당하지 아니하는 때에는 당초 양도자인 주택신축판매업자는 사업의 일환으로 판매하는 것이라면 부동산매매업의 사업소득으로 과세되는 것이며, 사업의 폐지와 함께 양도하는 것이라면 양도소득으로 과세되는 것입니다.

미완성 건물의 매수인이 준공 후 양도할 때에는 판매목적인 경우 주택신축판매업의 사업소득으로 과세 되는 것이며 사업성이 없는 경우엔 양도소득

으로 과세되는 것입니다.

이때 건축법 규정에 의한 건축물이라 함은 건축물의 준공여부과 관계없이 토지에 정착하는 공작물 중 지붕과 기둥 또는 벽이 있는 것을 말합니다(건축법 제2조 ①항 제2호 참조).

**문서번호**  서면4팀－1492
**생산일자**  2005. 8. 23.
**질    의**
(사실관계)
- 기존에 소유하고 있던 토지 위에 상가를 신축하여 일부는 분양하고 일부는 임대할 목적으로 사업자등록을 한 후 지하 터파기공사와 지붕 골조공사를 진행하던 중에 국가기관으로부터 동 토지의 일부를 수용할 예정이라는 통지를 받고 공사를 중단한 후 상가 신축을 포기하고 사업자등록도 폐업하였음.
- 이후 시설물로 볼 수 있는 미완성건물과 당해 토지를 양도하고자 함
(질의사항)
- 위의 경우 동 부동산의 양도가 사업소득에 해당하는지 또는 양도소득세 해당하는지.
**회    신**
거주자가 부동산매매업을 영위할 목적으로 건축물을 시공하던 중에 토지와 시공된 시설물을 양도하는 경우로서 그 시공 정도가 「건축법」에 의한 건축물에 해당되는 경우 「소득세법」 제19조 제1항의 규정에 의한 사업소득에 해당하는 것이나, 건축물로 볼 수 없는 시설물에 해당하는 경우에는 같은법 제94조 제1항의 규정에 의한 양도소득세 해당하는 것임. 귀 질의의 경우가 사업소득에 해당하는지 또는 양도소득에 해당하는지의 여부는 사실판단할 사항임.

**문서번호**  재일46014－1565
**생산일자**  1995. 6. 26.
**질    의**
대지를 1989년에 취득하여 계속 보유하다가 1993.10. 에 동 지상에건물을 신축하여 임대할 목적으로 소관 구청으로부터 지하 1층, 지상5층건물의 건축허가를 득한 다음 1993.11. 초부터 12월말일까지 지하 1층, 지상1층 슬라브골조 공사를 시공중 공사비 조달이 어렵고 곤란하여 도저히 건물을 신축할 수가 없어서 당초 건물임대 계획을 포기하고 동대지와 지하 1층, 지상 1층 슬라브골조 시공의 상태 공작물을 1개의 법인에 일괄 양도하였음.
**회    신**
1. 소유하고 있던 자기의 토지 위에 주택을 신축하여 주택과 함께 토지를 판매하는 경우 그 토지로 인한 소득은 사업(건설업)소득에 해당하는 것이며, 시공중인 주택을 양도하는 경우에는 주택의 시공 정도가 건축법에 의한 건축물에 해당하는 경우에만 사

업(건설업)소득으로 보는 것임.

2. 귀 질의의 경우에도 소유하고 있던 토지 위에 시공중인 주택이 건축법에 의한 건축물에 해당하지 아니하는 경우에는 양도소득세가 과세되는 것임.

## 3 신고와 납부의무

부동산매매업자가 아닌 일반인은 토지, 건물 등 부동산을 양도하고 양도소득과세표준 예정신고 또는 확정신고에 의해 양도소득세를 신고·납부함으로서 납세의무가 종결됩니다.

그러나 부동산매매업자는 세법상 사업자의 지위를 가지므로 비사업자와 달리 부가가치세법 및 소득세법상 각종 의무를 지게 됩니다.

그리고 4대보험에 따른 각종부담금에 대한 의무도 지게 됩니다.

부동산매매업이라 하면 흔히 양도소득세를 내는 대신에 종합소득세로 납부함으로서 세금의 부담을 줄이는 방법 정도로 단순하게 이해하고 만족하는 경우가 있으나, 부동산매매업자는 사업자등록일부터 폐업시까지 일반적 상거래로서의 부동산매매는 물론, 가족간의 증여시, 심지어는 폐업일 이후의 부동산양도에 있어서도 세법적 관계에 있어서 특수한 지위에 있게 됩니다.

여기서는 부가가치세법 및 소득세법상 신고와 납부에 대해 살펴봅니다.

### (1) 부가가치세의 신고·납부

부동산매매업자가 되기 위해서는 일반과세자 또는 부가가치세면세사업자로 사업자등록을 해야 합니다.

부동산매매업은 간이과세 배제업종이므로 간이과세자는 될 수 없습니다.

일반과세자는 모든 부동산을 매매하는 사업자이며, 면세사업자는 부가가치세가 면세되는 부동산 즉, 토지와 전용면적 85㎡(수도권기준)이하의 주택을 매매하는 사업자입니다.

이와 같은 일반과세자는 각 과세기간별로 부가가치세를 신고·납부해야
하는데 상가, 모텔, 공장, 사무실 등 일반건축물과 전용면적 85㎡초과 주택을
매매할 때는 그 건물가액(전체 매매금액에 대해 세법에 의해 안분계산 함)의
10%를 부가가치세로 내야합니다.

토지 또는 전용면적 85㎡이하 주택을 매매한 경우에는 이른바 면세재화
로서 부가가치세 납세의무가 없으므로 매매금액만 신고하면 됩니다.

또 일반과세자가 주의할 것은 상가 등 일반건축물을 매매할 때는 세금계
산서를 교부해야 합니다.

이때 그 상대방이 사업자가 아닌 경우에도 세금계산서(주민등록기재분)를 교
부해야 하며 부가가치세 신고시 매출처별세금계산서합계표를 제출해야 합니다.

세금계산서를 교부하지 않은 경우에는 그 건물가액의 2%를 미교부 가산
세로 내야합니다.

그러나 상가 등 일반건축물이 아닌 전용면적 85㎡를 초과하는 주거용건물
(단독주택, 빌라, 아파트 등)을 매매할 때는 영수증을 교부하면 되므로 세금계
산서를 교부할 의무가 없습니다(부가가치세법시행령 제79조의2 제①항7호).

다만, 위와 같이 부가가치세가 과세되는 주거용건물을 매입하는 자가 사
업자로서 사업자등록증을 제시하고 세금계산서를 교부해줄 것을 요구하는
때에는 영수증 대신 세금계산서를 교부해야 합니다(부가가치세법시행령 제
79조의2 제③항).

**용어해설**

부가가치세의 면세라 함은 특정한 재화 또는 용역의 공급과 재화의 수입에 대하
여 부가가치세의 납세의무를 면제하는 것을 말하며 이와 같은 면세거래에 있어서
는 부가가치세법에 의한 제반의무 없음
- 면세대상
 - 기초생활필수금 및 용역 : 미가공식료품, 농·축·수·임산물
 - 국민후생용역 : 의료보건용역, 교육용역, 주택임대, 우표
 - 문화관련 재화 및 용역 : 도서, 신문, 예술창작품, 도서관 등

- 부가가치 생산요소 : 토지, 인적용역, 금융업
- 기타 : 국가 등이 공급하는 재화·용역
- 수입재화 : 미가공식료품 등
- 조세특례제한법에 의한 면세 : 국민주택과 그 건설용역, 농어업용 석유류 등

➡ 과세 기간별 신고·납부

과세관청은 직전과세기간에 대한 납부세액이 있는 자에 대해 개인사업자
의 경우 예정신고에 대한 특례로서 각 예정신고기간마다 직전과세기간의 납
부세액의 1/2에 상당하는 금액을 결정하여 고지합니다.

이를 부가가치세 예정고지라고 하는데 납세의무자가 매 예정신고기간마
다 실적을 신고·납부하는 불편과 과세관청의 행정력낭비를 줄이기 위한 제
도입니다.

### 부가가치세 집행기준 3-0-1 【과세기간】

과세기간이란 부가가치세의 과세표준 계산에 기초가 되는 기간을 말하며 납세의무의 성
립시기, 과세표준 및 납부세액의 계산기간 및 신고·납부기한을 정하는 기준이 된다.

이와 같이 예정고지를 받고 납부한 자는 부가가치세 예정신고할 필요 없
이 부가가치세 확정신고만 하면 됩니다.

이때 확정신고 대상기간과 확정신고 기한은 다음과 같습니다.

- 1기 과세기간 : 1 ~ 6월, 7/25까지 신고납부
- 2기 과세기간 : 7 ~ 12월, 익년 1/25 까지 신고납부

그러나 실무에서 보면 부동산매매업자는 예정고지를 받지 않는 경우가 많
게 됩니다.

왜냐하면 직전과세기간의 매출(부동산매매)이 있었다 해도 부가가치세가
면세되는 부동산(전용면적 85㎡이하 주거용건물 등)의 매출뿐으로서 직전과
세기간에 대한 부가가치세 납부세액이 없는 경우가 많기 때문입니다.

이와 같이 직전과세기간의 납부세액이 없는 경우에는 과세관청이 예정고지를 할 수 없으므로 사업자가 각 예정신고기간 마다 부가가치세 예정신고·납부를 해야 하며 각 확정신고기간 마다 부가가치세 확정신고·납부를 해야 합니다.

이 때 부가가치세 신고대상기간과 신고기한은 다음과 같습니다.

---

• 1기 예정신고기간 : 1 ~ 3월,  4/25 까지 예정신고
• 1기 확정신고기간 : 4 ~ 6월,  7/25 까지 확정신고
• 2기 예정신고기간 : 7 ~ 9월, 10/25 까지 예정신고
• 2기 확정신고기간 : 10 ~ 12월, 익년 1/25 까지 확정신고

---

결과적으로 부동산매매업자 중 직전과세기간의 부가가치세 납부세액이 없는 부동산매매업자는 매3개월마다 부가가치세 예정신고 또는 확정신고를 해야 하는 것입니다.

간혹 일반과세자로 사업자등록을 하면 무조건 건물분에 대한 부가가치세를 내야하고 면세사업자로 내면 부가가치세가 없는 것으로 알고 있는 경우가 있는데 그와같은 것이 아니며 부가가치세가 면세되는 부동산을 매매하면 일반과세자라 해도 부가가치세를 내는 것이 아니고 그 금액만 면세사업 수입금액란에 기재하여 신고하는 것입니다.

### (2) 면세사업자 사업장현황 신고

부동산매매업자가 되기 위해 부가가치세면세사업자로 사업자등록을 한자는 부가가치세가 면세되는 부동산 즉, 토지와 수도권에 소재하는 전용면적 85㎡ 이하 주택 및 수도권외 지역 중 도시지역이 아닌 읍·면지역에 소재하는 전용면적 100㎡ 이하의 주택을 매매하는 사업자입니다.

이와 같은 면세사업자가 부동산매매업을 영위하는 중에 부득이하게 상가 등 일반건축물이나 전용면적 85㎡를 초과하는 주택 등을 매매하는 경우도 있게 됩니다.

이때에는 양도소득세로 신고·납부할 수 있는 것이지만 과세관청에서 사

업의 계속성을 이유로 면세사업자가 과세사업을 겸영하게 된 것으로 판단할 수도 있는 것입니다.

이와 같이 면세사업자가 일반과세자로 정정하지 아니하고 부가가치세가 과세되는 부동산을 매매한 경우로 본다면 그 건축물 가액에 대한 10%의 부가가치세외에 건물가액의 1%의 미등록 가산세를 내야합니다.

이와 같은 논란에 대비하여 면세사업자에 추가로 과세사업을 겸영하고자 할 때에는 사업자 등록 정정신고에 의해 일반과세자로 정정하여 교부받아야 합니다.

여기서 면세사업을 영위하는 사업자가 과세사업을 겸영하는 것이 아니라 과세사업으로 완전히 업종변경을 할 때는 면세사업에 대해 폐업신고 하고 과세사업에 대해 신규로 사업자등록을 하여야 합니다.

면세사업자인 부동산매매업자는 매년 1/1 ~ 12/31까지 판매한 부동산매매 금액을 다음해 2/10까지 사업장현황신고서에 의거 사업장 관할 세무서에 신고하여야 합니다. 이를 면세사업자 사업장현황신고라고 하는데 면세사업을 영위하는 다른 사업자의 경우와 같은 것입니다.

## (3) 토지 등 매매차익 예정신고 · 납부

살펴본바와 같이 부동산매매업자는 판매한 부동산의 매매가액을 법에서 정해진 기한 내에 신고해야 하는데 이는 다른 사업자의 경우와 마찬가지입니다.

즉, 일반과세자는 과세기간별로 부가가치세 예정신고 및 확정신고를 해야 하며, 면세사업자는 당해 과세연도의 판매실적에 대하여 다음해 2월10일까지 사업장현황신고를 해야 합니다.

그런데 부동산매매업자는 이와는 별도로 토지 또는 건물을 매매하면 그 매매일이 속하는 달의 말일로부터 2월이 되는 날 까지 「토지 등 매매차익 예정신고 자진납부 계산서」에 의해 그 매매차익과 세액을 신고 · 납부해야 합니다.

이와 같은 종합소득세 예정신고 제도는 다른 사업자에게는 볼 수 없는, 부동산매매업자에게만 특유한 제도입니다.

이때 매매차익을 계산함에 있어서는 판매가액과 취득가액 및 기타 필요경비를 실지거래가액으로 신고 할 수도 있고, 취득가액이 확인되지 않거나 필요경비 증빙서류가 없는 경우에는 기준경비율추계 또는 단순경비율추계 방식으로 신고할 수도 있습니다.

특이한 것은 종합소득세 예정신고로서 종합소득세로 납부하는 것이면서도, 세율은 양도소득세율을 적용하는 구조로 되어있다는 것입니다.

뿐만 아니라 실지거래금액에 의해 매매차익을 계산하는 경우에는 양도소득금액을 계산하는 것과 동일한 방식으로 하도록 되어있습니다.

그리고 양도소득세 예정신고를 무신고한 경우와 마찬가지로 토지 또는 건물을 매매한 날이 속하는 달의 말일로부터 2월이 되는 날 까지 토지 등 매매차익 예정신고를 무신고 한 경우 산출세액의 20%에 해당하는 무신고가산세를 내게 됩니다(양도소득세 예정신고납부 세액공제는 2011. 1. 1 이후 폐지되었으며 토지 등 매매차익 예정신고 납부세액 공제는 2010. 1. 1 이후 폐지되었습니다.).

이런 유사점 때문에 부동산매매업자도 부동산을 양도하는 때 양도소득세 예정신고 · 납부를 해야 하는 걸로 잘못알고 「양도소득과세표준 예정신고 및 자진납부계산서」에 의해 양도소득세로 신고 · 납부하는 경우가 많은데, 잘못된 신고이므로 수정신고 해야 하며 과세관청에서는 수납된 양도소득세를 종합소득세로 과목 경정해야하는 번거로움이 있게 됩니다.

매매차익을 계산하는 방법은 다음과 같습니다.

① 실지거래가액에 의하는 경우

    양 도 시 매 매 가 액
- 취득가액 및 취득부대비용 (등록세, 취득세, 법무사·중개사수수료 등)
- 자 본 적 지 출 (구조변경, 용도변경, 개량 등 이용편의를 위해 지출한 비용)
- 양      도      비      용 (양도시 중개사수수료, 채권할인액, 양도소득세 신고대행 수수료 등)
- 장 기 보 유 특 별 공 제 액
---
    매      매      차      익

② 기준경비율추계에 의하는 경우

    양 도 시 매 매 가 액
- 필      요      경      비 (취득가액 및 취득부대비용 + 양도시매매가액 × 기준경비율)
---
    매      매      차      익

부동산매매업에 있어서 기준경비율은, 보유기간 5년 미만시 6%이며 5년 이상 보유시에는 22.1%를 적용합니다.

③ 단순경비율추계에 의하는 경우

    양 도 시 매 매 가 액
- 필      요      경      비 (양도시매매가액 × 단순경비율)
---
    매      매      차      익

부동산매매업에 있어서 단순경비율은 보유기간 5년 미만시 79.9%이며, 5년 이상 보유시에는 70%를 적용합니다.

➡ 기준경비율추계에 의하는 경우와 단순경비율추계에 의하는 경우는 장기보유특별공제를 적용하지 않습니다.

실가에 의해 토지등 매매차익 예정신고를 할 때에는 장기 보유특별공제를 받을 수 있는것 이지만 종합소득세 확정신고시 에는 당연히 필요경비로 인정받지 못합니다.

**문서번호** 서면1팀 - 1422
**생산일자** 2007. 10. 16
**제 목** 부동산매매업자의 소득금액 계산시 장기보유특별공제액의 필요경비 산입여부
**요 약**
부동산매매업자가 토지 등 매매차익 계산시 소득세법시행령 제128조 제1항 제4호에 따라 토지 등 매매가액에서 공제받은 장기보유특별공제액은 당해 사업자의 사업소득금액을 계산함에 있어 필요경비에 산입하지 아니하는 것임.

2008. 12. 26 세법개정으로 2009년부터는 1년 미만의 거래 또는 1년 이상 2년 미만의 거래에 있어서도 50% 또는 40%의 양도소득세율을 적용하는 것이 아니라 보유기간 2년 이상의 경우와 마찬가지로 종합소득세기본세율과 같은 세율인 6% ~ 35%의 양도소득세 누진세율을 적용하도록 하고 있습니다.

한편 현행 토지 등 매매차익 예정신고서의 부속명세서인 토지 등 매매차익 계산명세서의 서식이 「실가에 의하는 경우」와 「기준경비율 적용대상자」의 경우는 규정되어 있으나 「단순경비율 적용대상자」의 경우에는 서식이 규정되어 있지 않은데 이는 입법상의 미비이므로 보완이 요구되는 사항입니다.
실무에 있어서는 「실가에 의하는 경우」에 해당하는 토지 등 매매차익 계산명세서 서식에 의해 역으로 맞추어서 사용하는 실정입니다.

그리고 부동산매매업자가 토지 등 매매차익 예정신고·납부를 한 경우에도 반드시 다음해 5/31까지 종합소득세 확정신고를 해야 하며 무신고시에는 산출세액의 20%를 무신고 가산세로 내야 합니다.

참고로 토지 등 매매차익 예정신고 제도는 1995. 12. 31 이전에 있었던 「부동산매매업자에 대한 비교과세」 제도가 1996. 1. 1 이후 폐지되었음에도 예정신고에 관한 규정은 폐지되지 않은 채 기형적인 형태로 남아 있으면서 세법체계에서 혼란을 주고 있는 것으로 손질이 필요한 부분이었습니다.
왜냐하면 종합소득세 납세의무자인 사업자의 사업소득에 대한 종합소득세의 예정신고에서 양도소득세율을 적용하도록 하고 있기 때문입니다.
다만, 현행 세법에서 부동산매매업자인 다주택자의 주택양도 또는 비사업

용토지의 양도와 미등기양도에 의한 매매차익에 있어서는 「부동산매매업자에 대한 세액계산의 특례」 규정에 의하여 사실상 양도소득세와 종합소득세의 비교과세가 되고 있으므로 비교과세에 해당하는 경우에 한해서는 양도소득세율에 의한 예정신고제도가 억지로라도 타당성이 있다고 보지만 비교과세 대상이 아닌 부동산매매에 있어서는 토지 등 매매차익 예정신고시 양도소득세율을 적용하는 것이 아니라 종합소득세율로 적용하도록 하는 것이 맞는 것입니다.

이와 같은 점은 반영하여 2009. 1. 1. 양도분 부터는 1년 미만 단기양도 또는 1년 이상 2년 미만 보유 후 양도 시에도 50% 또는 40%의 양도소득세율이 아니라 종합소득세 기본세율과 같은 6% ~ 35%의 양도소득세 누진세율을 적용하도록 2008. 12. 26. 관련규정이 개정이 되었습니다.

한편 부동산매매업자의 토지 등 매매차익예정신고시 산출세액의 계산에 있어서는 소득세법 제69조 제⑤항에 의해 소득세법 제107조(예정신고 산출세액의 계산)의 규정을 준용하도록 하고 있으므로 양도소득기본공제로 연간 250만원을 공제받을 수 있는 것입니다.

그러나 현행 토지 등 매매차익예정신고서의 서식에는 양도소득기본공제란을 두고 있지 않으므로 실무에서 대부분 공제받지 못하고 있습니다.

물론 종합소득세 확정신고시 정산되므로 과오납 되는 것은 아니지만 이와 같은 사항도 납세협력의무의 원활한 이행을 위하여 보완되어야 할 부분입니다.

그러나 이에 대해서 국세청 예규 (소득 1204, 2009. 8. 5.) 및 소득세집행기준은 토지등 매매차익예정신고시에는 양도소득기본공제를 적용하지 않는 것으로 유지하고 있습니다.

### ❄소득세 집행기준 69-0-1 【토지 등 매매차익예정신고 및 확정신고】

① 부동산매매업자가 토지 또는 건물(이하 '토지 등'이라 한다.)을 매매한 경우에는 매매차익과 그 세액을 매매일이 속하는 달의 말일부터 2개월이 되는 날까지 예정신고를 해야 한다. 이때 토지 등의 매매차익이 없는 경우나 매매차손이 발생한 경우에도 신고해야 한다.

② 토지 등 매매차익 예정신고할 때에는 양도소득기본공제는 매매차익 계산 시 적용하
지 않는다.
… 이하중략

## (4) 종합소득세의 확정신고·납부

　부동산매매업 등 사업소득이 있는 자로서 당해 과세연도에 부동산매매업이
아닌 다른 사업소득이나 근로소득 등 다른 종합소득이 있는 경우에는 이를 합
산하여 다음해 5/31까지 주소지 관할 세무서장에게 「종합소득세·주민세 과세
표준 확정신고 및 자진납부계산서」에 의하여 신고·납부하여야 합니다.

　토지 등 매매차익 예정신고에 의하여 신고·납부한 경우에도 반드시 종합
소득세 확정신고를 해야 하며, 무신고시에는 산출세액의 20%를 가산세로 내
야합니다.

　부동산매매업을 영위하는 사업자로 종합소득금액에 다주택자의 주택매매
차익, 비사업용토지 매매차익, 미등기양도의 매매차익이 있는 경우에 종합소
득세 산출세약은 다음의 소득세법 제64조 제①항 1호와 2호의 세액 중 많은
것에 다라서 납부해야 합니다.

　1) 기본세율에 의한 종합소득세 산출세액

　2) 다음 ①과 ②에 의한 세액의 합계액
　① 주택등매매차익에 제104조의 규정에 따른 세율을 적용하여 산출한 세
액의 합계액(2006. 12. 30 개정)
　② 종합소득과세표준에서 주택등매매차익의 당해 연도분 합계액을 공제
한 금액을 과세표준으로 하고 이에 제55조의 규정에 따른 세율을 적용
하여 산출한 세액(2006. 12. 30 개정)

### ✹ 소득세법 제64조 【부동산매매업자에 대한 세액계산의 특례】

① 대통령령으로 정하는 부동산매매업 (이하 '부동산매매업'이라 한다)을 경영하는 거주
자 (이하 '부동산매매업자'라 한다)로서 종합소득금액에 제104조 제1항 제4호부터 제8호

까지 및 제10호의 어느 하나에 해당하는 주택 또는 토지의 매매차익(이하 이조에서 '주택등매매차익' 이라한다)
1. 종합소득 산출세액
2. 다음 각 목에 따른 세액의 합계액
　가. 주택등 매매차익에 제104조에 따른 세율을 적용하여 산출한 세액의 합계액
　나. 종합소득과세표준에서 주택등 매매차익의 해당 과세기간합계액을 공제한 금액을 과세표준으로 하고 이에 제55조에 따른 세율을 적용하여 산출한 세액
② 부동산매매업자에 대한 주택등 매매차익의 계산과 그 밖에 종합소득 산출세액의 계산에 필요한 사항은 대통령령으로 정한다.

　이를 「부동산매매업자에 대한 세액계산의 특례」라고 하는데 다주택자의 주택양도 또는 비사업용토지 양도에 따른 특례적 과세 및 미등기양도의 양도소득세 중과세제도의 실효성을 담보하기 위해 마련된 제도입니다.

　부동산매매업자는 모든 부동산과 부동산에 관한 권리를 양도할 때 양도소득세 상당금액과 종합소득세 산출세액을 비교하여 많은 금액을 내는 것이 아니고, 다주택자의 주택양도 및 비사업용토지의 양도, 미등기양도의 경우에 한해서 비교과세 되는 것입니다.

## (5) 종합소득세 중간예납

　개인의 종합소득세는 이른바 기간과세로서 당해과세기간의 종료일(12/31)에 납세의무가 성립하게 됩니다.
　그리고 당해 과세연도에 발생한 소득금액에 대해 다음해 5/31까지 종합소득세 확정신고·납부하게 되는 것입니다.
　이때 납세자는 세금납부에 대한 자금부담이 일시적으로 발생하게 되므로 납부해야할 세금을 예납적으로 미리 징수함으로서 자금의 일시부담에 따르는 압박감을 완화시키기 위해 납세부담을 시간적으로 분산시키는 제도를 종합소득세 중간예납제도라고 합니다.
　이는 근로소득이 있는 자에 대한 예납적 원천징수납부제도와 같은 취지의 제도인 것입니다.
　이와 같이 하는 것은 정부로서도 조세수입이 특정시기에 편중되는 점을

해소하기 위해 세입시기가 분산되는 것이 필요하기 때문입니다.

과세관청은 이와 같은 중간예납세액으로 직전년도에 종합소득세로서 납부한 금액(중간예납 기준액이라함)의 1/2에 상당하는 금액으로 하여 매년 11월 말일까지 납부하도록 결정고지 하게 됩니다.

부동산매매업자가 당해연도에 토지 등 매매차익 예정신고·납부하였을 때는 위와 같이 계산한 중간예납상당액에서 예정신고·납부금액을 공제한 금액을 중간예납세액으로 합니다.

만일 토지 등 매매차익 예정신고·납부세액이 중간예납기준액의 1/2에 상당하는 금액을 초과하는 경우에는 과세관청이 처음부터 중간예납세액을 결정고지 하지 않는 것입니다.

당해연도 사업실적이 없거나 중간예납기간(1월 ~ 6월)의 실적에 대한 소득세 추계액이 중간예납기준액의 30/100에 미달하는 사업자는 11월 1일 ~ 11월 30일까지의 기간에 소득세 중간예납 추계액 신고서를 제출하여야 합니다.

중간예납 추계액 신고를 한 때에는 고지된 중간예납세액의 결정은 취소됩니다.

이와 같은 중간예납세액도 그 금액이 1천만원을 초과하는 경우 납부기간 경과 후 2개월 이내에 분납할 수 있으며, 만일 중간예납세액이 20만원 미만인 때에는 중간예납세액은 징수하지 아니합니다.

## 4 토지, 건물 양도시 과세방법의 구분

개인이 토지, 건물 등 부동산을 양도할 때 사업자가 아닌 경우에는 그 양도소득에 대하여 양도소득세로 신고·납부해야 합니다.

그러나 일시적·우발적 거래가 아니라 사업목적의 반복적인 거래를 예정하고 있는 때에는 사업자등록을 하여 그 매매차익(사업소득)에 대하여 양도

소득세가 아니라 종합소득세로 신고·납부해야 합니다.

한편 부동산의 거래에 있어서는 토지, 건물 등 기존의 부동산을 매매하는 경우가 있고 갖고 있던 토지 위에 건물을 신축하여 판매하는 경우도 있습니다.

## (1) 일반매매

기존의 부동산을 대상으로 일반 매매하는 경우 다음과 같이 구분할 수 있습니다.

일반
매매 ┬ 사업성 ┬ 일반과세자(부동산 : 매매업) — 모든부동산
     │ (판매목적) └ 면세사업자(부동산 : 매매업) — 토지, 전용면적85㎡이하 주택
     └ 일시, 우발적(비사업) — 양도소득세

사업의 구분에서 전용면적 85㎡ 이하의 주택이라 함은 주택법 제2조에 따른 국민주택규모의 주택과 그 부수토지를 말하는 것인데 수도권 (서울특별시, 인천광역시, 경기도를 말함)과 수독권외의 지역 중 도시지역을 기준으로 할 경우를 말하며 수두권외의 지역으로 도시지역이 아닌 읍 또는 면지역에서는 1호 또는 1세대당 주거전용면적이 100㎡ 이하인 것을 말합니다.

이와 같은 국민주택규모 면적 계산시 다가구주택은 세대별로 독립등기 되지 않고 건물 전체로 등기되더라도 주택전체 면적으로 계산하는 것이 아니라 구조상·이용상 독립적으로 구획된 가구당 전용면적을 기준으로 하는 것입니다.

### ❄ 조세특례제한법 기본통칙 160…3 【다가구주택 신축판매 시 부가가치세 면제 여부 및 다가구 주택의 정의)】

사업자가 가구당 전용면적을 기준으로 한 면적이 85제곱미터 이하인 다가구주택을 공급하는 경우에는 부가가치세가 면제된다. 이 경우 다가구 주택이라 함은 다음 각호의 요건

모두를 갖춘 주택으로서 공동주택에 해당하지 아니하는 것을 말하며, 한 가구가 독립하여 거주할 수 있도록 구획된 부분을 각각 하나의 주택으로 본다 (2005. 7. 7. 신설).

1. 주택으로 쓰이는 층수(지하층을 제외한다)가 3개층 이하일 것. 1층 전부를 피로티 구조로 하여 주차장으로 사용하는 경우에는 피로티부분을 층수에서 제외한다.
2. 1개동의 주택으로 쓰이는 바닥면적(지하주차장 면적을 제외한다)의 합계가 660제곱미터 이하일 것.
3. 19세대 이하가 거주할 수 있을것.

---

**관련법조문(주택법 제2조 제3호)**

"국민주택"이라 함은 제60조의 규정에 의한 국민주택 기금으로부터 자금을 지원받아 건설되거나 개량되는 주택으로서 주거의 용도로만 쓰이는 면적(이하 "주거전용면적"이라 한다)이 1호 또는 1세대당 85제곱미터 이하인 주택(「수도권정비계획법」 제2조 제1호의 규정에 의한 수도권을 제외한 도시지역이 아닌 읍 또는 면지역은 1호 또는 1세대당 주거전용면적이 100제곱미터 이하의 주택을 말한다. 이하 "국민주택규모"라 한다)을 말한다. 이 경우 주거전용 면적의 산정방법은 건설교통부령으로 정한다(2005. 7. 13 본호개정).

---

## (2) 건물신축판매업

다음으로 토지위에 일반건축물(주택이 아닌 모든 건축물)을 신축하여 판매하는 경우에는 다음과 같이 구분할 수 있습니다.

일반건축물과 그 부속토지
- 사업성(판매목적) — 일반과세자(부동산 : 건물신축판매)
- 일시, 우발적(자가사용, 임대 등) — 양도소득세

위의 구분에서 일반과세자(부동산 : 건물신축판매)란 부동산매매업에 포함되는 것입니다.

다음과 같은 분류표를 참고하시기 바랍니다.

부동산업
- 부동산임대업 — 주거용건물, 비주거용건물, 전대, 토지 및 기타부동산, 공장재단 및 광업재단, 채굴권, 묘지 등 대여 또는 임대
- 부동산관련서비스업 — 부동산중개, 부동산감정평가, 부동산관리
- 부동산매매업(소분류) — 부동산매매(세분류), 건물신축판매

이와 같은 분류는 국세청의 조세자료인 「기준경비율·단순경비율」에 따른 업종분류입니다.

2009. 12. 31. 소득세법 개정으로 2010. 1. 1. 부터는 주택신축판매업을 건설업에서 제외하고 부동산업으로 하고 있으나 기장의무의 판단, 단순경비율, 성실납세방식의 적용시 등에 있어서는 각각 해당 조항에서 주택신축판매업 (주거용건물개발 및 공급업)을 건설업에 포함하고 있습니다.

이와 같이 분류되고 있으므로 위의 부동산업 분류차트에서 주택신축판매업(주거용선물개발 및 공급업)을 제외시킨 것으로 보입니다.

일반건축물 부수토지의 기준면적은 건물정착면적에 다음과 같은 배율을 적용하여 계산합니다.

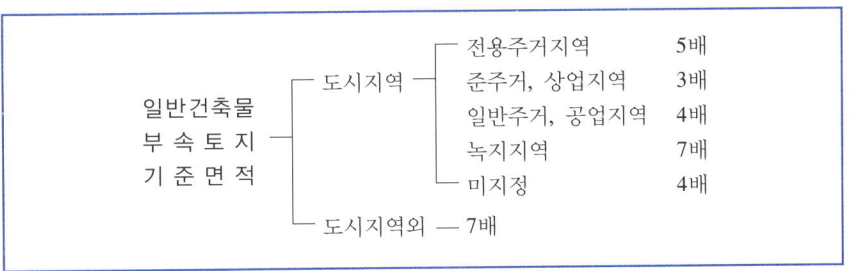

이때 부동산매매업자가 일반건축물 부수토지 기준면적을 초과하는 토지를 매매하는 경우에도 양도소득이 아니라 부동산매매업으로서, 건물신축판매와 마찬가지로 사업소득에 해당하는 것입니다.

그러나 이와 같은 일반건축물 부수토지 기준면적을 초과하는 토지는 이른바 「비사업용토지」에 해당하든가 재산세 또는 종합부동산세 과세대상 구분에서 「종합합산토지」에 해당하여 세법적으로 다르게 취급된다는 점에서 구별의 실익이 있습니다.

이와 같이 건물신축판매업은 토지 위에 일반건축물(주택이 아닌 모든 건축물)을 신축하여 판매하는 것으로 부동산매매업에 속하는 것입니다.

이 때 구옥이나 기존건축물을 철거하고 일반건축물을 신축하여 판매하는 경우는 문제될 것이 없으나 나대지 등 건물이 없는 부지 위에 일반건축물을 신축하여 판매하는 경우에는 주의를 요합니다.

나대지등 건물이 없는 부지는 종합합산토지로서 후술하는 비사업용토지에 해당하는 것이 대부분이므로 신축건물의 부수토지 부분(전체가액에 대해 안분계산함)의 이익은 부동산매매업자에 대한 세액계산의 특례규정에 대해 비교과세 되어야 하는 것입니다.

이와 같이 비사업용토지에 의한 과세상황이 예상되는 경우에는 신축 후 2년이 경과한 뒤 판매함으로 비사업용토지에서 제외될 수 있도록 기간요건을 채우도록 고려해야 할 것입니다.

### (3) 주택신축판매업

다음으로 토지위에 주택을 신축하여 판매하는 경우에는 다음과 같이 구분할 수 있습니다.

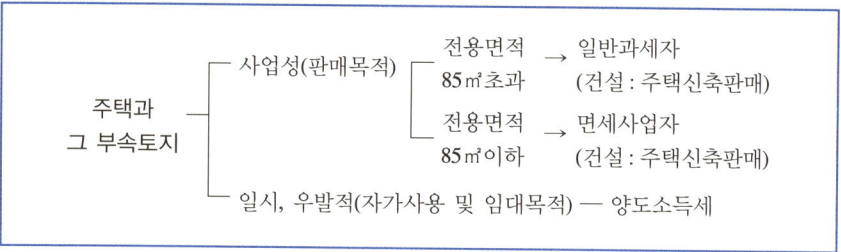

여기서 일반과세자(건설 : 주택신축판매) 또는 면세사업자(건설 : 주택신축판매)라 함은 부동산업이 아니라 건설업으로 보게 됩니다.

앞에서 살펴본 것과 같이 소득세법은 주택신축판매업도 부동산매매업과 마찬가지로 부동산업으로 하고 있으나 단순경비율의 적용등에서는 주택신축판매업을 건설업에 포함하도록 하고 있기 때문에 국세청 조세자료인 기준경비율, 단순경비율에서는 건설업으로 분류하고 있습니다.

위의 구분에서 주택부수토지라 함은 주택의 부지면적 중 ①주택의 연면적

과 ②건물정착면적 × 5배(도시지역외 지역은 10배) 중 큰 면적을 말합니다.

이와 같은 주택부수토지 기준면적을 초과하는 토지매매분에 대해서는 건설업이 아닌 부동산매매업으로 보게 됩니다.

그리고 전용면적 85㎡를 초과하는 주택을 신축판매 하는 때에는 건물가격 해당 금액에 대하여는 부가가치세(10%)를 납부해야 합니다.

즉, 주택신축판매업이라 하여 모두 부가가치세가 면세되는 것은 아니라는 것을 주의하시기 바랍니다.

주택의 일부에 설치된 점포, 사무실 등 주택용도 외의 다른 목적의 건물이 있는 복합건물을 겸용주택이라고 하는데 이러한 겸용주택을 신축하여 판매하는 때 다음의 경우에는 그 전체를 주택으로 봅니다.

> ① 주택과 다른 목적의 건물이 각각의 매매단위로 매매되는 경우로서 다른 목적의 건물면적이 주택면적의 10% 이하인 경우
> ② 주택과 다른 목적의 건물을 하나의 매매단위로 매매하는 경우로서 다른 목적물의 건물면적이 주택면적보다 작은 경우

각각의 매매단위로 매매되는 경우라 함은 다세대주택 등과 같이 세대별로 분할양도 되는 것을 말합니다.

준주거지역, 상업지역 등에서 다세대주택을 신축할 때 건축허가조건에서 상가를 일부분 건축하도록 함으로서 다세대주택 1층에 점포가 있게 되는 경우가 이에 해당됩니다.

이 때 점포의 면적이 전체 주택면적의 10% 이하일 때에는 전체를 주택으로 보아 주택신축판매업으로 본다는 것입니다.

그리고 하나의 매매단위로 매매하는 경우라 함은 단독주택, 다가구주택과 같이 통째로 매매되는 것을 말합니다.

예를 들어 단독주택의 1층에 점포, 2층에 사무실, 3·4층에 주택이 있는 경우가 이에 해당합니다.

이 때 점포나 사무실의 면적이 주택용도의 면적보다 작을 때에는 전체를 주택으로 보아 주택신축판매업으로 본다는 것입니다.

따라서 위의 ① 또는 ②에 해당하여 전체를 주택으로 보는 경우가 아닌 겸용주택의 경우에는 주택신축판매업 외에 건물신축판매업도 겸영하는 사업 $\left(\begin{array}{l}\text{부동산 : 건물신축판매업}\\\text{건} \quad \text{설 : 주택신축판매업}\end{array}\right)$ 이 되는 것입니다.

이 때 겸용주택의 부수토지 계산에 있어서는 주택의 부수토지 계산방법과 일반건축물의 부수토지 계산방법을 준용하여 안분계산하는 방식으로 계산하게 됩니다.

주의할 것은 앞의 ① 또는 ②에 해당하여 겸용주택 전체를 주택으로 보아 주택신축판매업으로 취급되는 경우라 하더라도 사업의 구분에 있어서 주택신축판매업으로 본다는 것뿐으로, 점포 등을 매매하는 때 점포 등의 건물분에 대한 부가가치세가 면세되는 것은 아닙니다.

즉, 사업구분에 있어서는 주택신축판매업으로 보는 것이지만 면세사업자가 아니라 과세사업자인 일반과세자로 사업자등록을 해야 하며 점포 등 건물분에 대한 부가가치세를 납부해야 하는 것입니다.

**문서번호**  부가46015-2115
**생산일자**  1997. 9. 11.
**질    의**
4층의 건물에 2층, 3층 4층은 각층 3세대의 다가구 주택을 신축하였고 1층은 주차장과 근린시설을 반반씩의 넓이로 자리를 마련하였음.
이 경우 다가구 주택의 각 가구당 전용면적이 국민주택 규모 이하에 해당하므로 면세에 해당한다 하겠으나 주차장과 근린생활시설은 어떻게 되는지 여부.
위의 경우 각 가구별로 별도 매각하는 것이 아니라 전체를 하나의 거래단위로 매각하는 것인데 주된 재화에 부수되는 재화로 보아 면세를 하는 것이 타당한지 아니면 과세에 해당하는지 여부.
**회    신**
사업자가 가구당 전용면적이 국민주택규모(85평방미터) 이하인 다가구용 단독주택을 공급하는 경우에는 조세감면규제법 제100조 제1항 제1호의 부가가치세가 면세되는 것이나, 가구당 전용면적이 국민주택 규모 이하인 다가구 주택과 상가(근린생활시설) 및 주차장이 복합된 건물을 신축하여 동 건물 전체를 동일인에게 양도하는 경우에는 다가구 주택과 다가구 주택에 부수된 주차장부분을 제외한 상가 등에 대하여는 부가가치세가 면제되니 아니하는 것임.

**➡ 중소기업에 대한 세금지원 내용 요약**

| 구 분 | 지 원 내 용 |
|---|---|
| 중소기업경영컨설팅쿠폰 구매에 대한 세액공제 | • 중소기업 경영컨설팅쿠폰 구매·사용금액의 7%를 세액 공제 |
| 중소기업에 대한 특별세액 감면 | • 제조업 등 소득에 대한 법인세(소득세)의 5 ~ 30%를 매년 납부할 세금에서 공제 |
| 기업구매전용카드 사용 등에 대한 세액공제 | • 중소기업이 중소기업으로부터 구입 하면서 기업구매전용 카드 등으로 결제한 경우 사용액의 0.15 ~ 0.3%세액공제 |
| 설비투자 지원 | • 사업용자산 및 판매시점정보관리시스템, 정보보호 시스 템설비 투자 금액의 3% 세액공제<br>• 중소기업 정보화지원사업에 대한 과세특례 |
| 지방이전 지원 | • 수도권 과밀억제권역 안의 본사와 공장이 함께 지방으로 이전시 5년간 법인세(소득세)면제, 그 후 2년간 50% 감면 |
| 최저한세 적용한도 우대 | • 법인이 최소한 부담해야 하는 최저한세 적용기준을 일 반법인에 비해 3% ~ 5% 포인트 우대<br>• 각종 감면적용 하기 전 과세표준 × 10%(일반법인 13% ~ 15%) |
| 수도권 과밀억제권역안 투자에 대한 조세감면배제 | • 수도권 과밀억제권역안 대체투자의 경우 각종 투자세액 공제 가능 |
| 결손금 소급공제 | • 직전사업연도에 납부한 세금 중 당해 사업연도에 발생 한 결손금 만큼을 소급해서 환급 적용 가능 |
| 접대비 인정한도 우대 | • 접대비 인정한도(①+②)<br>① 기본금액 : 1,800만원(일반기업 : 1,200만원)<br>② 수입금액 × 적용율 |
| 구조조정 지원 | • 중소기업간 통합시 양도소득세 과세유예, 이전에 따른 취득세·등록세 면제 |
| 원천징수 방법 특례 | • 상시 고용인원이 10인 이하인 사업자는 관할세무서장의 승인을 받아 반기(6개월)별로 원천징수 신고 및 납부 가능 |
| 지방세 감면 | • 영세중소기업에 대한 사업소세 면제<br>• 저당권 설정시 국민주택채권 매입의무 면제<br>• 창업중소기업에 대한 취득세·등록세 면제 |

제 2 편

세금 바르게 내기(절세)

## 1 양도소득세 및 종합소득세 과세개요

　개인이 토지, 건물 등 부동산과 부동산에 관한 권리 등을 양도하게 되면 양도소득세를 내게 됩니다.

　이와 같은 양도소득세는 사업소득에 대한 과세인 종합소득세와 별도로 분류되어 과세방법을 달리하고 있는데 이는 토지, 건물 등 부동산과 주식 등의 자산의 양도가 사업적이 아니라 우발적, 일시적으로 이루어지기 때문입니다.

　그리고 그와 같은 부동산 등의 양도행위가 일시적이 아니라 계속적, 반복적으로 이루어져 사업형태로 운영되는 경우는 이를 사업소득으로 보아 종합소득세로 과세하게 되는 것입니다.

　예를 들어 부동산매매업, 주택신축판매업(건설업) 등이 그것입니다.

　본 절에서는 양도소득세 및 종합소득세의 과세내용에 대해 그 대강을 간단하게 살펴보겠습니다.

## (1) 양도소득세

양도소득세는 개인 또는 비영리법인이 자산을 유상으로 대가를 받고 이전할 때 내는 세금입니다.

모든 자산을 이전할 때 내는 것은 아니고 소득세법이 양도소득세를 매기도록 정한 자산에 대해서 과세되는 것입니다.

양도소득세 과세대상으로 규정된 자산은 부동산과 부동산에 관한 권리, 비상장법인의 주식·지분, 기타자산으로 한정됩니다.

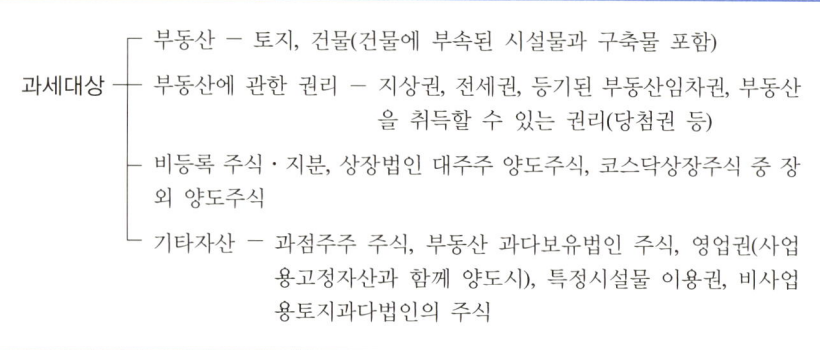

과세대상
- 부동산 - 토지, 건물(건물에 부속된 시설물과 구축물 포함)
- 부동산에 관한 권리 - 지상권, 전세권, 등기된 부동산임차권, 부동산을 취득할 수 있는 권리(당첨권 등)
- 비등록 주식·지분, 상장법인 대주주 양도주식, 코스닥상장주식 중 장외 양도주식
- 기타자산 - 과점주주 주식, 부동산 과다보유법인 주식, 영업권(사업용고정자산과 함께 양도시), 특정시설물 이용권, 비사업용토지과다법인의 주식

국내에 5년 이상 주소를 둔 개인이 국외에 있는 토지, 건물 등 법소정의 국외자산을 양도한 경우에도 양도소득세를 부과합니다.

이 때 해당국가에서 그 양도소득에 대해 과세하는 경우에는 그 금액을 외국납부세액으로 공제받을 수 있습니다.

양도차익을 계산함에 있어서는 실지거래가액에 의해 양도가액에서 양도소득의 필요경비를 공제하여 구하게 됩니다.

양도소득의 필요경비는 취득가액과 취득부대비용, 법이 정하는 자본적 지출과 법이 정하는 양도비를 말합니다.

양도차익에서 장기보유특별공제를 빼면 양도소득금액이 되며 여기에서 양도소득기본공제(1인당 연간 250만원)를 뺀 것이 양도소득 과세표준이 됩니다.

```
        양  도  가  액
    -   취득가액, 취득부대비용
        자  본  적    지  출
    -   양        도        비
        양  도  차  익
    -   장 기 보 유 특 별 공 제
        양 도 소 득 금 액
    -   기 본 공 제(250만원)
        과    세    표    준
    ×   세                율
        양도소득세 산출세액
    -   예정신고 납부세액공제
        자 진 납 부 세 액
```

(등록세, 취득세, 법무수수료, 중개수수료, 컨설팅비용, 집행비용 등)

(용도변경, 구조변경, 개량 등 이용편의를 위한 지출)

(양도시 중개수수료, 양도소득세 신고대행 수수료)

➡ **장기보유특별공제율**

| 1) 일반적인 경우 | | 2) 1세대1주택자의 경우 | |
|---|---|---|---|
| 보 유 기 간 | 공제율 | 보 유 기 간 | 공제율 |
| 3년 이상  4년 미만 | 10% | 3년 이상  4년 미만 | 24% |
| 4년 이상  5년 미만 | 12% | 4년 이상  5년 미만 | 32% |
| 5년 이상  6년 미만 | 15% | 5년 이상  6년 미만 | 40% |
| 6년 이상  7년 미만 | 18% | 6년 이상  7년 미만 | 48% |
| 7년 이상  8년 미만 | 21% | 7년 이상  8년 미만 | 56% |
| 8년 이상  9년 미만 | 24% | 8년 이상  9년 미만 | 64% |
| 9년 이상 10년 미만 | 27% | 9년 이상 10년 미만 | 72% |
| 10년 이상 | 30% | 10년 이상 | 80% |

3) 1세대2주택 이상자의 주택양도, 비사업용토지 양도, 미등기양도에 해당하는 것은 장기보유특별공제를 적용하지 않음

이와 같은 양도소득세는 다음해 5/31까지 「양도소득 과세표준 확정신고 및 자진납부계산서」에 의해 주소지 관할 세무서장에게 신고해야 하며 그 납부금액을 은행이나 우체국에 납부해야 합니다.

그리고 토지, 건물 등 부동산이나 부동산에 관한 권리를 양도하는 경우 양도한 날이 속하는 달의 말일로부터 2월이 되는 날까지 양도소득과세표준 예정신고 및 납부하여야 하며 무신고시에는 산출세액의 20%에 상당하는 금액을 무신고가산세로 내게 됩니다.

종전의 양도소득세 예정신고납부세액공제는 2011. 1. 1. 이후 폐지되었습니다.

2009. 1. 1 이후부터는 개정법령에 의해 세무사 등에 지급한 양도소득세 신고대행 수수료도 양도비에 포함되었습니다.

부동산과 부동산에 관한 권리의 양도에 대한 양도소득세 세율은 다음과 같이 일반세율과 중과세율로 되어있습니다.

주식 양도에 따른 양도소득세율은 「제6편 법인사업자와 부동산매매업자(개인)의 비교」편에서 살펴보겠습니다.

### ➡ 2010년 이후 귀속분

단위 : 천원

| | | | |
|---|---|---|---|
| 일반세율 | 1년 미만 보유시 | | 50% |
| | 1년 이상 2년 미만 | | 40% |
| | 2년 이상 | 12,000 이하 | 6% |
| | | 12,000 ~ 46,000 | 15%( 1,080) |
| | | 46,000 ~ 88,000 | 24%( 5,220) |
| | | 88,000 초과 | 35%(14,900) |
| 중과세율 | 1세대2주택 보유시 주택양도 | | 50%(2013. 1. 1 이후 양도시) |
| | 1세대3주택 보유시 주택양도 | | 60%(2013. 1. 1 이후 양도시) |
| | 비사업용토지 양도 | | 60%(2013. 1. 1 이후 양도시) |
| | 미등기 양도 | | 70% |

1) 1년 이내 양도시 50% 및 1년 이상 2년 미만 양도시 40%는 중과세율이 아니라 일반세율인 점을 유의하시기 바랍니다.

2) 위의 일반세율에서 (   )안에 있는 금액은 누진공제액이라고 하는 것인데 세율이 누진된다고 하여 일정한 혜택을 주는 공제금액은 아니며 세액계산을 간편하게 하기 위하여 사용하는 금액입니다.

예를 들어 과세표준이 50,000,000원인 경우 산출세액을 계산하기 위해서는

① 12,000,000원 까지는                    12,000,000 × 6% = 720,000

② 12,000,000원 ~ 46,000,000원 구간에서   34,000,000 × 15% = 5,100,000

③ 46,000,000원 ~ 50,000,000원 구간에서   4,000,000 × 24% = 960,000

합계 6,780,000원이 됩니다.

위와 같이 계산이 번거롭게 되지만 누진공제액을 이용하여 계산하면 다음과 같이 됩니다.

$$50,000,000 × 24\% - 5,220,000 = 6,780,000$$

이와 같은 누진공제금액은 단지 세액계산의 편의를 위해 방정식을 이용하여 만들어 사용하는 금액인 것입니다.

뒤에 설명하는 종합소득세율에 있어서도 마찬가지입니다.

한편 2008. 12. 26 개정된 소득세법 부칙 및 2010. 12. 27 개정된 소득세법 부칙에 의해 2009. 1. 1 ~ 2012. 12. 31 사이에 주택을 취득하여 1세대(입주권포함) 2주택 또는 1세대(입주권포함) 3주택이 되는 경우 당해주택을 양도할 때에는 언제 양도하더라도 6% ~ 35%의 누진세율에 의해 과세되도록 하고 있습니다.

다만, 1년 미만 보유 후 양도시에는 50%, 1년 이상 2년 미만 보유 후 양도시에는 40%의 세율을 적용합니다.

그리고 서울특별시 강남구, 서초구, 송파구 등 2008. 11. 7 현재 기획재정부장관이 지정고시한 것으로 보는 주택투기지역(지정지역) 3곳은 2009. 3. 16 이후 1세대3주택 이상 보유자가 주택을 양도할 경우에는 해당 기본세율(6% ~ 35%)에 10%를 가산한 탄력세율이 적용되도록 하고 있습니다.

이와 같은 투기지역에서의 탄력세율 적용은 취득시점이 아니라 양도시점을 기준으로 하여 3주택여부 및 투기지역지정여부를 판단하는 것입니다. 투기지역 내 3주택 이상 보유자의 주택양도라 하더라도 보유기간 1년 미만 50%, 1년 이상 2년 미만 40%의 세율을 적용받는 경우에는 10%의 탄력세율을 가산하지 않는 것입니다. 그리고 이와 같은 탄력세율의 적용은 2009. 3. 16부터 2012. 12. 31까지 양도한 경우에만 적용됩니다.

이는 2009. 4. 30 소득세법 부칙 및 2010. 12. 27 같은 부칙의 연장시행에 따른 것 입니다.

## (2) 종합소득세

개인 또는 법인이 벌어들인 소득은 대부분의 나라에서 세금을 부과하는 기준으로 하고 있습니다.

우리나라에서도 소득을 원천별로 관찰하여 그 발생단계에서 개인에게는 종합소득세를 부과하고 법인에게는 법인세를 내도록 하고 있습니다.

이와 같이 소득의 발생단계에서 개인이 벌어들인 소득은 현행 소득세법 체계에서 종합소득세, 퇴직소득세, 양도소득세의 3가지로 분류하여 과세합니다.

종합소득세가 과세되는 소득은 이를 다시 그 발생의 원천에 따라
① 이자소득  ② 배당소득  ③ 사업소득  ④ 근로소득
⑤ 연금소득  ⑥ 기타소득으로 구분합니다.

이와 같은 종합소득은 세법에서 분리과세 하는 것으로 정한 것을 제외하고는 과세연도 기준으로 인별 합산하여 과세하게 됩니다.

이를 종합소득 합산과세라고 하며 종합소득세라는 세목으로 납부하게 됩니다.

예를 들어 부동산매매업의 사업소득이 있는 자가 당해 과세연도에 부동산 임대업 등 다른 사업소득이나 근로소득 등 다른 종합소득이 있는 경우에는 이를 합산하여 다음해 5/31까지 주소지관할 세무서장에게 「종합소득세 · 주민세 과세표준 확정신고 및 자진납부계산서」에 의하여 신고 · 납부해야 합니다.

이를 종합소득세 확정신고라고 합니다.

➡ 종합소득금액을 계산하기 위해서는 총수입금액에서 필요경비를 공제

하여 산출합니다.

| 총수입금액 − 필요경비 = 종합소득금액 |
| --- |

총수입금액이라 함은 회계학적으로는 수익의 개념과 가까운 것인데 영업활동이나 근로의 제공, 부동산의 임대, 주식의 출자, 금전의 대여, 복권의 당첨 등 경제활동을 통해 벌어들인 금액을 말합니다.

이와 같은 총수입금액에서 소득을 낳는데 필요한 경비 다시 말하면 총수입금액을 얻기 위해 사용한 경비를 필요경비라고 하는데 회계학적으로 비용의 개념과 유사한 것입니다.

주식출자의 대가로 받은 배당소득수입금액이나 또는 금전대여의 대가로 받은 이자소득수입금액은 필요경비를 인정하지 않는 것이 특징입니다.

즉, 배당이나 이자로 받은 수입금액 전부가 배당소득금액 또는 이자소득금액이 되는 것입니다.

그 외에 사업소득, 근로소득, 연금소득, 기타소득의 수입금액에서는 각각의 필요경비를 공제하여 종합소득금액을 계산하는 것인데 이와 같은 필요경비를 계산하는 방법은 소득세법에서 소득별로 다르게 규정하고 있습니다.

부동산매매업과 같은 사업소득 또는 기타소득에 있어 필요경비는 당해연도 총수입금액에 대응하는 비용으로서 일반적으로 용인되는 통상적인 것의 합계액으로 한다고 포괄적으로 규정하여 상당히 광범위하게 인정되고 있습니다.

이와 같은 사업소득 등에 있어서의 필요경비를 회계학적 용어로는 ① 매출원가 ② 판매·일반관리비 ③ 영업외비용 ④ 특별손실 등으로 구분하게 됩니다.

➡ 종합소득금액에서 종합소득공제금액을 뺀 것이 종합소득 과세표준이 됩니다.

> 종합소득금액 - 종합소득공제 = 종합소득 과세표준

종합소득공제는 소득세법상 소득공제와 조세특례제한법상의 소득공제가 있습니다.

위에 설명한 "필요경비" 또는 "종합소득공제"에 대해서는 본편의 다른 장에서 다시 살펴볼 것입니다.

➡ 과세표준에 세율을 적용하여 종합소득세 산출세액을 계산하게 되는데 종합소득세 기본세율은 과세표준 구간별로 6% ~ 35%의 누진세율 구조로 되어있어 양도소득세 누진세율과 동일하게 되어있습니다.

> 종합소득 과세표준 × 세율 = 종합소득세 산출세액

➡ **종합소득세율**

(단위 : 천원)

| 2009년 귀속분 | | 2010년 이후 귀속분 | |
|---|---|---|---|
| 과 세 표 준 | 세 율 | 과 세 표 준 | 세 율 |
| 12,000 이하 | 6% | 12,000 이하 | 6% |
| 12,000 초과 46,000 이하 | 16%( 1,200) | 12,000 초과 46,000 이하 | 15%( 1,080) |
| 46,000 초과 88,000 이하 | 25%( 5,340) | 46,000 초과 88,000 이하 | 24%( 5,220) |
| 88,000 초과 | 35%(14,140) | 88,000 초과 | 35%(14,900) |

➡ 종합소득세 산출세액에서 세액공제나 감면세액이 있는 경우 그 금액을 빼고 납부해야 할 가산세 등이 있는 경우에는 그 금액을 더한 금액에 중간예납이나 원천징수세액같은 기납부세액이 있는 경우에는 그 금액을 공제하여 당해 과세연도 종합소득세 자진납부세액을 계산하게 되는 것입니다.

> 종합소득세 산출세액 − 세액공제·감면세액 + 가산세 − 기납부세액
>
> = 종합소득세 자진납부세액

이와 같은 종합소득세를 신고납부함에 있어서 소득세법은 사업소득, 기타소득의 필요경비를 계산할 때 모든 사업자가 장부에 의한 기장을 근거로 하도록 의무화 하고 있습니다.

그러나 부득이하게 장부기장을 할 수 없는 경우에는 이른바 추계방식으로 소득금액을 산출하도록 하고 있습니다.

추계방식에 있어서는 단순경비율추계와 기준경비율추계 방식이 있습니다.

양도소득세와 달리 종합소득세에서는 소득금액의 크기가 장부의 기장에 의하는 경우와 단순경비율추계 또는 기준경비율추계에 의하여 계산하는 경우가 모두 다르게 됨으로서 납부해야할 세금의 크기가 다르게 되는데 이러한 점은 일반인들이 이해하기 난해한 내용이 되고 있습니다.

이와 같은 사항은 다음 장에서 자세히 살펴보도록 할 것입니다.

## 2 사례로 본 세부담의 비교

다음의 사례는 부동산매매업자인 「갑」이 경매 또는 일반매매로 취득하여 갖고 있던 토지, 건물 등 부동산을 양도한 결과에 대한 자료입니다.

만일 「갑」이 부동산매매업자가 아니라고 가정했을 때 부담하게 되는 양도소득세 추정액과 부동산매매업자로서 부담하게 되는 종합소득세액을 비교검토하고자 합니다.

양도일자는 편의상 2010. 1. 1 이후이며, 양도물건은 주택이라고 가정합니다.

**사 례**   과세기간 : 2010. 1. 1 ~ 2010. 12. 31 (단위 : 천원)

| | |
|---|---:|
| • 양도가액 | 200,000 |
| • 취득가액 | 150,000 |
| • 취득부대비용(취득세, 등록세, 법무·중개수수료) | 4,000 |

| | |
|---|---:|
| • 수선비(방수공사, 벽지, 장판, 욕조타일교체공사) | 5,000 |
| • 차량유지비(유류대, 정비수리비 연간 지출액) | 5,000 |
| • 차량감가상각비(정액법 상각) | 6,000 |
| • 보험료(책임보험 및 종합보험 당해연도 분) | 400 |
| • 조세공과(자동차세, 면허세, 매매용 주택의 재산세) | 300 |
| • 통신비(전화, 핸드폰, 인터넷) | 2,000 |
| • 접대비(식사, 주류대) | 6,000 |
| • 지급수수료(양도시 중개수수료) | 500 |
| • 이자비용(2010년도 운영자금 차입에 대해 부담한 금융기관 이자) | 2,000 |
| • 입찰보증금 몰취액(2010년도 중 경락자산 매수포기로 인한 보증금 몰취액) | 6,000 |

양도소득세에 있어서는 양도소득금액을 계산함에 있어 실지거래금액에 의하여 계산하는 단일한 방법에 의하는 것이지만, 종합소득세에 있어서는 장부(간편장부, 복식장부)에 의하는 방법과 후술하고자 하는 추계(단순경비율추계, 기준경비율추계)에 의하는 방법 두 가지가 있는데 위의 사례에 대하여 종합소득금액 계산에 있어서는 장부에 의한 방법 및 추계에 의한 방법으로 각각 계산하여 비교해 보고자 합니다.

## 장부에 의한 세부담의 비교

• 소득금액의 계산

(단위 : 천원)

| 양 도 소 득 세 | | 종 합 소 득 세 | |
|---|---:|---|---:|
| 양도가액 | 200,000 | 매출액 | 200,000 |
| (-) 취득가액 및 취득부대비용 | 154,000 | (-) 매출원가 | 154,000 |
| (-) 양도비(중개수수료) | 500 | ┌ 기초재고액　0 | |
| | | ├ 당기매입액　154,000 | |
| 양도차익 | 45,500 | └ 기말재고액　0 | |
| | | 매출총이익 | 46,000 |
| | | (-) 판매, 일반관리비 | 25,200 |
| | | 영업이익 | 20,800 |
| | | (-) 영업외비용 | 8,000 |
| | | 경상이익 | 12,800 |
| | | 당기순이익 | 12,800 |
| 양도소득금액 | 45,500 | 종합소득금액 | 12,800 |

- 판매·일반관리비(합계 : 25,200)

  수선비(5,000), 차량유지비(5,000), 차량감가상각비(6,000), 보험료(400), 조세공과(300), 통신비(2,000), 지급수수료(500), 접대비(6,000)

- 영업외비용(합계 : 8,000)

  이자비용(2,000), 입찰보증금몰취액(6,000)

> **용어설명**
>
> 매출액이란 해당회계기간에 상품 등을 판매한 금액의 합계액이며 매출원가란 매출에 직접 대응시킬 수 있는 원가를 말하는데 판매업에 있어서는 기초상품재고액에 당기상품매입액을 더하고 기말상품재고액을 뺀 것이 매출원가가 됩니다. 매출액에서 매출원가를 뺀 것을 매출총이익이 되며, 매출총이익에서 판매·일반관리비, 영업외비용, 특별손실 등을 뺀 것이 당기순이익이 됩니다.

- 과세표준의 계산

(단위 : 천원)

| 양 도 소 득 과 세 표 준 | 종 합 소 득 과 세 표 준 |
|---|---|
| 45,500 - 2,500 = 43,000 (양도소득기본공제) | 12,800 - 2,100 = 10,700 (종합소득공제) |

　　종합소득공제에 있어서는 사업자의 기본공제 1,500,000원과 표준공제 600,000원을 합한 금액 즉 배우자 및 부양가족이 없는 최소한의 공제금액인 2,100,000원을 공제하는 것으로 가정하였습니다.

- 세액의 계산

(단위 : 천원)

| 양 도 소 득 세 | 종 합 소 득 세 | |
|---|---|---|
| | 다주택자가 아닌 경우 | 다주택자인 경우 |
| ① 1년 미만 양도 43,000 × 50% = 21,500 | 10,700 × 6% = 642 | 21,500 642 〕 중 큰 금액인 21,500 |
| ② 1 ~ 2년 미만 양도 43,000 × 40% = 17,200 | 10,700 × 6% = 642 (이월결손금 0 일때) | 17,200 642 〕 중 큰 금액인 17,200 |

| 양 도 소 득 세 | 종 합 소 득 세 | |
|---|---|---|
| | 다주택자가 아닌 경우 | 다주택자인 경우 |
| ③ 2년 이상 보유 후 양도<br>43,000 × 15% − 1,080 = 5,370 | 10,700 × 6% = 642<br>(이월결손금 0 일때) | 5,370 ⎤<br>642 ⎦ 중 큰 금액인 5,370 |

앞의 사례에서 보면, 같은 거래에 있어서 다주택자가 아닌 경우에는 종합소득세의 세부담이 양도소득세의 세부담보다 적은 것을 알 수 있는데, 이는 (−)로 표시된 금액 즉, 필요경비의 산입범위가 양도소득을 계산할 때보다, 종합소득을 계산할 때 더 광범위하게 인정되기 때문입니다.

그래서 당연히 양도소득금액보다 종합소득금액이 적게 되는 것입니다.

뿐만 아니라 과세표준에 적용하는 세율은 2년 미만 보유 후 양도하는 경우에는 종합소득세율(6% ~ 35%)이 양도소득세율(50% 또는 40%)보다 낮기 때문에 종합소득세의 세부담이 양도소득세의 세부담보다 그만큼 적게 되는 것입니다.

그리고 그 외에도 종합소득세는 신고방법에 따라 추계신고(단순경비율, 기준경비율)에 의해 소득금액을 계산함으로서 장부에 의한 경우보다 더 적게 세금을 내는 수도 있고, 부양가족이 많은 경우 종합소득공제금액이 커지며 조세특례제한법상의 소득공제를 추가하여 공제받을 수도 있고, 결손금통산, 이월결손금공제에 의해서도 세금을 줄일 수 있습니다.

그러나 다주택자인 경우에는 양도소득세 상당액과 종합소득세의 금액이 동일하게 되는데 이는 「부동산매매업자에 대한 세액계산의 특례」에 의해 비교과세되기 때문입니다.

다주택자(1세대2주택 이상)가 주택을 양도하는 경우 및 비사업용토지를 양도하는 경우 그리고 미등기양도의 경우에는 장기보유특별공제를 배제하는 뿐만 아니라 부동산매매업자인 경우엔 부동산매매업자에 대한 세액계산의 특례에 의해 비교과세됩니다. 미등기양도에 있어서는 70%의 중과세율이 적용되므로 이 경우에는 「미등기양도 중과세」라고 표현하고자 합니다.

1세대2주택 또는 1세대3주택이상 보유한자가 주택을 양도하는 경우와 비사업용토지를 양도하게 되는 때에는 위에서 살펴본 것과 같이 장기보유특별공제를 배제하고 있으며 부동산매매업자가 양도하는 경우 양도소득세 상당액과 비교과세하도록 하고 있는데 이와 같은 사항은 양도소득세 및 종합소득세의 일반적인 과세방법이 아니므로 「특례적과세」라는 용어로 사용하고자 합니다.

### 추계에 의한 세부담의 비교

앞의 동일한 사례에 대하여 추계에 의한 방법으로 과세표준과 세액을 계산하면 다음과 같습니다(단순경비율 적용대상자로 가정함).

이와 같은 추계에 의한 방법에 대하여는 다음 절의 「과세표준과 세액의 신고방법의 차이」에서 자세히 살펴볼 것입니다.

• 소득금액의 계산

(단위 : 천원)

| 단 순 경 비 율 추 계 | | 기 준 경 비 율 추 계 | |
|---|---|---|---|
| 총수입금액 | 200,000 | 총수입금액 | 200,000 |
| 필요경비(200,000 × 79.9 %) | 159,800 | 필요경비 | 166,000 |
| | | ┌ 주요경비 154,000 | |
| | | └ 기타경비  12,000(200,000 ×6%) | |
| 소득금액 | 40,200 | 소득금액 | 34,000 |

• 과세표준의 계산

(단위 : 천원)

| 단 순 경 비 율 추 계 | 기 준 경 비 율 추 계 |
|---|---|
| 40,200 − 2,100 =38,100 | 34,000 − 2,100 = 31,900 |
| (종합소득공제) | (종합소득공제) |

2009. 1. 1 이후부터는 종합소득세 기본공제가 종전의 1인당 1,000,000원에서 1,500,000원으로 변경되었습니다.

종합소득공제 2,100,000원은 사업자 본인 기본공제 1,500,000원과 표준공

제 600,000원을 합한 금액으로서 배우자 및 부양가족이 없는 경우를 가정한 것입니다.

• 세액의 계산

(단위 : 천원)

| 단 순 경 비 율 추 계 | 기 준 경 비 율 추 계 |
|---|---|
| 38,100 × 15% − 1,080 = 4,635 | 31,900 × 15% − 1,080 = 3,705 |

### 양도소득세와 종합소득세의 세부담 종합비교(다주택자가 아닌 경우)

(단위 : 천원)

| 구 분 | 양도소득세 | 종 합 소 득 세 | | |
|---|---|---|---|---|
| | | 장부에 의한 기장 | 단순경비율 추계 | 기준경비율 추계 |
| 1년 미만 양도 | 21,500 | | | |
| 1 ~ 2년 미만 | 17,200 | 642 | 4,635 | 3,705 |
| 2년 이상 보유 | 5,370 | | | |

위의 세 부담 비교차트(다주택자가 아닌 경우)에서 보면 동일한 거래에 있어 일반인이 내는 양도소득세 보다 부동산매매업자가 내는 종합소득세가 더 적은 것을 알 수 있습니다.

그리고 종합소득세에 있어서는 장부에 의한 기장, 단순경비율 추계, 기준경비율 추계에 의한 세금이 각각 다른 것입니다.

이와 같이 세 부담이 달라지게 되는 것은 특수한 사례를 제공해서가 아니라 양도소득세와 종합소득세의 세금산출 구조가 다르기 때문입니다.

따라서 원리적으로 세금의 크기가 달라지게 되는 것인데 이와 같은 차이의 원인을 크게 나누어 보면 ① 필요경비의 산입범위 ② 적용세율 ③ 과세표준과세액의 신고방법 ④ 결손금 통산, 이월결손금 공제 ⑤ 양도소득 기본공제와 종합소득공제 등으로 구분할 수 있습니다.

다음 장에서 이와 같은 과세요건의 세법적 적용에 관해 살펴보겠습니다.

## 3 세부담 차이의 원인

### (1) 필요경비의 산입범위

총수입금액과 필요경비는 회계학적으로는 수익과 비용에 가까운 개념의 용어입니다.

총수입금액이라 함은 사업자가 영업활동을 통해 벌어들인 금액이며 그 중에서 소득을 낳는데 필요한 경비, 다시 말하면 총수입금액을 얻기 위해 사용한 경비를 필요경비라고 합니다.

총수입금액과 필요경비라는 용어는 소득세법에서 종합소득을 계산하는데 사용하는 용어이며 법인세법에서는 익금과 손금이라는 용어로 사용합니다.

소득세법에서 양도소득을 계산하는데 있어서는 양도가액 및 양도소득의 필요경비라는 용어로 사용합니다.

종합소득금액 계산 시 총수입금액에서 필요경비를 뺀 것이 소득금액이 되는 것입니다.

양도소득금액을 계산할 때는 양도가액서 양도소득의 필요경비를 뺀 것이 양도차익이 됩니다.

양도소득의 필요경비는 당해 양도물건에 직접 귀속되거나 대응하는 비용이라는데 특징이 있으나 종합소득의 필요경비는 과세기간(매년 1. 1 ~ 12. 31) 동안의 수입금액(판매금액)을 얻기위해 해당년도에 지출하거나 지출해야 할 금액의 합계액이 되는 것입니다.

이와 같이 종합소득의 필요경비는 양도물건에 귀속되는 것에 한정되지 않고 과세기간 동안 사업과 관련하여 발생하는 일체의 비용이 되는 것입니다.

예를들어 양도물건이 아닌 기초 재고자산인 부동산이나 당기에 매입한 재고자산인 부동산의 취득에 소요된 차입금액에 대한 지급이자 또는 기부금과 같이 사업과 간접적으로 관련있는 비용까지도 필요경비가 되는 것입니다.

그러므로 소득세법상 양도소득의 필요경비 범위 보다 종합소득 계산상 필요경비의 범위가 훨씬 더 광범위하게 인정되고 있는 것입니다.

당연히 동일한 거래에 대해 양도소득금액보다 사업소득금액이 더 적게 산출되므로 2년 이상 보유 후 양도하여 적용세율의 크기가 같다 해도 결과적으로 양도소득세보다 종합소득세가 더 적게 되는 것입니다.

### ➡ 종합소득계산상 필요경비

종합소득계산상 필요경비에 있어서 소득세법은 사업소득, 기타소득금액의 계산에 있어서 필요경비에 산입할 금액은 당해연도의 총수입금액에 대응하는 비용으로서 일반적으로 용인되는 통상적인 것의 합계액으로 하는 것으로 포괄적으로 규정하고 있습니다.

#### ❄소득세법 제27조 (필요경비의 계산)

> ① 사업소득금액 또는 기타소득금액을 계산할 때 필요경비에 산입할 금액은 해당 과세기간의 총수입금액에 대응하는 비용으로서 일반적으로 용인되는 통상적인 합계액으로 한다(2009. 12. 31. 개정).

소득세 및 소득 할 주민세는 필요경비에 산입하지 아니하며 벌금, 과료, 과태료, 가산금, 체납처분비 등 법령의 위반이나 의무불이행에 대한 제재로서 부과되는 금액도 필요경비로 인정되지 않습니다.

감가상각비, 접대비, 기부금등에서 세법에 의한 한도액을 초과하는 금액도 당해연도의 필요경비로 인정되지 아니합니다.

또 채권자가 불분명한 사채이자, 가사관련 경비 등 직접 업무와 관련이 없다고 인정되는 지출비용도 필요경비에 산입하지 않도록 규정하고 있습니다.

이와 같이 세법에 의하여 필요경비에 불산입하는 것으로 정해진 것 외에는 업무와 관련하여 발생한 취득원가 또는 지출한 경비가 모두 필요경비로 인정되는 것입니다.

부동산매매업과 관련하여 발생하는 주요 필요경비는 다음과 같이 구분해 볼 수 있습니다.

① 매출원가

매출원가는 매출액에 직접 대응하는 원가로서, 기초상품재고액에 당기상품매입액을 더하고 기말상품재고액을 뺀 것입니다.

이 때 당기상품매입액이라 함은 당기에 취득한 부동산의 취득가액과 등록세, 취득세, 중개수수료, 컨설팅비용, 명도비용, 유치권해제를 위한 합의금, 대항력있는 임차인에 부담한 임차보증금 인수금액등 취득부대비용을 말하며 당기에 지출한 자본적지출액(구조변경, 용도변경, 개량 등 이용편의나 자산가치의 증가를 가져오는 공사비 등)도 당기상품매입액에 해당합니다.

② 판매·일반관리비

판매·일반관리비로는 인건비, 복리후생비, 광고선전비, 접대비, 지급임차료, 통신비, 수도광열비, 세금과공과, 수선비, 차량유지비, 차량·비품 등 감가상각비 보험료, 대손상각, 지급수수료 등이 있습니다.

수선비에는 벽지, 장판, 욕조 및 타일교체, 보일러교체, 상·하수도공사, 전기공사, 방수공사, 신발장, 싱크대교체 등 모든 수선비가 해당합니다.

양도소득의 필요경비에서는 자본적지출에 해당하는 공사비용만 인정되는 것과 달리 광범위하게 모든 수선비가 판매·일반관리비로 인정되는 것입니다.

이와 같은 판매·일반관리비항목 중에서 양도소득의 필요경비로서 인정되는 것은 광고선전비, 지급수수료정도입니다.

판매목적으로 보유하고 있는 부동산에 대해서는 건물 감가상각비가 인정되지 아니합니다.

이는 사업용고정자산이 아니라 재고자산이기 때문입니다.

그러나 보유하고 있는 재고자산인 부동산에 대한 재산세, 종합부동산세 등 납부액은 세금과공과 즉 판매·일반관리비로서 필요경비에 해당하는 것입니다.

그리고 부동산매매업에서는 사업장으로 사용하는 사무실이 없는 경우에 거주하고 있는 주택을 사업장으로 하여 사업자등록을 하는 경우가 많이 있게 됩니다.

이 경우 세법에 의해 과세권 지정의 편의상 업무를 총괄하는 장소인 주거용주택을 사업장으로 하고 있는 것일 뿐 사업장이 아닌 주거용주택이므로 주거용주택의 지급임차료나 수선비, 관리비등은 사업장관련 경비가 아닌 가사관련 경비로서 이와 같은 지출액은 판매·일반관리비에 해당하지 않는 것입니다.

### ③ 영업외 비용

영업외비용으로는 이자비용과 기부금등을 필요경비에 산입할 수 있는데 이와 같은 영업외비용 항목은 양도소득세 계산을 위한 양도소득의 필요경비에서는 인정되지 않는 것입니다.

기부금은 국방헌금, 천재지변으로 인한 이재민구호금품, 불우이웃돕기결연기관을 통한 불우이웃기부금품, 정치자금법에 의한 정치자금등과 같이 지출한 금액전액이 필요경비에 산입되는 기부금도 있고, 종교단체에 기부하는 금품과 같이 지출한 금액 중 소득금액의 10%를 한도로 하여 인정되는 지정기부금도 있습니다.

그밖에 법이 정한 공익법인에 기부하는 것으로 소득금액의 15%를 한도로 하는 지정기부금이 있으며, 특정연구기관 등에 기부하는 기부금으로서 소득금액의 50%를 한도로 하는 특례기부금이 있으며, 소득금액의 30%를 한도로 하는 우리사주기부금도 있습니다.

세법에 의한 한도액 계산시 소득금액이란 기부금을 제외한 세무조정 후의 소득금액을 기준으로 하게 됩니다.

이와 같은 기부금은 장부에 의한 신고가 아니라 추계에 의한 신고시에도 한도액범위 내에서는 공제받는 것입니다.

세법상의 한도초과로 인해 공제받지 못하는 금액은 다음 3년간 이월공제 받을 수 있습니다.

이월공제 받기 위해서는 기부금을 결산서상 필요경비로 계상되어야 하므로 추계방법에 의한 신고에 있어서는 이월공제 받을 수 없습니다.

그리고 특별공제로서 소득공제 받은 경우는 이월대상이 되지 않는 것입니다.

④ 특별손실

특별손실은 비경상적, 비반복적으로 발생한 영업외 비용과 재해손실을 포함합니다.

부동산매매업에서는 매매계약해제로 인한 위약금 배상액, 경매낙찰시 매수포기로 인하여 입찰보증금을 몰취당한 금액 등은 경상적으로 발생하는 것은 영업외비용으로 그리고 비경상적으로 발생하는 것은 특별손실로 처리합니다.

기타 화재손실 등 재해손실이 특별손실에 해당하게 됩니다.

이와 같은 특별손실 항목에 해당하는 손실도 양도소득의 필요경비에서는 인정되지 않는 것입니다.

## 양도소득계산상 필요경비

양도소득의 필요경비에 있어서는 취득가액과 그 부대비용 및 자본적지출로서 대통령령이 정하는 것, 양도비로서 대통령령이 정하는 것으로 규정하고 있습니다.

① 취득가액에 있어서는 본래의 취득가액은 물론이고 경매로 취득할 때 대항력 있는 임차인의 임차보증금 반환채무를 인수하는 금액, 유치권 해제를 위해 합의하여 지출한 금액 및 소유권 취득을 위해 직접 소요된 소송비용, 화해비용도 취득가액에 포함합니다.

취득부대비용으로는 등록세, 취득세, 법무수수료, 중개수수료, 집행비용 등이 인정됩니다.

② 자본적지출에 해당하는 것으로는 베란다, 샷시시공, 주방, 다용도실, 거실 등 구조변경, 건물 용도변경에 의한 대수선, 리모델링비용, 구옥철거나 묘지이장 등 장애제거비용, 개발부담금, 재건축부담금, 학교용지부담금, 기타 내용연수의 증가 또는 자산가치의 증가를 가져오거나 용도변경, 개량 또는 이용편의를 위하여 지출한비용 그리고 토지의 이용편의를 위해 도로를 개설하고 기부 채납한 가액등도 자본적지출에 포함됩니다.

③ 양도비에 해당하는 것으로는 자산을 양도하기 위해 부담한 중개수수료, 컨설팅비용, 공증비용등과 자산취득시 구입한 국민주택의 채권매각 손실 등이 포함됩니다.

2009. 1. 1 이후부터는 양도소득세 신고대행수수료 지급금액도 양도비에 해당하도록 소득세법시행령이 개정되었습니다.

## (2) 적용세율의 차이

• 2010년 이후 귀속분 기준

(단위 : 천원)

| 양 도 소 득 세 | | | 종 합 소 득 세 | |
|---|---|---|---|---|
| 일반<br>세율 | 1년 미만 | 50% | 12,000 이하 | 6% |
| | 1년 이상 2년 미만 | 40% | 12,000 ~ 46,000 | 15%( 1,080) |
| | 2년 이상   12,000 이하 | 6% | | |
| | 12,000 ~ 46,000 | 15%( 1,080) | 46,000 ~ 88,000 | 24%( 5,220) |
| | 46,000 ~ 88,000 | 24%( 5,220) | | |
| | 88,000 초과 | 35%(14,900) | 88,000 초과 | 35%(14,900) |
| 중과<br>세율 | • 1:2 주택 : 50%(2009. 1. 1 ~ 2012. 12. 31까지는 일반세율)<br>• 1:3 주택 : 60%(2009. 1. 1 ~ 2009. 3. 15까지는 45%, 2009. 3. 16 ~ 2012. 12. 31까지는 일반세율)<br>• 비사업용토지 : 60%(2009. 3. 16 ~ 2012. 12. 31까지는 일반세율)<br>• 미등기 양도 : 70% | | | |

## (3) 과세표준과 세액의 신고방법의 차이

양도소득세는 매 건별로 실지거래가액에 의해 양도차익을 계산하여 매매계약서, 영수증 등 증빙서류를 첨부하여 과세표준과 세액을 신고·납부하는 단일한 방식을 갖고 있습니다.

반면 종합소득세는 기간과세로서 사업자가 과세연도 중에 발생한 소득금액을 계산할 때 1년 동안 벌어들인 소득금액을 모두 합하여 계산하게 되는 것입니다.

이때 추계에 의한 방식 또는 장부에 의한 방식으로 신고·납부할 수 있으므로 이와 같은 신고방법의 차이에 의해 과세표준과 세액이 달라지게 됩니다.

부동산매매업자도 과세표준과 세액을 확정신고·납부함에 있어서 추계에 의한 방법 또는 장부를 기장하는 방법으로 할 수 있습니다.

물론 토지 등 매매차익 예정신고·납부할 때에도 추계에 의한 방법 또는 실가에 의한 방법으로 할 수 있습니다.

그러나 일반인이 종합소득세 확정신고를 하면서 신고방법에 따른 세부담의 유·불리를 판단하여 과세연도별로 또는 사업종류별로 장부 또는 추계방식으로 하여 소득금액의 계산방법을 달리 채용한다는 것은 다소 어려운 문제입니다.

기장의무 구분에 있어서 종전에는 연간매출액을 기준으로 복식기장의무자, 간이장부의무자, 일기장의무자로 기장의무를 구분하던 것이 폐지되어 1994. 1. 1 이후부터는 모든 사업자가 장부에 의해 기장하도록 되었습니다.

그러나 기장능력이 없는 소규모사업자의 입장에서는 기장을 하려고 해도 장부구조가 복잡하여 회계지식이 없으면 기장을 할 수 없는 문제가 있게 됩니다.

이에 따라 회계 및 세무지식이 없는 영세자영사업자도 쉽게 할 수 있도록 개선된 장부조직을 제정하여 시행하게 되었는데 이를 「간편장부」라고 합니다.

이와 같이 간편장부제도가 도입됨으로서 1999년 이후에는, 관련영수증 등 증빙서류를 보관하고 업종별표준장부에 의해 기장하여 신고하는 제도인 종전의 간이장부제도는 폐지되었습니다.

현재는 모든 사업자를 기장의무자로 하고 기장의무 구분에 있어서는 간편장부의무자와 복식기장의무자로 구분합니다.

부동산매매업에서는 직전년도 수입금액이 3억원 미만인 사업자가 간편장부의무자이며 직전년도 수입금액이 3억원 이상인 경우에는 복식기장의무자가 됩니다.

이와 같이 모든 사업자에 대해 기장에 의해 소득금액을 계산하도록 하고 있음에도 사실상 기장능력이 없거나 거래내용에 관한 증빙서류가 없어서 장부에 의해 신고할 수 없는 경우는 언제나 있게 마련입니다.

그러므로 세법에서는 장부에 의하여 신고할 수 없는 자에 대하여는 이른바 추계방법에 의해 신고·납부할 수 있도록 하고 있습니다.

추계방법에 의한 신고·납부의 관점에서는 모든 사업자를 단순경비율 적용대상자와 기준경비율 적용대상자로 구분합니다.

2011년 이후 귀속분의 경우 부동산매매업에서는 당해연도 신규사업자로서 해당년도의 수입금액이 3억원 미만이거나 계속사업자로서 직전년도의 부동산매매업수입금액이 6천만원 미만인 사업자가 단순경비율 적용대상자이며 당해연도의 신규사업자로서 해당년도의 수입금액이 3억원 이상이거나 계속사업자로서 직전년도 부동산매매업의 수입금액이 6천만원 이상인 경우에는 기준경비율 적용대상자가 됩니다.

직전년도 수입금액이라 함은 직전년도의 부동산매매업의 수입금액만을 말하는 것이 아니고 직전년도의 부동산임대업 등 다른 사업소득의 수입금액도 포함하는 것입니다.

이자소득 수입금액, 배당소득 수입금액, 근로소득 수입금액, 총연금액, 기타소득 수입금액은 포함되지 않는 것입니다.

2010. 12. 31. 귀속분까지 적용되는 종전의 법령과 달리 2010. 12. 30. 개정된 소득세법시행령(2011. 1. 1. 이후 시행)에서는 신규사업자라 해도 종전과 같이 당연히 단순경비율 대상이 되는 것이 아니고 당해년도 수입금액이 일정규모 미만일 때만 단순경비율 적용대상이 되도록 변경되었습니다.

이와 같은 내용은 매우 중요한 사항이므로 본편의 부록에서 개정 소득세법시행령 중 추계결정, 경정에 대한 규정을 심도있게 살펴볼 것입니다.

**➡ 종합소득세 추계적용대상구분 및 기장의무유형의 구분(부동산매매업의 경우)**

   – 직전년도 및 해당년도의 수입금액이 모두 부동산매매업으로 가정함

2011. 1. 1. 이후                                               단위 : 천원

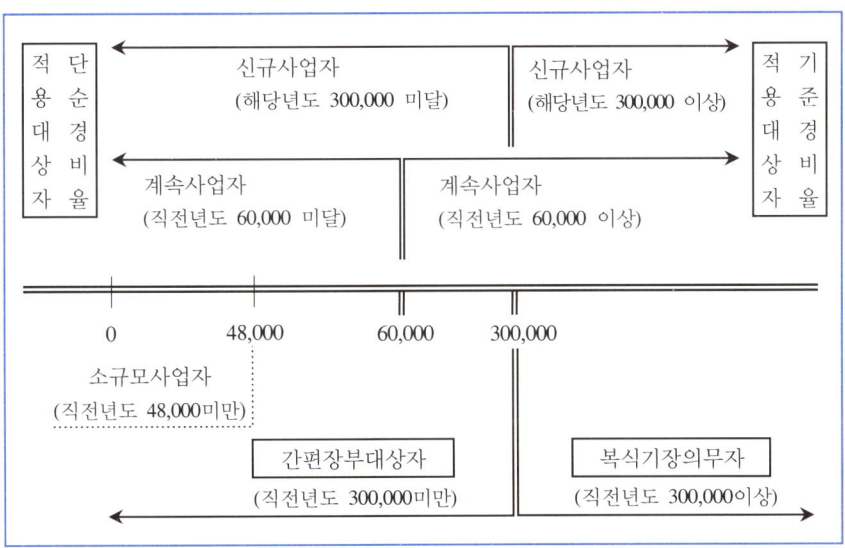

- 기준경비율 및 단순경비율 적용대상자의 구분(소득세법시행령 제143조 참조)

(단위 : 천원)

| 업　　　　종 \ 귀속년도　기준수입금액 | 2010 귀속 직전년도 수입금액 | 2011 이후귀속 | |
|---|---|---|---|
| | | 계속사업자 직전년도 수입금액 | 신규사업자 해당년도 수입금액 |
| 농업·수렵업 및 임업, 어업, 광업, 도·소매업, 부동산매매업 및 기타 아래에 해당하지 아니하는 업 | 60,000 | 60,000 | 300,000 |
| 제조업, 숙박 및 음식점업, 전기·가스 및 수도사업, 건설업, 소비자용품수리업, 운수·창고 및 통신업, 금융 및 보험업 | 36,000 | 36,000 | 150,000 |
| 부동산임대업, 사업서비스업·교육서비스업, 보건 및 사회복지사업, 사회 및 개인서비스업, 가사서비스업 | 24,000 | 24,000 | 75,000 |

- 간편장부대상자의 범위(소득세법 제160조 ③항 참조)

　① 당해연도에 신규로 사업을 개시한 사업자

　② 직전년도의 수입금액(결정 또는 경정에 의하여 증가된 수입금액을 포함)의 합계액이 다음의 금액에 미달하는 사업자

| 업　종　별 | 기준금액 |
|---|---|
| 1. 농업 및 임업, 어업, 광업, 도·소매업, 부동산매매업, 기타 제2호 및 제3호에 해당하지 아니하는 업 | 3억원 |
| 2. 제조업, 숙박 및 음식점업, 전기·가스 및 수도사업, 건설업, 운수업, 통신업, 금융 및 보험업 | 1억 5천만원 |
| 3. 부동산임대업, 사업서비스업, 교육서비스업, 보건 및 사회복지사업, 오락·문화 및 운동관련서비스업과 기타 공공·수리 및 개인서비스업, 가사서비스업 | 7천 5백만원 |

위의 기준경비율 및 단순경비율 적용대상자의 구분을 규정하는 차트상의 업종 및 기준수입금액은 계속사업자인 경우 직전년도를 기준으로 하는 것이며

신규사업자인 경우엔 해당년도의 업종 및 해당년도의 수입금액을 말합니다.

그리고 간편장부 대상자의 범위를 규정하는 차트상의 업종 및 기준금액은 직전년도의 업종 및 수입금액을 말하는 것입니다.

### 기준경비율 또는 단순경비율에 의한 신고

2002년 이후 기준경비율 또는 단순경비율이라는 이른바 경비율에 의한 필요경비 추계방식이 도입되기 이전에는 아시는 바와 같이 표준소득률에 의하여 소득금액을 추계하였는데 이와 같은 표준소득률 제도는 1955년부터 시행되어 2001년까지 무려 47년간 존속하면서 기장능력이 부족한 소규모사업자에게 신고편의를 제공하고, 다수의 무기장사업자가 일률적인 방법으로 간편하게 납세의무를 이행하도록 하는데 중추적인 역할을 하였던 것입니다.

그러나 1995년 종합소득세 과세제도가 정부부과 과세제도에서 신고납세제도로 전환되면서 표준소득률제도는 납세자의 사업실상을 개별적으로 반영하지 못한다는 근원적인 취약점이 신고납세제도의 취지에 비추어 크게 두드러지게 되었습니다.

무엇보다도 표준소득률 이라는 것이 개별 기장사업자의 신고기준으로 정착됨으로서 기장에 의해 신고하는 사업자도 표준소득률에 의한 소득을 상한으로 하여 기장소득금액을 조절하여 신고하는 등 과세의 실질을 왜곡시키는 기준으로 기능함으로서 오히려 기장제도의 확립을 저해하고 세부담의 불공평을 초래하였던 것입니다.

정부에서는 이에 대한 여러 가지 대안을 살펴보게 되었으며 표준소득률제도 대신으로 새로운 소득금액계산방법을 여러가지로 검토하여 과세의 실질을 반영하면서도 무기장자를 점차 기장권사업자로 유도할 수 있는 방안을 모색하게 되었습니다.

사실 대부분의 사업자는 나름대로 이익계산을 위한 증빙과 업무관련 기록을 보유하고 있으면서도 종합소득세를 추계방식으로 신고하고 있었던 것입니다.

기장능력이 있으면서도 자기의 소득계산을 위한 아무런 노력 없이 실질소득을 숨기고 형식적으로 납세하는 것이 오랜 관행이 되었던 것입니다.

그리하여 소득금액 계산을 위해 총수입금액에서 공제할 필요경비에 관한 증빙 및 근거서류가 있음에도 불구하고 세부담을 줄이기 위해 정부에서 정한 표준소득률에 의해 간단하게 신고·납부하였던 것입니다.

이와 같은 환경하에서 장부를 하지 않는 사업자도 기장에 의해 신고·납부하는 사업자와 같이 사업실상에 대해 스스로 소득을 계산하여 신고·납부할 수 있도록 개별사업자의 필요경비를 기본으로 하여 소득을 추계할 수 있는 제도를 마련하였는데 이것이 바로 기준경비율에 의한 추계방법인 것입니다.

이와 같은 경비율 추계방법은 2002년 귀속 소득세신고 때부터 시행하게 되었으며 이와 동시에 표준소득률에 의한 소득추계제도는 막을 내리게 되었습니다.

기준경비율 제도란 장부를 기장하지 않는 사업자라도 기장사업자와 같이 수입금액에서 필요경비를 공제하여 정상적인 소득금액을 계산하는 제도입니다.

거래사실을 증명할 수 있는 주요경비는 실지로 지출한 필요경비로 인정해 주며 나머지 경비는 기타경비라 하여 업종별로 정부가 정한 기준경비율에 의해 필요경비를 계산하여 소득금액을 계산하는 방식입니다.

여기서 주요경비라 함은 매입비용, 임차료, 인건비를 말합니다.

**➡ 기준경비율에 의한 소득금액 계산방법**

```
    수 입 금 액
  - 주 요 경 비    (매입비용 + 임차료 + 인건비)
  - 기 타 경 비    (수입금액 × 업종별 기준경비율)
    소 득 금 액
```

부동산매매업에 있어서는 판매한 부동산 중에서 토지의 보유기간이 5년 미만인 경우에는 기준경비율이 6%이며 토지의 보유기간이 5년 이상인 경우에는 22.1%로 정하고 있습니다.

토지의 보유기간이 길다고 해서 당해 사업연도 중에 판매를 위해 지출하게 되는 판매·일반관리비, 영업외비용 등 기타경비에 해당하는 금액이 토지의 보유기간이 단기인 경우보다 특별히 증가하지는 않을 것입니다.

그러나 계속기업의 가정에서 볼 때 만일 기장을 하였다면 과거연도에 발생한 기타경비가 이월결손금 등으로 누적되어 있을 것으로 보아 토지 보유기간 5년을 기준으로 하여 차등을 두고 있는 것으로 생각됩니다.

그러나 실제로는 무자료거래로 인해 매입비용등 주요경비의 증빙이 없거나, 사실상 기장능력이 없어서 이와 같은 기준경비율에 의해서 소득금액을 추계할 수 없는 소규모의 영세사업자는 항상 있게 됩니다.

그리고 개인적인 사정으로 무신고하는 사업자도 있는 것입니다.

이와 같은 경우 기준경비율에 의해 소득금액을 계산할 수 없으므로 이와 같은 맹점을 극복하고 사업자가 간편하게 소득세 납세의무를 이행할 수 있도록 기준경비율제도를 보완하고 있는데 이것이 단순경비율에 의한 추계방법입니다.

단순경비율이란 업종별 총경비율을 말하는데 총경비율이란 총경비액을 총수입금액으로 나눈 것으로 다시 말하면 표준소득금액을 총수입금액으로 나눈 것 즉, 종전의 표준소득률을 역으로 적용하는 것과 같은 것입니다.

(단순경비율 = 1 - 표준소득률 이므로)

### ➡ 단순경비율에 의한 소득금액 계산 방법

|  |
|---|
| 수　　　입　　　금　　　액 |
| － 수입금액 × 업종별 단순경비율 |
| 소　　　득　　　금　　　액 |

부동산매매업에 있어서는 판매한 부동산 중에서 토지의 보유기간이 5년

미만인 경우에는 단순경비율이 79.9%이며 토지의 보유기간이 5년 이상인 경우에는 70%로 정하고 있습니다.

➡ 703. 부동산 매매

| 코드 번호 | 종 목 | | 적 용 범 위 및 기 준 | 단 순 경비율 | 기 준 경비율 |
|---|---|---|---|---|---|
| | 세분류 | 세세분류 | | | |
| 703011 | 부 동 산 매 매 업 | • 부동산매매 (토지보유 5년 미만) | • 소득세법 시행령 제34조와 부가가치세법 시행규칙 제1조의 규정에 의하여 부동산의 매매(건물을 신축하여 판매하는 경우를 포함하고 주택을 신축하여 판매하는 경우를 제외한다) 또는 중개를 사업목적으로 나타내어 부동산을 판매하거나 사업상의 목적으로 부가가치세법에 의한 1과세기간 중에 1회 이상 부동산을 취득하고 2회 이상 판매하는 경우에는 부동산매매업을 영위하는 것으로 본다. <br> * 부동산의 매매 중 건물판 취득하여 판매하는 경우 (→703011) | 79.9 | 6 |
| 703012 | | • 부동산매매 (토지보유 5년 이상) | | 70.0 | 22.1 |
| 703021 | 건물신축 판 매 | • 건물신축판매 (토지보유 5년 미만) | | 86.3 | 8.1 |
| 703022 | | • 건물신축판매 (토지보유 5년 이상) | | 83.1 | 8.3 |

　이러한 단순경비율 제도는 소규모사업자에게 납세의 편의를 제공하고 과세당국에서도 행정부담을 줄이기 위해 현실적으로 필요한 제도입니다.

　그러나 이러한 단순경비율에 의한 신고는 과거 표준소득률에 의한 신고와 사실상 같은 방법이므로 표준소득률 신고에 의한 폐단이 그대로 존속하는 셈이 됩니다.

　그러므로 정부에서는 단순경비율 적용대상자 기준을 연차적으로 강화하여 보다 많은 사업자가 기준경비율 적용대상자에 편입되도록 유도하고 있습니다.

　2010년 이전 귀속 소득금액 계산에 있어서 부동산매매업의 경우에는 신규

사업자 또는 직전년도 수입금액이 6천만원 미만인 사업자가 단순경비율 적용대상자 이며 직전년도 수입금액이 6천만원 이상인 사업자는 기준경비율 적용대상자로 하고 있습니다.

그러나 기준경비율 적용대상 사업자가 무자료매입 등으로 매입비용에 대한 증빙서류가 없거나 증빙서류를 수취하지 못한 상태에서 기준경비율 추계에 의해 신고하는 경우도 있게 됩니다.

이런 경우에는 주요경비 중 매입비용을 인정받지 못하고 임차료와 인건비만 인정받으며 그밖에 기준경비율에 의해 계산된 기타경비만 필요경비로 인정받게 되므로 불합리한 소득추계가 되고 과세의 실질과 동떨어진 고액의 세금부담이 발생하는 문제점이 생깁니다.

예를 들어 의류도매업자 <갑>이 연간매출액이 10억원이고 무자료매입으로 인해 매입자료가 없다면 기준경비율에 의하여 소득금액을 계산할 때 다음과 같이 됩니다.

| | | |
|---|---|---|
| 수입금액 : | | 1,000,000,000원 |
| − 주요경비 : | $\dfrac{0}{\text{(매입)}} + \dfrac{16,000,000}{\text{(인건비)}} + \dfrac{24,000,000}{\text{(임차료)}}$ = | 40,000,000원 |
| − 기타경비 : | 1,000,000,000 × 6% $\left(\begin{smallmatrix}\text{의류도매업}\\\text{기준경비율}\end{smallmatrix}\right)$ = | 60,000,000원 |
| 소득금액 : | | 900,000,000원 |

즉, 의류도매업을 하면서 10억원의 매출실적을 올렸는데 세금계산서 등 매입자료가 없는 상황이라면 기준경비율추계로 소득금액을 계산한 결과 9억원을 벌어들인 것으로 계산되는 것입니다.

이와 같은 소득추계 결과는 의류도매업의 실질소득을 전혀 반영하지 못하는 것입니다.

이런 문제점을 보완하기 위해 기준경비율 적용대상자가 기준경비율에 의해 계산한 소득금액이 단순경비율에 의해 계산한 소득금액에 일정배율을 곱

한 금액보다 큰 경우에는 그와같은 일정배율에 의한 소득금액으로 신고할
수 있도록 하고 있습니다.

이때 적용하는 배율을 소득상한배율이라고 합니다.

부동산매매업 또는 앞의 경우와 같은 도매업의 경우 신규사업자 또는 직
전년도 수입금액이 3억원 미만인 사업자를 간편장부대상자라고 하는데 이와
같은 소득상한배율은 간편장부대상자에 해당하는 기준경비율 적용대상자는
단순경비율에 의한 소득금액에 2.4배(2010년 귀속분)를 적용하도록 하고 있
습니다.

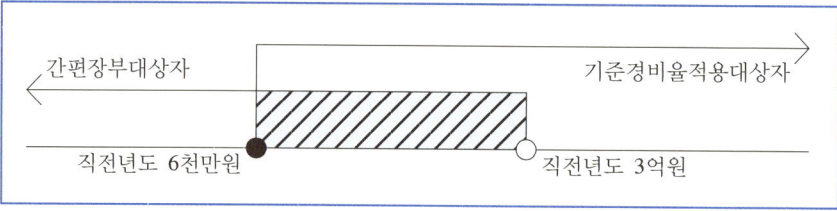

만일 앞의 의류도매업자 <갑>이 간편장부대상자인 기준경비율 적용대상
자라면 단순경비율에 의한 소득금액에 2.4배의 소득상한배율이 적용되는 것
입니다.

즉 앞에서 본 것과 같이 기준경비율에 의한 소득금액인 900,000,000원과 단순
경비율에 의한 소득금액 × 2.4배인 153,600,000원 중 적은금액인 153,600,000원이
소득금액으로 추계되는 것입니다.

### ➥ 간편장부대상자의 소득상한배율 적용

> 1,000,000,000 − 1,000,000,000 × 93.6%(의류도매업의 단순경비율) = 64,000,000원
> 소득상한배율 2.4배 적용
> 64,000,000 × 2.4배 = 153,600,000원

직전년도 수입금액이 3억원 이상인 사업자 즉, 복식기장의무자에 해당하
는 기준경비율대상자는 단순경비율에 의한 소득금액에 3배(2010년 귀속분)

의 소득상한배율이 적용됩니다.

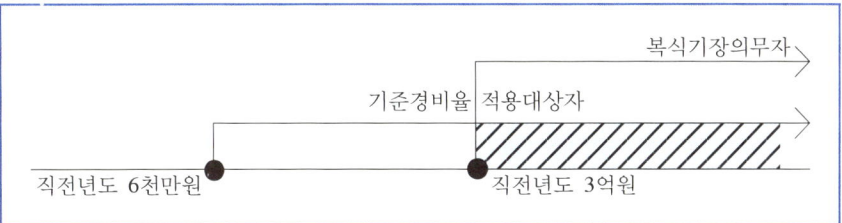

만일 앞의 의류도매업자 <갑>이 복식기장의무자인 기준경비율적용대상자라면 단순경비율에 의한 소득금액에 3배의 소득상한배율이 적용되는 것입니다.

즉 기준경비율에 의한 소득금액인 900,000,000원과 단순경비율에 의한 소득금액 × 3배인 192,000,000원 중 적은금액인 192,000,000원이 소득금액으로 추계되는 것입니다.

➡ **복식기장의무자의 소득상한배율 적용**

1,000,000,000 − 1,000,000,000 × 93.6(의류도매업의 단순경비율) = 64,000,000원
소득상한배율 3배 적용
64,000,000 × 3 = 192,000,000원

| 코드번호 | 종 목 | | 적용범위 및 기준 | 단 순 경비율 | 기 준 경비율 |
|---|---|---|---|---|---|
| | 세 분 류 | 세세분류 | | | |
| 513121 | 외 의 | 외 의 | • 남 녀 외 의<br>• 소아용외의<br>• 기성복제판 | 93.6 | 6.0 |

이와 같은 소득상한배율은 기준경비율 적용대상자가 주요경비에 대한 증빙서류를 갖추지 못한 경우 세부담을 완화시키기 위해 불가피하게 인정하는 제도입니다.

소득상한배율은 시행초기 이후 매년 연차적으로 높이고 있으며 현재 시행되고 있는 2.4배 혹은 3배의 배율은 경우에 따라서는 개별기업의 과세실질과

괴리된 높은 수준이라고 볼 수도 있는데 이와 같은 불이익을 줌으로서 주요 경비에 대한 증빙을 수취하도록 간접적으로 강제하는 것이며 나아가서는 기장에 의한 신고납부를 유도하기 위한 목적이 있는 것입니다.

뿐만 아니라, 단순경비율 적용대상자는 단순경비율로 신고할 경우 소득상한배율은 적용하지 않는 것이지만, 직전년도 수입금액이 48,000,000원 이상인 단순경비율 적용대상자는 단순경비율 또는 기준경비율에 의한 추계신고 시 산출세액의 20%를 무기장가산세로 납부해야 합니다.

한편 복식기장의무자가 아닌 간편장부대상자는 추계방식이 아니라 장부에 의해 신고하는 경우 기장세액공제 혜택이 주어집니다.

간편장부대상자가 간편장부로 신고하는 때에는 산출세액의 10%, 복식장부로 신고하는 때에는 산출세액의 20%를 기장세액공제로 공제해주고 있습니다.

이때 기장세액공제는 연간 1,000,000원을 한도로 합니다.

앞에서 본 것과 같이 직전년도 수입금액이 48,000,000원 이상인 단순경비율 적용대상자는 단순경비율추계에 의해 신고하거나, 심지어 기준경비율에 의해 추계로 신고하는 경우에도 기장을 하지 않았다고 해서 무기장가산세가 있는 것입니다.

그리고 직전년도 수입금액이 300,000,000원 미만인 간편장부대상자가 간편장부로 신고했을 때 잘한 일이나 되는 것 같이 기장세액공제 혜택을 주고 있습니다.

그와 같은 점 때문에 그 내용에 대해 실무에서 많은 이들이 개념상으로 혼란을 겪는 부분이므로 유의하시기 바랍니다.

그 내용을 정리하면 다음과 같이 됩니다.

• 부동산매매업의 경우 사업자 유형별 기장신고와 추계신고시 세법적 대우

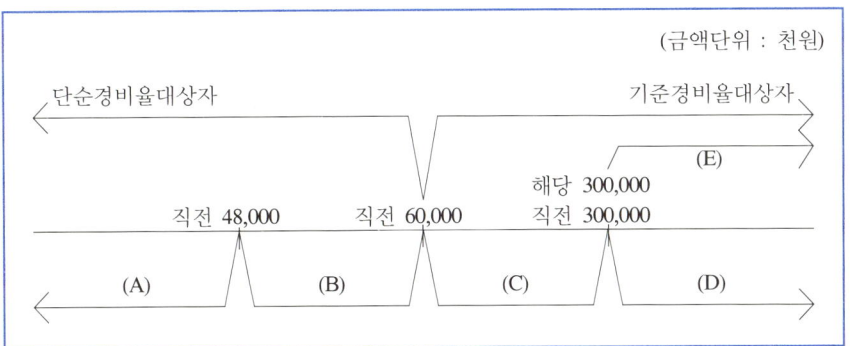

• 단순경비율 대상자

　(A) 소규모사업자(직전 48,000 미만)

　　- 단순경비율신고시 소득상한배율적용 없음, 무기장가산세 없음

　　- 기준경비율신고시 무기장가산세 없음

　　- 간편장부신고시 10% 기장세액공제, 복식장부신고시 20% 기장세액
공제

　(B) 단순경비율 대상자중 직전 48,000 이상 60,000 미만인 경우

　　- 단순경비율신고시 소득상한배율적용 없음, 무기장가산세 : 산출세액
의 20% 납부

　　- 기준경비율신고시 무기장가산세 : 산출세액의 20% 납부

　　- 간편장부신고시 10% 기장세액공제, 복식장부신고시 20% 기장세액
공제

• 기준경비율 대상자

　(C) 간편장부 대상자중 직전 60,000 이상 300,000 미만인 경우

　　- 단순경비율신고시 소득상한배율 : 2.4배 적용, 무기장가산세 : 산출
세액의 20% 납부

　　- 기준경비율신고시 무기장가산세 : 산출세액의 20% 납부

　　　- 간편장부신고시 10% 기장세액공제, 복식장부신고시 20% 기장세액
　　　　공제

(D) 복식기장의무자(직전 300,000 이상)
　　- 단순경비율신고시 소득상한배율 : 3배 적용, 무기장가산세 : 산출세
　　　액의 20% 납부
　　- 기준경비율신고시 또는 간편장부신고시 무기장가산세 : 산출세액의
　　　20% 납부
　　- 복식장부신고시 기장세액공제 없음

(E) 간편장부 대상자(2011.1.1. 이후 신규사업자로서 해당 300,000 이상)
　　- 단순경비율신고시 소득상한배율 : 2.4배 적용, 무기장가산세 없음
　　- 기준경비율신고시 무기장가산세 없음
　　- 간편장부시 10% 기장세액공제, 복식장부신고시 20% 기장세액공제

　사업자 유형에 따라 이와 같은 방식으로 세법적 대우를 달리하는 내용은
세무정보나 지식이 취약한 일반인들에게는 사실상 난해한 부분이 됩니다.
　그리고 부동산매매업자가 여러 건의 부동산매매가 있는 경우 매매차익이
적게 발생한 부동산매매 건에 있어서는 장부에 의해 소득금액을 계산하고
그 매매차익이 많이 생긴 부동산매매 건에 대해서는 추계방식으로 소득금액
을 계산할 수는 없는 것이므로 동일한 과세연도에 이루어진 거래는 모든 거
래에 대해 추계방식으로 신고·납부하든가 혹은 장부기장방식으로 신고·
납부하든가 해야 하는 것입니다.

　세무조사 부담이라는 세무관련 리스크 측면에서 보면 단순경비율 적용대
상자가 단순경비율 추계방식으로 신고·납부하였을 경우에도 「신고내용에
탈루 또는 오류가 있는 때」 등 세법에 의하여 과세표준과 세액의 경정사유
에 해당하는 때에는 조사부담을 피할 수 있는 것은 아닙니다.
　이 경우 경정조사에 의거 경정하는 경우 장부, 기타 증빙서류를 근거로 하

여야 하는 것이며 「과세표준을 계산함에 있어서 필요한 장부와 증빙서류가 없거나 중요한 부분이 미비 또는 허위인 경우」 등 추계결정사유에 해당할 경우에만 추계조사결정 할 수 있는 것입니다.

부동산매매업의 경정조사에 있어서는 부동산매매거래의 특성으로 볼때 양도 및 취득시의 거래금액이 확인되면 판매 · 일반관리비 등 증빙이 없더라도 주요장부 및 증빙서류가 있는 것으로 보아 근거과세 할 수 있는 것입니다.

그러므로 단순경비율 적용대상자가 장부방식에 의하여 신고 · 납부하는 것이 세무계산상 불리하다고 하여 추계방식에 의하여 신고 · 납부함으로서 세금을 줄이고자한다는 것은 이론적으로 볼 때 만일 경정조사대상이 되는 경우 취득 및 양도계약서에 의하여 과세표준과 세액을 경정결정을 받게 되어 종합소득세 추가납부 부담은 물론 과소신고가산세 및 납부불성실 가산세까지 부담해야 하는 것입니다.

다시 말하면 단순경비율 또는 기준경비율 적용대상자라는 것은 추계신고 또는 결정사유에 해당하는 경우에 그와 같이 적용하도록 구분한 것에 불과한 것으로서 추계에 의한 신고 또는 결정의 사유에 해당한다고 세법에서 인정한다는 것은 전혀 아니라는 것입니다.

세법이 정하고 있는 추계결정 및 경정의 사유는 다음과 같습니다.

### ✱ 소득세법시행령 제143조 【추계결정 및 경정】

① 법 제80조 제3항 단서에서 "대통령령이 정하는 사유"라 함은 다음 각호의 1에 해당하는 경우를 말한다.
1. 과세표준을 계산함에 있어서 필요한 장부와 증빙서류가 없거나 중요한 부분이 미비 또는 허위인 경우
2. 기장의 내용이 시설규모 · 종업원수 · 원자재 · 상품 또는 제품의 시가 · 각종 요금 등에 비추어 허위임이 명백한 경우
3. 기장의 내용이 원자재사용량 · 전력사용량 기타 조업상황에 비추어 허위임이 명백한 경우

물론 실무에 있어서는 사업자가 장부기장에 의한 신고 · 납부를 성실히 이행하도록 유도하기 위해서 또는 납세편의를 제공하기 위해서 신규 사업자등

단순경비율 적용대상자가 단순경비율 추계방식에 의해 신고·납부하는 경우 구체적인 탈세제보 사실 등에 의해 「신고내용에 탈루 또는 오류가 있는 때」로 볼 수 있는 특수한 사정이 있는 경우 외에는 경정조사를 받는 일은 없습니다.

그러나 사업자가 과세표준 확정신고 기한 내에 과세표준과 세액을 무신고하는 경우에는 과세표준과 세액을 결정하기 위한 조사를 받게 됩니다.

그러므로 추계에 의한 방법으로 신고·납부하고자 할 때는 무엇보다도 종합소득세 확정신고 기한 내에 자진신고·납부하는 것이 세무조사 부담을 줄이는 방법입니다.

## ❄️소득세법 제80조 【결정과 경정】

① 납세지 관할세무서장 또는 지방국세청장은 제70조·제71조 및 제74조의 규정에 따른 과세표준확정신고를 하여야 할 자가 그 신고를 하지 아니한 때에는 당해 거주자의 당해 연도의 과세표준과 세액을 결정한다(2006. 12. 30 개정).

② 납세지 관할세무서장 또는 지방국세청장은 제70조·제71조 및 제74조의 규정에 따른 과세표준확정신고를 한 자(제1호의 2 및 제1호의 3의 경우에는 제73조의 규정에 따라 과세표준확정신고를 하지 아니한 자를 포함한다)가 다음 각호의 어느 하나에 해당하는 경우에는 당해연도의 과세표준과 세액을 경정한다(2007. 12. 31 개정).

1. 신고내용에 탈루 또는 오류가 있는 때

(이하 일부조문 생략함)

③ 납세지 관할세무서장 또는 지방국세청장은 제1항 및 제2항의 규정에 의하여 당해연도의 과세표준과 세액을 결정 또는 경정하는 경우에는 장부 기타 증빙서류에 의하여 소득금액을 계산할 수 없는 경우에는 대통령령이 정하는 바에 의하여 소득금액을 추계조사결정 할 수 있다.

④ 납세지 관할세무서장 또는 지방국세청장은 과세표준과 세액을 결정 또는 경정한 후 그 결정 또는 경정에 탈루 또는 오류가 있는 것이 발견된 때에는 즉시 이를 다시 경정한다.

## ❄️소득세법시행령 제142조 【과세표준과 세액의 결정 및 경정】

① 법 제80조의 규정에 의한 과세표준과 세액의 결정 또는 경정은 과세표준확정신고서 및 그 첨부서류에 의하거나 실지조사에 의함을 원칙으로 한다.

### 장부기장에 의한 신고

소득세법은 사업소득이 있는 모든 사업자에 대해 장부의 비치·기장 의무를 부여하고 있는데 장부의 종류로는 간편장부와 복식장부로 구분됩니다.

#### ➡ 간편장부

간편장부대상자가 국세청장이 정하는 간편장부를 비치하고 그 사업에 관한 거래사실을 성실히 기재한 경우에는 장부를 비치·기장한 것으로 봅니다.

간편장부에 의한 신고시에는 간편장부에 의해 집계된 각 계정과목의 합계액을 「총수입금액 및 필요경비명세서」 및 「간편장부 소득금액계산서」에 기재하여 종합소득 과세표준 확정신고서에 첨부하여 제출하여야 합니다.

이와 같은 간편장부는 회계및 세무지식이 없어 복식장부를 하기 어려운 중소사업자가 쉽게 직접기장 할 수 있도록 국세청이 제정하여 시행하고 있는 것입니다.

간편장부대상자가 간편장부를 기장하고 이에 의하여 소득금액을 신고하는 경우 첫째 산출세액의 10%를 기장세액공제(연간 100만원한도) 하도록 하고 있습니다.

둘째로 특별한 사유가 없는 한 장부기장 개시 후 일정기간동안 세무조사를 면제하는 등 세무간섭을 배제하도록 하고 있습니다.

셋째로 간편장부의 기장상 단순한 오류나 과실이 있는 경우에도 최대한 기장내용이 존중되며 대손충당금, 감가상각충당금 등도 필요경비로 계상할 수 있습니다.

또한 복식기장과 마찬가지로 결손금 발생시 향후 10년간 이월하여 공제받을 수 있습니다.

주의할 것은 간편장부에 의한 신고방법도 장부에 의한 신고이므로 총수입금액을 누락시킨 경우에 그에 대응하는 필요경비를 이미 장부상에 반영시켰다면 필요경비를 추가로 인정받지 못하게 될 것이므로 이런 때는 누락시킨 총수입금액이 전부 당기순이익에 가산되는 것입니다.

그러므로 장부에 의한 신고시 착오나 과실로 수입금액 누락이 있는 때에는 당초 신고시 기준경비율 혹시 단순경비율 추계에 의하여 종합소득세를 신고·납부한 경우보다 훨씬 더 많은 세금을 추가로 내게 될 수도 있는 것입니다.

당초에 종합소득세 신고할 때 기준경비율 또는 단순경비율 추계에 의하여 신고·납부하였다면 추후에 누락된 수입금액에 대응하는 필요경비도 기준경비율 또는 단순경비율 추계에 의해 인정되는 것과 비교되는 것입니다.

• 간편장부서식 및 작성요령

〈간편장부서식〉

| ① 날짜 | ② 거래내용 | ③ 거래처 | ④ 수　　입 (매　　출) | | ⑤ 비　　용 (원가관련매입포함) | | ⑥고정자산 증감 (매　　매) | | ⑦ 비고 |
|---|---|---|---|---|---|---|---|---|---|
| | | | 금　액 | 부가세 | 금　액 | 부가세 | 금　액 | 부가세 | |
| | | | | | | | | | |

〈작성요령(일반적 기재요령)〉

① 거래날짜 순으로 매출(수입) 및 비용관련 거래내용(외상거래 포함)을 모두 기재함
　- 거래내용란의 여백 또는 하단의 거래유형(예 : 현금, 외상, 어음)을 표시함
② 1일 평균 매출건수가 50건 이상인 경우에는 1일 동안의 총 매출금액(수입금액)을 합계하여 기재할 수 있음(계산서, 영수증 발행원본을 보관함)
　- 비용 및 매입거래는 거래 건별로 모두 기재하여야 함
③ 부가가치세 과세특례자와 간이과세자 및 부가가치세 면세사업자는 ①

수입(매출)란의 금액란에 부가가치세를 포함한 공급대가를 기재함

④ 세금계산서 수취분에 대하여는 과세특례자, 간이과세자, 일반과세자 모두 매입가액과 부가가치세를 구분하여 기재함

⑤ 세금계산서, 계산서, 신용카드, 영수증의 발행분과 수취분에 대하여는 거래내용란 하단 또는 비고란에 명확히 표시하여야 함

⑥ 상품·제품·원재료의 재고액은 과세기간 개시일 및 종료일에 실지 재고량을 기준으로 평가하여 비고란에 기재함

 - 재고액의 기재가 없는 경우에는 과세기간 개시일 및 종료일의 재고액이 동일한 것으로 간주함

⑦ 감가상각비, 대손충당금 및 퇴직급여충당금 등을 설정하고 필요경비로 계상하고자 할 경우에는 그 해당액을 비용란에 표기하고 명세서는 별도 작성하여 비치하여야 함

 - 종합소득세 신고시에는 그 명세서 1부를 제출해야만 공제받을 수 있음

## ➡ 복식장부

복식장부란 사업의 재산상태와 그 손익거래의 변동을 빠짐없이 이중으로 기록하여 계산하는 복식부기 형식의 장부를 말합니다.

복식장부에 의한 신고시에는 대차대조표, 손익계산서, 합계잔액시산표 등 재무제표와 조정계산서를 종합소득 과세표준 확정신고서에 첨부하여 제출하여야 합니다.

간편장부에 의하여 신고하거나, 복식장부에 의하여 신고하거나 마찬가지로 토지, 건물 등 자산을 취득하였을 때 또는 판매·관리비 등 경비를 지출하였을 때는 관련 증빙서류를 수취하여 이를 근거로 하여 장부에 계상하는 것입니다.

소득세법은 이와 같은 장부와 증빙서류를 확정신고기간 종료일로부터 5년간 보관하도록 하고 있습니다.

그리고 각 과세기간의 개시일 10년 전에 발생한 결손금을 공제받은 자는 해당 결손금이 발생한 과세기간의 증빙서류를 공제받은 과세기간의 다음다음 연도 5월 31일까지 보관하도록 하고 있습니다.

거래증빙서류란 사업과 관련하여 거래가 이루어진 경우 주고받는 증빙서류로서 그 거래의 존재와 내용을 증명하는 기능을 가집니다.

거래증빙서류 중에서 사업자인 상대방으로부터 교부받은 증빙 중 소득세법이 정하고 있는 다음의 지출증빙서류를 정규지출증빙 또는 적격증빙이라고 합니다.

① 세금계산서
② 계산서
③ 신용카드매출전표 등
④ 현금영수증

그 밖의 거래증빙으로는 거래상대방, 날짜, 거래금액 및 내역을 확인할 수 있는 서류로서 다음과 같은 것이 있습니다.

① 매매계약서, 거래약정서
② 영수증, 금전등록기영수증
③ 지로영수증, 무통장입금증, 인터넷뱅킹 거래명세서, 송금명세서
④ 입금표, 입금증, 수납증, 입금확인증
⑤ 거래명세표
⑥ 지출결의서, 출장보고서
⑦ 기타 거래나 지출관련 문건

사업자가 사업과 관련하여 지출한 내용에 대하여 정규지출 증빙서류를 수취하지 아니한 경우에도 객관적인 다른 자료나 증빙에 의해 그 거래내용과 지급사실이 인정되는 경우에는 소득금액 계산상 필요경비에 인정됩니다.

그러나 복식부기의무자인 사업자는 일정요건의 거래에 대해 적격증빙을 수취하지 않은 경우에 필요경비로 인정받기는 하지만 거래금액의 2%에 해당하는 증빙불비가산세를 내야하는 경우도 있습니다.

이와 같은 증빙불비가산세에 대해서는 실제적으로는 강조할만한 사항은 없습니다.

중요한 것은 재고자산의 매출 또는 재고자산을 구입하거나 비용을 지출할 경우 정규증빙 또는 정규증빙이 아니더라도 그 거래의 증빙서류를 빠짐없이 받도록 하고 보관하는 원칙을 가지는 것입니다.

그와 같은 마인드를 가짐으로서 장부에 의한 소득금액 계산을 통한 세금 바르게 내기에 관하여 통찰력과 노하우가 생기는 것입니다.

앞절에서 살펴본 기준경비율 또는 단순경비율 추계신고에 있어서는 세법적인 사항을 충분히 숙지하면 사업자 본인이 스스로 신고 · 납부할 수 있습니다.

또 그와 같이 스스로 신고 · 납부할 수 있도록 하기 위해 다소 난해한 사항에 대해서도 비교적 상세히 설명하였습니다.

그러나 장부에 의한 신고에 있어서는 사업자 본인이 모든 거래를 직접 기장하고 소득금액을 계산하여 신고 · 납부하는 것은 어려운 일이며 비능률적입니다.

복식장부는 말할 것도 없이 간편장부라 하더라도 앞에서 살펴본 것과 같이 말이 간편장부이지 실제로 간편장부에 의해 1년간 발생한 모든 거래를 증빙에 따라 기록하고 이를 계정과목별로 집계하여 총수입금액 및 필요경비 명세서와 간편장부소득금액계산서를 작성하여 그 소득금액을 계산한다는 것이 문자 그대로 간편하지는 않다는 것을 이해하실 것입니다.

이는 사업자 또는 일반인이 관련용어의 개념에 익숙하지 않은 탓도 있겠지만 간편장부에 관한 법규정 가운데 감추어져있는 간편성을 알아채기 어렵기 때문입니다.

복식장부를 위해서는 회계이론과 실무를 이해하고 모든 거래에 대해 일일이 수기에 의하거나 회계프로그램을 이용하여 원장, 보조부및 재무제표를 작성하고 여기에 세법이 정한 세무조정을 하여 소득금액을 계산하게 되는 것입니다.

이와 같은 복잡성 때문에 실제로 부동산매매업이 아닌 제조업이나 도·소매업 기타 다른 사업에 있어서도 대부분의 사업자가 직접 기장하고 신고하는 것은 드문 일입니다.

부동산매매업의 성격상으로 제조업이나 다른 사업과 같이 거래의 발생이나 현금의 출납이 빈번한 것은 아니지만 일시적 사업이 아닌 계속기업의 관점에서 보면 회계처리의 어려움이나 중요성은 마찬가지입니다.

그리고 경험이 있는 세무대리인은 사업자나 일반인보다는 과세당국의 심정을 어느 정도 알기 때문에 세금 바르게 내기 측면에서 사업자에게 상당히 유용한 것입니다.

그러므로 간편장부 또는 복식장부에 의한 기장업무나 세무조정은 세무사 등 대리인에게 맡길 것을 권하며 또 대부분 그렇게 하고 있으므로 일반적인 회계이론이나 실무 또는 세법적 사항 중에서 부동산매매와 직접 관련이 없는 것은 설명을 생략하고자 합니다.

부동산매매업과 관련하여 발생되는 거래에 있어 사업자가 알아야 할 회계처리와 사업자가 받아야 할 증빙서류 등에 대해 다음과 같이 살펴보겠습니다.

## 1) 토지·건물, 부동산에 관한 권리의 양도시

부동산매매업자가 정상적인 영업활동으로 재고자산인 부동산을 양도하는 경우 회계처리에 있어서 양도가액을 상품매출액으로 계상합니다.

이 때 일반건축물이나 전용면적 85㎡ 초과 주택 등을 양도하면 건물분에 대해 부가가치세를 내야하는 것인데 부가가치세를 별도로 받지 못하고 양도가액에 부가가치세가 포함된 금액 일때는 양도가액에서 부가가치세액을

뺀 금액이 매출액이 됩니다.

일반적인 매매에 의한 거래 증빙서류로는 매매계약서, 분양계약서, 공급계약서, 매출세금계산서, 그 밖에 경매로 인한 매각시에는 경락대금완납증명이나 매각허가결정서, 수용당한 경우에는 그 보상금액이 확인되는 서류 등이 있습니다.

일반건축물을 판매할 때는 매출세금계산서를 발행하여야 하는데 상대방이 사업자가 아닌 경우에도 주민등록기재분으로 세금계산서를 발행해서 교부해야 하며 부가가치세 신고시에 매출처별세금계산서합계표를 제출해야합니다.

주택의 경우에는 전용면적 85㎡를 초과하는 주택이라 하더라도 세금계산서를 교부하지 않고 영수증을 발행해도 됩니다.

이때 부동산에 관한 권리(분양권 등)에 있어서 상가 등 일반건축물에 관한 것은 물론이고 주택에 관한 분양권이라 하더라도 전용면적 85㎡를 초과하는 주택을 받게 되는 분양권은 부가가치세가 있으므로 주의를 요합니다.

그 외의 부동산에 대해서는 매출세금계산서가 아니라 매출계산서를 교부해야 하는 것이지만 부동산의 공급에 있어서 계산서 교부의무는 세법상 면제되고 있습니다.

### 2) 토지 · 건물, 부동산에 관한 권리의 취득시

재고자산인 부동산을 매매에 의하여 취득하는 때는 그 취득가액을 당기상품매입액으로 계상합니다.

이 때 사업자 본인이나 가족이 주거할 목적인 주택 또는 장기적으로 임대에 제공하거나 음식 · 숙박업 등 다른 사업에 장기적으로 직접 사용하고자 하는 부동산은 고정자산이므로 재고자산 계정에 포함시키지 않는 것입니다.

재고자산 중 일반건축물이나 85㎡ 초과 주택 등을 분양받거나 매매사업자로부터 매입하여 부가가치세를 준 경우에 그 부가가치세액은 취득가액에 포함시키지 않으며 부가가치세 신고할 때 공제 또는 환급 받는 것입니다.

만일 공제·환급받지 못한 부가가치세액은 취득가액에 포함되는 것입니다.

상속이나 증여에 의해 취득한 부동산을 매매용 재고자산으로 사용하고자 할 때는 사업개시년도에 그 취득가액을 기초재고자산으로 계상하여야 하나 기초재고자산으로 계상하지 않은 것을 당기 이후에 매매용으로 사용하고자 하는 경우에는 그 취득가액을 당기상품매입액으로 계상합니다.

이 때 취득가액이라 함은 상속세 및 증여세 신고시의 상속재산평가액 또는 증여재산평가액과 등록세, 취득세 등 취득부대비용을 합한 금액이며 상속세 또는 증여세 납부액은 포함되지 않는 것입니다.

거래증빙으로는 매매계약서, 분양계약서, 공급계약서, 매입세금계산서, 그 밖에 경매로 인한 매수시에는 경락대금완납증명이나 매각허가결정서, 상속·증여로 인한 경우에는 상속·증여세 신고서(재산평가명세서 포함)사본 등이 있습니다.

### 3) 취득부대비용 발생시

부동산의 취득과 관련하여 발생하는 취득부대비용으로는 다음과 같은 것이 있는데 발생된 비용은 모두 발생시에 당기상품매입액으로 회계처리 합니다.

여기서 발생시라 함은 실제로 대금을 지출했는가 여부에 관계없이 지급할 채무, 부담할 법적의무가 확정된 때를 말하는 것입니다.

① 등록세, 취득세, 취득시 중개수수료, 법무수수료, 매매컨설팅비용, 집행비용, 명도비용, 소유권의 취득과 관련된 쟁송비용, 인지세, 채권할인액 등에 대하여 납부영수증, 세금계산서, 온라인 송금명세서, 집행이나 쟁송, 명도에 관련된 문건, 영수증 등을 받아서 보관합니다.
② 경매로 인한 취득에 있어서 대항력 있는 임차인에게 지급한 임차보증금 등은 전세계약서, 배당표, 영수증을 증빙으로 보관해야하며 유치권으로 담보된 채무의 변제를 위하여 지출한 비용 등이 있는 경우에는 소송기록 등 관련문건, 합의서, 영수증 등의 증빙을 받아서 보관합니다.

③ 그 밖에 취득과 관련하여 계약상 또는 법적인 의무에 입각하여 부담하는 모든 부대비용이 포함되며 영수증 등 관련증빙서류를 받아서 보관합니다.

### 4) 임 · 직원에 지급하는 비용

근로를 제공받고 지급하는 대가로서 고용관계 기타 이와 유사한 계약에 의해 근로를 제공받고 지급하는 급료, 상여, 수당과 그 명칭에 관계없이 이와 유사한 성질의 급부를 말합니다.

일 잘하는 직원에게 지급한 공로금, 위로금, 상금 등도 인건비에 해당합니다.

업무추진비, 기밀비, 판공비, 교제비와 기타 이와 유사한 명목으로 매월 지급하는 경우도 인건비에 해당합니다.

인건비를 지출하게 되면 급여 등의 계정과목으로 하여 판매 · 일반관리비로 계상합니다.

지출한 인건비에 대하여 증빙서류를 받을 필요는 없으며 소득세법의 규정에 따라 근로소득세 원천징수이행상황보고 및 원천징수 납부하면 됩니다.

이와 같은 급여, 수당, 상여 외에 직원의 복리후생을 증진시킬 목적으로 직원에게 지급하는 금품이나 물품은 복리후생비라는 계정과목으로 하여 판매 · 일반관리비로 계상합니다.

복리후생비에 해당하는 것으로는 직원에 지급한 선물, 회식대, 의료비, 건강진단비, 직원 경조사비, 직장체육대회, 행사비용, 건강보험료 · 고용보험료 · 산재보험료 · 국민연금보험료의 사업자 부담분 지출액등과 같이 직원의 복지를 위해 지출하는 비용이며 수취해야할 증빙서류로는 세금계산산서, 영수증, 카드매출전표 등이 있습니다.

복리후생비는 다음에 살펴보는 접대비와 달리 필요경비로 인정하는 한도액이 없는 것 입니다.

그 밖에 퇴직급여 지급시에는 퇴직급여도 판매 · 일반관리비로 계상하고 퇴직소득세를 원천징수하여야 합니다.

### 5) 차량유지에 관한 비용

부동산매매업을 영위하는데 필수적인 비용 가운데 하나로서 업무와 관련하여 승용차, 승합차를 굴리는데 소요되는 유류대, 자동차세, 면허세, 수선비, 렌탈비용, 자동차보험료, 검사비용, 통행료, 세차비, 주차요금 등 경비가 이에 해당하는데 판매·일반관리비로서 모두 필요경비에 산입됩니다.

계정과목별로 보면 자동차세, 면허세는 세금과공과로, 책임보험 및 종합보험, 운전자보험은 보험료로, 유류대, 수선비용등 기타 차량운행을 위한 경비는 차량유지비로 각각 계상합니다.

증빙서류로는 거래내용에 따라 세금계산서, 영수증, 납부영주증, 신용카드 매출전표 등을 받아서 보관합니다.

차량유지비용을 필요경비에 계상하기 위해서는 사업자 본인의 차량이 아니고 가족이나 직원명의의 차량이더라도 사업자 또는 직원이 업무용으로 직접 사용하고 사업자가 지출하는 경비는 필요경비에 산입되는 것입니다.

이와 같이 사업자본인의 차량이 아닌 것은 다음에 살펴보는 감가상각비가 인정되지 않는 것입니다.

### 6) 감가상각비

사업과 관련하여 건물이나 차량 등 사업용고정자산을 취득한 금액은 취득당시에 비용으로 처리하지 않고 그 자산의 사용기간(내용연수)에 걸쳐 배분한 금액을 매연도별로 비용으로 인식하게 되는데 이를 감가상각이라 합니다.

이와 같이 인식한 비용을 감가상각비라고 하여 판매·일반관리비로서 필요경비에 산입됩니다.

부동산매매업에 있어서 매매용으로 취득한 부동산은 재고자산이므로 감가상각비가 인정되지 않는 것입니다.

승용차, 승합차등 차량은 사업용고정자산으로 감가상각대상 자산이 되므로 그 취득가액에 대해 내용연수에 따라 감가상각비로 계상할 수 있습니다.

차량운반구의 경우 세법상 기준내용연수는 5년이며 4년 ~ 6년 범위 내에서 신고한 내용연수를 적용하게 되며 정액법, 정률법에 의해 상각해야 합니다. 세법에서는 잔존가액을 0으로 하고 있으므로 40,000,000원에 구입한 차량을 4년에 걸쳐 상각하는 경우 정액법에 의하면 매년 10,000,000원씩 감가상각비로 비용처리 할 수 있는 것입니다.

증빙서류는 매매계약서 등 취득가액을 알 수 있는 서류만 있으면 됩니다.

이와 같이 계산된 금액을 감가상각한도액이라 하는데 한도액을 초과하는 금액은 그 과세연도의 필요경비로 인정되지 않습니다.

차량을 리스로 구입하는 경우 운용리스료는 차량유지비로 비용계상 되며 리스기간이 끝난 후에 차량소유권을 이전받게 되는 금융리스의 경우에는 할부취득으로 보아 매년 감가상각비로서 비용처리 되는 것입니다.

## 7) 수선비용

재고자산인 매매용부동산의 유지관리를 위해 지출한 비용으로 주로 원상회복이나 현상유지를 위한 비용은 수선비로 하여 판매·일반관리비로 필요경비에 산입됩니다.

벽지, 장판, 욕조 및 타일교체, 보일러교체, 상·하수도공사, 전기공사, 방수공사, 신발장, 싱크대교체 등 모든 수선비가 이에 해당됩니다.

한편 수선비용 중 자본적지출에 해당하는 것 즉, 베란다 및 샷시시공, 주방, 다용도실, 거실 등 구조변경, 건물의 용도변경이나 대수선, 리모델링비용, 구옥철거나 묘지이장 등 장애제거 비용 등 내용연수의 증가 또는 자산가치의 증가를 가져오거나 용도변경, 개량 또는 이용편의를 위하여 지출한 비용은 판매·일반관리비가 아니라 당기상품매입액으로 계상하여 원가에 산입시키는 것입니다.

세금계산서, 영수증, 신용카드매출전표 등 관련 증빙서류를 받아 보관합니다.

### 8) 접대비

접대비란 사업자가 업무와 관련하여 고객이나 거래처, 이해관계인을 접대한 경우 이에 관련된 음식접대, 선물대금, 기타 향응비용과 사례비 및 경조금 등으로 지출한 금액을 말합니다.

이와 같은 접대비는 1회 지출액 1만원 이상의 접대비는 신용카드를 사용하지 않거나 세금계산서를 교부받지 않은 것은 접대비로 인정되지 아니하는 것이지만 1만원 미만의 접대비는 영수증도 가능합니다.

2009. 1. 1 이후에는 거래처 등에 지출한 경조사비는 신용카드 등 정규증빙이 아니더라도 200,000원까지는 인정되도록 하고 있습니다.

부동산매매업은 중소기업 해당업종이 아니므로 연간 12,000,000원에 수입금액에 일정률(0.2%)을 곱한 금액을 합한 금액을 한도로 인정되며 한도액을 초과하는 금액은 필요경비로 인정되지 않는 것 입니다.

종전에는 거래 건당 50만원 이상의 접대비는 접대 상대방의 인적사항과 접대일시, 장소 등을 기재한 접대비지출내역서를 보관하도록 하였으나 2009. 1. 1 이후에는 폐지되었습니다.

회계처리에 있어서는 접대비라는 계정과목으로 하여 판매·일반관리비로 필요경비에 계상합니다.

### 9) 이자비용

사업 운영에 사용하기 위해 타인의 자본을 일정기간 사용한 대가로 지급하는 이자는 이자비용이라는 과목으로 하여 영업외비용으로 필요경비로 산입됩니다.

그러나 금융기관, 보험기관에 대한 이자비용이 아닌 채권자가 불분명한 사채이자 또는 업무무관자산에 관련된 지급이자 등은 필요경비로 인정되지 아니합니다.

증빙서류로는 송금명세표, 통장의 출금내역, 영수증 등 지급사실을 입증하는 문건을 보관합니다.

### 10) 기부금

기부금은 국방헌금, 천재지변으로 인한 이재민 구호금품, 불우이웃돕기 결연기관을 통한 불우이웃 기부금품, 정치자금법에 의한 정치자금등과 같이 지출한 금액 전액이 필요경비에 산입되는 기부금도 있고 종교단체이 기부하는 금품과 같이 지출한 금액 중 소득금액의 10%를 한도로 인정되는 지정기부금도 있습니다.

그밖에 법이 정한 공익법인에 기부하는 것으로 소득금액의 15%를 한도로 하는 지정기부금도 있으며 특정연구단체등에 기부하는 기부금으로서 소득금액의 50%를 한도로 하는 특례기부금도 있습니다.

이와 같이 한도액을 초과하는 기부금 상당액은 당해연도의 필요경비로 인정받지 못하지만 다음 3년간 이월공제 받을 수 있습니다.

한도 내의 기부금은 영업외비용으로 당해연도의 필요경비로 인정됩니다.

증빙서류로는 기부금영수증, 기부확인서등 문건을 받아 보관하면 됩니다.

### 11) 위약금, 해약금, 배상금, 입찰보증금 몰취액, 외환차손, 재해손실

위약금 등은 부동산매매계약 등 재산권에 대한 계약의 위약 또는 해약으로 인해 지급하는 배상액을 말합니다.

사업자가 사업과 관련하여 업무수행 과정에서 발생한 위약금등을 지급한 경우 영업외비용으로 필요경비에 산입됩니다.

당해 지출금액과 관련한 계약서, 영수증 등 제반서류를 갖추어 거래의 입증자료로 보관해야 합니다.

개인에게 지급하는 경우 당해 위약금의 실질내용에 따라 소득세법상 기타소득 원천징수대상 여부를 판단하여 원천징수 대상인 경우에는 기타소득으로 원천징수하여 납부하고 관련증빙서류를 보관해야 합니다.

경매절차에서 낙찰 받은 후 매수를 포기하고자할 때 매각불허가신청이 기각되어 입찰보증금을 몰수당하는 경우가 있는데 이때 입찰보증금 몰취당한 금액도 영업외비용으로 당해 과세연도의 필요경비로 인정됩니다.

관련되는 증빙서류를 손실의 입증자료로 보관해야 합니다.

### 12) 기타

여비교통비, 광고선전비, 지급수수료, 보험료, 세금과공과, 렌탈료, 통신비, 지급임차료등 사업자가 업무와 관련하여 지급한 것 또는 지급해야할 금액은 해당 계정과목으로 하여 판매·일반관리비로 필요경비에 산입됩니다.

세금계산서, 영수증, 신용카드매출전표 등 거래사실을 입증할 수 있도록 관련증빙을 수취하여 보관해야 합니다.

### 평가와 대책

1) 동일한 거래의 매매차익에 대한 세금을 양도소득세로 내는 것보다 사업자로서 장부에 의해 종합소득세로 내는 것이 그 부담이 적다는 것은 앞에서 살펴본 바와 같이 원리상 당연한 것입니다.

   그러나 부가가치세가 과세되는 부동산(일반건축물, 전용면적 85㎡ 초과 주택 등)에 있어서는 부가가치세 부담을 고려해야 하므로 주택 등 과 같이 판매 시 부가가치세를 별도로 받지 못하는 경우엔 사업자가 부담해야하는 부가가치세와 종합소득세의 합계액이 양도소득세보다 더 큰 경우가 발생할 수도 있습니다.

   그리고 3년 이상 보유 후 양도하는 부동산에 있어서는 양도소득세에서는 장기보유특별공제를 받을 수 있으므로 실가에 의해 매매차익을 계산하는 경우 종합소득세가 더 큰 경우도 있을 수 있는것입니다.

2) 종합소득세를 장부에 의한 방식이 아니라 기준경비율 또는 단순경비율 추계에 의하여 계산하는 경우에는 기준경비율 또는 단순경비율에 의한

필요경비와 양도소득의 필요경비의 크기에 따라 양도소득세가 적을 수도 있고, 종합소득세가 적을 수도 있게 될 것입니다.

그리고 이와 같이 추계에 의한 방법으로 신고할 때는 사업자의 유형에 따라서 소득상한배율, 무기장가산세, 기장세액공제 등의 변수가 생기므로 세부담 비교시 고려해야 합니다.

한편, 1과세연도 중에 사업자가 두개 이상의 매매거래가 있을 경우, 소득금액 계산시 매매차익이 많이 생긴 것은 추계방식으로 하면서 매매차익이 미미한 것은 장부에 의하여 하는 방식으로 할 수는 없는 것이므로 전체거래에 대하여 추계로 할 것인가 장부에 의하여 할 것인가를 정해야 할 것입니다.

3) 종합소득세로 신고함에 있어서 장부에 의한 방식과 기준경비율 추계 혹은 단순경비율 추계에 의한 방식에 따른 세부담액의 차이는 그 거래내용에 따라 다르게 되는데, 기준경비율 또는 단순경비율에 의한 필요경비 보다 실제 취득가액 및 판매비·일반관리비 등 사용액이 많은 경우에는 장부를 기장하는 방식에 의하여 신고·납부하는 것이 세부담이 적을 것입니다.

그리고 기준경비율에 의한 필요경비가 단순경비율에 의한 필요경비보다 큰 경우에는 기준경비율 추계에 의해 신고·납부하는 것이 단순경비율 추계보다 세금부담액이 적을 것입니다.

물론 이 때에도 사업자의 기장의무유형에 따른 소득상한배율, 무기장가산세, 기장세액공제 등이 고려되어야 할 것입니다.

4) 일반적으로 부동산매매업자가 종합소득세를 신고·납부할 때 단순경비율추계 방식에 의하는 것이 세금을 가장 적게 내는 걸로 생각하기 쉬운데 위에 살펴본바와 같이 과세연도 중 발생한 필요경비의 내용에 따라 장부에 의한 신고 또는 단순경비율추계와 기준경비율추계에 의해 신고할 때에 세부담액이 각각 다르게 되는 것입니다.

실무에서 보면 대부분의 경우 장부에 의한 신고·납부방식이 유리한 경우가 더 많습니다.

한편, 장부기장에 의한 신고는 물론이고 단순경비율 대상자가 단순경비율추계 방식으로 신고·납부하였다 하더라도「신고내용에 탈루 또는 오류가 있는 때」등 세법상 경정 사유에 해당하면 경정조사를 받게 됩니다. 따라서 부동산매매업자가 종합소득세를 신고·납부함에 있어서 세부담의 최소화는 물론 세무조사의 부담 또는 세법적용의 오류가 발생하지 않도록 경험있는 세무사 등의 자문을 구하여 불필요한 부담을 방지하시기 바랍니다.

## ✳️ 국세기본법 제81조의6【세무조사 대상자 선정】

① 세무공무원은 다음 각 호의 어느 하나에 해당하는 경우에 정기적으로 신고의 적정성을 검증하기 위하여 대상을 선정(이하 "정기선정"이라 한다)하여 세무조사를 <u>실시할</u> 수 있다. 이 경우 세무공무원은 객관적 기준에 따라 공정하게 그 대상을 선정하여야 한다(2006. 12. 30 개정).

① 세무공무원은 다음 각 호의 어느 하나에 해당하는 경우에 정기적으로 신고의 적정성을 검증하기 위하여 대상을 선정(이하 "정기선정"이라 한다)하여 세무조사를 할 수 있다. 이 경우 세무공무원은 객관적 기준에 따라 공정하게 그 대상을 선정하여야 한다(2006. 12. 30 개정).

1. 국세청장이 납세자의 신고내용에 대한 정기적인 성실도 분석결과 불성실혐의가 있다고 인정하는 경우(2006. 12. 30 개정)

2. 최근 4과세시간(또는 4사업연도) 이상 동일 세목의 세무조사를 받지 아니한 납세자에 대하여 업종, 규모 등을 고려하여 대통령령이 정하는 바에 따라 <u>신고내용이 적정한지</u>를 검증할 필요가 있는 경우(2007. 12. 31 개정)

3. 무작위추출방식에 의하여 표본조사를 하려하는 경우(2006. 12. 30 개정)

② 세무공무원은 제1항의 규정에 따른 정기선정에 의한 조사 외에 다음 각 호의 어느 하나에 해당하는 경우에는 세무조사를 실시할 수 있다(2006. 12. 30 개정).

1. 납세자가 세법이 정하는 신고, 세금계산서 또는 계산서의 작성·교부·제출, <u>지급명세서의 작성·제출</u> 등의 납세협력의무를 이행하지 아니한 경우(2007. 12. 31 개정)

2. 무자료거래, 위장·가공거래 등 거래내용이 사실과 다른 혐의가 있는 경우(2006. 12. 30 개정)

3. 납세자에 대한 구체적인 탈세제보가 있는 경우(2006. 12. 30 개정)

4. 신고내용에 탈루나 오류의 혐의를 인정할 만한 명백한 자료가 있는 경우(2006. 12. 30 개정)

③ 세무공무원은 과세관청의 조사결정에 의하여 과세표준과 세액이 확정되는 세목의 경우 과세표준과 세액을 결정하기 위하여 세무조사를 할 수 있다(2006. 12. 30 개정).

④ 세무공무원은 다음 각 호의 요건을 모두 충족하는 자에 대하여는 제1항의 규정에 따

른 세무조사를 실시하지 아니할 수 있다. 다만, 객관적인 증빙자료에 의하여 과소신고한 것이 명백한 경우에는 그러하지 아니하다(2006. 12. 30 개정).
1. 업종별 수입금액이 대통령령이 정하는 금액 이하인 사업자(2006. 12. 30 개정)
2. 장부기장 등이 대통령령이 정하는 요건을 충족하는 사업자(2006. 12. 30 개정)

## 부 록

〈추계결정 및 경정〉

2010. 12. 31. 까지는 해당 과세년도에 신규로 사업을 개시한 사업자는 단순경비율 적용대상자로서 과세표준을 계산함에 있어 필요한 장부와 증빙서류가 없거나 중요한 부분이 미비한 경우 등 추계사유에 해당하면 단순경비율에 의한 추계방법으로 신고, 납부 하였습니다.

그러나 2010. 12. 30. 소득세법시행령 제143조 ④항의 내용이 일부 개정됨으로서 2011. 1. 1. 이후 신규로 사업을 개시한 사업자가 해당 과세년도의 수입금액이 업종별로 일정한 금액 이상인 경우엔 기준경비율 적용대상자로 바뀌게 되었습니다.

이에 따라서 2011. 1. 1. 이후에 신규로 사업을 개시한 사업자로서 부동산매매업의 경우 해당년도의 매출액이 3억원, 주택신축판매업의 경우엔 해당년도 매출액이 1억 5천만원 이상인 경우 기준경비율 적용 대상자가 됩니다.

아시는 바와같이 추계사유가 있어서 기준경비율 추계로 소득금액을 계산하려 할때 매입자료등 주요경비에 관한 증빙이 없는 경우엔 기준경비율에 의한 기준경비만을 필요경비로 인정받게 되므로 과세실질과 괴리된 터무니없는 소득금액이 추계되는 것입니다.

이런 경우엔 단순경비율에 의한 소득금액에 일정배율을 곱하여 계산한 금액에 의해 소득금액을 계산하게 되는데 이와 같은 배율은 소득상한배율이라 하는 것으로 본편에서 이미 살펴본 바와 같습니다.

만일 2011. 1. 1. 이후 신규로 사업을 개시한 주택신축판매업자가 2011년도 중에 매출액이 1억 5천만원 이상이라 하면 단순경비율 추계 시 2.4배의 배율

을 적용해야 합니다.

이때 해당년도의 수입금액이 3억원 이상 이라고 하더라도 3.0배가 아니라 2.4배로 적용하게 되는데 그 이유는 복식기장 의무자가 아니라 간편장부 대상자이기 때문입니다.

기장의무의 구분에 있어서는 직전년도의 수입금액만을 기준으로 하기 때문에 해당년도 신규사업자는 해당년도의 수입금액에 관계없이 간편장부 대상자가 되는 것입니다.

예를 들어 다세대주택이나 다가구주택, 도시형생활주택 등을 신축하여 판매하는 사업자가 해당연도의 매출액이 1억 5천만원 이상이 된다고 하면 기준경비율 적용대상자에 해당됩니다.

이와 같은 사업자가 주요매입 증빙서류가 없는 경우 기준경비율에 의한 추계신고를 하게 되면 앞에서 설명한 바와 같이 소득금액이 터무니없이 과다하게 추계되므로 이때에는 단순경비율에 의한 소득금액에 2.4배에 해당하는 소득에 대해 세금을 내게 되는 것입니다.

### ➡ 세부담 비교표 (주택신축판매업의 경우)

(단위 : 천원)

| 구      분 | 단순경비율 추계에 의한 소득금액 추계시 (종전세법령) | 단순경비율에 의한 소득금액 × 2.4배의 소득금액 추계시 (개정세법령) |
|---|---|---|
| 매   출   액 | 1,000,000 | 1,000,000 |
| 소 득 금 액 | $1,000,000 \times 9.6\% = 96,000$ | $1,000,000 \times 9.6\% \times 2.4 = 230,400$ |
| 산 출 세 액 | $96,000 \times 35\% - 14,900 = 18,700$ | $230,400 \times 35\% - 14,900 = 65,740$ |
| 감 면 세 액 | $18,700 \times 20\% = 3,740$ | $65,740 \times 20\% = 13,148$ |
| 결 정 세 액 | $18,700 - 3,740 = 14,960$ | $65,740 - 13,148 = 52,592$ |
| 가   산   세 | − | − |
| 납 부 할 세 액 | 14,960 | 52,592 |
| 지 방 소 득 세 | $14,960 \times 0.1 = 1,496$ | $52,592 \times 0.1 = 5,259$ |
| 총 부 담 세 액 | $14,960 + 1,496 = 16,456$ | $52,592 + 5,259 = 57,851$ |

수도권에서 다가구주택 1동 지어서 팔고 매출액이 10억원 남짓이라고 보면 사업자에 따라 차이가 있겠지만 대체로 1 ~ 2억원의 영업이익을 내는 것으로 볼 수 있는데 위의 세부담표에서 보는 바와같이 종전방식의 추계에 의해 내야하는 세금에 비해 개정된 세법령에 의한 추계시에는 납부해야 할 세금이 크게 증가하는 것입니다.

이와 같이 개정하는것이 필요한 이유는 수십년전부터 존재해온 것인데 신규사업자가 단순경비율 추계로 소득금액을 계산함에 따라 거래상대방에게 거래증빙을 요구하지 않게 되므로 관련된 거래상대방의 모든 거래자료가 과세누락될 수 있기 때문입니다.

세금계산서의 거래질서를 해치며 과세자료의 양성화, 투명화를 저해하는 중요한 요인중에 하나가 신규사업자의 단순경비율 추계적용이라는 블랙홀이었다는 것입니다.

그럼에도 불구하고 문제가 되는것은 이와 같은 법령의 개정에 대한 충분한 논의가 사전에 알려지지 않은 채 국무회의 의결사항인 대통령령의 일부개정으로 넌지시 시행됨으로서 법령의 공포일 이후 현재까지도 그 내용의 중요성에 대해 신문이나, TV는 물론 사업을 시작하려는 일반인이 잘 인식하지 못하고 있다는 점입니다.

이와 같은 개정법령은 2011.1.1. 이후 사업을 개시하는 사업자에게 적용되도록 하고 있는데 부동산매매업이나 주택신축판매업의 사업자 뿐만아니라 제조업, 도소매, 서비스업 등 모든 사업자가 해당되는 것입니다.

과세당국에서는 신규로 사업자등록을 해줄 때 사업자에게 이와 같은 사항을 강조하여 증빙미수취 등으로 인해 추계로 신고할때에는 세금부담면에서 상당한 불이익이 생길 수 있다는 것을 알려주어야 할 것입니다.

만일 2011.1.1. 이후 신규로 사업을 개시하는 사업자가 당해연도(2011년) 매출액이 복식기장의무자의 기준금액에 해당하는 금액 이상일 것으로 예상

되면 거래에 관한 증빙을 빠짐없이 수취하여 보관하고 장부에 의해 소득금액을 계산해야 과중한 세부담을 피할 수 있는 것입니다.

주택신축판매업의 사업자가 신축을 위한 부지 매입시 좋은입지의 땅을 용이하게 구입할 목적으로 실제거래금액보다 낮은 금액으로 계약해 주는 일명 다운계약방식으로 취득하는 일이 간혹 있게 됩니다.

이와 같이 취득하게 되면 장부기장에 의해 신고·납부할 때 그 차액만큼 소득금액이 증가하여 세부담이 커진다는 것을 인식해야 할 것입니다.

다가구주택 등을 지어서 파는 사업자가 2011년에 신규로 사업을 개시하는 경우 공사원가등 증빙서류를 맞추지 못한다면 종전에 비해 상당한 세부담이 예상되므로 준공한 후 일정기간 임대하다가 2012년에 판매하는 것도 고려해 봐야 합니다.

2012년 판매하게 되면 2012년 귀속소득세 신고시 신규사업자가 아니라 계속사업자가 되므로 당해연도(2012년) 수입금액 기준이 아니라 직전년도(2011년) 수입금액 기준으로 기준경비율 적용 대상여부를 결정하기 때문에 2011년도 중 판매한 것이 없으므로 단순경비율 적용대상자가 되어 2012년 귀속 소득금액을 종전의 방식에 의한 단순경비율 추계로 신고·납부할 수 있는 것입니다.

아무쪼록 시행초기에 어려움이 어느정도 있을 것으로 보이지만 사업자나 과세당국이나 거래자료 투명화를 통한 근거과세 제도가 마찰없이 안정적으로 발전될 수 있도록 대승적인 협력이 이루어지도록 기대되는 국면입니다.

## (4) 결손금통산, 이월결손금 공제

결손금이란 사업자의 종합소득금액 중 사업소득, 기타소득을 얻기 위해 지출한 필요경비가 수입금액을 초과하는 금액을 말합니다.

이자소득, 배당소득, 근로소득, 연금소득 및 퇴직소득에서는 소득금액의 계산구조상 결손금이 발생하지 않습니다.

기타소득에서는 결손금이 생길 수 있으나 대부분의 경우 분리과세 되거나, 종합과세 되는 것이라 해도 사업자가 아닌 경우에는 추계에 의해 과세되며 사업자인인 경우에는 사업소득등의 수입금액과 필요경비에 가산하여 계산하게 되므로 소득세법에서는 기타소득에 있어서 결손금에 관한 규정을 별도로 두고 있지 않습니다.

양도소득에 있어서는 양도소득의 필요경비가 양도가액을 초과하는 금액이 결손금이 되는데 소득세법은 이를 양도차손이라고도 합니다.

소득세법에서는 사업소득 계산상 발생한 결손금은 같은 해의 ①근로소득금액 ②연금소득금액 ③기타소득금액 ④이자소득금액 ⑤배당소득금액에서 순차로 공제하게 되는데 이와 같은 과정을 결손금통산이라 하며 결손금 통산 후 남은 결손금은 다음연도로 이월되는데 이월된 결손금을 이월결손금이라고 합니다.

그리고 사업소득 중 부동산임대소득에서 발생한 결손금은 다른 사업소득금액에서 통산하지 않고 다음연도로 바로 이월시키도록 하고 있습니다.

다음연도에서도 부동산임대소득에서만 공제하도록 하고 있습니다.

양도소득계산상 발생한 양도차손은 같은 해 발생한 다른 양도소득에서만 통산하며 다른 종합소득금액과는 통산하지 아니합니다.

그리고 통산하고 남은 양도차손은 다음연도로 이월되지 않고 그 해에 소멸됩니다.

따라서 금년에 어떤 부동산을 양도하고 양도차손이 1억이 났다면 다른 부동산의 양도소득이 있을 때에는 그 양도소득에서 통산차감하여 공제해 먹을 수 있지만 만일 공제하고 남은 양도차손 금액이 있어도 내년에 다른 부동산을 양도하고 얻은 양도소득에서는 공제받지 못하는 것입니다.

부동산매매업과 같은 사업소득에서 발생한 결손금과 양도소득계산상 발생한 양도차손에 대해서 그 통산방법과 이월공제 여부에 대하여 소득세법에서 이와 같이 다르게 규정하고 있으므로 부동산을 양도하고 세금을 낼 때 부동산매매업자가 사업소득에 대한 종합소득세를 내는 금액과 일반인이 양도소득에 대해 양도소득세를 내는 금액이 서로 다르게 되는 것입니다.

이와 같은 차이점에 대해 다음 절에서 살펴보겠습니다.

## 1) 종합소득계산상 결손금, 이월결손금

부동산매매업자 (갑)이 2010년 1년 동안 부동산매매업을 영위하고 장부에 의해 그 영업손익을 계산해보니 1억 5천만원의 손실이 발생하였다고 가정합니다.

(2010.1.1. ~ 2010.12.31.)

손 익 계 산 서

단위 : 천원

| | | |
|---|---|---|
| 매　　　출　　　액 | | 600,000 |
| 매　　출　　원　　가 | (−) | 500,000 |
| 　　　기 초 재 고 액 | 0 | |
| (+) 당기상품매입액 | 500,000 | |
| (−) 기 말 재 고 액 | 0 | |
| 매　출　총　이　익 | | 100,000 |
| 판매·일반관리비 합계 | (−) | 80,000 |
| 영 업 외 비 용　합 계 | (−) | 170,000 |
| 당　기　순　손　실 | △ | 150,000 |

그런데 (갑)이 보유하고 있는 상가2개를 임대하고 받은 임대수입금액이 같은 해에 5천만원이 있어서 기준경비율추계로 소득금액을 계산하니 3천만원이 되었다고 가정합니다.

이와 같은 사례에서 종합소득세 확정신고 하면서 부동산매매업에서 생긴 결손금 1억 5천만원에서 부동산임대소득금액 3천만원을 통산 차감하게 되므로 당해년도의 소득금액은 △1억 2천만원이 되는 것입니다.

이와 같이 공제하고 남은 결손금 1억 2천만원을 다음연도로 이월시키게

되는데 이와 같은 이월결손금 1억 2천만원은 다음 연도부터 10년 안에 발생한 사업소득은 물론 근로소득, 연금소득, 심지어 이자소득, 배당소득금액에 대해서도 공제받을 수 있다는 것입니다.

이와 같이 당해연도의 다른 소득금액을 통산하여 차감하고 이월된 결손금을 다음연도 이후 10년간 공제받기 위해서는 종합소득세 확정신고 시 장부에 의해 계산하여 신고된 결손금이라야 합니다.

이와 같이 장부에 의해 신고된 결손금이 이월된 것을 세무상이월결손금이라고 합니다.

반면에 세무상이월결손금으로 공제받는 다른 소득금액은 앞에서 본 것과 같이 장부방식이 아닌 추계에 의해 계산된 다른 소득금액 또는 근로소득금액 등에서도 공제받을 수 있는 것입니다.

경매에서 간혹 예고등기나 가등기 되어있는 부동산을 잘못된 정보를 믿고 매수하여 잔금까지 다 치르고 소유권이전 받았다가 날리는 사고를 당하게 될 수도 있는데 만일 부동산 매매업자라면 그 손실을 장부에 의해 신고하고 결손금을 이월시켜 다음연도부터 10년 안에 발생하는 소득금액에서 공제받음으로서 세금을 안내게 되는 만큼은 손실을 보전할 수 있는 것입니다.

이와는 달리 부동산매매업자가 아닌 일반인은 당해연도에 생긴 양도차손은 같은 년도의 다른 양도소득에 대해서만 공제받는 것이고 다음연도 이후 발생하는 양도소득에서는 공제받지 못하는 것입니다.

본래 사업소득에서 결손금이 발생하였다는 것은 동일유형의 소득금액통산 즉, 사업소득에서 발생된 결손금이라 하면 여러 개의 서로 다른 사업이 있을 경우 각각의 사업(부동산임대업은 별도)에 있어서 발생된 당기순이익 또는 당기순손실을 서로 플러스, 마이너스하여 결과적으로 사업소득 계산에 있어서 결손금이 발생하였다는 의미인 것입니다.

그런데 부동산매매업자가 다주택인 상태에서 주택을 판매하여 생긴 매매손익이나, 비사업용토지의 매매손익, 미등기양도의 매매손익이 있는 경우 즉, 비교과세에 해당하는 경우에는 좀 특이한 방식으로 결손금이 통산됩니다.

비교과세되는 부동산매매업자자에 있어서도 다른 사업(예를 들면 제조업, 음식·숙박업 등)에서 발생한 당기순이익 또는 당기순손실과 서로 가감통산하는 것은 마찬가지이지만 부동산매매업자체에서 발생한 특정한 매매차익과 매매손실에 대해서는 이를 서로 차감하지 못하는 경우가 있다는 것입니다.

즉, 어떤 부동산을 매매하여 매매차익이 발생하였고 다른 부동산을 매매하여 매매손실이 발생하였는데 전체적으로 매매차손이 발생하였다고 가정합니다.

이와 같은 사실을 장부에 의해 나타내어 종합소득세 확정신고하면 결산상 당기순손실이 발생하므로 세금 낼 것이 없게 되는 것인데 불구하고 세법에서 특정한 매매차익에 대하여는 다른 매매손실을 차감하지 못하게 하고 그 매매차익에 대해서는 각각 양도소득세율로 계산한 양도소득세 상당금액을 종합소득세를 내도록 하고 있다는 것입니다.

그리고 당해연도에 매매차익과 매매손실을 통산하지 못하게 할 뿐만 아니라 누적된 세무상이월결손금으로도 특정한 매매차익에 대해서는 당해연도는 물론 다음연도 이후에도 계속하여 공제하지 못하도록 하고 있는데 이와 같은 특정한 매매차익은 다음과 같은 자산을 양도할 때 발생하는 매매차익입니다.

① 누진세율 적용자산
② 누진 + 10% 세율 적용자산
③ 40% 세율 적용자산
④ 45% 세율 적용자산
⑤ 50% 세율 적용자산
⑥ 60% 세율 적용자산
⑦ 70% 세율 적용자산

위에서 ①호 ~ ⑦호에 해당하는 것 중 같은 호에 해당하는 매매차익과 매매손실은 통산되는 것 이지만, ① ~ ⑦호의 다른 호 상호간에는 매매차익과 매매손실을 통산하지 못하도록 하고 있습니다.

그리고 이와 통산함으로서 차감하지 못한 매매차손은 이월결손금을 구성하여 다음연도의 「주택 등 매매차익외의 종합소득」에서는 공제할 수 있지만 다음연도 이후에도 비교과세되는 「주택 등 매매차익」에서는 공제하지 못하게 됩니다.

종전 (2009. 12. 31.)에는 ① 1세대 2주택인 상태에서 주택매매로 얻은 매매차익 ② 1세대 3주택인 상태에서 주택매매로 얻은 매매차익 ③ 비사업용토지의 양도로 얻은 매매차익 ④ 미등기 양도로 얻은 매매차익 중 같은 호에 해당하는 매매차익과 매매손실은 통산하도록 하고, ①호 ~ ④호의 다른 호 상호간에는 매매차익과 매매손실을 통산하지 못하도록 하고 있었던 것이 2010. 4. 30. 개정되어 현행과 같이 변경 되었습니다.

사실 부동산매매업자에 대한 이와 같은 방식의 결손금통산과 이월결손금 공제는 일반인은 물론 세무전문가라해도 이해하기 어려운 부분입니다.

소득세법은 제64조에서 「부동산매매업자에 대한 세액계산의 특례」를 규정하여 산출세액계산에 있어 비교과세 하도록 특례를 두고 있을 뿐인데 기획재정부령인 소득세법시행규칙의 별지 40호서식(1) 종합소득세 산출세액계산서(주택 등 매매사업자용)의 서식내용과 그 작성방법에 대한 안내로서 결손금통산과 이월결손금 공제방식까지 특례적으로 적용하도록 하고 있기 때문입니다.

뿐만아니라 2010. 4. 30. 개정된 소득세법시행규칙의 별지 40호서식(1)에 따르면 다주택자의 주택매매차익이라도 보유기간 차이로 인해 적용세율이 다른 경우엔 매매차익과 매매손실을 서로 통산하지 못하도록 하고 있으며 비사업용토지도 마찬가지로 보유기간의 차이로 인해 적용세율이 다른 경우엔 서로의 매매손익을 통산하지 못하도록 함으로서 매매손실은 그대로 소멸되고 매매차익에 대해서는 각각의 세율에 따라 세금을 내도록 하고 있는 것입니다.

예를들어 주택매매차익 중 1년 미만 보유하여 50% 적용받는 매매손익과 1년 이상 2년 미만 보유하여 40% 적용받는 매매손익 또는 2년 이상 보유하여 6% ~ 35% 적용받는 매매손익을 서로 통산하지 못한다는 것입니다.

손해본 것은 그대로 잊어버리고 이익 난 것은 세금을 내라고 하는 것입니다.

만일 양도소득세의 경우에도 해당년도의 양도차손익을 그와 같은 방식으로 하고 있다면 이해가 되는것이거니와 이와 같이 하는것은 양도소득세와도 전혀 다른 방식으로서 세무전문가가 봐도 어리둥절한 사항입니다.

양도소득세와 비교하여 큰 금액으로 내도록하고 있는 비교과세제도 즉, 부동산매매업자에 대한 세액계산의 특례제도의 취지에 비추어 볼때 양도소득세 상당액을 상한으로 하여 비교과세가 적용되어야 함에도 불구하고 해당년도의 양도소득세 보다 큰 금액을 내도록 하는 결과가 되는 것으로 기획재정부 관리들이 무슨 생각을 하는지 몰라도 이는 모법에 근거가 없는 규정이라고 보여집니다.

왜냐하며 현행 소득세법 제64조의 규정이 소득금액에 대한 특례가 아닌 세액계산의 특례에 관한 조항으로서 양도소득세보다 큰 금액을 종합소득세로 내도록 하고 있지는 않기 때문입니다.

그리고 2010. 4. 30. 개정되기 이전의 소득세법시행규칙의 별지 40호서식 (1)의 규정은 1:2 주택자의 매매차익, 1:3이상 주택자의 매매차익, 비사업용 토지의 매매차익, 미등기양도의 매매차익 등 매매차익 유형이 다르면 통산 차가감하지 못하도록 하고 있는데, 마찬가지로 양도소득세 보다 큰 금액을 낼 수 있도록 되어있는 규정입니다.

어쨌든 다음에 설명하는 양도소득계산상 결손금(양도차손) 통산과 종합소득세에 있어서의 결손금통산방법과 비교하여 그 차이점을 이해하시고 세금 바르게 내기(절세)에 참고하시기 바랍니다.

## 2) 양도소득 계산상 결손금(양도차손) 통산

부동산을 양도하여 양도소득을 계산함에 있어서 양도소득의 필요경비가 양도가액을 초과하는 것을 결손금 또는 양도차손이라고 합니다.

이와 같은 양도차손이 발생하면 같은 년도에 「다른 부동산 등」을 양도하여 얻은 양도차익과 통산하여 계산하게 됩니다.

여기서 「다른 부동산 등」이라함은 토지, 건물 외에 부동산을 취득할 수 있는 권리 또는 과점주주의 주식 등 특정 주식을 말하며 이러한 「다른 부동산 등」은 양도차손익을 통산할 때 비등록주식등 법이정한 일정한 주식과 구별하여 통산하도록 하고 있습니다.

양도소득세의 대부분을 이루는것이 토지 건물등 부동산(부동산을 취득할 수 있는 권리 포함)이므로 부동산을 중심으로 설명하고자 합니다.

개인이 같은 해에 여러 개의 부동산을 양도했을 때 어떤 부동산은 양도차익이 나고 어떤 부동산은 양도차손이 발생 될 수 도 있습니다.

이때 통산하는 순서는 첫째, 양도차손이 발생한 부동산과 같은 세율을 적용받는 자산의 양도금액에서 먼저 공제해야 합니다.

둘째, 공제하고 남은 양도차손 금액은 양도차손이 발생한 자산과 다른 세율은 적용받는 자산의 양도금액에서 공제합니다.

만일 다른 세율을 적용받는 자산의 양도금액이 둘 이상인 경우에는 둘 이상의 양도소득금액 합계액에서 차지하는 비율에 따라 각각 안분 계산하여 공제합니다.

당해연도에 발생한 양도차손이 위와 같은 순서에 의해 공제하고도 남은 금액은 종합소득계산상 결손금과 같이 다음연도로 이월되는 것이 아니고 당해년도에 소멸되는 것입니다.

따라서 양도소득계산에 있어서는 이월결손금(이월된 양도차손)이라는 것이 없습니다.

작년에 부동산을 양도하여 1억원의 양도차손이 있었다해도 올해에 1억원의 양도차익이 생겼다면 작년에 결손난 금액에 미련을 두지 말고 올해 발생한 양도차익 1억원에 대해 양도소득세를 내야하는 것입니다.

반면에 양도소득에 있어서 결손금 통산이라는 것은 같은 해에 발생한 여러 개의 부동산의 양도차익과 양도차손을 모두 통산차감하므로 부동산매매업자보다 유리한 점도 있습니다.

부동산매매업자는 앞서 살펴본 것과 같이 비교과세에 해당하는 1세대2주택, 1세대3주택, 비사업용토지, 미등기양도의 매매손익이 있는 경우에는 같은 년도에 서로 매매차익과 매매손실이 있을 때 적용세율이 다른 자산의 매매손익에 대해 이를 통산하지 않고 매매손실은 그대로 소멸하고 매매차익에 대해서는 각자가 적용되는 양도소득세율에 의한 세금을 내도록 하고 있는 것입니다.

반면에 부동산매매업자가 아닌 일반인의 양도소득 계산에 있어서는 일반적인 양도손익, 다주택자의 주택양도손익, 비사업용토지의 양도손익은 물론 미등기양도에 있어서의 양도손익까지도 같은 년도에 발생한 것은 적용세율이 다르더라고 전부 통산차감하기 때문입니다.

## 3) 사례에서의 비교

(가) 부동산매매업자가 소득세법상 비교과세 대상이 되는 부동산을 주로 취급하는경우엔 양도소득세와 비교했을때 세부담 면에서 실익이 없으므로 대부분의 부동산매매업자는 비교과세가 적용되지 않는 부동산을 위주로 매매하는 것입니다.

그와 같이 본다면 다음의 사례는 다소 특수한 경우에 해당하겠지만 결손금 통산과 관련하여 다주택자인 일반인이 양도소득세를 내는 경우와 다주택자인 부동산매매업자가 종합소득세를 내게 되는 경우를 비교해 보도록 하겠습니다.

### 사례1

(2010.1.1. ~ 2010.12.31.) 　　　　　　　　　　　　　　　　단위 : 천원

| 구 분 | 보유기간 | 적용세율 | 양도가액 | 필요경비 | 양도소득 | 비고 |
|---|---|---|---|---|---|---|
| ① 주택 A | 2년6개월 | 6% ~35% | 280,000 | 360,000 | △80,000 | |
| ② 주택 B | 1년이상2년미만 | 40% | 120,000 | 90,000 | 30,000 | |
| ③ 주택 C | 1년미만 | 50% | 100,000 | 50,000 | 50,000 | |
| 합　　　계 | | | 500,000 | 500,000 | 0 | |

➡ 양도자가 일반개인으로서 양도소득 계산상 결손금통산방식에 따르면 주택 A에서 생긴 양도차손 △80,000천원을 통산차감할 때 같은 세율 (6% ~ 35%)의 적용을 양도차익이 없으므로 다른세율의 적용을 받는 양도소득에서 차감해야 하는데 주택 B, C 두 개가 있으므로 양도소득을 기준으로 안분계산합니다.

$$\text{주택 B (40\%) : } \triangle80,000 \times \frac{30,000}{30,000 + 50,000} = \triangle30,000$$

$$\text{주택 C (50\%) : } \triangle80,000 \times \frac{50,000}{30,000 + 50,000} = \frac{\triangle50,000}{\triangle80,000}$$

### ➡ 양도소득세의 계산

단위 : 천원

| 구　　　분 | 합　　　계 | 누진세율적용자산 | 40%적용자산 | 50%적용자산 |
|---|---|---|---|---|
| 양 도 가 액 | 500,000 | 280,000 | 120,000 | 100,000 |
| 필 요 경 비 | 500,000 | 360,000 | 90,000 | 50,000 |
| 양 도 소 득 금 액 | 0 | △80,000 | 30,000 | 50,000 |
| 양도소득기본공제 | 2,500 | | | |
| 과 세 표 준 | △2,500 | | | |
| 산 출 세 액 | 0 | | | |

위의 차트 양식은 「양도소득 과세표준 확정신고서」의 서식을 단순하게 고친것입니다.

이와 같이 양도소득세에 있어서는 적용세율이 다르더라도 양도차손익을 서로 통산차감하므로서 본 사례에서는 양도소득금액이 "0"이 되어 낼 세금이 없는 것입니다.

➡ 그러나 양도자가 다주택자인 부동산매매업자로서 비교과세에 의해 종합소득세를 내게 되는 경우엔 주택 A(누진세율)에서 생긴 매매손실 △80,000천원은 그대로 소멸되고 주택 B (40%)에서 생긴 매매차익 30,000천원 및 주택 C (50%)에서 생긴 매매차익 50,000천원에 대해서는 각각 해당 양도소득세율을 적용하여 계산한 양도소득세 상당금액을 종합소득세로 내게 되는 것입니다.

➡ **주택 등 매매차익에 대한 산출세액의 계산**

| 구　　　분 | ⑤ 누진세율 적용자산 | ⑥ 누진 +10% 세율 적용 자산 | ⑦ 40%세율 적용자산 | ⑧ 45%세율 적용자산 | ⑨ 50%세율 적용자산 | ⑩ 60% 세율 적용 자산 | ⑪ 70% 세율 적용 자산 |
|---|---|---|---|---|---|---|---|
| ㉮ 총 수 입 금 액 (주택 등 매매가액) | 280,000 | | 120,000 | | 100,000 | | |
| ㉯ 필 요 경 비 | 360,000 | | 90,000 | | 50,000 | | |
| ㉰ 소 득 금 액 | △80,000 | | 30,000 | | 50,000 | | |
| ㉱ 소 득 공 제 (양도소득기본공제) | | | | | 2,500 | | |
| ㉲ 과 세 표 준 | | | 30,000 | | 47,500 | | |
| ㉳ 세　　　율 | | | 40% | | 50% | | |
| ㉴ 산 출 세 액 | | | 12,000 | | 23,750 | | |

그리하여 종합소득세로 내야할 금액은 12,000천원과 23,750천원을 합한 금액인 35,750천원이 됩니다.

같은 거래에 있어서 일반인이 내야 하는 양도소득세는 "0"인데 비해 부동산매매업자는 35,750천원의 세금을 내게 되는 것입니다.

위의 차트양식은 소득세법시행규칙의 별지 40호서식(1)의 「주택 등 매매차익에 대한 산출세액의 계산」의 서식입니다.

앞에서 언급한 것과 같이 납득하기 어려운 결손금통산 방식입니다.

(나) 다음사례에서는 소득세법상 부동산매매업자의 비교과세적용 대상이 아닌 부동산을 매매하였을때 결손금통산과 이월결손금 공제와 관련하여 일반인이 양도소득세를 내는 경우와 부동산매매업자가 종합소득세를 내는 경우를 비교해 보도록 하겠습니다.

직전년도에 양도차손(결손금)이 △150,000천원이 있다고 가정합니다.

당해연도에 판매비, 일반관리비 10,000천원이 있다고 가정합니다.

## 사례2

(2010.1.1. ~2010.12.31.)                                     단위 : 천원

| 구 분 | 보유기간 | 적용세율 | 양도가액 | 필요경비 | 양도소득 | 비고 |
|-------|----------|----------|----------|----------|----------|------|
| ① 상가 A | 2년6개월 | 6% ~35% | 200,000 | 230,000 | △30,000 | |
| ② 주택 B | 1년이상2년미만 | 40% | 120,000 | 80,000 | 40,000 | |
| ③ 토지 C | 1년미만 | 50% | 320,000 | 240,000 | 80,000 | |
| 합     계 | | | 640,000 | 550,000 | 90,000 | |

➡ 일반인이 양도소득세로 내게 될 때는 양도소득계산상 결손금통산 방식에 따르게 되므로, 상가 A에서 생긴 양도차손 △30,000천원 은 같은 세율(6% ~ 35%)의 적용을 받는 양도차익이 없으므로 다른세율의 적용을 받는 양도소득에서 차감해야 하는데 주택 B와 토지 C가 있으므로 각각 양도소득을 기준으로 안분계산 합니다.

$$
\begin{cases}
\text{주택 B (40\%)} : \triangle 30,000 \times \dfrac{40,000}{40,000+80,000} = \triangle 10,000 \\[3mm]
\text{주택 C (50\%)} : \triangle 30,000 \times \dfrac{80,000}{40,000+80,000} = \underline{\triangle 20,000} \\
\hphantom{\text{주택 C (50\%)} : \triangle 30,000 \times \dfrac{80,000}{40,000+80,000} = } \triangle 30,000
\end{cases}
$$

➡ **양도소득세의 계산**

단위 : 천원

| 구 분 | 합 계 | 누진세율<br>적용자산 | 40%적용자산 | 50%적용자산 |
|---|---|---|---|---|
| 양 도 가 액 | 640,000 | 200,000 | 12,000 | 320,000 |
| 필 요 경 비 | 550,000 | 230,000 | 80,000 | 240,000 |
| 양 도 소 득 금 액 | 90,000 | △30,000 | 40,000 | 80,000 |
| 양도소득기본공제 | 2,500 | | | 2,500 |
| 과 세 표 준 | 87,500 | | 40,000 + △10,000<br>= 30,000 | 80,000 + △20,000 - 2,500<br>= 57,500 |
| 세 율 | | | 40% | 50% |
| 산 출 세 액 | 40,750 | | 12,000 | 28,750 |

　양도소득세에 있어서는 판매비, 일반관리비가 필요경비로 인정되지 않는 것이며 당해연도의 양도차손 △30,000천원은 다른 양도소득에서 통산하여 차감합니다.

　직전년도에 발생한 양도차손 △150,000천원은 당해연도의 양도소득에서 공제되지 않는 것입니다.

　이와 같이 양도소득세로 계산한 결과 내야할 금액은 합계 **40,750**천원이 됩니다.

➡ 그러나 양도자가 부동산매매업자로서 종합소득세를 내게 되는 경우엔 다음과 같이 계산됩니다.

```
           손 익 계 산 서
                        2010.12.31.
 1)매    출    액      640,000      1)매출액  = 200,000 + 120,000 + 320,000
                                             = 640,000
 2) 매 출 원 가 (－)   550,000
 매 출 총 이 익         90,000
                                    2)매출원가 = 230,000 + 80,000 + 240,000
 판매 · 일반관리비 (－) 10,000               = 550,000
 당 기 순 손 실         80,000
```

　이와 같은 당기순이익 80,000천원은 세무상 이월결손금 △150,000천원에서 공제 받은 후 당기의 종합소득금액은 "0"이 되고 종합소득세로 낼것이 없게 됩니다.

　이월결손금은 △70,000천원이 잔액으로 남게되어 차기 이후의 종합소득에서 공제해 먹을 수 있는 것입니다.

　종합소득금액에서 공제하는 이월결손금의 내역은 다음의 이월결손금 공제명세서와 같습니다.

**[별지 제40호 서식(1)]**                                                                (13쪽)

**❾종합소득금액 및 결손금·이월결손금공제명세서**

| 구　　　분 | ① 소득별 소득금액 | ② 사업소득 결손금 공제금액 | 이월결손금 공제금액 | | ⑤ 결손금·이월 결손금공제 후 소득금액 |
|---|---|---|---|---|---|
| | | | ③사업소득 이월결손금 공제금액 | ④ 부동산임대소득 이월결손금 공제금액 | |
| 이 자 소 득 금 액 | | | | | |
| 배 당 소 득 금 액 | | | | | |
| 수 입 배 당 금 액 (「조세특례제한법」제104조의11) | | | | | |
| 출자공동사업자의 배당소득 (「소득세법」제17조제1항제6호의3) | | | | | |
| 부 동 산 임 대 소 득 금 액 | | | | | |
| 사 업 소 득 금 액 | 80,000 | | 80,000 | | 0 |
| 근 로 소 득 금 액 | | | | | |
| 연 금 소 득 금 액 | | | | | |
| 기 타 소 득 금 액 | | | | | |
| 합　　　계(종합소득금액) | 80,000 | | 80,000 | | 0 |

**❿이월결손금명세서**

| 구 분 | 이월결손금 발생내역 | | ③ 전기까지 공제액 | 당기 공제액 | | | ⑦ 잔　액 |
|---|---|---|---|---|---|---|---|
| | ① 발생 과세기간 | ② 발생금액 | | ④ 당기 공제액 | ⑤ 소급공제액 | ⑥ 그밖의 공제액 | |
| 부동산 임대소득 (30) | | | | | | | |
| | | | | | | | |
| | | | | | | | |
| | | | | | | | |
| 사업소득 (40) | 2009 | 150,000 | | 80,000 | | | 70,000 |
| | | | | | | | |
| | | | | | | | |
| | | | | | | | |
| | | | | | | | |

위에서 살펴본 것과 같이 동일한 거래에 있어서 종합소득세에 있어서는 이월결손금이 있는 경우 당기의 소득금액에서 공제함으로서 당해연도에는 세금을 낼것이 없게 되는 것입니다.

반면에 양도소득세에 있어서는 직전년도 이전에 발생한 양도차손은 당해 연도의 양도차익에서 공제하지 못하고 당해연도의 양도소득에 대해서는 40,750천원의 세금을 내게되는 것입니다.

## (5) 양도소득기본공제와 종합소득공제

토지, 건물 등 부동산을 양도하고 양도소득세를 계산하기 위하여는 보유 기간의 구분없이 양도소득금액에서 1인당 연간 250만원을 양도소득기본공 제로 공제합니다(토지, 건물 외에 코스닥비등록주식, 상장법인 대주주주식, 코스닥주식 중 장외거래 주식의 양도소득세를 계산하기 위하여는 위와는 별 도로 1인당 연간 250만원의 양도소득기본공제로 공제함).

다만, 미등기양도자산의 양도소득금액에서는 양도소득기본공제를 적용하 지 않는 것입니다.

반면 종합소득세를 계산하기 위하여는 종합소득금액에서 종합소득공제와 조세특례제한법상 소득공제를 공제하게 됩니다.

> 종합소득금액 - 종합소득공제 - 조세특례제한법상의 소득공제 = 종합소득과세표준

## 가. 종합소득공제

종합소득공제는 다시 인적공제, 특별공제, 연금보험료공제, 주택담보노후 연금(역모기지론)이자비용공제로 구분됩니다.

### 1) 인적공제는 다시 기본공제와 추가공제로 구분합니다.

기본공제는 기본공제대상자 1인당 150만원을 인원수에 곱한 금액을 공제 하는데 ①사업자본인, ②배우자, ③부양가족이 기본공제대상자입니다.

이때 배우자와 부양가족은 연간소득금액이 없거나 100만원 이하이어야 합니다.

부양가족이란 다음의 자를 말합니다.

| 구 분 | 요 건 | |
|---|---|---|
| | 연령(장애인[7] 제외) | 연간소득금액 |
| ① 직계존속(계부 또는 계모[1] 포함) | 60세 이상 | 100만원 이하 |
| ② 직계비속(의붓자녀[2] 포함)과 입양자[3] | 20세 이하 | |
| ③ 위탁아동[4] | 18세 미만 | |
| ④ 직계비속·입양자와 그 배우자가 모두 장애인인 경우 그 배우자[5] | 연령불문 | |
| ⑤ 형제자매 | 60세 이상 또는 20세 이하 | |
| ⑥ 수급자[6] | 연령불문 | |

[1] 계부·계모란 직계존속이 재혼한 경우 해당 거주자의 직계존속과 혼인(사실혼 관계 제외) 중 임이 증명되는 자를 말한다.

[2] 의붓자녀란 해당 거주자가 재혼한 경우 해당 배우자가 종전의 배우자와 혼인(사실혼 제외) 중에 출산한 자를 말한다.

[3] 입양자란 입양한 양자 및 사실상 입양상태에 있는 자로서 거주자와 생계를 같이하는 자를 말한다.

[4] 위탁아동이란 아동복지법에 따른 가정위탁을 받아 양육하는 아동으로서 해당 과세기간에 6개월 이상 직접 양육한 위탁아동을 말한다. 다만, 직전과세기간에 소득공제를 받지 못한 경우에는 해당 위탁아동에 대한 직전 과세기간의 위탁기간을 포함하여 계산한다.

[5] 거주자의 직계비속(입양자 포함)의 배우자(며느리와 사위)는 기본공제대상이 아니다. 직계비속(입양자 포함)이 장애인이고 그 직계비속의 배우자도 장애인인 경우에는 기본공제대상이 될 수 있다.

[6] 수급자란 국민기초생활보장법에 의하여 급여를 받는 자를 말한다.

[7] 장애인은 연령의 제한이 없다. 그러나 장애인이라도 소득금액의 제한은 있으므로 소득금액이 연 100만원을 초과하는 경우에는 기본공제대상이 아니다. 장애인이란 다음에 해당하는 자를 말한다.
① 장애인복지법에 의한 장애인
② 「국가유공자 등 예우 및 지원에 관한 법률」에 의한 상이자 및 이와 유사한 자로서 근로능력이 없는 자
② 기타 항시 치료를 요하는 중증환자

추가공제란 기본공제대상자(본인, 배우자, 부양가족)에게 다음의 추가공제 사유가 있는 경우 추가공제대상자 인원수에 다음의 금액을 곱한 금액을 기본공제에 추가하여 공제합니다.

추가공제대상자 공제요건은 다음과 같습니다.

| 구 분 | 요 건 | 공 제 액 |
|---|---|---|
| 장 애 인 공 제 | 기본공제대상자 중 장애인이 있는 경우 | 공제인원수 × 200만원 |
| 경 로 우 대 자 공 제 | 기본공제대상자 중 경로우대자(70세 이상)가 있는 경우 | 공제인원수 × 100만원 |
| 부 녀 자 공 제 | • 본인이 배우자 있는 여성인 경우<br>• 본인이 배우자 없는 여성으로서 기본공제대상 부양가족이 있는 세대주인 경우 | 50만원 |
| 자 녀 양 육 비 공 제 | 기본공제대상자 중 6세 이하의 직계비속, 입양자 또는 위탁아동이 있는 경우 | 공제인원수 × 100만원 |
| 출산 · 입양추가 공 제 | 해당 과세기간에 출생한 직계비속과 입양 신고한 입양자인 경우 | 공제인원수 × 200만원 |
| 다 자 녀 추 가 공 제 | • 기본공제 자녀가 2인인 경우<br>• 기본공제자녀가 2인초과인 경우 | 100만원<br>추가 1인당 200만원 |

2) 특별공제는 근로소득이 있는 자와 근로소득이 없는 자로 구분하여 다음과 같이 적용합니다.

| 구 분 | | 특 별 공 제 적 용 방 법 |
|---|---|---|
| 근로소득이 있는 자 | | 항목별 공제와 표준공제(100만원) 중 선택<br>항목별 공제 : 보험료공제, 의료비공제, 교육비공제, 주택자금공제, 기부금특별공제 |
| 근로소득이 없는자 | 성 실 사업자 | 의료비공제, 교육비공제, 기부금특별공제와 표준공제(100만원)를 적용 |
| | 일 반 | 기부금특별공제와 표준공제(성실사업자 100만원, 그 외의 자 60만원)를 적용 |

* 근로소득자의 경우에는 연말정산시 회사에서 처리하므로, 또한 성실사업자는 거의 해당사항이 없는 것이므로 항목별공제에 대한 내용검토를 생략함

기부금 종류별 공제한도액은 다음과 같습니다.

| 구 분 | 기 부 금 한 도 액 |
|---|---|
| 법  정<br>기 부 금 | 전액을 공제액으로 봄 |
| 특  례<br>기 부 금 | (기준소득금액 − 법정기부금공제액) × 50% |
| 우 리 사 주<br>조합기부금 | (기준소득금액 − 법정기부금공제액 − 특례기부금공제액) × 30% |
| 지  정<br>기 부 금 | • 종교단체기부금이 없는 경우<br>$\left(\begin{array}{c}기준소득\\금\ \ \ 액\end{array} - \begin{array}{c}법정기부금\\공제액\end{array} - \begin{array}{c}특례기부금\\공제액\end{array} - \begin{array}{c}우리사주조합\\기부금공제액\end{array}\right) × 15\%(2010년\ 20\%)$<br><br>• 종교단체기부금이 있는 경우<br>$\left(\begin{array}{c}기준소득\\금\ \ \ 액\end{array} - \begin{array}{c}법정기부금\\공제액\end{array} - \begin{array}{c}특례기부금\\공제액\end{array} - \begin{array}{c}우리사주조합\\기부금공제액\end{array}\right) × 10\% + 작은금액$<br>$\left[\left(\begin{array}{c}기준소득\\금\ \ \ 액\end{array} - \begin{array}{c}법정기부금\\공제액\end{array} - \begin{array}{c}특례기부금\\공제액\end{array} - \begin{array}{c}우리사주조합\\기부금공제액\end{array}\right)\right]$<br>$× \begin{array}{c}5\%\\(2010년 10\%),\end{array} \begin{array}{c}종교단체기부금\\이외의 기부금\end{array}$ |

위의 표에서 기준소득금액의 계산 및 기부금한도액계산의 산식은 이해하기에 상당히 어려운 것이지만 대체로 기준소득금액은 종합소득금액으로 이해하면 되며 기부금의 종류가 많지 않은 경우에는 위의 표에서 (    )안에 있는 산식의 금액도 단순히 종합소득금액이라고 보면 됩니다. 참고로 기부금의 분류에 따른 내용은 다음과 같습니다.

① 법정기부금

| 구 분 | 소 득 세 |
|---|---|
| 1. 국가 또는 지방자치단체(지방자치단체조합 포함)에 대한 기부금<br>2. 국방헌금과 국군장병위문금품<br>3. 천재·지변 이재민 구호금품<br>4. 사립학교·비영리교육재단·기능대학·원격대학·경제자유구역  및<br>  제주국제도시의 외국교육기관·산학협력단에 대한 시설비·교육비·<br>  연구비·장학금 | 법정기부금<br>(100% 한도) |

| 구　　　　　분 | 소 득 세 |
|---|---|
| 5. 한국과학기술원·광주과학기술원·대구경북과학기술원에 대한 시설비·교육비·연구비·장학금<br>6. 국립대학교병원·서울대학교병원·서울대학교치과병원·사립학교 운영병원에 대한 시설비·교육비·연구비·장학금<br>7. 문화예술진흥기금 출연액<br>8. 사회복지공동모금회기부금<br>9. 무료·실비로 이용하는 사회복지시설(아동복지시설·장애인복지시설 등)에 대한 기부금<br>10. 법 소정 자매결연기관(어린이재단·한국노인복지시설협회·한국장애인복지시설협회 등)을 통한 불우이웃돕기 기부금<br>11. 대한적십자사에 대한 기부금<br>12. 특별재난지역 자원봉사용역<br>13. 정치자금(10만원 초과분) | 법정기부금<br>(100% 한도) |

② 특례기부금

| 구　　　　　분 | 소 득 세 |
|---|---|
| 1. 종업원의 복지증진을 위하여 사내근로복지기금에 지출하는 기부금<br>2. 특정연구기관·한국생산기술연구원·한국한의학연구원·전문생산기술연구소·한국과학문화재단·연구개발특구지원본부·산업안전보건연구원·한국정보문화연구원에 지출하는 기부금<br>3. 독립기념관·한국교육방송공사·한국국제교류재단에 지출하는 기부금<br>4. 결식아동의 결식해소 또는 빈곤층 아동의 복지증진을 위한 사업을 수행하고 있는 비영리 법인의 사업비로 지출하는 기부금<br>5. 국민신탁법인에 지출하는 기부금<br>6. 박물관 또는 미술관에 박물관자료 또는 미술관자료로 지출하는 기부금<br>7. 2012여수세계박람회조직위원회, 2011대구세계육상선수권대회조직위원회, 2014인천아시아경기대회조직위원회에 지출하는 기부금<br>8. 사회환원기부신탁 : 위탁자가 사망하거나 약정한 신탁기간이 위탁자의 사망 전에 종료하는 경우 신탁재산이 공익법인 등에 기부될 것을 조건으로 거주자가 설정한 신탁으로서 신탁계약 체결 이후 계약을 해지하거나 원금 일부를 반환할 수 없는 요건을 갖춘 신탁에 신탁한 금액 | 특례기부금<br>(50% 한도) |

### ③ 우리사주조합기부금

| 구　　　　　　　분 | 소 득 세 |
|---|---|
| 우리사주조합원이 아닌 자의 우리사주조합에 대한 기부금<br>우리사주조합원이 우리사주조합에 대한 기부금은 연 400만원 한도로 소득공제 | 우리사주조합<br>기부금<br>(30% 한도) |

### ④ 지정기부금

| 구　　　　　　　분 | 소 득 세 |
|---|---|
| 1. 국립암센터 · 지방의료원에 대한 기부금 | |
| 2. 노동조합비 · 교원단체회비 · 공무원직장협의회 회비 · 공무원노동조합 회비 | |
| 3. 다음의 비영리법인(단체포함)에 고유목적사업비로 지출하는 기부금<br>　① 사회복지법인 · 대한적십자사<br>　② 종교의 보급 그 밖에 교화를 목적으로 문화체육관광부장관 또는 지방자치단체의 장의 허가를 받아 설립한 비영리법인(그 소속단체 포함)<br>　③ 허가 · 인가를 받은 문화 · 예술단체 또는 환경보호운동단체<br>　④ 정부로부터 허가 또는 인가를 받은 학술연구단체 · 장학단체 · 기술진흥단체<br>　⑤ 유아교육법에 의한 유치원, 초 · 중등교육법 및 고등교육법에 의한 학교 · 기능대학 또는 원격대학<br>　⑥ 의료법에 의한 의료법인<br>　⑦ 위의 지정기부금단체 등과 유사한 것으로서 기획재정부령이 정하는 지정기부금단체 등 | 지정기부금<br>(15%,<br>종교단체<br>기부금<br>10% 한도) |
| 4. 다음의 용도로 지출하는 기부금<br>　① 불우이웃돕기를 위하여 지출하는 기부금<br>　② 학교 · 기능대학 · 원격대학의 장이 추천하는 개인의 교육비 · 연구비 또는 장학금<br>　③ 공익신탁으로 신탁하는 기부금(단, 「상속세 및 증여세법 시행령」 제14조의 요건을 갖춘 것에 한한다)<br>　④ 지역새마을사업을 위하여 지출하는 기부금<br>　⑤ 국민체육진흥기금으로 출연하는 기부금<br>　⑥ 사회복지 · 문화 · 예술 · 교육 · 종교 · 자선 · 학술 등 공익목적으로 지출하는 기부금으로서 기획재정부령이 정하는 것<br>　⑦ 법인으로 보는 단체(고유목적사업준비금 설정대상이 아닌 단체에 한한다)가 해당 수익사업소득을 고유목적사업비로 지출하는 금액 | |

| 구　　　　　　분 | 소 득 세 |
|---|---|
| 5. 협회비와 조합비 중 지정기부금으로 보는 것<br>　① 영업자가 조직한 법정단체에 대한 특별회비<br>　② 임의단체에 대한 협회비·조합비 | 지정기부금<br>(15%,<br>종교단체<br>기부금<br>10% 한도) |

## 3) 연금보험료 공제

종합소득이 있는 자가 공적연금보험료를 납부한 경우 납부한 보험료 전액을 공제합니다.

## 4) 주택담보노후연금 이자비용 공제

이는 고령자가 역모기지론을 사용하고 발생한 이자비용을 연금소득에서 공제하는 제도로서 사업자의 종합소득에서는 공제하는 것은 아니므로 내용 설명을 생략합니다.

### 나. 조세특례제한법상의 소득공제

이와 같은 소득세법상 종합소득공제 외에 조세특례제한법상의 소득공제가 있는데 부동산매매업의 사업소득 있는 자와 거의 관련 없는 것들이므로 소득공제의 종류만 살펴보면 다음과 같습니다.

① 신용카드 등 사용금액에 대한 소득공제(근로소득자만 해당)

② 중소기업창업투자조합 등 출자에 대한 소득공제

③ 연금저축 등 소득공제

④ 우리사주조합원 소득공제

⑤ 소기업·소상공인 공제부금에 대한 소득공제

⑥ 장기주식형저축에 대한 소득공제

위와 같은 종합소득공제는 종류와 요건이 다양하며 사업자가 연간 공제받는 공제금액도 양도소득기본공제액(250만원)보다 많은 경우가 대부분입니다.

　가장 일반적으로 발생되는 공제액이 종합소득공제 중에서의 인적공제 즉 사업자 본인, 배우자, 부양가족의 기본공제 그리고 기본공제대상자의 추가공제, 연금보험료공제, 기부금공제, 표준공제 등입니다.

　배우자 및 부양가족의 기본공제 및 추가공제를 받는 요건은 사업자와 주민등록이 같이 되어 있어야 하는 것은 아니고 같이 거주하지 않아도 사실상 부양하고 있으면 공제받을 수 있는 것입니다.

　그리고 이와 같은 소득공제는 기장에 의해 신고하는 경우뿐만 아니라 추계에 의해 신고할 때도 공제받을 수 있는 것입니다.

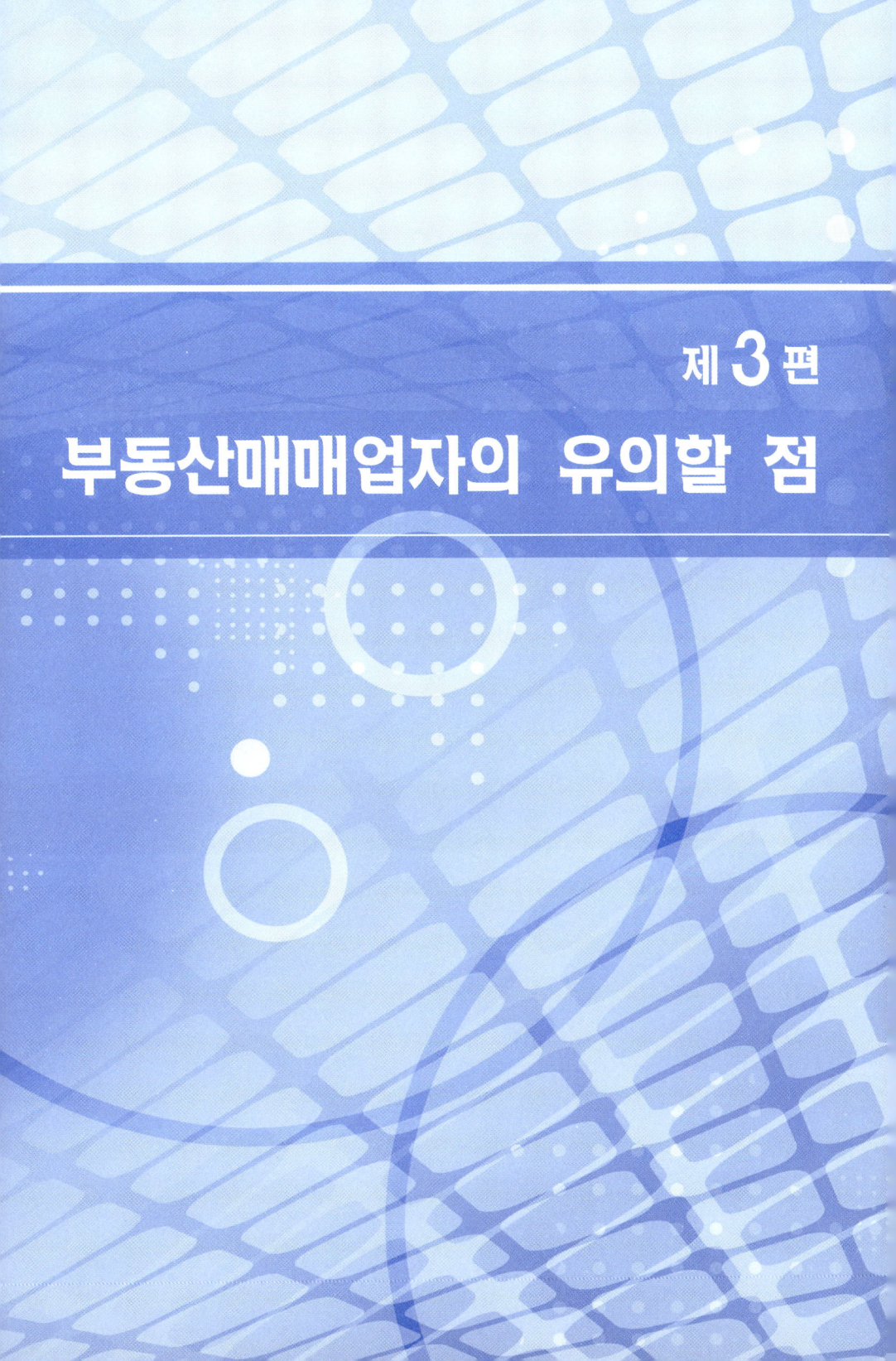

제 3 편

# 부동산매매업자의 유의할 점

# 부동산매매업자의 유의할 점

## *1* 개 요

부동산매매업자에 대해 세법에서 다른 사업자와 별도로 규정하고 있는 것은 「토지 등 매매차익 예정신고·납부」 또는 「부동산매매업자에 대한 세액계산의 특례」 정도입니다.

그 외에 있어서는 다른 사업자의 경우와 마찬가지로 부가가치세법·소득세법의 일반적인 규정을 그대로 적용하게 됩니다.

그럼에도 부동산매매업자는 토지, 건물 등 일반적으로 고정자산으로 취급되는 자산을 상품(재고자산)으로 하여 그 매매를 주업으로 하는 관계로 과세표준의 계산, 손익의 인식방법, 부당행위계산의 부인과 배우자 및 직계존비속 이월과세와 관련된 문제, 양도소득세 비과세 및 감면과의 관계 등에 있어서 난해한 문제가 예상치 않게 발생합니다.

부동산매매업이라 하면 계속사업의 의사로 사업자등록을 하고 양도소득세를 내는 대신 종합소득세로 납부함으로서 세금의 부담을 줄이는 수단정도로 안이하게 이해하고 그 세법적 관계에 무관심함으로서 사업자의 지위에 따른 납세부담에 대해 소홀히 여기는 경우가 많은데 일반적인 세법관계에 있어서는 물론, 재고자산인 부동산을 증여할 때 또는 사업자등록을 폐업신고 할 때 또는 폐업일 이후 부동산을 양도하거나 증여하는 때 등에 있어서 상당한 주의를 가질 필요가 있습니다.

또 4대보험의 지역가입 대상자가 되어 부담금 납부 부담이 추가로 생기기도 합니다.

## 2 종합소득세의 확정신고·납부

부동산매매업자는 당해연도의 종합소득세 과세표준과 세액을 계산하여 다음연도 5/31까지 주소지 관할세무서장에게 자진신고하고 납부할 금액을 은행이나 우체국에 납부해야 합니다.

이를 종합소득세 확정신고·납부라고 합니다.

이때 부동산매매업 외의 다른 사업소득이나 근로소득 등 종합소득이 있는 때에는 이를 합산하여 신고·납부해야 합니다.

이와 같은 종합소득세 확정신고 외에도 종합소득세와 관련된 납세협력 의무로서는 앞서 살펴본 것과 같이 토지 등 매매차익예정신고, 종합소득세 중간예납, 사업장현황신고(면세사업자의 경우)가 있습니다.

앞의 제1편에서 살펴본 것과 같이 부동산매매업자가 부동산을 판매하고 판매한 날이 속하는달의 말일로부터 2개월 이내에 토지 등 매매차익예정신고 및 납부를 해야 하며 불이행시에는 산출세액의 20%에 상당하는 무신고 가산세를 부담하게 됩니다.

이와 같이 무신고하는 경우 과세관청이 즉시 예정결정하여 고지함으로서 가산세를 부과해야 하는것이지만 업무처리실무에서 업무량의 문제 등으로 인해 현재 그와 같이 예정결정하지 못하고 있으므로 사업자가 종합소득세 확정신고시에 산출세액의 20%를 가산세로 자진납부하고 있는 것입니다.

이때 예정신고 기한의 다음날부터 확정신고 납부시까지의 기간일수에 따라 납부 불성실 가산세도 내게 됩니다.

앞에서 본 것과 같이 부동산매매업은 세분류의 부동산매매업과 건물신축판매업으로 구분됩니다.

　여기서 세 분류의 부동산매매업 뿐만 아니라 건물신축판매업도 토지 등 매매차익 예정신고, 납부를 해야 하는 것입니다.

　건물신축판매업에 있어서는 토지 등 매매차익 예정신고 하는데 있어 실가에 의해 신고 할 경우 공사원가 및 판매관리비 등 필요경비가 확정되지 않은 상태에서 분양이 있을 때마다 예정신고 하게 되므로 매매차익을 계산하는데 여러 가지 문제점이 있는 것이므로 추계방식으로 예정신고·납부해야 하는 경우도 있게 될 것입니다.

　종전(2009. 12. 31. 이전)에는 토지 등 매매차익 예정 신고·납부 세액공제를 포기하고 종합소득세 확정신고하고 납부하면 되었으나, 2010. 1. 1. 이후 현행 세법에서는 세액공제가 폐지되고 예정신고 무신고시 무신고가산세와 납부불성실 가산세를 추가로 부담하게 되는 것이므로 건물신축판매업에 있어서는 토지 등 매매차익예정신고와 관련하여 상당한 애로가 있을 것으로 생각됩니다.

　주의할 것은 부동산매매업자가 부동산을 매매하고 토지 등 매매차익 예정신고·납부한 경우에도 반드시 다음해 5/31까지 종합소득세 확정신고를 해야 한다는 것입니다.

　토지 등 매매차익 예정신고·납부한 자가 다음해 5/31까지 종합소득세 확정신고를 하게 되면 대부분의 경우 추가납부세액이 없거나 오히려 환급받는 경우도 많게 되는데 이와 같이 추가납부세액이 없는 경우에도 확정신고를 불이행하면 산출세액의 20%를 일반무신고 가산세로 내야하며 복식부기의무자는 산출세액의 20%와 수입금액의 1만분의 7을 곱하여 계산한 금액 중 큰 금액을 일반무신고가산세로 하여 납부해야 하며 환급받게 되는 경우에는 환급받을 세액에서 공제합니다(국세기본법 제47조 제①항).

| | |
|---|---|
| **문서번호** | 서면1팀－1549 |
| **생산일자** | 2005. 12. 16 |
| **제　목** | 종합소득 과세표준확정신고를 하지 않은 경우 예정신고한 토지 등 매매차익도 무신고 소득금액인지 여부 |
| **질　의** | |

• 부동산매매업자로서 2003년에 토지를 매입하여 상가를 신축하여 2003년 중 2차례에 걸쳐 상가를 분양하고 각각 2003년 8월과 9월에 토지 등 매매차익 예정신고를 하고 관

련세액을 납부한 바 있으며, 상기의 사업소득 외에 2003년 귀속분 부동산임대소득 및 근로소득이 있는 바,

- 2003년 귀속 종합소득세 확정신고를 하지 않았을 경우, 신고불성실가산세를 적용함에 있어서 예정신고한 토지 등 매매차익도 무신고소득금액에 포함하여 적용하는 것이 맞는 것인지?

### 회 신

종합소득이 있는 거주자가 소득세법 제70조의 규정에 의한 종합소득세과세표준확정신고를 하지 아니한 경우에 적용되는 같은법 제81조 제1항 제1호의 규정에 의한 신고불성실가사세를 적용함에 있어서 무신고가산세 대상금액은 확정신고를 하지 아니한 당해 소득금액을 말하는 것이므로, 부동산매매업자가 같은법 제69조의 규정에 의한 토지 등 매매차익 예정신고를 하였다 하더라도 종합소득과세표준확정신고를 하지 않은 경우에는 예정신고한 토지 등 매매차익도 무신고한 소득금액으로 보고 신고불성실가산세를 적용하는 것입니다.

## 소득세 집행기준 69-0-1 【토지 등 매매차익 예정신고 및 확정신고】

···중 략

③ 토지 등 매매차익 예정신고 납부한 경우에도 종합소득과세표준 확정신고의무가 있으므로 확정신고 하지 않은 경우에는 예정신고한 토지 등 매매차익도 무신고한 소득금액으로 보고 신고 불성실가산세를 적용한다.

④ 토지 등 매매차익 예정신고시 토지 등 매매가액에서 공제받은 장기보유특별공제액은 부동산매매업자가 종합소득과세표준 확정신고 시에 필요경비에 산입하지 않는다.

뿐만 아니라 부당한 방법으로 종합소득세 확정신고를 무신고한 과세표준이 차지하는 비율에 따른 산출세액에 대해서는 그 금액의 40%를 부당무신고가산세로 내도록 하고 있습니다.

그리고 부동산매매업자가 종합소득세 확정신고 대신에 양도소득과세표준 확정신고를 한 경우에는 무신고가산세를 적용하는 것이며 추가납부세액이 있다면 그 세액에 대해서는 납부불성실가산세를 적용하는 것입니다.

한편 양도소득세 확정신고·납부한 자에 대해 과세관청에서 부동산매매업자로 간주하여 종합소득세를 매기는 경우에는 종합소득세 확정신고하지 않는 것에 대해 무신고가산세(종전의 신고불성실가산세)를 부과하지 않습니다.

**문서번호** 국심 2004서4107

**생산일자** 2005. 6. 21

**제　목** 청구인이 쟁점부동산 양도 후 양도소득세를 신고한 것에 대하여 처분청이 부동산매매업으로 보아 종합소득세를 과세한 처분 및 신고불성실가산세를 부과한 처분의 당부(경정)

**요　약**

양도인이 보유하는 부동산 전반에 걸쳐 당해 양도가 사업소득에 해당하는지 여부를 판단함에 있어서는 사전·사후적인 요소를 감안하여야 하므로 부동산을 양도하는 행위가 종합소득세 과세대상인 ○○○인지 아니면 양도소득세 과세대상인인 양도인지 여부를 세법지식이 부족한 납세자 입장에서 판단하기 어려운 측면이 있다 할 것○○○이고, 양도소득세와 종합소득세는 소득세로서 소득의 분류가 다른 것에 불과하며, 납세자가 부동산 등을 양도한 때 양도소득세를 신고·납부하는 것이 일반적인 점 등을 고려하면 청구인이 쟁점부동산을 양도하고 양도소득세 과세대상으로 착오를 일으켜 양도소득세를 신고한 이 건에 대하여 ○○○으로 신고하지 않았다는 이유로 신고불성실가산세를 부과하는 것은 부당하다고 판단됨.

**주　문**

○○○세무서장이 2004. 10. 6. 청구인에게 한 2001년 귀속 종합소득세 50,692,480원의 부과처분은 신고불성실가산세 7,961,649원을 부과하지 아니하는 것으로 그 세액을 경정합니다.

　부동산매매업자가 아닌 경우로서 부동산을 양도하고 양도소득과세표준 예정신고·납부한 경우에는 구 소득세법 제115조(양도소득세에 대한 가산세) 제③항에서 「양도소득세의 확정신고를 하지 아니한 경우에도 추가납부세액이 없는 경우에는 제①항의 규정을 적용하지 아니한다」고 하고 제①항에서는 「거주자가 확정신고를 하지 아니하였거나 신고하여야 할 소득금액에 미달하게 신고한 때에는 그 신고를 하지 아니한 당해 소득금액 또는 신고하여야 할 금액에 미달한 당해 소득금액이 양도소득금액에서 차지하는 비율을 산출세액에 곱하여 계산한 금액의 100분의 10에 상당하는 금액(이하 "신고불성실가산세액"이라 한다)을 산출세액에 가산한다」고 하고 있었으나 2006. 12. 30 위의 소득세 규정이 폐지되면서 국세기본법에서 양도소득세 예정신고·납부를 한 경우에도 양도소득세 확정신고를 하지 않으면 추가납부세액의 유무에 불문하고 산출세액의 20%를 무신고가산세로 내도록 가산세 규정이 강화되었습니다.

　다만, 양도소득세에 있어서는 소득세법 제110조(양도소득과세표준 확정신고) 제①항에서 「예정신고를 한 자는 제①항의 규정에 불구하고, 당해소득에 대한 확정신고를 아니할 수 있다. 다만, 당해연도에 누진세율 적용대상 자산에 대한 예정신고를 2회이상 하는 경우 등으로서 대통령령이 정하는 경우에는 그러하지 아니한다」고 하고 있으므로 당해연도에 1건의 부동산을 양도하고 예정신고·납부를 하였거나 누진세율적용대상 자산을 2회 이상 예정신고하는 경우에 있어서 이미 신고한 양도소득금액과 합산하여 적법하게 신고한 경우에는 양도소득과세표준 확정신고를 하지 않았어도 무신고가산세의 대상이 아닙니다.

그러나 누진세율 적용자산을 2회 이상 양도하고 예정신고한 경우 이를 합산하여 신고하지 않고 각각 누진세율을 적용하여 신고한 경우에는 양도소득 확정신고 대상자이므로 확정신고 불이행시 무신고가산세의 대상이 되는 것입니다.

이런 경우 예정신고에 의해 모든 양도소득금액을 신고하였음에도 확정신고를 하지 않았다하여 기납부세액을 포함한 산출세액의 20%라는 일반무신고가산세를 부담해야 하는 일이 생기는 것입니다.

개별세법에서 각각 규정하고 있던 신고불성실 및 납부불성실가산세를 2006. 12. 30 세법개정으로 국세기본법에서 일괄적으로 규정하여 2007. 1. 1 이후 귀속분부터 시행하고 있는데 종전의 개별세법에서 가산세율 10%로 규정하고 있던 신고불성실가산세에 대하여 일반과소신고가산세 10%, 일반무신고가산세 20%, 부당과소신고가산세 40%, 부당무신고가산세 40%로 대폭 강화되었습니다.

또한 국세기본법은 세법에 따라 신고해야 할 환급세액을 초과하여 환급신고하는 경우 초과환급신고한 금액의 10%를 초과환급신고가산세로, 부당한 방법으로 초과환급신고한 금액의 40%를 부당초과환급신고가산세로 부과하는 것을 신설(2006. 12. 30)하여, 2007. 1. 1 이후 시행하고 있습니다.

법인세, 부가가치세, 종합소득세(양도소득세 포함)등 3대 기간세가 모두 신고납세제도 체계로 운영되고 있으므로 납세의무자가 과세표준과 세액을 확정신고한 내용 그대로 납세의무가 확정되는 현실에서 가산세제도의 현실

화는 그 필요성이 인정되는 것입니다.

그러나 부동산매매업자 또는 일반인이 법에 따라 토지 등 매매차익 예정신고·납부하였거나 양도소득과세표준 예정신고·납부의무를 성실히 이행하였고 뿐만 아니라 추가로 납부할 금액(가산세제외)이 없거나 미미한 정도에 불과함에도 단지 과세표준 확정신고를 하지 않았다고 하여 앞에서 본 것과 같이 기납부세액을 포함한 산출세액의 20%라는 고액의 가산세 부담을 지우는 것은 부주의한 의무불이행에 대한 가혹한 권리의 행사로서 가산세제도의 목적범위를 넘은 것은 아닌지 국세기본법이 천명하고 있는 「신의·성실」에 비추어 함께 성찰해야 할 문제로 보입니다.

국세기본법은 제47조 제③항에서 「신고하지 아니한 소득금액에 대하여 원천징수된 소득세가 있는 경우 제①항의 규정을 적용하는 때에는 산출세액에서 해당소득세액을 차감하고, 제②항의 규정을 적용하는 때에는 동항 제2호의 규정에 따른 산출세액을 곱하여 계산한 금액에서 해당소득세액을 차감한다」라고 하고 있는데, 종합소득세확정신고 또는 양도소득세확정신고를 무신고한 경우라 해도 토지 등 매매차익 예정신고·납부한 경우나 양도소득과세표준 예정신고·납부한 경우에는 산출세액에서 예정신고에 의해 기납부한 세액을 공제한 금액에 대해 계산하여 일반무신고가산세를 부과하도록 하는 것이 「원천징수된 소득세」와도 형평이 맞는 일이 아닌가 생각되는 부분입니다.

> **용어해설**
>
> • 신고납세제도
> 납세의무자가 납세의무를 확정할 권한을 갖는 제도를 신고납세제도라고 한다. 신고납세제도에서는 납세의무자가 자신의 세액을 신고하면 신고내용대로 납세의무자가 확정되므로, 신고납세제도를 자기부과제도라고도 한다.
> 신고납세제도인 경우에 납세의무자가 납세의무의 1차적 확정권을 가지며, 정부는 2차적 확정권을 갖는다. 신고납세제도에서는 납세의무자가 신고하면 신고내용대로 납세의무가 확정되나, 납세의무자가 신고를 하지 않거나 신고에 오류·탈루가 있는 경우에 제2차적 지위에 있는 정부가 결정·경정권을 행사할 수 있다.
> 법인세·소득세, 부가가치세, 개별소비세, 주세, 교통·에너지·환경세, 증권거래세 및 교육세에 신고납세제도를 채택하고 있다.

---

• 부과과세제도

정부가 납세의무에 대한 확정권을 갖는 제도를 부과과세제도라고 한다. 부과과
세제도를 채택한 국세는 정부가 결정하는 때에 납세의무가 확정되며, 납세자의
신고는 정부가 결정하는데 필요한 자료를 제출한 것에 불과하다.

상속세, 증여세 및 종합부동산세가 부과과세제도를 채택하고 있다. 다만, 종합
부동산세의 과세표준과 세액을 신고하는 경우에는 신고하는 때에 납세의무가
확정된다.

## ③ 부가가치세의 신고·납부, 세금계산서의 교부의무

부가가치세 면세사업자가 아닌 일반과세자인 부동산매매업자는 각 과세
기간별로 부가가치세를 신고·납부해야 합니다.

이때 상가, 모텔, 공장 등 일반건축물 및 그와 같은 부동산을 취득할 수 있
는 권리를 판매한 것이 있을 때에는 그 부동산 또는 권리금액 중 건물가액의
10%에 해당하는 금액을 부가가치세로 내야 합니다.

일반건축물이 아닌 주택을 판매하더라도 전용면적 85㎡ 초과하는 주택이
거나 전용면적 85㎡를 초과하는 주택을 받게 되는 권리(당첨권, 분양권, 입
주권 등)를 판매한 때에는 그 부동산 또는 권리금액 중 건물가액의 10%에
해당하는 금액을 부가가치세로 내야 합니다.

여기서 건물가액을 계산할 때는 실지거래가액으로 하는 것이 원칙이며 토
지와 건물의 실지거래가액의 구분이 불분명한 때는 전체 판매금액에 대하여
세법에 의한 안분계산방법에 의해 계산하며 거래당사자간에 계약과정에서
임의로 평가한 금액은 인정되지 않습니다.

계약서등에 부가가치세를 별도로 지급한다는 약정이 없으면 거래금액에
부가가치세가 포함된 것으로 보게 되는데 이때 건물가액을 안분계산 하는
세법상 산식은 다음과 같습니다.

$$\text{건물가액(과세표준)} = \text{총매금액} \times \cfrac{\text{건물의 감정평가금액 또는 기준시가}}{\text{토지의 감정평가금액 또는 기준시가} + \left( \text{건물의 감정평가금액 또는 기준시가} \times 1.1 \right)}$$

토지 및 전용면적 $85\text{㎡}$ 이하의 주택을 판매한 경우에는 부가가치세가 면세되는 것이므로 판매금액만 신고하면 됩니다.

부동산매매업자가 상가 등 일반건축물을 판매할 때는 그 부동산을 매입하는 상대방도 사업자인 경우가 대부분입니다.

상가 등 일반건축물을 매입하는 자가 주거용으로 사용하지는 않을 것이므로 사업을 직영하거나 임대에 제공하는 등의 사업상목적으로 매입하기 때문입니다.

이런 경우는 부가가치세 해당금액을 별도로 받는 것으로 계약하고 상대방인 매입자에게 매출세금계산서를 교부하고 부가가치세액을 매매금액과 별도로 받아서 납부하게 됩니다.

이때 그 상대방인 매입자는 교부받은 매입세금계산서에 의해 부가가치세 신고함으로서 부가가치세액을 공제 또는 환급받게 되는 것입니다.

그러나 매입자인 상대방이 사업을 직영하거나 임대사업을 하는데 있어서 일반과세자가 아닌 간이과세자 유형으로 사업하고자 하는 때에는 부가가치세를 별도로 주고 매입세금계산서를 받았다 해도 대부분의 금액을 공제받거나 환급받지 못하게 됩니다.

왜냐하면 간이과세자는 해당 과세기간에 납부할 세액이 있는 한도 내에서 그것도 부가가치세액에 일정한 부가율을 적용한 금액만 공제 받을 수 있기 때문입니다.

따라서 이와 같은 매입자는 부가가치세를 별도로 지급하는 계약내용에 동의하지 않을 것이므로 매매계약 체결시 부가가치세를 포함하는 가격으로 거래조건이 성립되는 일이 대부분입니다.

이런 경우에는 건물가액의 10%의 부가가치세를 결과적으로 판매자가 판매금액에서 별도로 내야할 것입니다.

또한 전용면적 85㎡ 초과주택을 판매할 때에도 통상적으로 볼 때 매입하는 상대방이 사업자가 아닌 일반 개인이므로 건물분 부가가치세를 별도로 주고 받지 못하고 부가가치세가 포함된 금액으로 계약 거래금액이 결정될 것이므로 이때에도 판매자가 판매금액에서 부가가치세를 별도로 내야할 것입니다.

부동산매매업자는 판매가격 결정시 이와 같은 세금 부담액을 감안하여 수익성 여부를 검토해야 할 것입니다.

외견상 매매차익이 있는 것 같지만 세금을 부담하고 하면 오히려 손실이 생길 수도 있는 것입니다.

그리고 이런 경우 매매차익을 계산함에 있어서 판매금액이라 함은 총매매대금에서 건물분 부가가치세 해당금액을 공제한 금액을 말하는 것입니다.

총매매대금이라 함은 건물가액과 건물분 부가가치세액 및 토지가액으로 구성되어 있는데 부가가치세를 제외한 건물가액과 토지가액을 합한 금액이 판매대금이 되는 것입니다.

일반과세자가 상가 등 일반건축물을 판매할 때에는 거래상대방에게 세금계산서를 교부해야 하는데 이때 그 상대방이 사업자가 아닌 경우에도 세금계산서(주민등록기재분)를 교부해야 하며 부가가치세 신고시 매출처별세금계산서합계표를 작성하여 제출해야 합니다.

이때 세금계산서를 교부하지 않은 경우에는 그 건물가액의 2%를 미교부가산세로 내야합니다.

그러나 주택인 경우에는 부가가치세 과세대상인 전용면적 85㎡ 초과 주택이라 하더라고 세금계산서가 아니라 영수증으로 교부할 수 있습니다.

토지가액에 대한 계산서에 있어서는 교부하지 않더라도 가산세는 없습니다.

부동산매매에 있어서는 계산서 교부의무가 면제되기 때문입니다.

앞서 살펴본바와 같이 부동산매매업자는 법정신고기한 내에 부가가치세를 신고·납부해야 하는데 만일 무신고하거나 과소신고한 경우에는 무신고하거나 과소신고한 납부세액의 20%의 일반무신고가산세 또는 10%의 일반과소신고가산세를 내야하며 부당하게 무신고하거나 과소신고한 경우에는 그 납부세액의 40%를 부당무신고 또는 부당과소신고가산세로 추가로 내야

하므로 매우 과중한 가산세 부담이 따르게 됩니다(국세기본법 제47조의 2 제①,②항 참조).

이와는 별도로 납부기한의 다음날부터 자진납부일 또는 납세고지일까지의 기간동안 무납부, 과소납부금액에 대해 하루에 $\frac{3}{10,000}$ 을 적용한 금액을 납부불성실 가산세로 내야합니다(국세기본법 제47조의 5 제①항 참조).

**용어해설**

• 가산세
세법이 규정하는 의무의 성실한 이행을 확보하기 위하여 세액에 가산하여 징수하는 금액을 가산세라고 한다. 가산세는 세법상 의무 위반에 대한 과태료의 성격을 갖는다. 가산세는 해당 의무가 규정된 세법의 국세의 세목으로 한다. 예컨대, 부가가치세법에 관련된 사항으로 국세기본법 또는 부가가치세법에 규정된 의무의 불이행으로 인한 가산세는 부가가치세에 포함된다.

• 가산금
가산금은 국세를 납세고지서에 의한 납부기한까지 납부하지 아니한 경우에 고지세액에 추가하여 징수하는 금액을 말하며, 연체이자의 성격을 가진다. 가산금은 일반가산금과 중가산금으로 나누어진다.
① 일반가산금 : 고지서에 의한 납부기한이 지난 경우에 징수하는 고지세액의 3%에 상당하는 금액
② 중가산금 : 체납국세가 100만원 이상인 경우에 고지서에 의한 납부기한으로부터 매1월이 지날 때마다 징수하는 체납세액의 1.2%에 상당하는 금액. 중가산금을 부과하는 기간은 60월을 초과하지 못한다.

## 4 부가가치세 매입세액 공제

부가가치세 매입세액이란 사업자가 자산을 구입하거나 비용을 지출할 때 그 가액의 10%의 부가가치세를 상대방에게 주고 매입세금계산서를 받은 경우 그 부가가치세액을 말합니다.

이와 같은 부가가치세 매입세액은 그 매입한 시기가 속하는 과세기간에

사업자가 내야 할 부가가치세 납부금액에서 공제받는 것입니다.

매입한 시기가 속하는 과세기간에 납부할 세액이 없거나, 납부할 세액이 공제받을 매입세액보다 적은 때에는 그 차액을 환급받게 되는 것입니다.

일반과세자인 부동산매매업자가 상가 등 일반건축물 또는 전용면적 85㎡ 초과주택을 신규분양 받거나 사업자로부터 매입할 때 부가가치세를 별도로 주고 매입세금계산서를 교부받은 경우에는 그 매입한 시기가 속하는 과세기간에 내야할 부가가치세 납부세액에서 그 매입세액을 공제받거나 환급받을 수 있습니다.

보유하고 있는 부동산의 용도 또는 구조를 변경하거나 신설·확장공사 하는 등 자본적지출에 해당하는 공사비는 물론 일반적인 수선비에 있어서도 상가 등 부가가치세가 과세되는 부동산에 대해 지출한 비용에 포함된 부가가치세액은 매입세금계산서에 의해 그 부가가치세액을 공제 또는 환급받을 수 있습니다.

그러나 전용면적 85㎡이하의 주택 또는 토지와 같이 부가가치세가 면세되는 부동산에 대해서 공사비, 수선비, 토목공사비를 지출할 때 부가가치세를 별도로 주고 매입세금계산서를 받았더라도 이와 같은 매입세액은 면세관련매입세액이라 하여 공제 또는 환급받지 못합니다.

한편 차량구입이나 일반적인 판매비·일반관리비를 지출하는 경우 부가가치세를 주고 매입세금계산서를 받는 경우도 있게 됩니다.

이와 같은 부가가치세 매입세액은 위의 경우와 같이 부가가치세 과세대상인 부동산이나 또는 부가가치세가 면세되는 부동산에 특정하여 귀속시킬 수 있는 지출에 대한 매입세액이 아니라 사업활동 전반에 걸쳐 발생되는 매입세액이 됩니다.

이와 같이 그 귀속이 불분명한 매입세액을 공통매입세액이라고 합니다.

공통매입세액 중 면세관련매입세액은 공제받지 못하는데 세법에 의해 안분계산하는 산식은 다음과 같습니다.

$$\text{면세사업에 관련된 매입세액} = \text{공통매입세액} \times \frac{\text{면세공급가액}}{\text{총공급가액}}$$

앞의 설명에서 차량이라 함은 사업용으로 취득한 모든 차량을 말하는 것이 아니고 세법에 의해 부가가치세 매입세액을 공제 받을 수 있는 차량을 말합니다.

이와 같은 차량은 구입시에 개별소비세를 내지 않는 것으로서 마티즈, 마티즈밴, 트라제XG 9인승, 카니발 9인승, 다마스코치, 쌍용로디우스 9인승·11인승 등의 승용차와 그랜드스타렉스 3·5·11·12인승 승합차 등이 있습니다.

한편 부가가치세를 내고 차량을 구입했으나, 공제받지 못하는 경우 또는 부가가치세를 포함하여 판매비·일반관리비 등을 지출했으나 공제받지 못하는 경우 그 부가가치세 매입세액은 소득금액계산상 필요경비로 인정되는 것입니다.

예를 들어 부가가치세를 부담하고 그랜저 승용차를 샀는데 그 부가가치세액은 세법에 의해 공제 또는 환급받지 못하는 것이므로 그 부가가치세액을 승용차구입비용에 가산하여 사업용자산으로 계상하고 감가상각비로 비용처리 하는 것입니다.

접대비에 포함된 부가가치세액에 있어서는 세법에 의해 공제받지 못하는 것이므로 이때 공제받지 못한 부가가치세액을 포함한 전체금액을 접대비로 비용처리 하게 되는 것입니다.

토지와 관련하여 토목공사를 한 경우 공사비 외에 부가가치세를 준 경우 그 매입세액을 공제 받지 못하므로 공사비에 부가가치세를 합한 금액이 자본적지출로서 토지의 취득가액에 가산되어 매출원가 또는 기말재고자산으로 구성되어 비용화된다는 것입니다.

부가가치세 매입세액과 관련하여 유의할 점은 재고자산인 부동산매입시

부담한 부가가치세 매입세액을 공제 또는 환급받았다면 취득가액을 계산할 때 부가가치세를 포함한 총매매대금에서 그 매입세액만큼 뺀 금액이 취득가액이 된다는 것입니다.

반면에 부가가치세를 주고 샀어도 법에 의하여 매입세액을 공제받지 못한 경우에는 그 공제받지 못한 매입세액을 취득가액에 포함하여 계산하는 것입니다. 이때 사업자의 과실로 인해 세법상 공제받지 못한 매입세액은 취득가액에 포함하지 않는 것입니다.

흔히 부동산매매업 사업자등록을 할 때 일반과세자로 등록을 하면 공사비 등 매입세금계산서를 받는 경우 그 부가가치세액을 무조건 환급받는 것으로 생각하기 쉬운데 일반과세자라 하더라도 실제로는 전용 85㎡ 이하의 빌라와 아파트를 주로 취급하는 경우가 많기 때문에 공사비에 10%에 해당하는 부가가치세액은 면세관련 매입세액이 되어 환급받지 못하는 경우가 대부분입니다.

환급받지 못할 매입세액을 환급 신고하는 경우 환급을 안해주는 것은 물론 그 신고한 금액의 10%를 초과환급신고가산세로 내야하며 부당한 방법으로 초과환급 신고한 경우에는 그 금액의 40%를 부당초과환급신고가산세로 부당 초과환급신청 비율에 따라 추가하여 내게 되므로 환급신고 할 때는 사전에 그 공제요건을 살펴보는 것이 필요합니다(국세기본법 제47의 4 제①항 참조).

### 공제받지 못하는 매입세액

다음의 매입세액은 거래상대방 또는 세관장에게 부가가치세를 거래징수당한 사실이 세금계산서 등에 의하여 입증된다 하더라도 그 매입세액은 자기의 매출세액에서 공제받지 못한다(부가가치세법 제17조 제②항).

① 매입처별세금계산서합계표를 제출하지 아니한 경우의 매입세액 또는 제출한 매입처별세금계산서합계표의 기재사항 중 거래처별등록번호 또는 공급가액의 전부 또는 일부가 기재되지 아니하였거나 사실과 다르게 기재된 경우 그 기재사항이 기재되지 아니한 분 또는 사실과 다르게 기재된 분의 매입세액

② 세금계산서를 교부받지 아니한 경우 또는 교부받은 세금계산서에 제16조 제1항 제1호 내지 제4호의 규정에 의한 기재사항(이하 "필요적 기재사항"이라 한다)의 전부 또는 일부가 기재되지 아니하였거나 사실과 다르게 기재된 경우의 매입세액

③ 사업과 직접 관련이 없는 지출에 대한 매입세액
④ 비영업용 소형승용자동차의 구입과 유지에 관한 매입세액
⑤ 접대비 및 이와 유사한 비용의 지출에 관련된 매입세액
⑥ 부가가치세가 면제되는 재화 또는 용역을 공급하는 사업에 관련된 매입세액
　과 토지관련 매입세액
⑦ 등록을 하기 전의 매입세액

## 5　간이과세자(기존사업장)의 일반과세 전환

　부동산매매업은 세법에 규정에 따라 국세청장이 정한 「간이과세 배제기준」 에 따라 간이과세가 배제되는 업종이므로 사업자등록시 부가가치세 면세사업자로 내든가 일반과세자로 내야하며 간이과세자로는 낼 수 없습니다.

　그런데 기존에 다른사업장이 간이과세자로 등록되어 있는 사업자가 일반과세자 규정을 받는 사업장을 신규로 사업자등록을 하는 때는 일반과세자 신규등록일 다음 과세기간부터는 기존에 있던 간이과세자 사업자등록도 일반과세자로 전환되게 됩니다(부가가치세법시행령 제74조의2 ⑧항 2004. 12. 31 신설).

　그리고 일반과세자로서 부동산매매업을 사업자등록을 하게 되면 추가적으로 다른 사업을 영위하고자 할 때 그 사업장을 간이과세자로 등록할 수 없고 일반과세자로 등록해야 하는 것입니다.

　다만, 이와 같이 부동산 매매업의 일반과세사업장이 있는 경우에도 예외적으로 개인택시, 용달차운송업, 이·미용업은 간이과세자로 등록할 수 있도록 하고 있습니다.

　그리고 간이과세사업장이 신규 일반과세사업장으로 인해 일반과세자로 전환된 후 먼저 있던 일반과세사업장을 폐업한 경우엔 일반과세자로 전환되었던 간이과세사업장이 폐업일의 다음 과세기간부터 다시 간이과세자로 전

환되는 것입니다.

이와 같은 세법규정에 따라서 부동산매매업을 신규로 사업자등록을 하는 자가 기존에 부동산임대업, 음식점등 간이과세사업장이 있는 경우에는 그 간이과세사업장이 일반과세로 유형이 전환되어 세금부담이 커지게 됩니다.

그러므로 부동산매매업에 있어서 전용면적 85㎡ 이하의 빌라나 아파트 등 부가가치세가 면세되는 부동산을 위주로 매매하고자 하는 때는 사업자등록 시 일반과세자로 내지 말고 처음부터 부가가치세 면세사업자로 내는 것을 고려해 봐야 합니다.

부동산매매업을 면세사업자로 내게 되면 기존에 있던 다른 간이과세사업 장이 일반과세로 전환되지 않는 것입니다.

## 6 폐업시 간주공급

부가가치세법은 사업자가 사업을 폐지하는 때에 남아있는 재고자산이나 고정자산에 대해 이를 폐업시점에서 자기에게 판매한 것으로 보아 부가가치 세를 내게 하고 있습니다.

이를 폐업시 간주공급이라고 합니다.

그러므로 일반과세자인 부동산매매업자가 폐업시에 상가, 공장 모텔 등 일반건축물과 전용면적 85㎡초과하는 주택(빌라, 단독, 아파트) 등 부가가치 세가 과세되는 부동산을 갖고 있을 때에는 판매하지 않았어도 이를 폐업시 에 자기한테 판매한 것으로 보아 그 건물가액의 시가에 대한 10%를 부가가 치세로 내야 합니다.

이와 같이 하는 것은 부가가치세법 관계에 있어서만 적용되는 것입니다.

소득세법 관계에 있어서는 폐업일에 이를 판매한 것으로 간주하지 아니하 고 폐업일 이후 실제 판매가 이루어진 때에 소득세를 내도록 하고 있습니다.

여기서 시가라 함은 사업자와 특수관계에 있는 자 외의 자와 당해 거래와 유사한 상황에서 계속적으로 거래한 가격 또는 제3자간에 일반적으로 거래된 가격을 말합니다.

이와 같은 규정에 의해서 부동산매매업자 등 일반과세자인 사업자가 폐업신고 하고나서 몇 년 있다가 과세관청의 감사지적 등을 원인으로 해서 예기치 않은 부가가치세의 세금고지서를 받게 될 수 있습니다.

다행인 것은 2006. 12. 30 관련법 개정으로 인해 2007. 1. 1 이후부터는 취득시 부가가치세 매입세액공제를 받지 않은 부동산은 폐업시에 판매한 것으로 간주하지 아니하도록 변경이 되었습니다.

따라서 부동산매매업자가 상가 등 일반건축물과 전용면적 85㎡ 초과하는 주택 등 부가가치세 과세대상 부동산을 건설사업자 또는 부동산매매업자, 임대사업자등에게 매입하고 매입세금계산서에 의해 부가가치세 매입세액을 공제 또는 환급받은 부동산을 갖고 있는 상태에서 폐업신고를 하였다면 폐업시점에서 부동산의 시가에 의해 계산된 건물가액의 10%를 부가가치세로 내야합니다.

그러나 사업자가 아닌 일반인으로부터 매입하거나 또는 공·경매에 의해 매입한 경우 또는 사업자로부터 매입했어도 매입세금계산서를 교부받지 않은 까닭으로 부가가치세를 공제·환급받지 못한 경우 등에 있어서는 폐업시에도 부가가치세를 내야할 의무가 없습니다.

즉, 폐업일 이후에는 사업자가 아니므로 당연히 부가가치세 부담이 없는 것이며, 폐업시에도 간주공급규정이 적용되지 않음으로서 부가가치세 납부부담이 없게 되는 것입니다.

이와 같은 사항은 과거 오랫동안 실무에서 논란이 있었던 부분인데 올바른 방향으로 법개정이 된 것으로 평가됩니다.

다음의 법문에서 (     )의 내용에 의해 개정된 것입니다.

> 사업자가 사업을 폐지하는 때에 잔존하는 재화(제17조 제2항 각호의 규정에 따라 매입세액이 공제되지 아니한 재화를 제외한다)는 자기에게 공급한 것으로 본다. 제5호 제1항 단서의 규정에 의하여 등록한 경우에 사실상 사업을 개시하지 아니하게 되는 때에도 또한 같다(부가가치세법 제6조 ④항 2006. 12. 30 개정).

참고로 사업을 폐지하는 때에 잔존하는 재화라 함은 앞에 설명한 재고자산 외에 사업용고정자산(건물, 구축물)도 포함되는데 사업용고정자산이라 함은 부동산임대업에서 임대용에 제공되는 부동산 또는 점포, 공장, 모텔 등 도·소매, 제조업, 숙박업 등 사업용으로 사용하는 부동산을 말합니다.

이와 같은 사업용고정자산에 있어서도 위에 설명한 폐업시 간주공급규정을 그대로 적용하게 됩니다.

다만, 과세표준 계산에 있어서 재고자산은 시가에 의하는 것이지만 사업용고정자산은 세법이 정하는 다음의 산식에 의해 계산됩니다.

$$\text{부동산의 과세표준} = \frac{\text{당해 부동산의}}{\text{취득가액}} \times \left( 1 - \frac{5}{100} \times \frac{\text{경과된}}{\text{과세기간의 수}} \right)$$

과세기간 이라함은 6월을 말하므로, 취득한지 10년(20과세기간)이 되면 과세표준은 "0"이 되어 부가가치세를 내지 않게 되는 것입니다.

## 7 부동산(재고자산)을 증여하거나 증여받은 때

일반적으로 토지, 건물 등 부동산을 증여하게 되면 증여계약의 상대방인 증여받는 자가 증여세를 내게 됩니다.

그러나 부동산매매업자가 토지, 건물 또는 부동산에 관한 권리를 증여하게 되면 증여받는 자가 증여세를 내는 것은 물론이고 증여자인 부동산매매업자는 종합소득세를 내야하며, 부가가치세 과세대상 부동산일 때는 부가가

치세를 내야하는 경우도 생깁니다.

(1) 먼저 소득세법관계를 살펴보면, 소득세법은 재고자산을 타인에게 무상으로 지급하는 때에는 그 지급한날이 속하는 연도의 사업소득금액 계산에 있어 이를 총수입금액에 산입하도록 하고 있습니다.

이와 같은 세법규정은 실무에 있어 그 적용요건이 상당히 단순한 것이지만 부동산매매업자의 세무에 있어서 중요한 부분이 됩니다.

여기서 총수입금액에 산입한다 함은 그 부동산을 증여한 때의 시가에 상당하는 금액을 당해 과세연도의 판매금액에 가산한다는 뜻이며, 이때 그 부동산의 매입가액과 매입부대비용은 필요경비로서 인정해주게 되는 것입니다.

그러므로 취득한지 얼마 안되는 부동산을 증여하는 경우와 같이 매입했을 때의 가액이나 증여했을 때의 가액이 차이가 없는 경우에는 판매금액으로 산입되는 금액과 필요경비로 추인되는 금액이 같으므로 추가적인 종합소득세 부담이 생기지 않는 것입니다.

그러나 이미 오래전에 취득하여 보유하고 있던 부동산을 증여하는 경우에는 당초 매입가액과 증여시의 시가상당금액의 차액에 대하여 추가적인 종합소득세의 납세부담이 생기는 것입니다.

### 소득세법 제25조 제②항

거주자가 재고자산 또는 임목을 가사용으로 소비하거나 이를 종업원 또는 타인에게 지급한 경우에도 이를 소비 또는 지급한 때의 가액에 상당하는 금액은 그 날이 속하는 연도의 사업소득금액 또는 기타소득금액의 계산에 있어서 이를 총수입금액에 산입한다 (2006. 12. 30 개정).

만일 3주택을 보유하고 양도소득세 중과세율에 의한 비교과세를 피하기 위한 세무계획으로 1주택을 다른 세대원인 가족에게 증여할 수 있을 것입니다.

이와 같은 세무계획은 2006년도 중에 많이 있었는데 왜냐하면 2007년 이후에는 2주택을 보유한 상태에서 주택을 양도하는 경우 2005. 12. 31 개정세법에 의하여 그 양도차익의 50%를 적용하여 중과세 하도록 예정되어 있었기 때문입니다.

그러므로 3주택을 보유한자가 2006년도 중에 1주택을 증여하고 2주택이 된 상태에서 2007년이 되기 전에 1주택을 양도함으로서 중과세를 피하고저 했던 것입니다.

그러나 부동산매매업자가 이와 같이 증여하는 것은 판매한 것으로 보는 것이므로 일반인과는 달리 증여세 외에 사업소득에 대한 종합소득세 부담이 추가로 생기는 것입니다.

그리고 이 경우에는 소득금액계산시 3주택 상태에서 주택을 판매한 것이 되어 부동산매매업자에 대한 세액계산의 특례에 의하여 60%(2006년 기준)의 중과세율에 의한 양도소득세 상당금액을 종합소득세로 내게 되는 것입니다.

따라서 증여받는 자가 거액의 증여세를 부담하는 것 외에 증여하는 부동산 매매업자는 실가에 의한 양도차익의 60% 중과세에 해당하는 금액을 종합소 득세로 추가로 내게 되는 것으로서 보유기간이 오래되어 양도차익이 큰 경우 이와 같은 세무계획은 크게 실패하는 것입니다(2009. 3. 16 이후에는 다주택 자에 대한 중과세 제도가 유예되었음).

이때 전세보증금 반환채무나 금융기관 부채 등을 수증자(증여받는 사람) 가 상환하기로 하는 부담부증여라 할지라도 총수입금액에 산입하는 금액은 부담부분을 차감한 금액이 아니라 증여한 때의 시가상당금액 전체가 되는 것입니다.

거주자가 재고자산을 사용인 또는 타인에게 무상으로 지급한 경우에도 그 지급한 때의 가액에 상당하는 금액은 소득세법 제25조의 제2항의 규정에 의하여 그 지급한 날이 속하는 연도의 당해거주자에 대한 사업소득금액의 계산에 있어서 이를 총수입금 액에 산입하는 것임(부가 46015-2449, 1994. 12. 3).

부동산매매업자가 부동산을 대물변제 하는 경우에는 부가가치세법 제6조 제1항과 소득세법 제24조에 의하여, 부동산을 증여하는 경우에는 부가가치세법 제6조 제3항과 소득세법 제25조 제2항에 의하여 부가가치세 과세표준과 사업소득의 총수입금액에 산 입하는 것임(소득 46011-50, 1990. 9. 17).

(2) 부가가치세법 관계에 있어서도 사업자가 재고자산을 증여하는 경우 시가에 의하여 과세표준에 산입하도록 하고 있습니다.

### 부가가치세법 제6조 제③항

사업자가 자기의 사업과 관련하여 생산하거나 취득한 재화를 자기나 그 사용인의 개인적인 목적 또는 기타의 목적으로 사용·소비하거나 자기의 고객이나 불특정다수인에게 증여하는 경우에 대통령령이 정하는 것은 재화의 공급으로 본다(1977. 12. 19 개정).

그러므로 부동산매매업자가 증여하는 부동산이 상가 등 일반건축물이나 전용면적 85㎡ 초과하는 주택인 경우에는 종합소득세 외에도 그 건물분 시가상당액의 10%를 부가가치세로 내야하는 것입니다.

이때에도 「폐업시 간주공급」의 경우와 마찬가지로 취득할 때에 부가가치세 매입세액을 공제 받지 않은 것은 제외 됩니다.

그러나 건물 신축사업자로부터 분양 공급받거나 임대사업자등으로부터 매입하고 부가가치세 매입세액을 공제·환급받은 부동산을 증여하는 경우에는 증여일이 속하는 과세기간에 시가로 계산한 그 건물분가액의 10%를 부가가치세로 내야할 것입니다.

> 부동산매매업자가 부동산을 대물 변제하는 경우에는 부가가치세법 제6조 제1항과 소득세법 제24조에 의해, 부동산을 증여하는 경우에는 부가가치세법 제6조 제3항과 소득세법 제25조 제2항에 의하여 부가가치세 과세표준과 사업소득의 총수입금액에 산입하는 것임(소득 46011 - 50, 1990. 9. 17).

(3) 한편, 부동산매매업자가 부동산을 증여받는 경우에도 주의를 요하는데, 일반적으로 사업자가 아닌 자가 부동산을 증여받으면 증여세를 신고·납부하면되는 것이지만, 사업자가 사업과 관련하여 무상으로 받은 자산의 가액은 이를 총수입금액에 산입하도록 하고 있으므로, (소득세법시행령 제51조 ③항 4호 내용참조) 이와 같은 자산수증이익에 대해 종합소득세로 내는 것이 증여세로 내는 금액보다 더 큰 경우가 많게 됩니다.

그러므로 부동산매매업자는 부동산을 증여받는 경우에도 「사업과 관련하여 무상으로 받는 경우」에 해당하는가 여부에 대해 사전에 믿을만한 자문을 구하는 것이 좋습니다.

## 8 폐업일 이후 부동산(재고자산) 매각시

앞에서 살펴본바와 같이 부가가치세법은 사업자가 폐업시에 가지고 있는 재고자산 또는 고정자산은 폐업시점에서 자기에게 공급한 것으로 보게 되므로, 부동산매매업자가 폐업시에 부가가치세 과세대상 부동산을 갖고 있을 때는 폐업일 이후 실제 판매한 때가 아니라 폐업일이 속하는 과세기간에 그 부동산의 시가 상당액에 대해 부가가치세를 내야 합니다.

이 경우 취득할 때에 부가가치세 매입세액을 공제받지 않은 부동산은 폐업시에 판매한 것으로 간주하지 않는다는 것은 앞서 살펴본바와 같습니다.

그러나 소득세를 낼 때에는 문제가 달라지는데 소득세법은, 사업을 폐지하는 때에 판매되지 않고 남아있는 재고자산은 폐업시점에서 이를 판매한 것으로 보는 것이 아니라, 폐업일 이후 실제로 이를 처분한 연도에 판매한 것으로 하여 종합소득세를 내도록 하고 있습니다.

> 거주자의 각 소득에 대한 총수입금액의 계산은 당해연도에 수입하였거나 수입할 금액의 합계액에 의하는 것이므로 폐업시 판매되지 아니한 재고상품은 총수입금액에 산입하지 아니하며 이를 처분한 연도의 총수입금액에 산입하는 것임(소득 46011-1594, 1995. 6. 12).

소득세법에서는 폐업시 간주공급 규정이 없으므로 위와 같은 사항은 해석상 단순한 내용이지만, 실무상 부동산매매업에 있어서 이를 적용하는 데는 난해함이 있게 됩니다.

다시 말하면 부동산매매업자가 폐업시점에 보유하고 있던 매매용 재고자산인 부동산을 폐업일 이후에 양도하게 되면 사업소득으로 보아 종합소득세를 내

는 것인가 양도소득세로 내는 것인가 하는 판단의 문제가 있다는 것입니다.

부동산이란 처분이 될 때까지 이를 공실 또는 빈집으로 놔두는 것이 아니고 가사용으로 사용하든가 임대용으로 사용하든가 하는 것이 대부분이기 때문에 폐업일 이후의 이용목적이나 이용실태, 이용이 계속되는 기간 등을 종합적으로 판단해야 하는 문제이기 때문입니다.

사업자가 재고자산을 가사용으로 사용하는 경우에는 소득세법 제25조 제2항의 규정에 의하여 그 가액에 상당하는 금액을 사업소득의 총수입금액에 산입한다(46011－21157, 2000. 9. 20)는 원론적인 견해가 있으나, 부동산매매업에 있어서 직접 적용하기에는 무리한 것으로 보이며, 주택신축판매업에 있어서는 판매용으로 신축한 주택을 본인이 거주목적으로 사용하는 1주택은 당해 사업자의 소득금액 계산시 총수입금액에 산입하지 아니한다(소득 46011－1155, 1994. 4. 21)라는 국세청의 견해가 있습니다.

위와 같은 관점들을 고려할 때 부동산매매업자가 폐업일 이후 재고자산인 부동산을 처분할 때의 과세문제에 있어서는 너무 어렵게 생각하지 말고 폐업일 이후 단기간 내에 처분하는 부동산은 부동산매매업의 사업소득으로하여 종합소득세로 내고, 폐업일 이후 장기간 동안 직접 사용하든가, 임대용으로 사용한 후에 부동산을 처분하는 경우에는 이를 양도소득으로 하여 양도소득세로 낸다는 정도로 이해하시고, 세액의 차이가 큰 경우 또는 특별한 이용상황이 있는 경우 등에는 사전에 과세관청의 자문을 얻어 처리함으로서 부담을 방지하시기 바랍니다.

## ⑨ 증여받은 부동산을 5년 이내에 매매하는 경우

만일 친족이나 특수관계자로부터 증여받은 부동산을 양도하는 경우 양도소득금액을 계산할 때 양도가액은 실제 양도한 금액으로 계산하는 것이므로 다른 일반적인 양도의 경우와 같습니다.

　그러나 증여나 상속으로 취득한 부동산은 공짜로 받은 것이어서 실제 취득한 가액이 없으므로 취득가액을 얼마로 할 것인가 하는 기준이 필요하게 됩니다.

　이에 대하여 세법은 증여 또는 상속당시의 시점을 기준으로 한 증여재산 평가액 또는 상속재산평가액을 취득가액으로 하도록 하고 있습니다.

　상속세법은 증여재산 및 상속재산평가에 있어 시가평가를 원칙으로 하고, 시가를 산정하기 어려운 경우에는 보충적인 평가방법으로 하도록 하고 부동산의 경우에는 보충적 평가방법으로 기준시가 등에 의하도록 하고 있습니다.

　이때 시가란 불특정다수인 사이에 자유로이 거래가 이루어지는 경우에 통상 성립된다고 인정되는 가액으로 하고, 수용·공매가격 및 감정가격등 대통령령이 정하는 바에 따라 시가로 인정되는 것을 포함하도록 하고 있습니다.

　그렇다면 증여받은 부동산을 양도할 때 취득가액을 얼마로 하여 계산할 것인가?

　어렵게 생각할 것 없이 증여받은 자가 증여세 신고시 평가한 증여재산평가액으로 하는 것입니다.

　만일 무신고 하였다면 과세관청이 조사하여 결정한 증여재산평가액으로 하는 것입니다.

　그런데 시가 또는 감정가격, 유사부동산매매사례 가격 등 시가로 보는 가액이라는 것이 평가 기준일인 증여일 전후에 편차가 많을 수 있는 것입니다.

　예를 들어 지속적인 부동산 가격하락기에는 증여일 전후 3개월간 가격이 크게 차이 날 수가 있는 것입니다.

　만일 지속적인 가격하락에 이어 아파트가격이 바닥을 쳤다고 보여지면 특수한 지역의 아파트 가격은 단기간에 2억 ~ 3억원씩 반등하기도 하는게 현실입니다.

　또한 휘발성이 강한 대형개발호재가 발표되거나 정부의 조세정책이나 재

정정책 및 규제완화 등에 의해서도 단기간에 가격변동이 생기는 것입니다.

이와 같이 가격의 편차가 있는 상황에서 증여세를 신고하는 평가금액이 위치나 규모 및 용도가 유사한 부동산이더라도 신고자에 따라 크게 차이가 나에 되는데 이는 재산평가의 원칙이 기준시가가 아니라 시가(시가로 보는 가액 포함)원칙이기 때문에 당연한 결과입니다.

그런데 상속·증여세법에 의하면 배우자에게 증여하는 경우 증여재산공제라 하여 6억원을 공제하여 주므로 6억원 이하의 부동산을 증여받는 때에는 증여세가 없는 것입니다.

배우자가 아닌 직계존비속에게 증여할 때는 3천만원 또는 1천 5백만원(미성년자)을 공제하고 나머지 금액에 대해 증여세를 내게 됩니다.

따라서 증여재산 평가를 다소 높게 하여 증여세를 내지 않거나, 또는 약간의 증여세를 납부하고 난 후 그 증여받은 부동산을 양도할 때 시가보다 높게 평가된 증여재산 평가액을 취득가격으로 계산함으로서 양도소득세를 줄일 수 있게 되는 것입니다.

위와 같은 과세환경 아래서는 양도자가 부동산을 직접 양도하고 양도소득세를 내는 것보다 가족 등에게 일단 증여한 후 수증자(증여받은 자)가 양도함으로서 증여세와 양도소득세를 내는 것이 전체적인 세부담을 줄일 수 있는 여지가 생기게 됩니다.

그러므로 세법에서는 이와 같이 우회적인 방법을 통한 세부담 회피에 있어 지나치게 공격적인 세금계획에 대해서는 그 시도를 사전에 규제하고 있는데 이른바 부당행위계산의 부인 규정과 배우자·직계존비속 이월과세 규정이 그것입니다.

본 절에서는 부동산매매업자가 증여받은 부동산을 5년 이내에 매매하는 경우를 중심으로 과세문제를 살펴보겠습니다.

「제3편 부동산매매업자가 주의할 점」이라는 장에서 작은 절로 다루고 있는 것이지만 증여받은 부동산을 증여일로부터 5년 이내에 양도함으로서 예기치 않은 과세상황이 발생될 수 있다는 점은 물론 세금 바르게 내기(절세) 측면에서도 주의 깊게 검토해 보시기 바랍니다.

## (1) 양도소득의 부당행위계산의 부인

앞서 설명한 것과 같이 일반적으로 증여받은 부동산을 양도하는 경우에는 그 양도차익을 계산함에 있어서 증여세 신고를 한 때의 증여재산평가액을 취득가액으로 계산하게 됩니다.

그러나 증여받은 자가 증여받은 날로부터 5년 이내에 그 부동산을 타인에게 양도한 경우에는 세법에서 별도의 과세요건을 규정하고 있습니다.

소득세법은 친족 등 특수관계에 있는 자(배우자, 직계존비속제외)에게 부동산을 증여하고 그 자산을 증여받은 자가 증여일로부터 5년 이내에 타인에게 양도한 경우에는 다음과 같이 소득금액을 계산하도록 하고 있습니다.

첫째, 수증자가 증여로 부담한 증여세 금액과 그 증여받은 자산을 양도함으로서 부담하는 양도소득세 금액을 합한 금액이 얼마인가?

둘째, 만일 수증자가 양도한 시점에 당초 증여자가 직접 양도했다고 가정했을 때 당초 증여자가 내야할 것으로 추정되는 양도소득세 금액이 얼마인가?

이와 같이 각각 세금부담액을 비교하여 위의 둘째의 경우의 세금 추정액이 더 큰 경우에는 증여를 통한 우회적인 방법으로 조세부담을 부당하게 감소시킨 것으로 간주한다는 것입니다.

그리고 이같은 과정을 부당행위계산의 부인이라고 합니다.

그 결과 수증자가 양도한 시점에 그 부동산을 당초 증여자가 직접 양도한 것으로 보아 증여자를 납세의무자로 하여 양도소득세를 매기게 됩니다.

즉 법률상, 등기부상 양도자는 수증자이지만 세법상 양도소득세 납세의무자 즉 세법상 양도자는 당초 증여자로 바뀌게 됩니다.

이때, 수증자가 이미 납부한 증여세와 양도소득세는 수증자(증여받은 자산의 양도자)에게 환급해주게 되며, 납세의무자로 간주되는 당초 증여자는

양도소득세 외에 무신고가산세, 납부불성실가산세를 내야합니다.

이와 같이 세금을 매기는 근거는 「양도소득의 부당행위계산」이라고 규정된 소득세법 제101조의 규정에 따른 것입니다.

### ❋ 소득세법 제101조 【양도소득의 부당행위계산】

① 납세지 관할 세무서장 또는 지방국세청장은 양도소득이 있는 거주자의 행위 또는 계산이 그 거주자와 특수관계에 있는 자와의 거래로 인하여 그 소득세 대한 조세 부담을 부당하게 감소시킨 것으로 인정되는 경우에는 그 거주자의 행위 또는 계산과 관계없이 해당과세기간의 소득금액을 계산할 수 있다(2009. 12. 31. 개정).
② 거주자가 제1항에서 규정하는 특수관계자(제97조 제4항을 적용받는 배우자 및 직계존비속의 경우는 제외한다)에게 자산을 증여한 후 그 자산을 증여받은 자가 그 증여일부터 5년 이내에 다시 타인에게 양도한 경우로서 제1호에 따른 세액이 제2호에 따른 세액보다 적은 경우에는 증여자가 그 자산을 직접양도한 것으로 본다. 다만, 양도소득이 해당 수증자에게 실질적으로 귀속된 경우에는 그러하지 아니하다(2009. 12.31. 개정).
1. 증여받은 자의 증여세(「상속세 및 증여세법」에 따른 산출세액에서 공제·감면세액을 뺀 세액을 말한다)와 양도소득세(이 법에 따른 산출세액에서 공제·감면세액을 뺀 결정세액을 말한다. 이하 제2호에서 같아)를 합한 세액(2009. 12. 31. 개정)
2. 증여자가 직접 양도하는 경우로 보아 계산한 양도소득세(2009. 12.31. 개정)

그리하여 위와 같이 두 가지 경우의 세부담을 비교하여 수증자가 낸 증여세와 양도소득세의의 합계액이 당초 증여자가 내야할 것으로 추정되는 양도소득세 금액보다 그 부담액이 감소하였다 하면, 이를 정상적인 증여 및 양도행위로 보지 않고 조세회피목적의 부당한 행위로 보겠다는 것인데, 이와 같이 하는 것은 과세실질에 대한 왜곡이 될 수 있는 것입니다.

다행히 2009. 12. 31 개정법규에 의해 양도소득이 해당 수증자에게 실질적으로 귀속된 경우에는 부당행위 계산부인의 규정을 적용하지 않도록 함으로서 본 규정의 문제점이 해소되었다고 볼 수 있습니다.

사실 양도소득 부당행위계산부인의 규정은 세법에 규정된 몇몇의 간주제도와 마찬가지로 실질과세원칙을 다소 희생하면서까지 조세회피를 막고 공평과세를 실현하겠다는 의지에서 마련된 입법사항이므로, 원래부터 과세권

자와 납세자 사이의 마찰이 생길 수 있는 공간이 있게 되는 것입니다.

그리고 이와 같은 양도소득 부당행위계산부인의 문제는 그 적용에 있어 중요한 쟁점이 많이 있으나 양도소득세의 특수문제이므로 부동산매매업의 세무정보를 다루는 본 사이트에서는 더 이상 깊이 있게 살펴볼 수 없음을 양해하시기 바랍니다.

부동산매매업과 양도소득 부당행위계산부인과의 관계에 있어서는,

첫째로, 당초 증여자가 부동산매매업자일 경우인데 이때는 그로부터 증여받은 자가 5년 이내에 그 부동산을 양도해도 부당행위 계산 부인의 대상이 되지 않을 것입니다.

부동산매매업자는 양도소득세 납세의무자가 아니라 종합소득세 납세의무자이기 때문에 양도소득세 부담을 회피하기 위해 증여라는 우회적인 방법을 사용했다고 보는 것은 앞뒤가 안맞기 때문입니다.

그러나 부동산매매업자가 재고자산인 부동산을 증여하는 때에 이를 판매한 것으로 보아 종합소득세로 납부해야 하는 부담에 관해서는 앞의 「제7절 부동산을 증여하거나 증여받은 때」에서 설명한 바와 같습니다.

둘째로는, 증여받은 자가 증여일 이전에 또는 증여일 이후 부동산매매업자로서 부동산매매업을 영위하다가 증여일로부터 5년 이내에 그 부동산을 양도하는 경우입니다.

개정된 소득세법은 「거주자가 제①항에서 규정하는 특수 관계자(제97조 제④항을 적용받는 배우자 및 직계존비속의 경우는 제외한다)에게 자산을 증여한 후 그 자산을 증여받은 자가 그 증여일로부터 5년 이내에 다시 타인에게 양도한 경우로서 제1호에 의한 세액이 제2호에 따른 세액보다 적은 경우에는 증여자가 그 자산을 직접양도한 것으로 본다. 다만 양도소득이 해당 수증자에게 실질적으로 귀속된 경우에는 그러하지 아니한다(2009. 12. 31. 개정 소득세법 제101조 제②항)」고 규정함으로서 변경전의 구 소득세법의 같은 규정의 내용과는 달리 「다만, 양도소득이 … 」라고 규정함으로서 (단서의

조항과 같이 양도소득이 해당 수증자에게 실질적으로 귀속된 경우에 해당하는가 여부는 별론으로 하더라도) 이와 같은 법문의 해석상 특수 관계자에게 자산을 증여받은 자가 증여일로부터 5년 이내에 양도하더라도 양도소득세 납세의무자가 아닌 종합소득세 납세의무자(부동산매매업 또는 주택신축판매업 등)인 경우에는 이 조항에 의한 부당행위계산부인의 대상이 아닌 것으로 보여집니다.

마찬가지로 본 조항의 제1호에서도 보면 「증여받은 자의 증여세와 양도소득세를 합한 금액 … 」이라고 규정함으로서 증여받은 자가 양도하는 시점에서 양도소득세 납세의무자의 경우가 아니라 종합소득세 납세의무자인 경우엔 적용대상이 아닌 것으로 규정한 것으로 보여집니다.

과거의 국세청 예규(서면4팀 – 1546, 2008. 6. 26. )에서 보면 특수 관계자로부터 증여받은 토지위에 상가를 신축하여 5년이내에 양도하는 경우 부당행위계산부인의 규정을 적용한다고 하고 있으나, 현행법(2009. 12.31. 개정 소득세법) 시행이전의 과세요건에 대한 판단이므로 개정된 법조문에 따른 유권적인 해석이 필요한 것으로 생각됩니다.

## (2) 배우자·직계존비속 이월과세

한편 소득세법은 제97조 ④항에서 부동산을 배우자 또는 직계존비속으로부터 증여받은 후 5년 이내에 이를 양도하는 경우 그 양도차익을 계산함에 있어 양도가액에서 공제할 필요경비로서 취득가액은 당초 증여한 배우자의 취득당시의 취득가액과 그 부대비용으로 하도록 하고 있습니다.

이를 「배우자·직계존비속 증여자산에 대한 이월과세」라고 하는데 「양도소득의 부당행위 계산」과 다른 점이 많으나 중요한 차이점은 이월과세는 부당행위계산의 부인과는 달리 조세부담의 감소와 무관하게 적용한다는 것이며, 부당행위 계산에서와 같이 당초 증여자가 납세의무자가 되는 것이 아니라 수증자(증여받은 자산의 양도자)를 그대로 납세의무자로 한다는 점입니다.

이와 같은 배우자이월과세제도는 1997. 1. 1 이후 배우자 증여재산 공제액이 5억원(현행 6억)으로 대폭 상향됨에 따라 토지, 건물 등을 증여세 부담 없이 배우자에게 증여한 후 증여받은 배우자가 이를 양도하는 방법으로 취득가격 및 시기를 임의로 조정하여 양도소득세 부담을 회피하는 것을 방지하고 공평과세를 실현하기 위해 마련된 것입니다.

그리고 이와 같은 배우자·직계존비속 이월과세의 문제에 있어서도 그 적용상 중요한 쟁점이 많은데 이는 양도소득세의 특수문제이므로 부동산매매업의 세무정보를 다루는 본 사이트에서는 부득이하게 생략할 수밖에 없음을 양해하시기 바랍니다.

부동산매매업자가 증여받은 부동산을 5년 이내에 양도하는 경우 배우자·직계존비속 이월과세와의 관계에 대해 살펴보면,

첫째로, 당초증여자인 배우자 또는 직계존비속이 부동산매매업자인 경우인데 이와 같이 사업용재고자산인 부동산을 증여하는 경우에는 그 증여받은 배우자 또는 직계존비속이 양도시 취득가액 계산에 있어 배우자·직계존비속 이월과세의 규정을 적용하지 아니합니다(서면4팀 2283, 2005. 12. 14 내용참조).

이때에도 재고자산의 무상공급에 따른 총수입금액산입에 의해 매매사업자인 증여자가 종합소득세를 내야하는 것은 별개의 문제입니다.

둘째로, 증여받은 배우자 또는 직계존비속이 부동산매매업자로서 부동산매매업을 영위하던 중 증여일로부터 5년 이내에 그 부동산을 양도하는 경우인데 이 때에는 배우자·직계존비속 이월과세가 적용될 여지가 없습니다. 왜냐하면 부동산매매업자는 그 사업소득에 대해 종합소득세를 내는 자로서 양도소득 계산상 필요경비 규정인 배우자·직계존비속 이월과세 규정과는 무관한 지위에 있기 때문입니다.

그러나 「양도소득의 부당행위 계산」규정에 의하면 그 특수관계자의 범위에서 법 제97조 ④항의 적용을 받는 배우자 및 직계존비속을 제외한다라고

하고 있으므로 부동산매매업자인 배우자 또는 직계존비속과 같이 이월과세의 적용을 받지 않는 배우자 또는 직계존비속의 경우에는 양도소득 부당행위 계산의 적용대상이 되는 것으로 해석이 가능합니다. 무리한 해석이라고 보이지만 만일 그렇게 본다면 양도소득 부당행위 계산의 경우와 같이 그 요건을 구체적으로 검토하여 그 결과에 따라 적용여부가 정해질 것입니다.

참고로 이와 같은 배우자·직계존비속 이월과세에 관한 소득세법 규정은 2008. 12. 26 세법개정에 의해 그 적용대상에 당초 배우자 외에 직계존비속으로부터 증여받은 경우를 추가하는 것으로 확대된 것입니다.

이와 같이 하는 것은 2009. 1. 1 이후 증여세율을 대폭 인하하기로 함에 따라 직계존비속에 대한 증여에 의한 우회양도를 통한 조세회피를 방지하기 위한 것이라고 보입니다. 현재 까지는 상속·증여세율이 인하되지 않았지만 국회에 계류중인 개정안에 따르면 현행 10% ∼ 50%인 상속·증여세율이 6% ∼ 33%로 대폭 인하하는 것으로 되어있습니다.

양도소득의 부당행위계산 또는 배우자·직계존비속 이월과세 규정이 적용되면 현행 다주택 특례적과세 및 비사업용토지 특례적과세 또는 1세대1주택 비과세나 8년 이상 자경농지감면부인 등과 관련하여 예기치 못한 세부담을 안게 되므로 증여받은 부동산을 5년 이내에 양도할 때는 충분히 검토하고 신중을 기하도록 부탁드립니다.

## 10 복식부기의무자의 경우

앞의 제2편의 「간편장부대상자의 범위」에서 살펴본 것과 같이 만일 어떤 사업자가 직전년도의 부동산매매업 수입금액이 3억원이상 이거나 직전년도의 주택신축판매업의 수입금액이 1억5천만원 이상 또는 직전년도의 부동산 임대업의 사업소득이 7천5백만원 이상이라 한다면 당해연도 소득금액 계산에 있어 복식기장의무자가 됩니다.

부동산매매업자로서 직전년도의 부동산매매업 수입금액이 3억원이상이라 하면 당해연도에는 복식기장의무자가 됩니다.

이와 같이 복식기장의무자가 되면 종합소득세 확정신고시 복식장부에 의해 소득금액을 계산하여 대차대조표, 손익계산서, 합계잔액시산표 등 재무제표와 조정계산서를 종합소득세 확정신고서에 첨부하여 제출해야 합니다.

복식부기의무자가 종합소득세 확정신고시 증빙불비 등 추계사유로 인해 단순경비율 추계 또는 기준경비율 추계에 의해 소득금액을 계산하여 신고하게 되면 신고한 내용에 따른 산출세액의 20%를 무신고(무기장) 가산세로 내야 합니다.

산출세액이 없는 경우에도 총수입금액의 10,000분의 7에 상당하는 금액을 무신고(무기장) 가산세로 내야 합니다 (국세기본법 제47조의2 참조).

그 밖에 복식기장의무자는 사업용계좌를 개설하여 신고하여야 하는데 이와 같은 사업용계좌제도는 개인사업자의 사업용거래를 별도의 사업용계좌를 개설·사용하도록 하여 개인용도의 거래와 분리함으로서 세원의 투명성을 높이기 위해 마련된 제도인데, 복식부기의무자가 사업과 관련하여 매출 또는 매입이 있는 경우 거래대금을 금융기관을 통해 결제할 때 또는 인건비, 임차료를 지급하거나 지급받은 때, 사업용계좌를 사용하도록 하고 있습니다.

복식부기의무자가 사업용계좌를 미개설한 경우 수입금액의 0.2%, 사용하지 않은 경우 그 금액의 0.2%를 가산세로 내야하며, 세무조사대상이 되거나 중소기업특별세액감면등 조세특례제한법상 감면규정이 배제되는 등 불이익이 주어집니다.

거래대금을 현금으로 주고받을 때는 사업용계좌 외 거래명세서를 작성하고 사업용계좌를 사용하여야 할 거래금액과 실제 사업용계좌 사용금액 및 미사용금액 등을 구분 기록·관리하도록 되어있으나 금액을 구분하여 기

록·관리해야하는 서식을 현재까지 규정하고 있지 않습니다.

　그리고 2008. 12. 26. 개정세법에서 2009. 1. 1. 이후부터는 오히려 사업용계좌 외 거래명세표 작성의무를 폐지하고 있으며, 미사용·미개설가산세도 당초 0.5%에서 0.2%로 완화하는 걸로 변경되었는데 이는 개인사업자의 과도한 납세협력 의무를 완화하여 제도의 안정적인 정착을 유도하기 위한 것으로 보이는데 제도의 정착을 위해서는 좀 더 정교한 후속조치가 보완되어야 할 것으로 생각됩니다.

　현행 소득법상 사업용계좌는 금융기관에서 개설한 통장사본과 함께 「사업용계좌개설 신고서」를 사업장관할 세무서장에게 신고하여야 하는데, 복식부기의무자에 해당하는 과세기간의 개시일로부터 3월 이내에 해야 합니다.

　복식부기의무자인 부동산매매업자는 그 대금을 현금, 수표로 결제하는 경우 외에 계좌이체를 이용하는 경우는 사업용계좌로 해야 하며 사업용계좌는 사업과 관련이 없는 개인적용도로는 사용하지 않도록 하고 있으나, 개인적용도로 혼용해서 사용해도 세법상 제재하는 규정은 없으며 세무조사라도 받는 경우가 생기면 그 내용을 소명해야 하는 번거로움이 생길 것이므로 가급적 개인적용도로 혼용하지 않는 것이 바람직합니다.

　현재 사업용계좌 미사용 부분에 대해서는 시행규칙 등이 보완되지 않고 있으나, 사업용계좌 개설신고를 하지 않은 경우엔 수입금액의 0.2%를 사업용계좌 미개설 가산세로 내야 합니다.

　이와 같은 점을 유의하시고 복식기장의무자가 되는 연도의 3월 말일까지 해당 세무관서에 사업용계좌개설 신고를 하시기 바랍니다.

　그밖에도 복식기장의무자인 부동산매매업자가 만일 건설사업자등으로부터 부동산을 매입하고 토지부분 등에 대한 계산서를 교부받은 때에는 해당 과세기간의 부가가치세 신고시 매입계산서 합계표를 작성하여 제출해야 합니다.

　미제출시에는 공급받은 금액의 1%를 계산서보고불성실 가산세로 내야 합니다.

복식기장의무자가 면세재화를 공급하고 매출계산서를 교부하지 않은 때에도 그 금액의 1%의 계산서 보고 불성실 가산세가 적용되는 것이지만 부동산의 경우엔 계산서 교부의무가 면제되므로 부동산매매업자의 경우엔 매출계산서를 교부하지 않아도 되는 것입니다.

참고로, 부동산매매업자가 아니라 주택신축판매업자인 복식기장의무자가 사업용계좌를 신고하지 않은 경우 조세특례제한법상의 중소기업특별세액감면을 받지 못하게 되는것입니다.

## 11 4대보험(사회보장기여금)

### (1) 건강보험

국민건강보험은 국민의 질병, 부상과 출산, 사망에 대해 보험급여를 지급함으로서 국민의 보건과 사회보장을 증진시키기 위해 국민건강보험법에 의해 마련된 제도입니다.

건강보험의 가입자는 직장가입자 및 지역가입자로 구분합니다.
지역가입자는 직장가입자와 그 피부양자를 제외한 자를 말합니다.
피부양자의 인정기준은 ① 직장가입자의 배우자, 직계비속(배우자의 직계비속 포함) 및 그 배우자, 직계존속(배우자의 직계존속 포함), 직장가입자의 형제자매로서 ② 소득이 없는 자입니다.
따라서 피부양자로 속해있던 자가 부동산매매업을 영위하여 사업소득이 있게 되면 피부양자격이 상실되어 지역가입자 대상이 됩니다.
사업자등록이 있더라도 소득금액이 없으면 피부양자 자격이 유지됩니다.

보험료 산정에 있어서는 직장가입자는 보수월액에 5.64%의 보험료율로 산정하며 그 50%를 근로자가, 50%를 사용자가 부담하게 되는 비교적 간단

한 구조로 되어있습니다.

그러나 지역가입자는 연소득, 재산, 생활수준 및 경제활동 참가율에 의하여 보험료 부과점수를 매기고 그 합계점수(20점 ~ 11,000점을 한도로 함)에 대하여 부과점수당 165,40원을 적용하여 산정합니다.

부과점수의 종류와 범위는 다음과 같습니다.

① 소득등급별 점수　　　　　　　　　　최하　380점　　최고　9,104점
② 재산(자동차 제외)등급별 점수　　　　최하　22점　　최고　1,475점
③ 자동차등급별 점수　　　　　　　　　최하　7점　　최고　217점
④ 생활수준 및 경제활동 참가율 등급별 점수　최하　20점　　최고　372점
　(성별, 연령, 재산, 자동차세)

**사 례**

① 연소득 : 3천만원　　　　(981점)　② 재산 : 2억원 (586점)
③ 자동차 : 1500cc, 3년 미만　(59점)
④ 생활수준 및 경제활동　┌ 성별·연령,　여성 35세　　4.3
　　참가율　　　　　　├ 재산,　　　2억　　　　12.7
　　　　　　　　　　　└ 자동차세,　10만원 이하　 6.1
　　　　　　　　　　　　　　　　　　　　　23.1　(238점)
합계점수　981 + 586 + 59 + 238 = 1,864점
월보험료　1,864 × 165,40 = 308,305원

* 국민건강보험법 시행령 제40조의2 제1항의 규정에 따른 [별표4의2] 보험료 부과점수의 산정방법에 의거 계산한 것임.

국민건강보험법에 의해 지역보험 가입대상자가 되면 이와 같이 부담액의 계산이 복잡하고 부동산매매업과 같은 경우에는 부동산을 보유하였다가 처분하거나 하여 매년 자산의 증감이 일어나고 또 매년 소득의 변동이 일어나게 되므로 수시로 그 부담액이 유동적인데 대체로 직장보험가입자보다 부담이 많게 됩니다.

예를 들어 (갑)이 부동산보유액 50억원(이때 부채는 감안하지 않음)이고 월 임대수입이 1천만원 이상 발생하는 부동산임대업자인데 고급승용차를 굴

리고 다녀도 한달에 2백만원 받고 다른 사업장에 월급쟁이로 다닌다면 직장 가입자가 되어 자산가액, 자동차가액, 연간소득에 관계없이 보수월액인 2백 만원의 5.64%인 십만원정도 내면 되는 것입니다.

만일 (갑)이 직장이 없는 경우라면 지역가입대상자가 되어 상당히 많은 건 강보험료를 부담하게 될 것입니다.

그래서 커다란 빌딩도 있고 임대수입도 꽤 되는 부잣집 아들이 대학원 재 학 중인데 고위공직자로 나서는 사회지도층 인사인 아버지가 대표로 있는 회 사에 시간제 근무로 위장 ? 취업하고 있음으로서 소액의 직장보험료만 내고 있다는 것이 신문에 나기도 하는 것입니다.

부동산매매업자가 직장가입자가 되는 방법은 다른 부동산매매업자에 고 용되어 월급을 받든가 다른 회사에 근무하든가 또는 부동산매매업자 자신이 업무를 보조해 줄 직원을 고용하든가 하면 됩니다.

1인 이상 근로자가 있는 사업장은 사용자와 근로자가 모두 직장가입대상 자가 되는 것입니다.

## (2) 국민연금

국민연금보험은 국민의 노령, 장애 또는 사망에 대하여 연금급여를 지급 함으로서 국민생활의 안정과 복지를 위해 국민연금법에 의해 마련된 제도입 니다.

연금급여라 함은 가입자가 노령, 장애 또는 사망으로 인해 소득이 상실되 거나 중단 또는 감소되었을 때 기본적인 생활을 보장하기 위한 금전을 지급 하는 것을 말합니다.

개인이 퇴직금을 받는 경우에는 대부분이 50세 미만인 관계로 노후생활보 장 수단으로의 기능이 미흡하고 만일 일시금의 형태로 지급받는 경우에는 그와 같은 금원으로 안정적이고 지속적인 소득보장을 담보하기 어렵습니다.

뿐만 아니라 퇴직금제도가 적용되지 않는 자영사업자 또는 저소득 일용근

로자 등의 경우에는 퇴직금이라는 것이 없으므로 이와 같은 경우에도 노후에 기본적인 생계를 보장하기 위한 제도가 필요한 것입니다.

연금급여의 종류로는 노령연금(분할연금), 장애연금, 유족연금, 반환일시금, 사망일시금 등이 있습니다.

이와 같은 국민연금의 가입대상자는 18세 이상 60세 미만의 사람이며 가입의 종류로는 사업장가입자, 지역가입자, 임의계속가입자로 구분됩니다.

① 사업장가입자는 근로자 1인 이상 사업장에 종사하는 18세 이상 60세 미만의 자입니다. 예외적으로 18세 미만의 근로자라도 자기가 원하여 사용자의 동의를 받아서 가입할 수도 있습니다.
② 지역가입자는 18세 이상 60세 미만으로서 사업장가입자가 아닌 자입니다.
③ 임의계속가입자는 사업장가입자 및 지역가입자 외에 18세 이상 60세 미만의 자로서 본인의 신청에 의하여 가입할 수 있으며 65세 미만까지 연장가입할 수 있습니다.

이와 같은 국민연금보험 제도에 있어서 사업장가입자 또는 지역가입자의 배우자로서 별도로 소득이 없는 자는 지역가입자 대상에서 제외되는 것이나 부동산매매업을 영위하면서 사업소득이 있는 경우에는 당연히 지역가입자가 되어 보험 혜택을 볼 수 있으며 지역가입자는 기준소득월액의 9%를 연금보험료로 부담해야 합니다.

기준소득월액은 최저 22만원부터 최고 360만원까지의 범위 내에서 가입자가 신고한 금액에 의하여 공단이 그 사실을 확인하여 결정합니다.

소득이 증가 되거나 감소된 경우 또는 본인이 실제 소득보다 높게 결정해 줄 것을 희망하는 경우에는 기준소득월액의 변경을 신청할 수 있으며 사업자등록을 하였더라도 실적이 없거나, 결손 발생으로 소득이 없는 경우 가입하지 않아도 됩니다.

### (3) 고용보험

고용보험은 실업, 구직 등 일정한 요건에 처한 근로자에게 생활에 필요한 급여를 실시함으로서 근로자의 생활안정과 경제, 사회발전에 기여하기위한 제도입니다.

근로자를 사용하는 모든 사업 또는 사업장에 적용하며 보험료는 근로자의 임금액의 $\dfrac{115}{10,000}$ 의 보험료율을 적용하여 계산하여 그 중 50%를 근로자가, 50%를 사용자가 부담합니다(고용안정등 보험료율 $\dfrac{25}{10,000}$, 실업급여의 보험료율 $\dfrac{90}{10,000}$).

부동산매매업자가 근로자를 사용하는 경우 부담하는 사용자부담분 보험료금액은 복리후생비로 필요경비에 산입되는 것입니다.

### (4) 산업 재해보상 보험

산재보험은 근로자의 업무상의 재해를 신속하고 공정하게 보상하고 재활 및 사회복지를 위한 제반 보상보험 사업을 시행함으로서 근로자 보호를 위해 마련된 제도입니다.

근로자를 사용하는 모든 사업 또는 사업장에 적용하며 부동산매매업의 경우에는 임금액의 $\dfrac{10}{1,000}$ 을 적용하여 보험료를 산정하게 되고 근로자가 부담하는 것이 아니고 전액 사용자가 부담합니다.

이와 같은 산재보험료 사용자부담액은 복리후생비로서 필요경비에 산입되는 것입니다.

제 **4** 편

# 다주택 비교과세 피해가기

## *1* 개 요

주택투기는 집값을 과도하게 상승시켜 서민들의 내집마련 꿈을 빼앗고 부자와 가난한 자의 양극화를 심화시키는 요인이 됩니다.

뿐만 아니라 근로의식의 상실, 주거비 보전을 위한 임금인상압력과 이에 따른 원가상승으로 기업의 경쟁력이 저하되는 등 경제적, 사회적으로 커다란 폐해를 가져오게 합니다.

아시다시피 1997. 11월 IMF 외환위기 이후 몰아닥친 경기침체와 살인적인 고금리에 국가경제는 마이너스 성장을 기록하고 실업자가 증가하는 상황에서 경기부양이라는 명제는 누구도 거스를 수 없는 대세였고 경기부양을 이유로 각종 부동산관련 규제가 대대적으로 풀리기 시작합니다.

건설경기를 살리기 위한 실현가능한 모든 처방을 내놓으려는 정부와 정치권의 움직임은 1998년부터 아파트 분양가를 완전자율화하는데 이어 양도소득세 한시적 면제, 토지거래허가·신고제도의 폐지, 주택구입자금 저금리 지원, 심지어는 분양권 전매허용이라는 사상 유례가 없는 조치를 포함하여 부동산관련 규제를 줄줄이 완화하거나 없애고 경기부양을 위한 다양한 지원책을 내놓게 됩니다.

그 결과 국내경기의 회복과 외환보유고의 안정세에 힘입어 증가된 시중자금은 2002년을 전후하여 특정의 지역을 중심으로 주택에 대한 투기적 수요를 증가시켜 집값이 상승하기 시작합니다.

잠재성장률을 웃도는 인위적 경기부양으로 부동산시장이 극도로 불안한 상황에서 재정확대, 규제완화 등 대대적인 경기부양책이 줄줄이 나오자 투기심리가 자극되었던 것입니다.

사태의 심각성을 알아차린 정부는 이제까지의 건설경기 활성화대책을 바꾸어 주택시장 안정대책을 잇따라 내놓게 됩니다.

급기야 2003. 10. 29 주택시장안정 종합대책(10. 29 조치)를 통해 1세대3주택 자에 대한 양도소득세 60% 중과세, 종합부동산세 도입, 투기지역에 있어서의 LTV 40% 강화 등 강력한 안정책으로 주택가격의 상승을 막아보려 하지만 이를 비웃기라도 하듯이 주택에 대한 투기적 수요가 불이 붙으면서 이른바 버블세븐지역 등으로 파급되고 이어서 전국의 부동산시장이 과열되기 시작합니다.

국가의 미래를 위해 행정중심 복합도시, 기업도시, 혁신클러스터 건설 등 국토의 균형발전을 위한 거대한 공공사업의 야심찬 시행을 염두에 두고 있던 당시 참여정부는 전국토가 투기장화 하는 것을 막기 위해 강력한 부동산 종합대책을 마련하게 되었는데 2005. 8. 31 발표된 「서민주거안정과 부동산 투기억제를 위한 부동산제도 개혁방안」이 그것입니다.

흔히 8. 31 종합대책이라고 하는 것인데 그 내용은 2005. 12. 31 입법이 완료되어 시행에 들어가게 됩니다.

이 8. 31 종합대책은 무엇보다도 부동산거래금액을 실거래가로 행정관청에 신고하고 신고필증을 받아 등기하도록 하여 그 금액이 등기부등본에 기재되도록 하고 부동산의 양도소득세를 실가로 신고·납부하도록 하였다는 데서 역사적으로 커다란 의의가 있다고 볼 수 있습니다.

이와 같은 조치가 있기 이전에는 하나의 부동산에 있어서 실제로 거래된 금액은 실종되고 수많은 가짜 금액들만 판치고 있었던 것입니다.

대출받을 때 담보가격, 수용받을 때 보상가격이 다른 것은 그렇다 해도 양도소득세 신고할 때의 가격, 취득세·등록세 낼 때의 가격, 상속세·증여세 낼 때의 가격이 각각 다르고 재산세·종합부동산세 낼 때의 가격은 해당 지방의회의 조례에 따라 만들어진 감면율을 적용하게 되면 강남의 집값보다 강북의 집값이 더 높게 되는 기상천외의 가격이 됩니다.

이런 상황에서 부동산의 가격을 실제 거래한 금액으로 통일되게 일원화하고 그 금액에 기해 과세할 수 있도록 기반을 만듦으로서 가짜금액 뒤에 숨어 근엄하게 정상적인 세부담을 피해왔던 기만과 위선을 종식시킨 사건이라는 점에서 8. 31 종합대책은 그 성격이 매우 참신한 것으로 평가 됩니다.

어찌되었든 이와 같은 배경가운데서 8. 31 종합대책이 나오게 되었고 그 안에서 망국적인 투기를 근절하고자 부수적으로 탄생한 것이 1세대2주택자 50% 중과세와 비사업용토지 60% 중과세라는 위협적인 세금입니다.

그러나 이와 같은 다주택자에 대한 중과세제도와 비사업용토지 양도에 대한 중과세제도는 크게 수정됩니다.

즉 2004. 1. 1 이후 시행되오던 1세대3주택자 60% 중과세 및 2007. 1. 1 이후 시행되어오던 1세대 2주택자 50% 중과세제도는 2009. 1. 1 을 기해, 비사업용토지 양도 60% 중과세제도는 2009. 3. 16을 기해 일제히 일반세율을 적용(2010. 12. 31까지 한시적으로 적용되다가 2012. 12. 31 까지 연장됨)하는 것으로 변경됩니다.

그리하여 미등기양도를 제외한 모든 부동산 및 부동산에 관한 권리의 양도에 있어서 보유기간이 1년 미만이면 50%의 세율, 1년 이상 2년 미만이면 40%의 세율, 2년 이상이면 6% ~ 35%의 누진세율을 적용하는 것으로 되돌려진 것입니다.

이는 2009. 3. 15 기획재정부가 발표한「경제활성화 지원 세제개편안」에 따른 후속입법(2009. 4. 30) 및 2010. 12. 27 개정세법에 의한것입니다.

본 장에서는 다주택자 특례적과세에 대해 살펴보겠습니다.

비사업용토지에 관한 요건과 특례적과세에 있어서는 제7편에서 살펴볼 것입니다.

현행 다주택 보유자에 대한 특례적과세의 내용은 두가지로서 첫째는 다주택보유자가 주택과 그 부수토지를 양도하는 경우 3년 이상 보유한 후 양도하더라도 장기보유특별공제를 적용하지 않는 것입니다.

둘째는 부동산매매업자가 다주택인 상태에서 주택을 양도하는 경우 부동산매매업자에 대한 세액계산의 특례에 의해 양도소득세 계산방식에 의한 양도소득세 상당액과 종합소득세 계산방식에 의한 종합소득세 산출세액을 비교하여 큰 금액을 종합소득세로 내야한다는 것입니다.

다주택자 여부 판정에 있어서는 주택수의 계산이 중요한 사항이 되는데 주택수의 계산에서, 2006. 1. 1 이후 관리처분인가에 의해 발생된 재건축, 재개발 입주권과 2005. 12. 31 이전에 관리처분인가에 의해 발생된 재건축, 재개발 입주권을 2006. 1. 1 이후 승계 취득하여 보유하고 있는 입주권은 주택으로 간주하여 주택 수에 포함시키게 됩니다.

이하에서 사용하는 「제외주택」, 「배제주택」 등은 세법적으로 개념이 정해진 용어가 아니며 이해를 돕기 위해 필자가 구분하여 사용한 것입니다.

주택을 양도한 경우라 하면 부동산매매업자는 부동산매매업자에 대한 세액계산의 특례를 적용하지 않는 요건 즉 비교과세 없이 종합소득세 방식으로 계산한 종합소득세를 내는 것으로 끝나는 경우에 해당하는 요건을 잘 살펴보아야 합니다.

단순히 과거와 같이 50% 중과세 또는 60% 중과세되는 경우에는 비교과세되는 것이며 중과세율이 적용되지 않는 경우에는 비교과세되지 않는 것으로 이해하고 있다면 착오를 일으키게 됩니다.

부동산매매업자에 대한 비교과세에 있어서 소득세법시행령 제167조의3(1세대3주택 이상에 해당하는 주택의 범위) 및 제167조의5(양도소득세가 중과되는 1세대2주택에 해당하는 주택의 범위) 등에서 규정된 제외주택, 배제주택, 소형주택, 일시적 2주택과 관련하여 주택수로 보지 않는 주택 외에 부동산매매업자의 세대가 2주택이상을 보유한 상태에서 주택을 매매하는 경우 중과세율 적용여부에 관계없이 비교과세 하도록 하고 있는것입니다.

이와 같이 해석 · 적용되는 것은 부동산매매업자에 대한 세액계산의 특례 규정에서 중과세율 대상인 경우 비교과세 하도록 하고 있는 것이 아니라,

① 1세대2주택

② 「1세대 : 입주권포함2주택」

③ 1세대3주택

④ 「1세대 : 입주권포함3주택」

⑤ 비사업용토지

⑥ 미등기양도의 경우에 비교과세하도록 규정하고 있기 때문입니다.

## ❋ 소득세법 제64조 【부동산매매업자에 대한 세액계산의 특례】

① 대통령령으로 정하는 부동산매매업(이하 "부동산매매업"이라 한다.)을 경영하는 거주자(이하 "부동산매매업자"라 한다.)로서 종합소득금액에 제104조 제1항 제4호부터 제8호까지 및 제10호의 어느 하나에 해당하는 주택 또는 토지의 매매차익(이하 이조에서 "주택등 매매차익"이라 한다)이 있는 자의 종합소득 산출세액은 다음 각 호의 세액 중 많은 것으로 한다(2009. 12. 31. 개정).
1. 종합소득 산출세액
2. 다음 각 목에 따른 세액의 합계액
　　가. 주택등매매차익에 제104조에 따른 세율을 적용하여 산출한 세액의 합계액
　　나. 종합소득과세표준에서 주택등매매차익의 해당 과세기간 합계액을 공제한 금액을 과세표준으로하고 이에 제55조에 따른 세율을 적용하여 산출한 세액
② 부동산매매업자에 대한 주택 등 매매차익의 계산과 그 밖에 종합소득 산출세액의 계산에 필요한 사항은 대통령령으로 정한다.

## 2 주택수의 계산

### (1) 일반사항

① 주택수의 계산에 있어서 부동산매매업자가 보유하는 재고자산인 주택은 해당세대의 주택수의 계산에 있어서 이를 포함 합니다.

② 주택신축판매업자의 재고자산인 주택은 해당세대의 주택수의 계산에 있어서 제외됩니다(불포함).

③ 다가구주택을 가구별로 지분에 의해 양도하지 아니하고 하나의 매매단위(통매매)로 하여 1인에게 양도하거나 1인으로부터 취득(자기가 건설

하여 취득 포함)하는 경우에는 1세대1주택 비과세요건 또는 다주택특
례적과세 요건을 적용함에 있어서 양도자 또는 취득자가 선택하는 경
우에 한하여 예외적으로 이를 1개의 단독주택으로 봅니다.

참고로 다가구주택에 대한 양도소득세 적용에 있어서는 원칙적으로 한
가구가 독립하여 거주할 수 있도록 구획된 부분을 각각 하나의 주택으
로 보는 것입니다.

### ❋ 소득세법시행규칙 제74조 【다가구주택】

영 제155조 제15항에서 "기획재정부령이 정하는 다가구주택"이라 함은 「건축법시행령」
별표1 제1호 다목에서 해당하는 것을 말한다. 이 경우 한 가구가 독립하여 거주할 수 있
도록 구획된 부분을 각각 하나의 주택으로 본다(2005. 3. 19 개정, 2008. 4. 26 직제개정).

④ 공동상속주택은 상속지분이 가장 큰 상속인의 소유로 하여 주택수를 계
   산하되, 상속지분이 가장 큰 자가 2인 이상인 경우에는 당해 주택에 거
   주하는 자, 최연장자의 순서에 의해 당해 공동상속주택을 소유한 것으로
   봅니다.

   즉, 공동상속주택의 소수지분자의 지분은 주택으로 보지 않는 것입니다.

⑤ 오피스텔에 있어서는 임차인이 상시주거용으로 사용하는 경우 임대인
   의 주택으로 보는 것이며 당해 오피스텔 또는 다른 주택의 양도일 현
   재 임차인이 오피스텔을 사업용으로 사용하고 있는 경우에는 일반건축
   물로 보는 것입니다.

⑥ 공동소유주택은 공유자 각 사람이 각각 1주택을 소유한 것으로 보므로
   주택수에 포함됩니다.

⑦ 겸용주택(복합건물)의 경우 주택과 주택 이외의 부분에 대한 면적의 비
   율에 불구하고 주택수에 포함됩니다.

⑧ 집합건물이 아닌 단독주택의 경우 주택과 그 부수토지를 각각 별도의
   세대가 보유하는 경우 또는 보유하다가 양도하는 경우 당해 주택의 소
   유자는 건물 소유자를 기준으로 판단하는 것입니다. 주택의 부수토지
   를 동일세대원이 아닌 자가 소유한 경우 그 부수토지의 소유자는 주택

을 소유하지 않은 것으로 봅니다.

➡ 생계를 같이 하는 1세대의 개념

　다주택 특례적과세 또는 1세대1주택 비과세요건 적용시 세대별로 소유하는 주택 수는 양도일 현재를 기준으로 판정하는 것이며, 1세대라 함은 거주자 및 그 배우자가 그들과 동일한 주소 또는 거소에서 생계를 같이하는 가족과 함께 구성하는 1세대를 말하는 것이고, 주민등록상 동일세대원으로 등재되어 있지 않은 경우에도 사실상 생계를 같이하는 가족에 해당하는 경우에는 동일세대원으로 보는 것으로, 이에 해당하는지 여부에 대하여는 관련사실을 종합하여 판단되어야 합니다(서면4팀−909, 2005. 6. 10 참조).

　참고로, 1세대라 함은 원칙적으로 배우자가 있어야 하는 것이지만,

① 30세 이상인 경우

② 배우자가 사망하거나 이혼한 경우

③ 소득이 「국민기초생활보장법」 제2조 제5호에 규정하는 최저생계비 수준 이상으로서 독립된 생계를 유지할 수 있는 경우에는 배우자가 없어도 독립된 세대를 구성할 수 있습니다.

➡ 2010년 기준 최저생계비(보건복지부고시 제2007-76호)

(단위 : 원)

| 구 분 | 1인가구 | 2인가구 | 3인가구 | 4인가구 | 5인가구 | 6인가구 |
|---|---|---|---|---|---|---|
| 2010년 | 504,344 | 848,747 | 1,110,919 | 1,363,091 | 1,615,263 | 1,867,435 |

## (2) 제외주택(지역기준 주택)

➡ 1:3 주택 지역기준　　　　　➡ 1:2 주택 지역기준

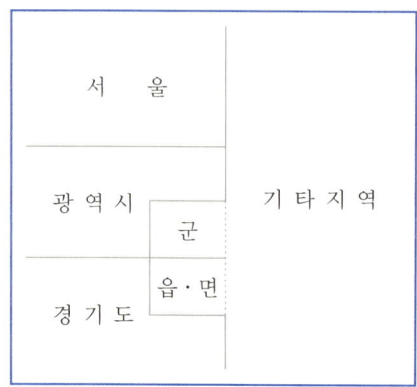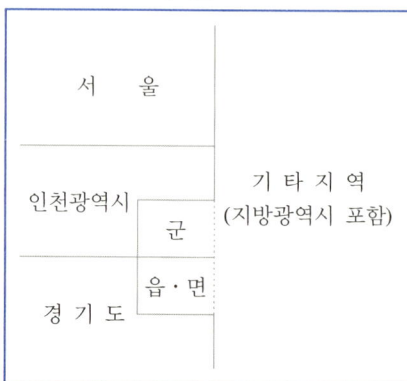

　지역기준에는 1:3주택(입주권포함) 이상 보유자와 1:2주택(입주권포함) 보유자의 기준이 다릅니다.

　1:3주택(입주전포함)이상 보유한 경우 서울, 광역시, 경기도를 제외한 「기타지역」에 소재한 공시가격 3억 이하의 주택은 당해 주택을 양도할 때 주택수에 관계없이 비교과세 되지 않는것입니다.

　이와 같은 주택을 제외주택이라고 합니다.

　제외주택은 일반주택을 해당 세대원이 양도할 때의 주택 수 계산에 있어서도 양도일 현재 주택 수에서 제외됩니다. 이때 광역시의 군지역 및 경기도의 읍·면지역은 기타지역에 포함되는 것입니다.

　예를 들어 인천광역시 강화군, 경기도의 여주군 대신면은 물론 경기도의 광주시 오포읍, 양주시 백석읍 등은 기타지역으로 보는 것입니다.

　그러나 1세대 2주택을 보유한 자에 대한 특례적과세 적용시 주택 수에서 제외되는 기준에서는 기타지역에 지방광역시가 포합됩니다(소득세법시행령 제167조의 5, 2008.10.7. 개정).

　따라서 2008. 10. 7. 이후 양도하는 경우는 부산광역시, 대구광역시, 광주광역시, 대전광역시, 울산광역시의 지역에 있는 3억 이하의 주택은 1:2주택 판

정시 제외주택으로 봅니다.

2011. 1. 1. 이후에는 1세대 2주택을 보유한 자 뿐 아니라 1세대 입주권포함 2주택을 보유한 자도 마찬가지로 지방광역시를 기타지역으로 봅니다 (2010. 12. 30. 개정 소득세법시행령 제167조의 6).

이와 같이 지역기준에 해당하여 주택수에서 제외되는 주택은 부동산매매업자에 대한 비교과세가 적용되지 않는 것입니다.

즉, 비교과세 없이 종합소득세 방식의 소득금액계산과 결손금통산 및 이월결손금 공제도 가능하며 종합소득세율에 의한 산출세액 계산에 의해 신고·납부하는 것입니다.

공시가격 3억 이하라 할 때 겸용주택(복합건물)에 있어서는 주택과 그 부수토지의 개별주택가격으로만 가액기준을 판단합니다.

즉, 상가부분의 가액은 제외하고 판정하는 것입니다.

위에서 평가액 3억 이하라 함은 「도시 및 주거환경정비법」 제48조 제①항 제4호의 규정에 의한 종전주택 및 부수토지의 평가액을 말하는 것입니다.

## 판정사례

① 경기도 여주군 여주읍 창리, 공시가격 3억 이하 아파트 2개
② 경기도 광주시 오포읍 능평리, 공시가격 3억 이하 단독주택 1개
③ 충남 천안시 쌍용동, 공시가격 3억 이하 아파트 15개
④ 전북 전주시 덕진구 덕진동, 공시가격 3억 이하 아파트 1개
⑤ 인천광역시 강화군 강화읍 용정리, 공시가격 3억 이하 단독주택 1개
⑥ 대구광역시 서구 비산동, 공시가격 3억 이하 아파트 1개
⑦ 서울시 양천구 목동, 공시가격 3억 초과 아파트 1개

• 부동산매매업자 갑이 위와 같이 주택을 보유하고 있다고 가정합니다.

  1) ①, ②, ③, ④, ⑤ 의 주택을 판매한다고 하면
     → 1:3주택(입주권포함) 지역기준 제외주택이므로 양도시기나 순서에 관계없이 모두 비교과세 되지 않는 것입니다.

2) ⑥ 의 주택을 먼저 판매한다고 하면

→ ①, ②, ③, ④, ⑤ 의 주택은 1:3주택(입주권포함) 지역기준 제외주택으로 주택수에서 제외되고 ⑥, ⑦의 2주택 중 ⑥의 주택이 지방광역시의 3억이하 주택이므로 1:2주택(입주권포함) 지역기준 제외주택이 되므로 비교과세 되지 않는 것입니다.

3) ⑦ 의 주택을 먼저 판매한다고 하면

→ ①, ②, ③, ④, ⑤ 의 주택은 1:3주택(입주권포함) 지역기준 제외주택으로 주택 수에서 제외되고 ⑥ 의 주택은 1:2주택(입주권포함) 지역기준 제외주택으로 주택 수에서 제외되므로 1주택인 상태에서 판매하는 것이 되어 비교과세 되지 않는 것입니다.

### (3) 1세대2주택 배제주택

1세대가 2주택(입주권 포함)을 소유한 상태에서 주택을 양도하게 되면 장기보유특별공제가 배제되고 부동산매매업자인 경우 비교과세가 적용됩니다.

그러나 1세대가 2주택(입주권 포함)을 소유한 상태에서 양도한 경우에도 이와 같은 특례적과세가 배제되는 경우가 있는데 설명을 돕기위해 편의상 다음과 같이 구분하여 설명하고자 합니다.

---

1) 「1세대2주택 배제주택」과 「1세대2주택 배제주택외 일반 1주택」
2) 「1세대2주택 배제 소형주택」
3) 「1세대 일시적 2주택(대체주택)」

---

본 절에서는 「1세대2주택 배제주택」과 「1세대2주택 배제주택외 일반1 주택」에 관하여 살펴보고 「1세대2주택 배제 소형주택」과 「1세대 일시적 2주택(대체주택)」에 대하여는 다른 절에서 살펴 볼 것입니다.

이하에서 「1세대2주택 배제주택」을 간단히 줄여서 「1:2 배제주택」으로 「1세대2주택 배제 소형주택」을 「1:2 소형주택」으로 줄여서 사용합니다.

　그리고 부동산매매업과 관련된 설명이므로 다주택자의 특례적과세라는 표현을 주로 비교과세 라는 용어로 사용하고자 합니다.

　이와 같이 구분하여 설명하고자 하는 것은 그 적용요건이 유사하나 각각 다른 점이 있으므로 실무에서 해석·적용에 많은 오해와 착오가 있으므로 이를 명료하게 하여 불필요한 과세상황이 일어나지 않게 하기 위한 것입니다.

　이하에서 설명하는 「1:2 배제주택」은 당해 주택을 양도할 때는 비교과세 되지 않는것입니다.
　그러나 「1:2 배제주택」이 아닌 주택을 양도할 때는 원칙적으로 「1:2 배제주택」도 주택수에 포함하여 계산합니다.
　예외적으로 「1:2 배제주택」 외의 일반주택 1개를 양도할 때는 그 「1:2 배제주택 외 일반 1주택」도 비교과세 되지 않는것입니다.
　이와 같은 점은 앞서 설명한 「제외주택」과 다르며, 다음에 설명할 「1:2 소형주택」 및 「일시적 1세대2주택」과도 그 적용요건이 다른 것입니다.

　예를 들어 「제외주택」 1개와 일반주택 1개가 있다고 하면 제외주택을 양도시에는 비교과세 되지 않는것입니다. 그리고 일반주택 양도시에도 「제외주택」은 주택수에 포함시키지 않으므로 일반주택 1주택 상태에서 양도하는 것이 되어 비교과세 되지 않는것입니다.
　그러나 「1:2 소형주택」1개와 일반주택 1개가 있다고 하면 「1:2 소형주택」을 먼저 양도하면 비교과세 되지 않지만, 「1:2 소형주택」이 아닌 일반 1주택을 양도할 때는 「1:2 소형주택」도 주택수에 포함되므로 1세대2주택으로 비교과세된다는 것입니다.

　일반주택이 1개 있는 상태에서 다른 일반주택을 1개 취득한 경우 나중에 취득한 주택(대체주택이라 함)의 취득일로부터 2년 이내에 종전에 있던 일반주택을 양도하면 「1세대 일시적 2주택(대체주택)」으로 비교과세 되지 않는것입니다.
　그러나 나중에 취득한 대체주택을 먼저 양도하는 때에는 종전에 있던 일반주택이 주택수에 포함되므로 1세대2주택으로 비교과세 된다는 것입니다.

이와 같이 요건이 유사한 듯 하면서도 그 적용이 다르게 된다는 것입니다. 다시 말하면「제외주택」1개와 일반 1주택,「1:2 배제주택」1개와 일반 1주택,「1:2 소형주택」과 일반 1주택이 있는 각각의 경우에서 보면「제외주택」,「1:2 배제주택」,「1:2 소형주택」으로 개념을 정리하고 구분하여 접근하면 오해가 생기지 않지만 3가지 유형의 주택을 모두 일반적인 의미의"배제주택"이라는 용어의 개념으로 사용하면 그 적용에 있어 혼란을 일으킨다는 것입니다.

이와 같은 이유로해서 세법적으로 개념이 정해진 용어가 아니지만 이 책에서는 그 용어를 다음과 같이 각각 구분하여 설명하고자 하는 것이니 양해하시기 바랍니다.

---

① 제외주택(지역기준주택)
② 「1:2 배제주택」 및 「1:2 배제주택 외 일반 1주택」
③ 「1:3 배제주택」 및 「1:3 배제주택 외 일반 1주택」
④ 「1:2 소형주택」
⑤ 「1:3 소형주택」
⑥ 「일시적 1세대2주택」

---

본 절에서는「1:2 배제주택」에 대해 살펴봅니다.
「1:2 배제주택」은 다음과 같이 13가지 유형이 있습니다.

### 1) 장기임대주택

사업자등록과 임대주택법 제6조에 의한 임대사업자등록을 한 거주자가 임대주택으로 등록하여 임대하는 국민주택으로서 다음 중 하나에 해당하는 주택

① 2003. 10. 30 이후에 사업자등록 및 임대사업자등록을 한 경우

같은 시(특별시·광역시 포함)군에서 5호 이상의 국민주택을 임대하고 있는 거주자가 10년 이상 임대한 주택으로 당해 주택(부수토지 포함)의 기준시가가 당해 주택 또는 주택(일반주택)의 양도당시 3억원 이하의 주택

② 2003. 10. 29 이전에 사업자등록 및 임대사업자등록을 한 경우

2호 이상의 국민주택을 임대하고 있는 거주자가 5년 이상 임대한 주택으로서 당해 주택 및 부수토지의 기준시가가 당해주택 또는 주택(일반주택)의 양도당시 3억원 이하의 주택

➡ **사업자등록의 의제**

> 2003년 10월 29일까지「임대주택법」제6조의 규정에 의한 임대사업자등록을 하였으나「소득세법」제168조에 의한 사업자등록을 하지 아니한 거주자가 2006년 6월 30일까지 동조 동항의 규정에 의한 사업자등록을 한 때에는「임대주택법」제6조의 규정에 의한 임대사업자 등록일에「소득세법」제168조의 규정에 의한 사업자등록을 한 것으로 본다.

③ 다음의 요건을 모두 충족한 건설임대주택

ⅰ) 2005. 5. 31 이후 사용승인 또는 사용검사를 받은 주택부터 적용

ⅱ) 임대주택법에 의하여 대지면적이 298㎡ 이하이고 주택의 연면적(소득세법시행령 제154조 제3항 본문의 규정에 의하여 주택으로 보는 부분과 주거전용으로 사용하는 지하실부분의 면적을 포함하고, 공동주택의 경우에는 전용면적을 말함)이 149㎡ 이하인 건설임대주택일 것

ⅲ) 2호 이상으로 5년 이상 임대하거나 분양전환하는 주택일 것(임대주택법에 의하여 임대사업자에게 매각하는 경우 포함)

ⅳ) 주택 및 부수토지의 기준시가합계액(「부동산가격공시 및 감정평가에 관한 법률」에 의한 주택가격이 있는 경우에는 그 가격을 말함)이 당해 주택 또는 일반주택의 양도당시 6억원을 초과하지 아니할 것

➡ **건설임대주택에 대한 2005.5.30 이전 규정**

> 2005. 5. 30 이전에는 임대주택법에 의하여 국민주택 규모(가액기준은 없었음)의 건설임대주택을 5호 이상 임대하는 거주자가 5년 이상 임대하거나 동법에 의하여 분양한 주택임(개정이유 : 건설임대주택의 공급 활성화 유도, 서민의 주거안정에 기여).

### ➡ 임대기간의 계산

> 「조세특례제한법 시행령」 제97조의 규정을 준용한다. 이 경우 사업자등록 등을 하고 임대주택으로 등록하여 임대하는 날부터 임대를 개시한 것으로 본다.

### 2) 감면대상 장기임대주택

「조세특례제한법」 제97조, 제97조의2, 제98조 규정에 의해 양도세가 감면 되는 임대주택으로서 5년 이상 임대한 국민주택

① 「조세특례제한법」 제97조의 감면대상 임대주택

1986. 1. 1 ~ 2000. 12. 31기간에 신축된 주택 또는 1985. 12. 31 이전 신축 된 주택으로 입주 사실 없는 국민주택(당해 건물 연면적의 2배 이내 토지 포함)을 2000. 12. 31 이전에 5호 이상 임대를 개시하여 5년 이상 임대한 주택

 i ) 50% 감면대상 : 5년 이상 임대한 일반임대주택

 ii) 100% 감면대상

- 10년 이상 임대한 일반임대주택
- 5년 이상 임대한 임대주택법에 의한 건설임대주택
- 5년 이상 임대한 임대주택법에 의한 매입임대주택(단, 1995. 1. 1 이후 취득 및 임대를 개시한 임대주택으로서 취득당시 입주사실이 없는 주택에 한함)

② 「조세특례제한법」 제97조의2 규정에 의한 감면대상 임대주택

1999. 8. 20 ~ 2001. 12. 31까지의 기간 중에 신축된 국민주택 또는 1999. 8. 19 이전 신축된 공동주택으로 입주 사실 없는 국민주택(당해 건물 연면적의 2배 이내 토지 포함)을 1호 이상 포함하여 2호 이상의 임대주택을 5년 이상 임대한 주택(임대주택법에 의한 임대주택으로 등록한 주택이어야 함)

③ 「조세특례제한법」 제98조의 규정에 의한 임대주택

1995. 10. 31 현재 미분양주택을 1995. 11. 1 ~ 1997. 12. 31에 취득(1997.

12. 31까지 매매계약을 체결하고 계약금을 납부한 경우 포함) 또는 1998. 3.
1 ~ 1998. 12. 31에 취득(1998. 12. 31까지 매매계약을 체결하고 계약금을 납
부한 경우 포함)한 미분양국민주택을 5년 이상 보유·임대한 주택

### 3) 장기사원용주택

종업원(사용자와 「소득세법」시행령 제98조 제1항의 특수관계자인 종업원
은 제외)에게 무상으로 제공하는 사용자 소유의 주택으로서 당해 무상제공
기간이 10년 이상인 주택

### 4) 감면대상 신축주택

① 「조세특례제한법」 제99조의 규정에 의하여 양도소득세가 감면되는 다음
　의 신축주택
ⅰ) 자기가 건설한 주택(주택조합 또는 재개발조합원이 취득하는 주택 포함)
　　• 신축주택취득기간(1998. 5. 22 ~ 1999. 6. 30, 국민주택의 경우 1999.
　　　12. 31까지) 사이에 사용승인 또는 사용검사(임시사용승인 포함)를
　　　받은 주택
ⅱ) 주택건설사업자 등으로부터 취득하는 다음 주택
　　• 신축주택취득기간 내에 주택건설사업자와 최초로 매매계약을 체결
　　　하고 계약금을 납부하는 자가 취득하는 주택
　　• 주택조합 등이 조합원에게 공급하고 남은 잔여주택으로써 신축주택
　　　취득기간 내에 주택조합 등과 직접 매매계약을 체결하고 계약금을
　　　납부한 자가 취득하는 주택
　　• 조합원이 주택조합 등으로부터 취득하는 주택으로써 주택조합 등이
　　　조합원 외의 자와 신축주택취득기간 내에 잔여주택에 대한 매매계약
　　　을 직접 체결하여 계약금을 납부 받은 사실이 있는 신축주택취득기
　　　간 경과 후에 사용승인 또는 사용검사를 받은 주택

② 「조세특례제한법」 제99조의3 규정에 의하여 양도소득세가 감면되는 다음의 신축주택

ⅰ) 주택건설사업자 등으로부터 취득한 신축주택의 경우

ㄱ 신축주택 취득기간(2000. 11. 1 ~ 2001. 5. 22) 중에 주택건설사업자와 최초로 매매계약을 체결하고 계약금을 납부한 자가 취득하는 수도권을 제외한 지역에 소재한 신축 국민주택

ㄴ 신축주택 취득기간(2001. 5. 23 ~ 2003. 6. 30, 서울과천, 5대신도시의 경우 2002. 6. 30까지) 중에 주택건설사업자와 최초로 매매계약을 체결하고 계약금을 납부한 자가 취득하는 전국의 고급(고가)주택을 제외한 모든 신축주택

ㄷ 주택조합 또는 재개발조합이 그 조합원에게 공급하고 남은 주택으로서 신축주택 취득기간 이내에 주택조합 등과 직접 매매계약을 체결하고 계약금을 납부

ㄹ 조합원이 주택조합 등으로부터 취득하는 주택으로서 주택조합 등이 조합원 외의 자와 신축주택취득기간 내에 잔여주택에 대한 매매계약을 직접 체결하여 계약금을 납부 받은 사실이 있는 신축주택취득기간 경과 후에 사용승인 또는 사용검사를 받는 주택

ⅱ) 자기건설 신축주택(주택조합 또는 재개발조합원이 취득하는 주택 포함) 신축주택취득기간 내에 사용승인 또는 사용검사(임시사용승인 포함)를 받은 주택

➥ **조특법상 신축주택 감면이 배제되는 신축주택**

- 미등기 양도주택
- 고급주택
- 매매계약일 현재 다른 자가 입주한 사실이 있는 주택
- 2001. 5. 23 전에 주택건설사업자와 주택분양계약을 체결한 분양계약자가 당해 계약을 해제하고 분양계약자 또는 그 배우자(분양계약자 또는 직계존비속 및 형제자매 포함)가 당초 분양계약을 체결하였던 주택을 다시 분양받아 취득한 주택 또는 당해 주택건설사업자로부터 당초 분양계약을 체결하였던 주택에 대체하여 다른 주택을 분양 받아 취득한 주택
- 개인으로부터 분양권을 매입하여 취득하는 주택

### 5) 문화재 주택

「문화재보호법」 제2조·제42조 제1항 규정에 의한 지정문화재, 등록문화재인 주택

### 6) 상속주택

「소득세법 시행령」 제155조 제2항 규정의 상속주택으로서 상속일로부터 5년이 경과하지 아니한 주택

7) 저당권의 실행으로 인하여 취득하거나 채권변제를 대신하여 취득한 주택으로서 취득일로부터 3년 이내에 양도하는 주택으로 2006. 2. 9 이후 양도하는 분부터 적용함(소득세법시행령 제167조의3, 2006. 2. 9 개정)

### 8) 장기가정보육시설

1세대의 구성원이 「영유아보육법」 제13조의 규정에 따라 시장·군수 또는 구청장(자치구의 구청장을 말함)의 인가를 받고 「소득세법」 제168조의 규정에 따른 사업자등록을 한 후 5년 이상 가정보육시설로 사용하고, 가정보육시설로 사용하지 아니하게 된 날부터 6월이 경과하지 아니한 주택

### 9) 근무상 주택

1세대의 구성원 중 일부가 취학, 근무상의 형편, 질병의 요양 그밖에 부득이한 사유로 인하여 다른 시(특별시 및 광역시를 포함. 이하 같음)·군으로 주거를 이전하기 위하여 1주택(직장의 소재지와 같은 시·군에 소재하는 주택에 한함)을 취득함으로써 1세대2주택이 된 경우 당해 주택(취득당시 기준시가가 3억 이하인 주택으로서, 취득 후 1년 이상 거주하고 당해 사유가 해소된 날부터 3년이 경과하지 아니한 경우에 한한다)(소득세법시행령 제167의5 제①항 3호, 2008. 12. 31 개정)

### 10) 동거봉양 주택

1주택을 소유하고 1세대를 구성하는 자가 1주택을 소유하고 있는 60세(여

자의 경우에는 55세) 이상의 직계존속(배우자의 직계존속을 포함)을 동거봉양하기 위하여 세대를 합침으로서 1세대가 2주택을 소유하게 되는 경우의 당해주택(합친 날부터 5년이 경과하지 아니한 경우에 한함)(소득세법시행령 제167의5 제①항 4호)

## 11) 혼인주택

1주택을 소유하는 자가 1주택을 소유하는 다른 자와 혼인함으로써 1세대가 2주택을 소유하게 되는 경우의 당해주택(혼인한 날부터 5년이 경과하지 아니한 경우에 한함)(소득세법시행령 제167조의5 제①항 3호)

### ➡ 혼인으로 1세대가 3주택인 경우 중과세대상인지 여부

> 1주택을 소유하는 자가 2주택을 소유하는 다른 자와 혼인함으로써 1세대가 3주택을 소유하게 된 경우로서 그 배우자가 소유한 2주택 중 1주택을 양도한 이후 혼인한 날부터 5년 이내에 양도하는 본인 소유의 주택은 「소득세법시행령」 제167조의5 제1항 제5호의 규정에 따라 양도소득세가 중과되는 1세대2주택에 해당하는 주택의 범위에 해당하지 않는 것이다(서면4팀 – 1533, 2007. 5. 8).

## 12) 주택의 소유권에 관한 소송이 진행 중이거나 당해 소송결과로 취득한 주택(소송으로 인한 확정판결일부터 3년이 경과하지 아니한 경우에 한함)(소득세법시행령 제167조의5 제①항 제6호)

### ➡ 소송에 의한 확정판결일로부터 3년내에 양도하는 주택

> 2주택을 소유한 1세대가 주택을 양도하는 경우 장기보유특별공제가 배제되고 양도소득세의 중과세율(50%)이 적용되는 「소득세법」 제95조 제2항 및 같은법 제104조 제1항 제2호의5의 1세대2주택의 중과세율을 적용함에 있어 소득세법시행령 제167조의5 제1항 제6호에 해당하는 주택의 소유권에 관한 소송이 진행 중이거나 당해 소송 결과로 취득한 주택(소송으로 인한 확정판결일로부터 3년이 경과하지 아니한 경우에 한함)을 양도하는 경우에는 중과세율(50%)이 적용되지 아니하며 장기보유특별공제가 적용되는 것으로, 귀 사례가 이에 해당하는 주택인지 여부에 대하여는 관련자료를 종합하여 사실판단할 사항이다(서면5팀 – 2594, 2007. 9. 18).

13) 실수요목적으로 취득한 수도권 밖의 주택

취학, 근무상형편, 질병치료등 실수요목적으로 취득한 지방소재 1주택에 대하여는 1:2 주택 양도이지만 일반세율 적용하며 일반주택 양도시에는 1:1 주택 비과세 판정시 지방소재 주택은 주택수에 포함하지 않음

> 기획재정부령으로 정하는 취학, 근무상의 형편, 질병의 요양, 그 밖에 부득이한 사유로 취득한 수도권 밖에 소재하는 주택과 그 밖의 주택(이하 이 항에서 "일반주택"이라 한다)을 국내에 각각 1개씩 소유하고 있는 1세대가 일반주택을 양도하는 경우에는 국내에 1개의 주택을 소유하고 있는 것으로 보아 제154조 제1항을 적용한다(소득세법시행령 제155조 제⑧항, 2008. 11. 28 신설).

### 판정사례

• 「1:2 배제주택」에 해당하는 주택 A와 서울에 소재하고 1억을 초과하는 일반 주택 B가 있을 경우

  1) A를 양도할 때에는 비교과세 되지 않는것입니다.
     → 「1:2 배제주택」이므로 비교과세가 적용되지 않는것입니다.

  2) B를 먼저 양도할 때도 비교과세 되지 않는것입니다.
     → 일반주택 C는 「1:2 배제주택」 A외의 일반 1주택 이므로 「1:2 배제주택 외 일반 1주택」으로서 비교과세가 적용되지 않는것입니다.

### (4) 1세대3주택 배제주택

1세대가 3주택(입주권포함)이상을 소유한 상태에서 주택을 양도하게 되면 비교과세가 적용됩니다. 그러나 1세대가 3주택(입주권포함) 이상 소유한 상태에서 양도한 경우에도 비교과세 되지 않는 주택이 있는데 설명을 돕기 위해 편의상 다음과 같이 구분하여 설명하고자 합니다.

> 1) 「1:3 배제주택」 및 「1:3 배제주택 외 일반 1주택」
> 2) 「1:3 소형주택」

　　본 절에서는 「1:3 배제주택」과 「1:3 배제주택 외 일반 1주택」에 관하여 살펴보고 「1:3 소형주택」에 대하여는 다른 절에서 살펴볼 것입니다.

　　이와 같은 「1:3 배제주택」은 당해주택을 양도할 때는 몇 개가 되더라도 비교과세를 적용하지 않습니다.

　　그러나 「1:3 배제주택」 외에 보유하고 있는 다른 주택을 양도하는 때에는 원칙적으로 「1:3 배제주택」이 모두 주택수에 포함되어 계산됩니다.

　　예외적으로 「1:3 배제주택」 외에 일반주택 1개가 있을 때 그 일반주택 양도시에는 「1:3 배제주택 외의 일반 1주택」에 해당하여 비교과세 되지 않는것입니다.

　　이는 앞서 살펴본 「1:2 배제주택 외 일반 1주택」의 경우와 같은 방식입니다.

　　본 절에서는 「1:3 배제주택」에 대해 살펴봅니다.

　　이는 앞절의 「1:2 배제주택」 중 (1) ~ (8)과 내용이 동일한 것입니다.

## 1) 장기임대주택

　　사업자등록과 임대주택법 제6조에 의한 임대사업자등록을 한 거주자가 임대주택으로 등록하여 임대하는 국민주택으로서 다음 중 하나에 해당하는 주택

　　① 2003. 10. 30 이후에 사업자등록 및 임대사업자등록을 한 경우

　　같은 시(특별시·광역시 포함)군에서 5호 이상의 국민주택을 임대하고 있는 거주자가 10년 이상 임대한 주택으로 당해 주택(부수토지 포함)의 기준시가가 당해 주택 또는 주택(일반주택)의 양도당시 3억원 이하의 주택

　　② 2003. 10. 29 이전에 사업자등록 및 임대사업자등록을 한 경우

　　2호 이상의 국민주택을 임대하고 있는 거주자가 5년 이상 임대한 주택으로서 당해 주택 및 부수토지의 기준시가가 당해주택 또는 주택(일반주택)의 양도당시 3억원 이하의 주택

**➡ 사업자등록의 의제**

2003년 10월 29일까지 「임대주택법」 제6조의 규정에 의한 임대사업자등록을 하였으나 「소득세법」 제168조에 의한 사업자등록을 하지 아니한 거주자가 2006년 6월 30일까지 동조 동항의 규정에 의한 사업자등록을 한 때에는 「임대주택법」 제6조의 규정에 의한 임대사업자 등록일에 「소득세법」 제168조의 규정에 의한 사업자등록을 한 것으로 본다.

③ 다음의 요건을 모두 충족한 건설임대주택

ⅰ) 2005. 5. 31 이후 사용승인 또는 사용검사를 받은 주택부터 적용

ⅱ) 임대주택법에 의하여 대지면적이 298㎡ 이하이고 주택의 연면적(소득세법시행령 제154조 제3항 본문의 규정에 의하여 주택으로 보는 부분과 주거전용으로 사용하는 지하실부분의 면적을 포함하고, 공동주택의 경우에는 전용면적을 말함)이 149㎡ 이하인 건설임대주택일 것

ⅲ) 2호 이상으로 5년 이상 임대하거나 분양전환하는 주택일 것(임대주택법에 의하여 임대사업자에게 매각하는 경우 포함)

ⅳ) 주택 및 부수토지의 기준시가합계액(「부동산가격공시 및 감정평가에 관한 법률」에 의한 주택가격이 있는 경우에는 그 가격을 말함)이 당해 주택 또는 일반주택의 양도당시 6억원을 초과하지 아니할 것

**➡ 건설임대주택에 대한 2005.5.30 이전 규정**

2005. 5. 30 이전에는 임대주택법에 의하여 국민주택 규모(가액기준은 없었음)의 건설임대주택을 5호 이상 임대하는 거주자가 5년 이상 임대하거나 동법에 의하여 분양한 주택임(개정이유 : 건설임대주택의 공급 활성화 유도, 서민의 주거안정에 기여).

**➡ 임대기간의 계산**

「조세특례제한법 시행령」 제97조의 규정을 준용한다. 이 경우 사업자등록 등을 하고 임대주택으로 등록하여 임대하는 날부터 임대를 개시한 것으로 본다.

### 2) 감면대상 장기임대주택

「조세특례제한법」 제97조, 제97조의2, 제98조 규정에 의해 양도세가 감면되는 임대주택으로서 5년 이상 임대한 국민주택

① 「조세특례제한법」 제97조의 감면대상 임대주택

1986. 1. 1 ~ 2000. 12. 31기간에 신축된 주택 또는 1985. 12. 31 이전 신축된 주택으로 입주 사실 없는 국민주택(당해 건물 연면적의 2배 이내 토지 포함)을 2000. 12. 31 이전에 5호 이상 임대를 개시하여 5년 이상 임대한 주택
 ⅰ) 50% 감면대상 : 5년 이상 임대한 일반임대주택
 ⅱ) 100% 감면대상
  • 10년 이상 임대한 일반임대주택
  • 5년 이상 임대한 임대주택법에 의한 건설임대주택
  • 5년 이상 임대한 임대주택법에 의한 매입임대주택(단, 1995. 1. 1 이후 취득 및 임대를 개시한 임대주택으로서 취득당시 입주사실이 없는 주택에 한함)

② 「조세특례제한법」 제97조의2 규정에 의한 감면대상 임대주택

1999. 8. 20 ~ 2001. 12. 31까지의 기간 중에 신축된 국민주택 또는 1999. 8. 19 이전 신축된 공동주택으로 입주 사실 없는 국민주택(당해 건물 연면적의 2배 이내 토지 포함)을 1호 이상 포함하여 2호 이상의 임대주택을 5년 이상 임대한 주택(임대주택법에 의한 임대주택으로 등록한 주택이어야 함)

③ 「조세특례제한법」 제98조의 규정에 의한 임대주택

1995. 10. 31 현재 미분양주택을 1995. 11. 1 ~ 1997. 12. 31에 취득(1997. 12. 31까지 매매계약을 체결하고 계약금을 납부한 경우 포함) 또는 1998. 3. 1 ~ 1998. 12. 31에 취득(1998. 12. 31까지 매매계약을 체결하고 계약금을 납부한 경우 포함)한 미분양국민주택을 5년 이상 보유·임대한 주택

### 3) 장기사원용주택

종업원(사용자와 「소득세법」시행령 제98조 제1항의 특수관계자인 종업원은 제외)에게 무상으로 제공하는 사용자 소유의 주택으로서 당해 무상제공기간이 10년 이상인 주택

### 4) 감면대상 신축주택

① 「조세특례제한법」 제99조의 규정에 의하여 양도소득세가 감면되는 다음의 신축주택

ⅰ) 자기가 건설한 주택(주택조합 또는 재개발조합원이 취득하는 주택 포함)
- 신축주택취득기간(1998. 5. 22 ~ 1999. 6. 30, 국민주택의 경우 1999. 12. 31까지) 사이에 사용승인 또는 사용검사(임시사용승인 포함)를 받은 주택

ⅱ) 주택건설사업자 등으로부터 취득하는 다음 주택
- 신축주택취득기간 내에 주택건설사업자와 최초로 매매계약을 체결하고 계약금을 납부하는 자가 취득하는 주택
- 주택조합 등이 조합원에게 공급하고 남은 잔여주택으로써 신축주택취득기간 내에 주택조합 등과 직접 매매계약을 체결하고 계약금을 납부한 자가 취득하는 주택
- 조합원이 주택조합 등으로부터 취득하는 주택으로써 주택조합 등이 조합원 외의 자와 신축주택취득기간 내에 잔여주택에 대한 매매계약을 직접 체결하여 계약금을 납부 받은 사실이 있는 신축주택취득기간 경과 후에 사용승인 또는 사용검사를 받은 주택

② 「조세특례제한법」 제99조의3 규정에 의하여 양도소득세가 감면되는 다음의 신축주택

ⅰ) 주택건설사업자 등으로부터 취득한 신축주택의 경우
- ㉠ 신축주택 취득기간(2000. 11. 1 ~ 2001. 5. 22) 중에 주택건설사업자와 최초로 매매계약을 체결하고 계약금을 납부한 자가 취득하는

수도권을 제외한 지역에 소재한 신축 국민주택

  ⓛ 신축주택 취득기간(2001. 5. 23 ~ 2003. 6. 30, 서울과천, 5대신도시
의 경우 2002. 6. 30까지) 중에 주택건설사업자와 최초로 매매계약
을 체결하고 계약금을 납부한 자가 취득하는 전국의 고급(고가)주
택을 제외한 모든 신축주택

  ⓒ 주택조합 또는 재개발조합이 그 조합원에게 공급하고 남은 주택으
로서 신축주택 취득기간 이내에 주택조합 등과 직접 매매계약을
체결하고 계약금을 납부

  ⓔ 조합원이 주택조합 등으로부터 취득하는 주택으로서 주택조합 등
이 조합원 외의 자와 신축주택취득기간 내에 잔여주택에 대한 매
매계약을 직접 체결하여 계약금을 납부 받은 사실이 있는 신축주
택취득기간 경과 후에 사용승인 또는 사용검사를 받는 주택

  ii) 자기건설 신축주택(주택조합 또는 재개발조합원이 취득하는 주택 포함)
신축주택취득기간 내에 사용승인 또는 사용검사(임시사용승인 포함)
를 받은 주택

### ➡ 조특법상 신축주택 감면이 배제되는 신축주택

- 미등기 양도주택
- 고급주택
- 매매계약일 현재 다른 자가 입주한 사실이 있는 주택
- 2001. 5. 23 전에 주택건설사업자와 주택분양계약을 체결한 분양계약자가 당해 계약
을 해제하고 분양계약자 또는 그 배우자(분양계약자 또는 직계존비손 및 형제자매
포함)가 당초 분양계약을 체결하였던 주택을 다시 분양받아 취득한 주택 또는 당해
주택건설사업자로부터 당초 분양계약을 체결하였던 주택에 대체하여 다른 주택을
분양 받아 취득한 주택
- 개인으로부터 분양권을 매입하여 취득하는 주택

### 5) 문화재 주택

「문화재보호법」 제2조·제42조 제1항 규정에 의한 지정문화재, 등록문화
재인 주택

6) 상속주택

「소득세법 시행령」제155조 제2항 규정의 상속주택으로서 상속일로부터 5년
이 경과하지 아니한 주택

7) 저당권의 실행으로 인하여 취득하거나 채권변제를 대신하여 취득한 주
택으로서 취득일로부터 3년 이내에 양도하는 주택으로서 2006. 2. 9 이후 양도
하는 분부터 적용함(소득세법시행령 제167조의3, 2006. 2. 9 개정)

8) 장기가정보육시설

1세대의 구성원이 「영유아보육법」제13조의 규정에 따라 시장·군수 또는
구청장(자치구의 구청장을 말함)의 인가를 받고 「소득세법」제168조의 규정
에 따른 사업자등록을 한 후 5년 이상 가정보육시설로 사용하고, 가정보육시
설로 사용하지 아니하게 된 날부터 6월이 경과하지 아니한 주택

### 판정사례

• 「1:3 배제주택」에 해당하는 A, B, C와 전주에 소재하는 3억이하의 주택 D
  및 서울에 소재하고 1억 초과하는 일반주택 E가 있을 경우

  1) A, B, C를 양도할 때는 순서에 관계없이 비교과세 되지 않는것입니다.
     → 「1:3 배제주택」이므로 비교과세 적용되지 않는것입니다.

  2) A, B, C, D, E 중 일반주택 D를 먼저 양도하는 때는 1세대3주택 지역기
     준 제외주택이므로 비교과세 되지 않는것입니다.

  3) 일반주택 E를 먼저 양도하는 때에도 비교과세 되지 않는것입니다.
     → 일반주택 E를 양도할 때는 「1:3 배제주택」A, B, C 외의 일반 1주택
       이 되므로 「1:3 배제주택 외 일반1주택」으로서 비교과세 되지 않는
       것입니다(이때에도 전주에 있는 주택은 제외주택으로 주택 수에서
       제외하고 판단하는 것임).

## (5) 1세대2주택 배제 소형주택

1세대가 2주택을 보유하고 있는 경우 그 중 1주택을 양도하면 비교과세가 적용되는 것입니다.

그러나 이 경우 세법에서 정한 일정한 소형주택은 비교과세 적용은 배제합니다.

이를 「1세대2주택 배제 소형주택」이라고 하는데 주택의 양도당시에 기준시가 1억원 이하인 주택을 말합니다.

이하에서 간단히 「1:2 소형주택」이라고 줄여서 표시합니다.

이때 「도시 및 주거환경정비법」에 따른 「정비구역」으로 지정·고시된 지역에 소재하는 주택은 기준시가 1억원 이하라 하더라도 「1:2 소형주택」으로 보지 않는 것입니다.

다음 절에서 설명하는 「1:3 소형주택」에서는 주택으로 보는 오피스텔은 가액에 관계없이 「1:3 소형주택」으로 보지 않는 것이지만 「1:2 소형주택」요건에서는 주택으로 보는 오피스텔도 기준시가 1억원 이하인 경우에는 「1:2 소형주택」으로 봅니다.

실무에서 많은 이들이 잘못알고 있는 부분이므로 주의하시기 바랍니다.

이와 같은 「1:2 소형주택」은 당해주택을 양도시에는 비교과세 되지 않는 것이지만 「1:2 소형주택」외의 일반 1주택을 양도할 때는 이 「1:2 소형주택」도 주택수에 포함하여 계산되어 1세대2주택자의 주택양도로서 비교과세 되는것입니다.

앞절에서 살펴본 「1:2 배제주택」의 내용 중 「1:2 배제주택외 일반 1주택」이 비교과세가 적용되지 않는것과 달리 「1:2 소형주택」 외에 일반주택 1개가 있는 경우 그 일반주택을 먼저 양도시에는 비교과세 된다는 것을 유의하시기 바랍니다.

### ❄ 판정사례

• 부동산매매업자 갑이 「1:2 소형주택」 A와 서울에 소재하는 1억 초과 주택

B가 있을 경우

1) A를 먼저 판매하면 「1:2 소형주택」으로서 비교과세 되지 않는 것입니다.

2) B를 먼저 판매하면 「1:2 소형주택」도 주택 수 에 포함되어 1:2 주택에서의 주택판매이므로 비교과세 되는 것입니다.

## (6) 1세대3주택 배제 소형주택

1세대가 3주택(입주권포함) 이상 보유하고 있는 경우 그 중 1주택을 양도하면 일반적으로 비교과세 되는것입니다.

그러나 이 경우 세법에서 정한 일정한 소형주택은 주택수에 관계없이 비교과세 되지 아니합니다.

이를 「1세대3주택 배제 소형주택」이라고 하는데 이하에서 간단히 줄여서 「1:3 소형주택」이라고 표시합니다.

「1:3 소형주택」이란 다음의 주택을 말합니다.

① 2003. 12. 31 이전에 취득한 주택으로서

② 주택(부수토지포함)에 대한 양도당시 기준시가가 4,000만원 이하이고

③ 주택의 규모가 다음 이하일 것

- 공동주택(아파트, 연립, 다세대) : 전용면적 60㎡(18평) 이하
- 단독주택 : 주택 연면적이 60㎡ 이하이고 대지면적이 120㎡(36평) 이하일 것

④ 오피스텔이 아닐 것

⑤ 도시 및 주거환경정비법에 의한 정비구역으로 지정·고시된 지역에 소재하지 아니할 것

> **참 고**
> - 겸용주택 : 「소득세법」 제154조 제3항 규정 준용
>   - 주택부분이 큰 경우에는 전체를 주택으로 보아 소형주택여부 판정
> - 다가구주택 : 가구별로 분양하지 아니하고 하나의 매매단위로 하여 1인에게 양도하거나, 1인으로부터 취득(자기가 건설하여 취득한 경우를 포함)하는 경우에는 이를 단독주택으로 보아 소형주택 여부 판정

이와 같은 「1:3 소형주택」은 당해주택을 양도시에는 몇 개가 되더라도비교과세 되지 않는 것이지만 「1세대3주택 소형주택」 외의 일반주택을 양도할 때는 이 「1:3 소형주택」도 주택 수에 포함하여 계산되므로 1:2주택 또는 1:3 주택자의 주택양도가 되어 비교과세 되는것입니다.

### ❄️ 판정사례

* 부동산매매업자 갑이 「1:3 소형주택」 A, B, C와 서울에 소재하는 일반주택 D가 있는 경우

  1) A, B, C를 먼저 판매하면 「1:3 소형주택」으로서 순서에 관계없이 비교과세 되지 않는 것입니다.

  2) 일반주택 D를 먼저 판매하면 「1:3 소형주택」도 주택 수에 포함되므로 1:4 주택상태에서의 주택판매이므로 비교과세 되는 것입니다.

### (7) 일시적 1세대2주택(대체취득 주택이 있는 경우)

1주택을 소유한 세대가 그 주택을 양도하기 전에 다른 주택(대체주택)을 취득함으로써 일시적 2주택을 소유하게 되는 경우의 종전의 주택을 대체주택 취득일로부터 2년 이내에 양도할 때는 일시적 2주택으로 보아 비교과세 되지 않는것입니다.

여기서 1주택을 소유한다 함은 「제외주택(지역기준주택)」은 주택 수로 따지지 않고 계산한 1주택을 말합니다.

따라서 천안시에 3억 이하 주택 10개(제외주택), 인천에 1억원 초과 주택 1개(일반주택) 있는 상태에서 서울에 1개의 주택(대체주택)을 추가로 구입했을 때, 서울에 있는 대체주택을 구입한 날로부터 2년 이내에 인천의 일반주택을 양도하게 되면 일시적 2주택으로 비교과세 되지 않는것입니다.

이와 같은 일시적 2주택은 거주를 그 요건으로 하는 것도 아니기 때문에 실무에서 많이 나타나고 있음에도 불구하고 간과하는 경우가 종종 있습니다. 구체적으로 살펴보면 다음과 같습니다.

① 순차로 양도하여 결과적으로 일시적 2주택이 되는 경우에도 비교과세를 적용하지 않습니다.

예를 들어 3주택인 상태에서 먼저 양도한 주택은 1세대3주택 양도로 인해 비교과세가 적용되고, 나머지 2주택 중 1주택을 양도할 때에도 결과적으로 다른 1주택의 취득일로부터 2년 이내에 양도하게 되면 비교과세를 적용하지 않는 것입니다(재산－1887, 2008. 7. 24 참조).

② 대체주택이라 함은 증여, 상속받은 것 등을 포함합니다(재일 46014－2292, 1998. 11. 25 참조).

③ 대체주택이 동일세대원 명의로 취득한 경우에도 대체주택으로 봅니다.

예를 들어 부인이 대체주택을 취득한날로부터 2년 이내에 남편이 보유하던 종전 주택을 양도한 경우에도 일시적 2주택으로 비교과세를 적용하지 않습니다(서면4팀－1565, 2005. 8. 31 참조).

④ 일시적 2주택 적용시 재건축 주택은 그 취득시기를 판단할 때 대체주택이 재건축된 주택이라면 재건축된 주택의 사용승인일, 준공검사일이 아니라, 재건축전의 종전주택의 취득일을 기준으로 하므로 주의를 요합니다. 관리처분인가에 의한 재건축뿐 아니라 개인이 임의로 건축법상의 재건축을 한 경우도 마찬가지입니다(재산 46014－10135, 2002. 11. 22 예규변경).

위의 ④에 있어서 예규변경(2002. 11. 22)이 있기 전에는 종전주택의 취득일이 아니라 대체주택인 재건축된 주택의 사용승인일을 그 취득한 때로 보아 일시적 2주택 여부를 판단하였던 것인데 실무에서 보면 1세대1주택 비과세 요건 또는 비교과세 적용 시 주택수의 판단에 있어 일시적 2주택 요건과 관련하여 과거의 예규내용으로 잘 못 알고 있는 경우가 많으므로 주의를 요하는 사항입니다.

위의 ①, ②, ③의 예규내용은 1:1 비과세요건에서 일시적 2주택과 관련된 사항이지만 다주택자의 비교과세시 주택수의 판정에 따른 일시적 2주택 규정에도 그대로 적용된다고 봅니다.

참고로 상속주택, 혼인합가주택, 동거봉양주택, 감면주택 등 1세대1주택 비과세 요건에서 주택으로 보지 않는 주택 외에 일반주택이 있는 상태에서 대체주택을 취득한 후 2년 이내에 일반주택을 양도한 때에도 1:1 비과세요건이 충족되지 않은 경우에는 일시적 2주택 규정이 적용되어야 하는 것으로 보기 쉬운데 이는 관점이 다른 문제로서 「1:3 배제주택」 또는 「1:2 배제주택 외의 1주택」에 대해서만 비교과세가 배제되는 것이므로 1세대2주택 상태에서 추가로 대체주택취득 후 양도 시에는 1세대 3주택 상태에서 양도한 것이 되므로 1세대 3주택자의 주택양도로서 비교과세가 되는 것입니다.

그러나 1세대1주택 비과세가 적용되는 경우에는 상속주택, 혼인합가주택, 동거봉양주택, 감면주택이 있고 일반 1주택이 있는 상태에서 대체 취득 한 주택이 있을때 대체주택의 취득일로부터 2년 이내에 보유 및 거주요건을 충족한 일반주택을 양도하게 되면 일시적 1세대 3주택으로서 1세대 1주택 비과세 되는 것입니다.

**❋ 소득세 집행기준 89-155-22(일시적 1세대 3주택 비과세특례 적용사례)**

| 유 형 | | 비과세특례 적용 요건 |
|---|---|---|
| 일반주택(A) + 상속주택(B) + 다른주택(C) | | C주택 취득일부터 2년 이내 양도하는 A 주택 |
| 일시적2주택(A,B) + | 혼인합가주택 (C) 또는 동거봉양합가주택 (C) | ① B주택 취득일부터 2년 이내 양도하는 A주택 ② A주택 양도 후 합가일부터 5년 이내 양도하는 B주택 또는 C주택 |
| 혼입합가2주택 (A,B) 또는 동거봉양합가2주택 + | 다른주택(C) | 합가일부터 5년 이내 및 C주택 취득일부터 2년 이내 양도하는 A주택 또는 B주택 |

한편 개정된 소득세법시행령 제155조 ⑯항 1호 및 2호 (2008. 7. 24. 개정)에 의하면 수도권 외 지역의 2008. 6. 10. 현재 미분양 된 주택을 2008. 6. 11.부터 2009. 6. 30. 까지 분양 계약을 체결하여 취득한 경우에는 그 취득일로부터 2년으로 연장하였으며, 국가균형발전특별법에 의하여 지방 이전하는

공공기관 또는 법인의 종사자가 그 공공기관 및 법인이 있는 시·군 또는 이와 연접한 시·군에 있는 주택을 대체 취득한 경우에는 그 취득일로부터 5년 이내로 하고 있습니다(2008. 7. 25. 이후 양도분부터 시행).

### 판정사례

• 부동산매매업자 갑이 서울 소재 1억 초과하는 주택 A가 있는 상태에서 서울 소재 1억 초과하는 주택 B를 취득하여 2주택인 경우

 1) 기존주택 A를 대체주택 B의 취득일로부터 2년 이내에 판매한다면 비교과세 되지 않는 것입니다.

 2) 대체주택 B를 먼저 판매한다면 1:2 주택상태에서의 주택판매이므로 비교과세 되는 것입니다.

### (8) 주택 수에 포함하는 입주권 양도

2006. 1. 1. 이후 관리처분인가 된 재개발, 재건축 입주권 및 2005. 12. 31. 이전 관리처분인가되어 발생된 재개발, 재건축 입주권을 2006. 1. 1. 이후 승계취득하여 보유하고 있는 입주권은 다주택자의 비교과세대상 주택 수 판정시 이를 주택 수로 보는 것이지만 이와 같은 입주권을 양도할 때에는 입주권의 개수에 상관없이 비교과세 되지 않는 것입니다.

다주택자의 비교과세제도는 주택에 대한 것이고 주택 수에 포함시키는 입주권에 대한 비교과세제도는 아니기 때문입니다.

### 판정사례

• 서울 소재 1억 이하 주택 1개와 서울에 소재하는 주택으로 보는 입주권 4개가 있는 경우

 1) 서울소재 주택을 양도시 비교과세 적용됨
  → 주택양도시에는 주택으로 보는 입주권도 주택수에 포함되므로 1세대 5주택이 되어 비교과세 되는 것입니다.

2) 주택으로 보는 입주권 4개 양도시 입주권의 금액에 관계없이 비교과세
되지 않는 것입니다.

→ 주택으로 보는 입주권은 비교과세의 대상이 아니므로 비교과세 되
지 않는 것입니다.

➡ **참 고**

❋ **조세특례제한법 제98조의 2 [지방미분양주택 취득에 대한 양도소득세 등 과세특례]**

① 거주자가 2008년 11월 3일부터 2010년 12월31일까지의 기간 중에 취득(2010년 12월31
일까지 매매계약을 체결하고 계약금을 납부한 경우를 포함한다)한 수도권 밖에 있는 대
통령령으로 정하는 미분양 주택(이하 이 조에서 "지방 미분양주택"이라 한다)을 양도함
으로써 발생하는 소득에 대해서는 「소득세법」 제95조제2항 각 표 외의 부분 본문과 같
은 법 제 104조제1항제2호부터 제7호까지의 규정에도 불구하고 장기보유특별공제액 및
세율은 다음 각 호의 규정을 적용한다(2010. 5. 14.일부개정).

1. 장기보유특별공제액 : 양도차익에 「소득세법」 제95조제2항 표2에 따른 보유기간별 공
   제율을 곱하여 계산한 금액
2. 세율 : 「소득세법」 제 104조제1항제1호에 따른 세율

② 법인이 지방 미분양주택을 양도함으로써 발생하는 소득에 대해서는 「법인세법」 제55
조의제2제1항제2호 및 제95조의2를 적용하지 아니한다. 다만 미등기양도의 경우에는 그
러하지 아니한다.

③ 부동산매매업을 경영하는 거주자가 지방미분양주택을 양도함으로써 발생하는 소득에
대한 종합소득산출세액은 「소득세법」 제64조제1항에도 불구하고 같은 법 제55조제1항에
따른 종합소득산출세액으로 한다.

④ 제1항부터 제4항까지의 규정을 적용할 때 과세표준확정신고와 그 박에 필요한 사항
은 대통령령으로 정한다.

위의 특례규정을 요약하면 이와 같은 지방미분양 주택을 취득한 자가 양
도할 때 세율적용에 있어서 1년 미만 보유 또는 1년 이상 2년 미만 보유 후
양도하더라도 50% 또는 40%의 단기 양도세율을 적용하지 않고 6% ~35%의
누진세율을 적용합니다.

2013년 이후 1:2주택 50% 중과세, 1:3주택이상 60% 중과세제도가 시행되
더라도 6% ~ 35% 또는 해당년도의 누진세율을 적용합니다.

장기보유특별공제에 있어서 3년 이상 보유 후 양도하는 경우엔 주택 수에

관계없이 1세대 1주택자에 적용되는 24% ~ 80%의 장기보유특별공제가 적용됩니다.

부동산매매업자가 이 조항의 지방미분양 주택을 양도함으로 발생되는 매매차익에 대해서는 부동산매매업자에 대한 세액계산의 특례 즉, 비교과세하지 않습니다.

따라서 3억원을 초과하는 주택이라도 주택 수에 관계없이 비교과세 되지 않는 것입니다.

이와 같은 특례규정이 2008. 12. 26. 신설될 때는 위의 ④항의 내용이 없었으나 2009. 3. 25. 일부개정에 의해 신규로 생긴 것입니다.

따라서 2008. 12. 26.부터 2009. 3. 24 사이에 이 조항의 지방미분양 주택 외의 다른 주택을 양도할 때 1세대 1주택 비과세 요건 적용 시 또는 다주택자의 비교과세 적용 시 주택 수 의 계산에 있어서 이 조항에 의한 지방미분양 주택을 주택 수에 포함하여 계산됩니다.

따라서 지역기준 제외주택에 해당하지 아니하는 주택은 비교과세 되는 것입니다.

2009. 3. 25. 이후 다른주택을 양도할 때 는 1세대 1주택 비과세 요건 적용 시 또는 다주택자의 비교과세 적용 시 이 조항의 지방미분양 주택은 금액에 관계없이 주택 수에서 제외하고 계산합니다.

### ❄ 조세특례제한법 제98조의 3 [미분양주택의 취득자에 대한 양도소득세의 과세특례]

① 거주자 또는 「소득세법」 제120조에 따른 국내사업장이 없는 비거주자가 서울특별시 밖의 지역(「소득세법」 제104조의2에 따른 지정지역은 제외한다)에 있는 대통령령으로 정하는 미분양주택(이하 이조에서 "미분양주택"이라 한다)을 다음 각호의 기간 중에 「주택법」제38조에 따라 주택을 공급하는 해당 사업주체(20호 미만의 주택을 공급하는 경우 해당 주택건설사업자를 포함한다)와 최초로 매매계약을 체결하고 취득(2010년 2월 11일까지 매매계약을 체결하고 계약금을 납부한 경우를 포함한다)하여 그 취득일부터 5년 이내에 양도함으로써 발생하는 소득에 대해서는 양도소득세의 100분의 100(수도권과밀억제권역인 경우에는 양도소득금액의 100분의 60에 상당하는 금액)을 해당 주택의 양도소득세 과세대상 소득금액에서 뺀다. 이 경우 공제하는 금액이 과세대상금액을 초과하는 경우 그 초과금액은 없는 것으로 한다(2010. 5. 14. 일부개정).

1. 거주자인 경우 : 2009년 2월 12일부터 2010년 2월 11일까지의 기간
2. 비거주자인 경우 : 2009년 3월 16일부터 2010년 2월 11일까지의 기간
②제1항을 적용할 때 자기가 건설한 신축주택으로서 2009년 2월 12일부터 2010년 2월 11일까지의 기간 중에 공사에 착공(착공일이 불분명한 경우에는 착공신고서 제출일을 기준으로 한다)하고, 사용승인 또는 사용검사(임시사용승인을 포함한다)를 받은 주택을 포함한다. 다만, 다음 각 호의 경우에는 이를 적용하지 아니한다.
1. 「도시 및 주거환경정비법」에 따른 주택재개발사업 또는 주택재건축사업을 시행하는 정비사업조합의 조합원이 해당관리처분계획에 따라 취득하는 주택
2. 거주하거나 보유하는 중에 소식·붕괴·노후 등으로 인하여 멸실되어 재건축한 주택
③「소득세법」 제89조 제1항제3호 및 제104조 제1항제4호부터 제7호까지의 규정을 적용할 때 제1항 및 제2항을 적용받은 주택은 해당 거주자의 소유주택으로 보지 아니한다.
④ 제1항 및 제2항을 적용받는 주택을 양도함으로써 발생하는 소득에 대해서는 「소득세법」 제95조 제2항 및 제104조 제1항제2호부터 제7호까지의 규정에도 불구하고 장기보유특별공제액 및 세율은 다음 각 호의 규정을 적용한다.
1. 장기보유특별공제액 : 양도차익에 「소득세법」 제95조 제2항 표1(같은 조 제2항 단서에 해당하는 경우에는 표2)에 따른 보유기간별 공제율을 곱하여 계산한 금액
2. 세율 : 「소득세법」 제104조 제1항제1호에 따른 세율
⑤ 제1항 및 제2항을 적용할 때 주택의 취득일부터 5년간 발생한 양도소득금액의 계산과 그 밖에 필요한 사항은 대통령령으로 정한다.

이와 같은 과세특례 규정을 요약하면 다음의 표와 같습니다.

주의할 것은 이 조항의 과세특례를 적용받은 미분양주택 외의 다른 주택을 양도할 때는 1세대1주택 비과세요건 적용 시는 물론 다주택자의 비교과세 적용 시 이 조항의 미분양 주택은 금액에 관계없이 주택 수에서 제외되는 것이지만, 당해 미분양 주택을 양도할 때는 다주택자의 비교과세 적용 시 제외되는 것은 아닙니다.

따라서 지역기준 제외주택에 해당하지 아니하는 주택은 비교과세 되는 것입니다.

| 신축주택 양도시 과세특례 | 과밀억제권역을 제외한 모든지역 | 과밀억제권역(서울제외) |
|---|---|---|
| | 5년간 양도소득세 전액 면제 | 5년간 양도소득세 60% 감면 |
| | •5년 이후 발생한 양도차익은 일반 누진세율(6% ~ 35%) 및 장기보유특별공제(연 3%, 최대30%)를 적용하여 과세 | |

| 신축주택 외의 기존일반주택 양도시 과세특례 | • 신축주택 외의 기존 일반주택 양도 시 신축주택은 주택 수에서 제외<br>→ 기존 일반주택이 1세대 1주택 비과세요건을 충족하는 경우, 양도가액 9억원까지 양도소득세가 비과세되고, 9억원 초과분에 대해서는 최대 80%까지 장기보유특별 공제 가능 |
|---|---|

### 조세특례제한법 제98조의 5 【수도권 밖의 지역에 있는 미분양주택의 취득자에 대한 양도소득세의 과세특례】

① 거주자 또는 「소득세법」 제120조에 다른 국내사업장이 없는 비거주자가 2010년 2월 11일 현재 수도권 밖의 지역에 있는 대통령령으로 정하는 미분양주택(이하 이조에서 "미분양주택'이라한다)을 2011년 4월 30이라까지 「주택법」 제38조에 따라 주택을 공급하는 해당 사업주체 등과 최초로 매매계약을 체결하고 취득(2011년 4월 30까지 매매계약을 체결하고 계약금을 납부한 경우를 포함한다)하여 그 취득일부터 5년 이내에 양도함으로써 발생하는 소득에 대하여는 양도소득세에 다음 각 호의 분양가격(「주택법」에 따른 입주자 모집공고안에 공시된 분양가격을 말한다. 이하 이조에서 같다) 인하율에 다른 감면율을 곱하여 계산한 세액을 감면하고, 해당 미분양주택의 취득일부터 5년이 지난 후에 양도하는 경우에는 해당 미분양주택의 취득일부터 5년간 발생한 양도소득금액에 다음 각 호의 분양가격 인하율에 따른 감면율을 곱하여 계산한 금액을 해당 미분양주택의 양도소득세 과세대상소득금액에서 뺀다. 이 경우 공제하는 금액이 과세대상소득금액을 초과하는 경우 그 초과금액은 없는 것으로 한다(2010. 12. 27. 일부개정).
1. 분양가격 인하율이 100분의 10 이하인 경우 : 100분의 60
2. 분양가격 인하율이 100분의 10을 초과하고 100분의 20 이하인 경우 : 100분의 80
3. 분양가격 인하율이 100분의 20을 초과하는 경우 : 100분의 100
② 「소득세법」 제89조제1항제3호 및 같은 법 제104조제1항제4호부터 제7호까지의 규정을 적용할 때 제1항을 적용받는 미분양주택은 해당 거주자의 소유주택으로 보지 아니한다.
③ 제1항을 적용받는 미분양주택을 양도함으로써 발생하는 소득에 대하여는 「소득세법」 제95조제2항 및 제104조제1항제2호부터 제7호까지의 규정에도 불구하고 장기보유 특별공제액 및 세율은 다음 각 호를 적용한다.
1. 장기보유 특별공제액 : 양도차익에 「소득세법」 제92조제2항 표1(같은 항 단서에 해당하는 경우에는 표2)에 다른 보유기간별 공제율을 곱하여 계산한 금액
2. 세율 : 「소득세법」 제104조제1항제1호에 따른 세율
④ 제1항은 적용할 때 미분양주택의 취득일부터 5년간 발생한 양도소득금액의 계산, 분양가격 인하율의 산정방법과 그 밖에 필요한 사항은 대통령령으로 정한다.

이 조항의 미분양주택 외의 다른 주택을 양도할 때는 1세대 1주택 비과세 적용 시 또는 다주택자의 비교과세 적용 시 주택 수에서 제외되지만 당해 미분양

주택을 양도할 때는 다주택자의 비교과세 적용 시 제외되는 것은 아닙니다.

따라서 지역기준 제외주택에 해당하지 아니하는 주택은 비교과세되는 것입니다.

그러나 이때에는 위의 제③항 2호에 따라 종합소득세 기본세율과 동일한 양도소득세율에 의해 비교과세 될 것입니다.

### ➡ 권역의 범위(수도권정비계획법 시행령 제9조 관련)

(2010. 3. 15 일부개정)

| 과밀억제권역 | 성장관리권역 | 자연보전권역 |
|---|---|---|
| • 서울특별시<br>• 인천광역시(강화군, 옹진군, 서구 대곡동·불로동·마전동·금곡동·오류동·왕길동·당하동·원당동,인천경제자유구역 및 남동 국가 산업단지는 제외한다)<br>• 의정부시<br>• 구시리<br>• 남양주시(호평동·평내동·금곡동·일패동·이패동·삼패동·가운동·수석동·지금동 및 도농동에 한다)<br>• 하남시<br>• 고양시<br>• 수원시<br>• 성남시<br>• 안양시<br>• 부천시<br>• 광명시<br>• 과천시<br>• 의왕시<br>• 군포시 | • 동두천시<br>• 안산시<br>• 오산시<br>• 평택시<br>• 파주시<br>• 남양주시(와부읍, 진접읍, 별내면, 퇴계원면, 진건읍, 오남읍만 해당한다)<br>• 용인시(신갈동, 하갈동, 영덕동, 구갈동, 상갈동, 보라동, 지곡동, 공세동, 고매동, 농서동, 서천동, 언남동, 창덕동, 마북동, 동백동, 중동, 상하동, 보정동, 풍덕천동, 신봉동, 죽전동, 동천동, 고기동, 상현동, 성복동, 남사면, 이동면 및 원삼면 목신리·죽릉리·학일리·독성리·고당리·문촌리만 해당한다)<br>• 연천군<br>• 포천군<br>• 양주군<br>• 김포시<br>• 화성시 | • 이천시<br>• 남양주시(화도읍, 수동면, 조안면에 해당한다)<br>• 용인시(김량장동·남동·역북동·삼가동·유방동·고림동·마평동·운학동·호동·해곡동, 포곡면, 모현면, 백암면, 양지면 및 원삼면 가재월리·사암리·미평리·좌항리·맹리·두창리만 해당한다)<br>• 가평군<br>• 양평군<br>• 여주군<br>• 광주시<br>• 안성시(일죽면, 죽산면 죽산리·용설리·장계리·매산리·장릉리·장원리·두현리 및 삼죽면 용월리·덕산리·율곡리·내장리·배태리만 해당한다) |

| 과밀억제권역 | 성장관리권역 | 자연보전권역 |
|---|---|---|
| • 시흥시(반월특수지역을 제외한다) | • 안성시(가사동, 가현동, 명륜동, 숭인동, 봉남동, 구포동, 동본동, 영동, 봉산동, 성남동, 창전동, 낙원동, 옥천동, 현수동, 발화동, 옥산동, 석정동, 서인동, 인지동, 아양동, 신흥동, 도기동, 계동, 중리동, 사곡동, 금석동, 당황동, 신모산동, 신소현동, 신건지동, 금산동, 연지동 대천동, 대덕면, 미양면, 공도읍, 원곡면, 보개면, 금광면, 서운면, 보개면, 금광면, 서운면, 양성면, 고삼면, 죽산면 두교리·당목리·칠장리 및 삼죽면 마전리·미장리·진촌리·기솔리·내강리만 해당한다)<br>• 인천광역시중 강화군, 옹진군, 서구 대곡동·불로동·마전동·금곡동·오류동·왕길동·당하동·원당동, 인천경제자유구역, 남동 국가산업단지<br>• 시흥시중 반월특수지역 | |

* 참고로 과밀억제권역에서 제외되는 인천 경제자유 구역은 송도지구 청라지구 영종지구를 포함합니다

**3 다주택 소유자**

어떤 사람이 인천광역시 중구 운서동에 단독주택(다가구)을 신축하여 갖고 있습니다.

운서동이란 영종도에 있는 곳인데 지금은 거의 신도시급으로 개발이 된 곳입니다.

이분이 부동산에 대한 감각이 좀 있었는지 개발계획이 있기도 전인 2002년에 농지를 평당 50만원에 150평을 사서 보유하고 있다가 2004년 초에 건폐율 20%를 적용받아 건평 30평인 3가구용 단층 다가구주택을 신축하였습니다.

그 후 개발계획이 정해지고 2006년 12월 토지공사에 수용당하게 되었는데 이미 대지로 형질이 변경되었으므로 토지는 평당 230만원이 조금 넘는 금액인 3억 5천만원을 건물은 3천만원을 보상받게 되었습니다.

그런데 문제는 보상금을 받는 시점에 1세대3주택을 갖고 있었다는 것입니다.

1세대3주택 이상인 자는 2004. 1. 1 이후부터 양도차익을 실가로 계산하여 양도차익에 대해 60% 중과세 하고 있었으므로 부담해야 할 세금이 양도소득세와 주민세를 합쳐 1억 7천만원이나 되었습니다.

이런 경우에 예상할 수 있는 세무계획에 대해 살펴보겠습니다.

먼저 보상받기 전에 다른 주택 1개를 동일세대원이 아닌 자녀에게 증여하여 1세대2주택 상태에서 보상받는 방법입니다.

그렇게 하면 1세대3주택 60% 중과세는 피해갈 수 있지만, 수증자인 자녀는 증여세 부담이 있게 됩니다.

또 그 자녀가 독립된 세대를 구성할 수 있는 요건이 갖추어져 있어야 합니다.

즉, 30세 이상이거나 기혼자 이거나 소득이 있는 자이어야 합니다.

그리고 1세대2주택 상태에서 보상받게 되면 2006년까지는 50% 중과세하지 않고 일반세율에 의하지만 2005. 12. 31 개정세법에 따르면 1세대2주택자가 2006. 1. 1 이후 주택을 양도할 때는 기준시가에 의해 계산하는 것이 아니라 실가로 계산하도록 하고 있었으므로 수증자가 내는 증여세 외에도 실가에 의한 양도차익에 대해 양도소득세 부담이 있는 것입니다.

만일 수용의 대상이 된 당해주택을 직계존비속에게 증여한다면 증여받은 자가 5년 이내에 보상받게 되는 것이므로 앞장에서 본 것과 같이 부당행위계산 부인의 대상이 되어 결국 증여자가 양도한 것이 되므로 60% 중과세를 피하지 못합니다.

이때 납부한 증여세는 환급받게 되지만 증여취득시 부담한 취득세·등록세등 해당금액과 법무사 비용만큼 오히려 손해보는 것입니다.

다음으로 보상받게 되는 당해주택을 철거하고 멸실시킨 상태에서 토지가액만 보상받고 주택에 대한 보상예정금액인 3천만원을 포기하는 방법입니다.

이와 같이 하면 주택 및 주택부속토지가 아닌 나대지의 양도가 되어 2006년도 중에는 기준시가에 의해 신고·납부하도록 하고 있었으므로 양도소득세 부담이 상당히 적게 됩니다.

2005. 12. 31 개정된 소득세법에 의하면 2007. 1. 1 이후 모든 부동산의 양도소득을 계산할 때 실가로 하도록 하고 있습니다.

그러나 1세대2주택과 부속토지 및 비사업용토지에 해당하는 것은 2006. 1. 1 이후 양도분부터 기준시가가 아닌 실가에 의해 과세하도록 하고 있었습니다.

그러나 2006. 12. 31 이전에 사업인정고시된 공공사업의 시행으로 수용되는 경우는 비사업용토지로 보지 않는 것이므로 결국 기준시가에 의해 신고·납부하면 되는 것입니다. 뿐만 아니라 주택을 멸실 후 바로 양도하면 비사업용토지 자체가 아닌 것입니다(참고로 인천광역시 중구 지역은 소득세법에 의해 2005. 6. 30 주택 외 부동산투기지역으로 지정된 지역으로 2005. 6. 30 이후에 토지를 양도할 때는 기준시가에 의해 과세하는 것이 아니라 실가에 의해 과세하도록 되어 있는 지역이지만 이 경우에도 사업인정고시일 전에 취득한 토지가 공공사업을 위해 수용된 경우에는 기준시가에 의해 할 수 있도록 하고 있는 것입니다).

이렇게 하여 기준시가에 의해 일반세율로 신고·납부하게 되면 양도소득세 부담이 주민세까지 해서 2천 5백만원 정도 됩니다.

건물분 보상금액을 포기한 손실금액 3천만원까지 합쳐도 5천 5백만원 정도 부담하는 셈이므로 절세가 되는 방법입니다.

그러나 시가보다 못한 금액으로 강제로 수용되는 마당에 주택을 자진철거하고 보상받을 금액 3천만원을 포기할 사람은 없을 것입니다.

보상금액이 3천만원으로 확정된 건물(토지제외)이므로 그 가격 또는 그 이하로 양도하면 친지나 제3자에게 얼마든지 양도할 수 있는 것이므로 그와 같이 양도하고 건물양도에 대해서만 1세대3주택 60% 중과세 받는 방법도 있습니다.

이때에는 말이 60% 중과세지 실제로 낼 세금은 없습니다.

본인이 직영으로 건축하여 건축비용에 대한 증빙이 없으므로 취득가격 계산시 법이 정한대로 환산하여 계산하게 되는데 이와 같이 하면 양도차익 자체가 발생하지 않기 때문입니다.

그리고 토지를 보상받는 시점에서는 주택이 타인소유이기 때문에 양도자의 주택부수토지에 해당하지 않으므로 앞에 설명한 것과 같이 토지 양도차익에 있어서는 실가에 의하여 60% 중과세되는 것이 아니라 기준시가에 의해 일반토지에 대한 양도소득세 일반세율에 의한 금액을 계산하여 양도소득세 2천 5백만원을 신고·납부하면 되는 것입니다.

지금과는 과세환경이 다른 과거시점의 과세문제를 예를 들어 설명하였지만 세금 바르게 내기(절세)편을 이해하신 독자께서는 핵심을 파악했을 것으로 생각합니다.

위의 사례에서 보면 1세대3주택 중과세를 피하고, 1세대2주택 실가과세를 피해 기준시가로 신고·납부하였다는 것인데 절세의 핵심은 외형상 60% 중과세 대상일 뿐 양도차익이 없어 실제로는 낼 세금이 없는 거래를 계획한데 있었던 것입니다.

지금은 모든 부동산을 사고 팔 때 또는 수용당할 때에도 기준시가가 아닌 실가에 의해 과세되고 있습니다.

위의 사례를 놓고 수용당한 것이 아니라 일반매매를 한다고 가정하면, 토지와 건물을 분리해서 양도할 수 있는 단독주택이 아니라 독자들께서 고민하고 있는 것과 같이 아파트나 빌라 등 집합건물이라 하면, 그리고 이미 다주택을 보유하여 부동산매매업자에 대한 세액계산의 특례 규정에 의해 부동산매매업자라 하더라도 양도소득세 방식에 의해 계산된 양도차익에 대해 60% 중과세율(2008. 12. 31 이전 또는 2013. 1. 1 이후 양도시)로 세금을 내야 하는 입장에 처해 있다면, 기준시가가 아닌 실가에 의해 양도차익을 계산하는 현행 세법관계에서 세부담을 줄일 수 있는 세무계획이라면 역시 위의 사례에서 본 것과 같이 외형상 60% 중과세 대상일 뿐 양도차익이 별로 없어서 실제로는 낼 세금이 없게 되는 거래를 계획할 것입니다.

그리고 부동산매매업을 통한 세금 바르게 내기(절세)에서 살펴본 종합소득세 신고·납부방식을 사용하게 될 것입니다.

조금 다른 얘기지만 2008년 5월 인천광역시 강화군의 농림지역에 대한 토지거래허가제가 풀리면서 평당 6 ~ 7만원 하던 농지가 불과 몇 달 사이에 14 ~ 15만원으로 껑충 뛰었습니다.

김포시 및 영종도 등 인근지역의 개발에 따른 보상금을 받은 원주민들이 양도소득세 및 취득세를 감면받기 위하여 대토 목적으로 농지를 취득하려는 수요가 대기하고 있던 차에 토지거래허가구역이 풀리자 농지를 대거 구입하면서 가격의 상승을 불러온 것입니다.

이 와중에 실제로 농사지을 의사가 없는 외지인의 농지구입도 많았습니다.

농지소유를 위해서는 농지취득자격증명이 있어야 하는데 신청인이 영농의지가 없어도 소유농지를 농지은행 등에 임대하거나 위탁경영하겠다고 싸인 하면 농지취득자격증명을 바로 내주기 때문에 농지의 취득 자체에는 문제가 될 게 없는 것입니다.

문제는 재촌·자경하지 않는 이른바 부재지주의 농지가 되기 때문에 양도할 때는 비사업용토지 양도에 따른 60% 중과세(2009. 3. 15 이전 이었으므로) 대상자라는 것입니다.

　그럼에도 불구하고 많은 외지인들이 농지를 구입하고 가격상승을 기다린 것은 중과세부담을 제거시킨 거래를 했기 때문인 것입니다.

　거래상대방인 농지소유자는 농지양도에 따른 양도소득세 감면대상자인 8년 이상 자경농민이므로 거래를 신속히 하기 위해서 또는 값을 조금 더 받으려고 부동산매매계약이나 부동산거래 신고할 때 신고가격을 실제가격보다 올려달라는 외지 매수인의 유혹에 쉽게 동의한다는 것입니다.

　이와 같은 거래가 빈번하게 발생하다 보니 거래된 부동산마다 등기부등본을 보면 매매금액이 평당14 ~ 15만원에 상당하는 금액으로 기재되는 것이고 그렇게 몇 달이 지나고보니 실제로 거래되는 금액이 그렇게 상승하게 되었다는 것입니다.

　이러한 관행이 생기는 것은 개인의 단속법규위반이라는 차원이 아니라 토지시장의 왜곡이라는 관점에서 보아야 하고 시장이 정상화 될 수 있도록 시정되어야 하는 부분이라고 생각됩니다.

　주택시장에 있어서도 중과세라는 위협적인 세금이 존재(2008. 12. 31 이전 양도시)하는 상황에서 정부가 부동산거래를 활성화시켜 부동산시장의 숨통을 터놓겠다고 1세대1주택 비과세요건을 완화하거나 확대시키고, 조세특례제한법의 규정을 신설 또는 개정하여 양도소득세가 100% 감면되는 신축·미분양주택, 다주택자라 하더라도 주택수에 포함시키지 않는 주택, 주택수에 관계없이 부동산매매업자에 대한 세액계산의 특례를 적용하지 않는 주택 등에 대한 규정을 만들어 한시적으로 시행하고 있는 것입니다.

　이러한 주택들이 시장에 나오게 되면 각자가 재주껏 적당히 알아서 세금을 피해가라고 하는 신호등이 생기는 것입니다.

　이제까지 볼 수 없던 새로운 신호등이 여기저기 서있는 것을 보게 되면 주택을 사려는 사람이나 팔려는 사람 또는 과세당국 모두 어지럽게 되는데 어찌되었든 이러한 상황을 과세환경 또는 납세여건이라고 하는 것입니다.

　다시 처음으로 돌아가서 영종도에 단독주택(다가구)을 신축하여 보유하다

가 수용된 경우를 살펴보겠습니다.

이런 경우에는 두말할 것도 없이 처음부터 또는 보상받기 전에 주택신축 판매업이라는 건설업으로 사업자등록을 하고 사업소득에 대해 종합소득세로 내면 되는 것입니다.

토지분 보상금액과 주택분 보상금액을 합쳐 380,000,000원에 매매(수용)하였는데 직영으로 건축하다보니 공사원가 증빙서류가 없으므로 추계방식으로 소득금액을 계산하기로 하였습니다. 주택신축판매업의 단순경비율인 90.$^9$%(2006년 귀속기준)를 적용하면 345,420,000원이 필요경비로 인정되므로 소득금액은 34,580,000원이 됩니다.

여기에 종합소득공제 1,600,000원(2006년 기준으로 한 기본공제와 표준공제)을 공제하면 32,980,000원이 과세표준이 됩니다. 여기에다 2006년 세율을 적용하면 32,980,000 × 17% - 900,000 = 4,706,600원이 됩니다.

그런데 주택신축판매업은 건설업으로서 중소기업 해당업종이므로 산출세액의 20%의 임시특별세액감면을 받게 되므로 감면 후 세액은 3,765,280원이 됩니다.

소득할 주민세로 3,765,280 × 10% = 376,520이 되므로 종합소득세와 주민세를 합한 금액이 4,141,800원이 됩니다.

이와 같은 세금부담액은 앞서 살펴본 기준시가에 의한 양도소득세와 주민세의 합계액 25,000,000원 보다도 훨씬 더 적은 것입니다.

만일 세금문제에 대한 사전검토 없이 보상금을 수령하고 1세대3주택 중과세율 60%에 해당하는 1억 7천만원을 냈다고 하면 세금을 법대로 낸 것으로 잘못한 일은 아니지만 세금을 바르게 낸 것은 아니라는 것입니다.

일반인이 부동산을 양도하고 내는 양도소득세는 동일한 법률요건이 적용되므로 계산되는 양도소득세 금액이 동일한 것입니다.

그러나 양도소득세와 종합소득세(부동산매매업 또는 주택신축판매업 등)를 비교해보면 적용되는 법률요건이 각각 다르므로 부담해야할 세금의 크기가 다르게 되는 것입니다.

사업소득에 대한 종합소득세를 내야하는 사업자는 세법에 의해 종합소득세를 내는 것이 세금을 바르게 내는 것입니다.

제 5 편

# 사업자등록

# 사업자등록

　사업을 신규로 개시한 자 또는 사업을 개시하고자 하는 자는 사업자의 인적사항, 사업장의 현황 등 사업내용의 기본사항을 적은 사업자등록 신청서에 의해 사업장관할 세무서장에게 사업사실을 등록해줄 것을 신청해야 합니다.

　사업자등록신청을 받은 관할 세무서장은 거부사유가 없는 한 신청일로부터 3일 이내에 사업자등록번호가 기재된 사업자등록증을 교부하고 세적관리업무의 효율적인 운영을 위해 사업자의 사업사실에 관한 일련의 사항을 관할세무서 공부에 기재하게 됩니다.

　이를 사업자등록이라고 합니다.

　사업자는 사업자등록번호를 기재하여 세금계산서 혹은 계산서를 교부·수취하고 해당 법정 신고기간 내에 부가가치세·종합소득세를 신고·납부해야 합니다.

　부동산매매업자는 부가가치세 간이과세자로 사업자등록을 할 수 없으므로 부가가치세 일반과세자 또는 부가가치세 면세사업자로 사업자등록을 해야 합니다.

　일반과세자는 모든 부동산과 부동산을 취득할 수 있는 권리를 매매하는 사업자입니다.

　면세사업자는 「토지」와 「전용면적 85㎡ 이하의 주택」또는 그와 같은 「부동산을 취득할 수 있는 권리」를 매매하는 사업자입니다.

　만일 면세사업자인 부동산매매업자가 과세대상 재화인 상가 등 일반건축물 또는 전용면적 85㎡ 초과하는 주택을 판매하게 되면 과세 및 면세사업을 영위하는 겸영사업자가 되므로 판매하기 전에 사업자등록정정신고에 의해 일반과세자로 사업자등록정정신고를 해야 합니다.

이때 면세사업은 포기하고 과세사업만 하고자 하는 때는 면세사업자등록을 폐업신고 한 후 신규로 일반과세자 사업자등록을 신청해야 합니다.

일반과세자로 전환하지 않고 면세사업자인 상태에서 부가가치세 과세대상 재화인 상가 등 부동산을 판매하게 되면 건물분 가액의 10%를 부가가치세로 내는 것 외에 건물가액의 1%를 미등록가산세로 내야 합니다.

사업자등록은 사업개시일로부터 20일 이내에 하여야 하는데 사업개시일 전에도 사업자등록을 신청할 수 있습니다.

부동산매매업에서는 재화 또는 용역을 공급한 날 즉 매매용재고자산을 판매하거나 일시적으로 임대하는 때를 사업을 개시한 때로 보게 됩니다.

부동산매매업에서 재화를 판매하고 나서 사업자등록을 하게 되면 재고자산인 부동산매입시 부가가치세 매입세액을 공제받지 못하게 되고, 판매전에 지출한 수선비, 공사비용 등 금액에 대해 세금계산서를 받지 못하며, 또는 사업자등록 전에 이미 발생하고 있는 판매비·일반관리비 및 이자비용 등을 필요경비로 인정받지 못하게 됩니다. 뿐만 아니라 세무공무원이 부동산매매업 사업자등록이전에 판매한 것은 양도소득세 대상이라고 우기기도 합니다.

그러므로 부동산매매업을 하고자 할 때는 대부분 사업개시일 전에 사업자등록을 신청하게 되는 경우가 많습니다.

이를 개시전 등록신청이라고 하는데 이 경우에도 관할세무서장은 특별한 거부사유가 없는 한 신청일로부터 3일 이내에 사업자등록증을 교부해야 합니다.

다만, 사업장시설이나 사업현황을 확인하기 위하여 필요하다고 인정하는 경우에는 교부기한을 5일 이내에 한하여 연장하고 조사한 사실에 따라 사업자등록을 교부할 수 있습니다.

또한 관할 세무서장이 등록신청의 내용을 보정할 필요가 있다고 인정하는

때에는 10일 이내의 기간을 정하여 보정을 요구할 수 있습니다.

이때의 보정기간은 등록증교부기간에 들어가지 않는 것입니다.

사업개시전 등록신청을 받은 세무서장은 신청자가 사실상 사업을 개시하지 아니할 것으로 인정되는 때에는 등록을 거부할 수 있습니다.

그리고 과세관청의 보정요구에 대해 불응답하는 때에도 거부할 수 있습니다.

실무에서 과세관청이 사업개시여부가 객관적으로 불분명하다하여 사업자등록을 거부하는 경우를 보면 부동산매매업을 영위할 정도의 자본금(자기자본 및 부채)이 없거나 해당사업에 대한 지식이 전무 하거나, 신청인이 의사무능력자인 경우 등은 객관적으로 사업을 개시하지 않을 것으로 인정하여 거부하고 있습니다.

다만, 연소자나 고령자, 질병자라 하여 거부할 수는 없는 것입니다.

사업자가 의사능력만 있다면 대리인을 통하여 얼마든지 사업활동을 할 수 있는 것이기 때문입니다.

정당한 사유 없이 등록을 거부하면 그 거부처분에 대해 거부처분이 있음을 통지받은 날로부터 90일 이내에 불복청구 할 수 있습니다.

## 국세기본법 제55조 【불복】

① 이 법 또는 세법에 의한 처분으로서 위법 또는 부당한 처분을 받거나 필요한 처분을 받지 못함으로써 권리 또는 이익의 침해를 당한 자는 이 장의 규정에 의한 심사청구 또는 심판청구를 하여 그 처분의 취소 또는 변경이나 필요한 처분을 청구할 수 있다 (99.8.31 개정).

## 국세기본법 기본통칙 55-0…3 【필요한 처분을 받지 못한 경우】

"법 제55조 제1항에서 필요한 처분을 받지 못한 경우"라 함은 처분청이 다음 각호의 사항을 명시적 또는 묵시적으로 거부하는 것을 말한다.
1. 공제·감면신청에 대한 결정
2. 국세의 환급
3. 사업자등록신청에 대한 등록증 교부

4. 허가 · 승인
5. 압류해제
6. 법 제45조의2의 청구에 대한 결정 또는 경정(95.8.14 신설)
7. 기타 전 각호에 준하는 것(95.8.14 개정)

부동산매매업을 하고자하는 자가 사업자등록신청시 특별한 구비서류는 없으며 신분증만 가지고가서 사업자등록신청서에 필요한 사항을 기재하여 제출하면 됩니다.

기재사항 중 중요한 것은 「자본금」란 입니다. 자본금 70,000,000원 이라고 기재하였다면 그 근거를 설명할 수 있어야 합니다.

예금 · 적금이라든가, 보유하고 있는 150,000,000원짜리 빌라를 처분하고 전세보증금 60,000,000원 반환하고 은행 대출금 20,000,000원 승계시키고 남은 70,000,000원을 자본금으로 하여 사업을 할 계획이다라는 것을 명료하게 설명할 수 있어야 합니다.

「사업장소재지」란 주민등록 되어있는 집주소를 쓰면 됩니다. 부동산매매업에서는 업무를 총괄하는 장소를 사업장으로 할 수 있기 때문입니다. 만일 사무소로 사용하고 있는 곳이 있으면 그 장소를 쓰면 됩니다.

이때 거주하는 집 또는 사무소가 본인 소유가 아니고 임차한 것이라면 임대차계약서 사본을 첨부하여야 합니다.

임차주택의 임대차계약이 남편으로 되어있고 부인이 부동산매매업을 사업자등록신청하는 경우에는 남편으로부터 사업장을 무상으로 사용할 것을 승낙 받았다는 동의서를 첨부할 것을 요구받을 수도 있습니다. 이때는 「사업장무상임대차계약서」 또는 「사업장사용대차동의서」 등을 제출하면 되는데 일정한 서식이 있는 것이 아니므로 그 내용을 기재한 동의서 등을 작성하여 제출하면 됩니다.

그리고 「연간공급대가예상액」이라는 기재란이 있는데 문자 그대로 1년 동안 계속해서 사업했을 때 예상하는 매출액을 기재하면 됩니다.

부동산매매업에서는 일반매매에 의해 매입하든지 경매방식에 의해 매입하든지 자본금에다 전세보증금을 승계하거나 은행대출금을 이용하거나하여

취득한 후 일정한 이익을 남기고 판매하게 되므로 그와 같은 자금운용과 사업활동에 따른 연간매출예상액을 기재하면 됩니다.

보유하고 있는 매매용부동산이 부부공동소유로 되어있거나 추후 공동사업을 영위하고자 하는 경우에는 사업자등록신청시 동업계약서를 첨부해야 합니다.

동업계약서에는 출자지분 표시가 있어야 하며 지분율의 표시가 없으면 균등한 비율로 보게 됩니다.

동업계약서에 날인된 인장을 증명할 인감증명서를 첨부하여 제출하거나 동업계약서를 공증하여 제출하면 됩니다.

법인사업자의 경우에는 법인등기부등본, 정관사본, 주주 또는 출자자명부, 본점소재지사무소 임대차계약서, 법인인감증명서 등을 첨부하여 본점소재지 관할세무서장에게 「법인설립신고 및 사업자등록신청서」를 작성하여 제출합니다.

사업자등록 후에는 사업자의 지위에서 권리를 행사하고 의무를 이행하는데 있어서 신의를 좇아 성실히 하여야 합니다.

법인과는 달리 개인의 경우에는 신규등록, 휴·폐업으로 인한 세원변동이 빈번하고 위장등록과 폐업 등 사례가 많아서 신규사업자에 대한 사업자등록증 교부와 휴·폐업자 관리는 부가가치세 세적관리업무 중 중심적인 분야로서 과세관청에서는 사업자등록 일제점검 등 세적정비업무 시스템을 운영하고 있습니다.

아울러 위장폐업자, 자료상혐의자 등을 신속하게 색출하고, 잔존재화 등에 대한 부가가치세를 성실하게 신고·납부할 수 있도록 폐업자에 대한 종합적인 신고·관리시스템을 구축하여 시행함으로서 폐업자의 신고추이, 잔존재화로서 과세대상인 재고자산 및 사업용고정자산 등의 정보를 종합 분석한 「폐업자 신고상황 분석표 겸 검토조사서」를 적시에 조회·출력하여 세원관리에 활용하고 있습니다.

사업자등록신청에 있어서 사업자등록증을 내주면 좋고 아니면 말고 식으로 신청했다가 세무공무원의 질문조사에 당황하여 사업자등록을 포기하고 신청을 취하하는 일도 있는데 이와 같은 사항도 전산 입력되어 따라 다니므로 사업장을 바꾸어서 다른 세무서에 가서 신청하더라도 사업자명의 위장등록의 의심을 받게 될 수 있습니다.

일단 사업의 의사로 사업자등록을 신청하면 사업의 의사를 접지 않는 한 사업자등록신청을 취하하라고 종용해도 응하지 말고 사업자등록을 거부하겠다는 의사를 통지할 때까지 기다렸다가 그 거부처분에 대해 이의신청 등의 방법으로 불복청구 하여 내주도록 하는 것이 바람직한 일입니다.

2010. 12. 1 부터는 세무서를 방문하지 않고 인터넷으로 사업자등록을 신청하고 발급받을 수 있게 되었습니다.

인터넷 사업자등록신청은 평일 9시 ~ 18까지 이용가능하며 토·일요일 및 법정공휴일은 이용할 수 없습니다.

한편 현행세법에서와 같이 다주택을 보유한 부동산매매업자에 대한 세액계산의 특례를 적용하여 비교과세함으로서 세부담이 가중되는 상황에서는 세부담을 줄일 목적으로 법인을 설립하거나 사업자등록 명의를 차용하고 타인 명의로 부동산을 취득하고 이들과의 형식적인 거래를 통해 소유권을 이전시키는 세무계획을 가질 수 있는데 이와 같은 시도는 신중을 요하는 일입니다. 이와 같은 거래에 있어서는 소득세법상 부당행위계산부인 및 법인세법상 부당행위계산부인의 대상이 되므로 특수관계자에 해당하는 거래에 있어서 조세의 부담을 부당하게 감소시킨 것으로 인정되는 때에는 과세관청이 거래실질에 불구하고 시가에 의해 취득가액 또는 양도가액을 계산할 수 있는 것입니다.

또 이와 같은 탈법행위를 방지하고자 각 세무서에서는 세원정보수집전담반을 편성하여 수집한 정보자료를 활용하고 있는데 실제로 적지 않은 탈세정보가 수집되고 있으며 인터넷을 통해서도 제보되며 이와 같은 자료는 해당사업자의 신고성실도를 분석하는데 사용되고 필요한 경우 세무조사의 대상 여부를 판단하는 근거가 되기도 합니다.

## 조세범처벌법 제13조의2 【명의대여 사업자등 처벌】

조세의 회피 또는 강제집행의 면탈을 목적으로 타인의 성명을 사용하여 사업자등록을 한 자 및 타인에게 자신의 성명을 사용하여 사업자등록을 할 것을 허락한 자는 50만원 이하의 벌금 또는 과료에 처한다(2008. 3. 14 신설).

## 국세기본법 제14조 제③항 【실질과세】

제3자를 통한 간접적인 방법이나 2이상의 행위 또는 거래를 거치는 방법으로 이 법 또는 세법의 혜택을 부당하게 받기 위한 것으로 인정되는 경우에는 그 경제적 실질내용에 따라 당사자가 직접 거래를 한 것으로 보거나 연속된 하나의 행위 또는 거래를 한 것으로 보아 이 법 또는 세법을 적용한다(2007. 12. 31 신설).

## 부가가치세법 제22조 제①항 제2호 【가산세】

사업자가 다른 사람의 명의로 사업자등록을 하고 실제 사업을 영위하는 것으로 확인되는 경우에는 사업개시일로부터 실제 사업을 영위하는 것으로 확인되는 날이 속하는 예정신고기간(예정신고기간이 경과한 경우에는 그 과세기간)까지의 공급가액에 대하여 100분의1에 상당하는 금액을 납부세액에 가산하여 납부하여야 한다.

## 부동산 실권리자 명의등기에 관한 법률 제7조 【벌칙】

① 다음 각호의 1에 해당하는자 및 그를 교사하여 당해 규정을 위반하도록 한자는 5년 이하의 징역 또는 2억원 이하의 벌금에 처한다.
1. 제3조 제1항(명의신탁)의 규정을 위반한 명의신탁자
2. 제3조 2항의 규정을 위반한 채권자 및 동조동항의 규정에 의한 서면에 채무자를 허위로 기재하여 제출하게한 실 채무자
② 제3조 재1항(채무담보 서면제출)의 규정을 위반한 명의수탁자 및 그를 교사하여 당해 규정을 위반하도록 한자는 3년 이하의 징역 또는 1억원 이하의 벌금에 처한다.
③ 제3조의 규정을 위반하도록 방조한자는 1년 이하의 징역 또는 3천만원 이하의 벌금에 처한다.

## 소득세 집행기준 41-98-1 【특수관계에 있는 자의 범위】

① '특수관계에 있는 자'란 다음 중 어느 하나의 관계에 있는 자를 말한다.

| 구 분 | 특수관계자의 범위 |
|---|---|
| 친 족 | 1. 해당 거주자의 친족<br>2. 해당 거주자의 종업원 또는 그 종업원과 생계를 같이하는 친족<br>3. 해당 거주자의 종업원 외의 자로서 해당 거주자의 금전 기타 자산에 의하여 생계를 유지하는 자와 이들과 생계를 같이하는 친족 |

| 구    분 | 특수관계자의 범위 |
|---------|-----------------|
| 1차출자법인 | 4. 해당 거주자 및 그와 1부터 3까지에 해당하는 자가 소유한 주식 또는 출자지분의 합계가 총발행주식수 또는 총출자지분의 100분의 30이상 이거나 해당 거주자가 대표자인 법인<br>5. 해당 거주자와 1부터 3까지 해당하는 자가 이사의 과반수이거나 출연금(설립을 위한 출연금에 한한다)의 100분의 50이상을 출연하고 그 중 1인이 설립자로 되어 있는 비영리법인 |
| 2차출자법인 | 6. 4 또는 5에 해당하는 법인이 총발행주식수 또는 총출자지분의 100분의 50이상을 출자하고 있는 법인 |

② 부당행위계산부인은 행위시 해당 거주자와 위 제1항에 따른 특수관계 있는 자와의 거래에 한하여 적용하므로 특수관계가 소멸된 후에 발생한 거래에 대해서는 이를 적용하지 않는다.

③ 부당행위계산부인 시 적용하는 친족의 범위는 「국세기본법 시행령」 제20조제1호 내지 제8호에 따른 친족의 관계에 있는 자를 말한다.

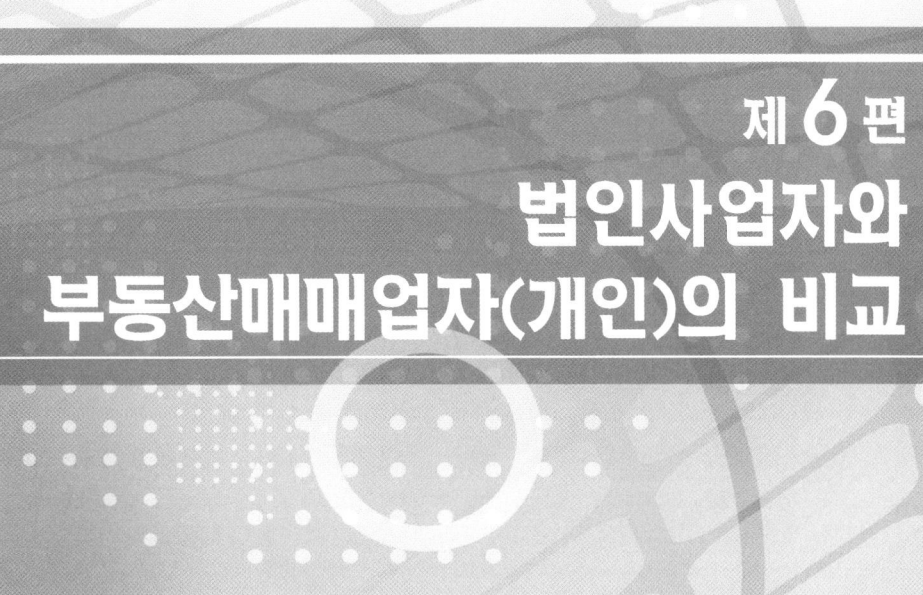

# 제 6 편

# 법인사업자와
# 부동산매매업자(개인)의 비교

# 법인사업자와 부동산매매업자(개인)의 비교

법인세는 법인의 소득에 대하여 매기는 세금입니다.

대부분의 나라에서 소득의 발생단계에서 개인에게는 종합소득세를 부과하고 법인에게는 법인소득세를 내도록 하고 있습니다.

우리나라에서는 이와 같은 법인소득세를 법인세라고 합니다.

법인세는 소득의 발생유형에 따라 ① 각사업연도의 법인세 ② 청산소득에 대한 법인세로 구분합니다.

각사업연도의 법인세라 함은 법인의 해당사업연도에 얻은 「각사업연도소득」에 대해 부과하는 소득으로서 각사업연도소득이란 개인사업자에 있어서의 종합소득금액과 유사한 개념입니다.

법인세라고 하면 보통 각사업연도의 법인세를 말할 정도로 각사업연도의 법인세는 법인세를 대표하는 세금입니다.

각사업연도의 소득에 대한 법인세의 세율은 다음과 같습니다.

| 과 세 표 준 | 2009.1.1 ~ 2009.12.31 | 2010.1.1 ~ 2010.12.31 |
|---|---|---|
| 2억원 이하 | 11% | 10% |
| 2억원 초과 | 22% | 22% |

「각사업연도소득에 대한 법인세」는 사업연도 종료일이 속하는 달의 말일부터 3월 이내에 신고·납부해야 합니다.

개인사업자의 과세연도는 매년 1월 1일부터 12월 31일까지 1년을 기준으로 모든 사업자가 동일합니다.

법인의 납세를 위한 회계기간을 사업연도라 하는데 사업연도는 1년을 기준으로 하되 법인의 선택에 따라 정할 수 있도록 하고 있어 법인의 경우에 있어서는 사업연도 종료일이 3월 말일(○○년 4월 1일부터 ○○년 3월 31일까지)이 될 수도 있고 6월 말일(○○년 7월 1일부터 ○○년 6월 30일까지)이 될 수도 있습니다.

사업연도 종료일이 12월 31일인 법인을 실무에서는 12월 말 법인이라고 하는데 우리나라에서는 대부분의 법인이 이와 같이 하고 있습니다.

12월 말 법인은 다음해 3월 31일까지 각사업연도소득에 대한 법인세를 신고·납부해야 합니다.

다음의 양도소득에 대해서는 각사업연도소득에 대한 법인세와 별도로 그 양도소득에 대해 법인세를 추가하여 과세합니다.

이를 「토지 등 양도소득에 대한 법인세」라고 합니다.

| 구 분 | 과 세 대 상 | 세 율 |
|---|---|---|
| 주택과 비사업용토지 | 전국에 있는 것 | 30%(미등기 40%) |
| 투기지역 내 부동산 | 지정지역에 있는 부동산 | 10%(미등기 20%) |

* 2009. 1. 1 현재 기획재정부장관이 결정·고시한 지정지역(주택투기지역)으로 보는 지역은 서울특별시 강남구, 서초구, 송파구 3군데입니다.
* 위의 차트에서 주택과 비사업용토지에 대한 추가과세(30%)는 2009. 3. 16부터 2012.12.31까지 시행이 유예되어있습니다.

법인의 부동산양도소득에 대하여 각사업연도 소득에 대한 법인세만 과세할 경우 법인세 실효세율이 개인의 양도소득세보다 현저히 낮으므로 법인형태의 사업조직을 이용하여 양도소득세 특히 중과세되는 양도소득세를 피해갈 수 있는 것입니다.

이에 대하여 투기목적이 있다고 보이는 법인의 부동산양도소득에 대해서는 개인의 양도소득세와 형평을 맞추고 투기적 매매거래를 방지하고자 하는 취지에서 「토지 등 양도소득에 대한 법인세」 규정을 두고 있는 것입니다.

이때 토지 등 양도소득은 양도가액에서 장부가액을 공제하여 계산하므로 개인의 양도소득금액 계산방법과 유사합니다.

「토지 등 양도소득에 대한 법인세」의 세율은 주택과 비사업용토지는 30% (미등기양도 40%), 지정지역에 소재하는 부동산은 10%(미등기양도 20%)의 세율이 적용됩니다.

이와 같은 「토지 등 양도소득에 대한 법인세」는 별도의 신고를 하는 것이 아니고 각사업연도소득에 대한 법인세 신고서식에 그 내용을 기재하여 신고·납부하는 것입니다.

그러나 개인의 2주택 중과세 50% 및 3주택 중과세 60%의 적용이 2009. 1. 1 이후 시행이 유예되었고 비사업용토지에 대한 중과세 60%의 적용이 2009. 3. 16 부터 시행이 유예되면서 이와 같은 토지 등 양도소득에 대한 법인세를 30% (미등기양도 40%) 추가과세하는 규정도 2009. 3. 16부터 시행이 유예되었습니다. 다만, 지정지역에 소재하는 부동산에 대한 10%(미등기 20%)의 법인세 추가과세제도는 유예되지 않은 것입니다.

이와 같은 추가과세 유예는 2010. 12. 27 개정세법에 의해 2012. 12. 31까지 연장되었습니다.

다음으로 청산소득에 대한 법인세라 함은 법인이 해산하는 경우 청산절차에서 확인된 소득에 대해 법인세로 과세하는 것으로 각사업연도의 법인세율과 동일한 세율로 적용하며 잔여재산 확정일로부터 3개월 이내에 신고·납부해야 합니다.

법인이 해산하는 경우 잔여재산을 정리하여 위하여 재산을 처분하고 채권의 추심, 채무의 상환, 잔여재산분배 등을 하게 되는데 이를 청산절차라 하며 이때 발생할 수 있는 것이 청산소득입니다.

청산소득은 잔여재산가액(합병대가, 분할대가)에 자기자본을 차감하여 계산합니다.

이는 법인의 사업폐지시 유보된 잔여재산이 자본금을 초과하는 부분에 대하여 과세하는 것인데 개인의 경우에는 사업폐지시 기초자본금을 초과하여 축적된 부분이 있다 해도 사업폐지시에는 과세하지 않고 증여 또는 상속시에 증여세, 상속세로 과세하게 되는 것입니다.

　　실무에서 보면 많은 이들로부터 부동산매매업을 하고자 하는데 개인사업
자로 하는 것과 법인사업자로 하는 것에 대해 어느 것이 더 좋은가 하는 질
문을 많이 받게 됩니다.

　　그러나 이와 같은 문제는 해당 과세연도의 세부담의 유·불리 측면에서만
따져 볼 것이 아니고 현재 보유하고 있는 재고자산인 부동산의 종류 또는 사
업운영의 형태나 규모 등에 따라서 여러 가지를 종합적으로 고려해야 할 것
입니다.

　　토지 등 양도소득에 대한 법인세 추가과세제도가 유예됨으로서 소득금액
에 대한 실효세율 적용 측면에서는 법인세 부담액이 개인의 종합소득세 부
담액보다 상당히 적게 되었다고 볼 수 있습니다.

　　본 장에서는 먼저 법인설립과 사업자등록에 관한 일반적인 사항과 부동산
매매업과 관련하여 부동산매매업자(개인)와 법인사업자의 세법관계에서의
차이점을 살펴보고, 다음으로 법인의 부동산양도의 또 다른 형태인 주식이
동(주식양도양수)에 관한 과세문제를 검토해 보겠습니다.

## 1　법인설립과 사업자등록

　　주식회사인 법인을 설립하여 법인사업자로 등록하기 위해서는 먼저 발기
인조합이 구성되어 이 조합에서 정관을 작성하고 주주를 모집하여 주금을
납입 받은 다음 창립총회를 거쳐 관할 등기소에 법인설립등기를 한 후 관할
세무서에 사업자등록신청을 하게 됩니다.

　　그러나 실무적으로는 이러한 법정절차를 생략하고 발기인들(주주)의 동의
로 이와 관련된 서류작업 일체를 법무사에 맡겨 법인설립등기를 마치게 됩
니다.

　　이때 법무사에게 제출하는 서류(인장포함), 사전에 그 의사를 결정하여 통
지해야 하는 사항 등에 대해 살펴봅니다.

먼저 이사 1인 이상(대표이사포함), 감사 1인 이상을 선정하여 주민등록등본, 인감증명서 각 2부(대표이사인 이사는 각 1부 추가), 인감도장, 본점소재지 사무소 임대차계약서, 자본금 5천만원 이상 등을 지참하여 등기절차를 의뢰하게 됩니다.

이때 상호를 사전에 여러개 내정하여 사용이 가능한지 여부를 확인하여야 합니다.

회사는 상호등기를 함으로서 합법적으로 상호를 사용할 수 있는 권리를 가지며 타인의 유사상호 사용을 저지할 수 있는 권리가 생기는 것이므로 동일 등기관할구역 내에서는 동종업종에 동일하거나 유사한 상호의 사용이 불가능하므로 미리 사용가능한 상호인가 여부를 확인해 주도록 요청하는 것입니다.

상호가 결정되면 법인인감을 제작하여 전달합니다.

다음으로 등기절차 의뢰시 통지할 사항으로는 「사업목적」이 있습니다.

사업목적은 회사의 영업의 범위를 나타내는 것으로서 당해 회사가 어떠한 영업을 하는가를 쉽게 식별할 수 있고 업태와 종목이 모두 표시되도록 구체적으로 정합니다.

이와 같은 「사업목적」은 법인등기부에 등기되는 사항이지만 현실적으로 모두 수행해야 하는 것은 아니므로 추후 회사의 영업범위를 확장할 가능성을 예상하여 미리 여러 가지의 사업목적을 등기해 놓는 것이 사업목적의 추가를 위한 절차나 비용을 줄이는 방법입니다.

발기인은 회사의 설립을 도모하고 정관에 기명날인할 자로서 설립절차를 총괄 진행하는 사람으로서 법인설립 후에는 주주가 되는자입니다.

이때 자본금의 규모와 인수하는 주식수 또는 출자비율을 통지해야 합니다.

그밖에 정관작성시 특이사항이나 별도의 내용이 있는 경우 그 내용을 통지합니다.

정관은 회사의 조직활동에 관한 기본규칙으로 회사의 운영방식을 지시하고 있는 것인데 특이한 추가사항이 없는 경우에는 법무사사무소에서 알아서 작성해주게 됩니다.

이와 같이 하여 설립등기절차를 의뢰하게 되면 하루나 이틀정도면 등기가 완료되어 법인등기부등본을 받아보실 수 있습니다.

이때 정관사본, 주주명부, 이사회회의록, 주금납입증명서, 법인인감증명서 등도 전달받게 됩니다.

사업자등록신청을 하기 위해서는 법인등기부등본, 정관사본, 주주 또는 출자자명세서, 임대차계약서, 법인인감증명서 등을 첨부하여 본점소재지 관할 세무서장에 게 「법인설립신고 및 사업자등록신청서」를 작성하여 제출합니다.

신청을 받은 세무서장은 신청일로부터 3일 이내에 등록번호가 기재된 사업자등록증을 교부하고 사업자의 사업사실에 관한 일련의 사항을 관련 공부에 기재함으로서 사업자등록이 완료 됩니다.

사업자등록 이후에는 사업자의 지위에서 각종 권리를 행사하고 의무를 부담하게 됩니다.

## 2 법인사업자와 부동산매매업자(개인)의 차이점

### (1) 과세의 범위

법인사업자가 내는 법인세는 이른바 순자산증가설에 의거 포괄주의 입장에서 소득의 종류에 관계없이 모두 각사업년도소득에 포함하여 과세됩니다.

개인사업자가 내는 종합소득세는 소득의 원천에 따라 종합소득인 이자소득, 배당소득, 사업소득, 근로소득, 연금소득, 기타소득과 그 밖의 퇴직소득, 양도소득으로 분류하여 과세됩니다.

소득세법은 이른바 소득원천설을 근간으로하여 열거주의를 택하고 있는데 그 결과 법인세에서와 달리 주식 등 유가증권양도차익, 고정자산처분이익 등은 소득세로 과세하지 않고 있습니다.

자산수증이익에 대해서도 소득세법은 사업과 관련있는 것만 과세하지만 법인세에서는 사업여부와 관련없이 모두 과세됩니다.

**순자산증가설과 소득원천설**

　순자산증가설은 과세소득의 범위를 포괄적으로 파악하는 학설이다. 순자산증가설의 입장에서는 일정기간 동안의 모든 순자산증가액을 그 원인과 형태를 불문하고 모두 과세대상으로 한다. 따라서 계속적·반복적인 소득은 물론 일시적·우발적으로 발생한 소득도 과세대상에 포함되므로 자산의 양도차익, 상속·증여로 인하여 취득하는 재산, 일시적 기타소득 등도 모두 과세대상에 포함된다.

　소득원천설은 과세소득의 범위를 제한적으로 파악하는 학설이다. 소득원천설의 입장에서는 노동이나 사업 또는 재산과 같은 특정의 소득원천으로부터 계속적 반복적으로 발생하는 소득을 과세대상으로 하며, 일시적이나 우발적으로 발생하는 소득은 과세소득의 범위에서 제외한다. 따라서 특정 경제주체에게 경제적 이득이 발생되었다 하더라도 모두 과세대상소득이 되는 것은 아니며, 일정한 소득 발생의 원천에서 발생한 소득만이 과세대상소득이 되므로 노동의 원천에서 발생되는 근로소득, 사업에서 발생하는 사업소득, 재산의 원천에서 발생하는 이자·배당·연금·부동산임대소득 등의 과세대상이 된다.

**포괄주의와 열거주의**

　포괄주의란 포괄적인 정의규정에 의하여 과세소득을 규율하는 방식으로 우리나라의 경우 법인세법에서 내국법인의 각 사업연도소득을 구성하는 익금과 손금의 범위를 포괄적으로 규정하고 있다. 즉 익금은 법인의 순자산을 증가시키는 거래로 인하여 발생하는 수익의 금액으로, 손금은 법인의 순자산을 감소시키는 거래로 인하여 발생하는 손비의 금액으로 정의함으로써 포괄주의 방식에 따라 과세소득을 규정하고 있는 것이다.

　열거주의란 법률에서 과세대상이 되는 소득을 제한적으로 열거하는 방식으로서 우리나라 소득세법이 원천적으로 열거주의 방식을 채택하고 있다. 열거주의에 의하여 과세소득을 규정하는 경우에는 법률에서 한정·열거하고 있지 않은 소득에 대하여는 소득세를 과세할 수 없다. 그러나 이자·배당 및 연금소득에 대하여는 예외적으로 포괄주의를 채택하고 있다.

## (2) 적용세율의 차이

　법인세율과 종합소득세율은 다음과 같습니다.

## 1) 법인세율

| 과 세 표 준 | 2009. 1. 1 ~ 2009. 12. 31 | 2010. 1. 1 ~ 2010. 12. 31 |
|---|---|---|
| 2억원 이하 | 11% | 10% |
| 2억원 초과 | 22% | 22% |

## 2) 종합소득세 기본세율

(단위 : 천원)

| 2009년 귀속분 | | | 2010년 이후 귀속분 | | |
|---|---|---|---|---|---|
| 과 세 표 준 | 세율 | 누진공제 | 과 세 표 준 | 세율 | 누진공제 |
| 12,000 이하 | 6% | | 12,000 이하 | 6% | |
| 12,000 초과 46,000 이하 | 16% | 1,200 | 12,000 초과 46,000 이하 | 15% | 1,080 |
| 46,000 초과 88,000 이하 | 25% | 5,340 | 46,000 초과 88,000 이하 | 24% | 5,220 |
| 88,000 초과 | 35% | 14,140 | 88,000 초과 | 35% | 14,900 |

**사 례**

2010년 귀속 과세표준이 200,000,000원 이라 하면,
- 법인세  200,000,000 × 10% = 20,000,000
- 소득세  200,000,000 × 35% − 14,900,000 = 55,100,000

## (3) 부동산매매업자의 「비교과세」와 법인사업자의 「추가과세」

| 개 인 사 업 자 | 법 인 사 업 자 |
|---|---|
| ① 부동산매매업자의 경우 다주택자의 주택양도, 비사업용토지 양도 및 미등기 양도에 해당하는 양도소득에 있어서는 종합소득세 산출세액과 양도소득세 계산방식으로 산출한 양도소득세 상당액을 비교하여 큰 금액을 종합소득세로 내야합니다. 이를 부동산매매업자에 대한 세액계산의 특례라고 하며 흔히 비교과세라고도 합니다. | ① 지정지역 내에 있는 토지, 건물, 주택을 양도할 때 양도소득(양도가액 − 장부가액)의 10%를 적용하여 법인세에 추가하여 과세하도록 하고, <br> ② 주택과 비사업용토지에 있어서는 양도소득(양도가액 − 장부가액)의 30%를 적용하여 법인세에 추가하여 과세합니다. 이와 같은 것을 법인세 추가과세라고 합니다. |

| 개 인 사 업 자 | 법 인 사 업 자 |
|---|---|
| ② 지정지역내에서 1세대3주택 이상 보유자가 주택을 양도할 경우 해당기본세율(6% ~ 35%)에 10%를 가산한 탄력세율을 적용하여 비교과세 됩니다. | 그러나 2009. 3. 16 이후 ②의 법인세추가과세제도는 2012 12. 31까지 시행이 유예되었습니다. |

　개인사업자인 부동산매매업자의 경우 다주택자의 비교과세에 있어서는 지역기준 제외주택, 1세대2주택 배제주택, 1세대3주택 배제주택, 소형주택, 일시적 1세대2주택 등 많은 경우에 있어서 비교과세 되지 않는 주택이 있지만 법인사업자는 지역기준 제외주택이라는 것이 없고, 주택수에 관계없이 1주택이라 하더라도 30% 추가과세 되는 것입니다.

　다만, 분양용 신축주택, 법이 정한 일정한 요건의 임대주택, 법소정의 사택 및 채권회수를 위한 주택 중 법인 정한 것 등은 추가과세 되지 않습니다.

　이와 같은 토지 등 양도소득에 대한 과세특례에 의한 법인세는 해당사업년도에 결손이 발생하거나 이월결손금 잔액이 있는 경우라도 추가로 납부하여야 합니다.

　그리고 법인이 주택 및 비사업용토지를 2012. 12. 31. 까지 양도함으로서 발생하는 소득과 2009. 3. 16.부터 2012. 12. 31. 까지 취득한 자산을 양도함으로서 발생하는 소득에 대하여는 2013. 1. 1 이후 양도하더라도 추가과세 되지 아니합니다(2009. 5. 21. 개정 법인세법 부칙 제4조 및 2010. 12. 27 동부칙의 연장시행).

### 법인세 집행기준 55의 2-0-1 (토지 등 양도소득에 대한 과세특례)

① 내국법인이 다음의 토지 등을 양도한 경우에는 다음에 따라 계산한 토지 등 양도소득에 대한 법인세를 각 사업연도 소득에 대한 법인세에 추가하여 납부하여야 한다. 이 경우 하나의 자산이 2이상에 해당하는 때에는 가장 높은 세액을 적용한다.
1. 지정지역내 주택 및 비사업용 토지(「소득세법」 제104조의 2제2항에 따른 지정지역 안의 주택 및 부수토지 및 비사업용 토지 등)를 2010년12월31일까지 양도하는 경우 : 양도소득에 100분의 10
2. 주택 및 부수토지(법 제55조의 2제1항제2호) : 양도소득에 100분의 30(미등기 양도 100분의 40)

3. 비사업용 토지(법 제55조의 2제1항제3호) : 양도소득에 100분의 30(미등기 양도 100분의 40)
② 토지 등 양도소득에 대한 법인세는 해당 사업연도에 결손금이 발생하거나 이월결손금 잔액이 있는 경우라도 추가로 납부하여야 한다.
③ 토지 등을 2010년12월31일까지 양도함으로써 발생하는 소득과 2009년3월16일부터 2010년12월31일까지 취득한 자산을 양도함으로써 발생하는 소득에 대하여는 제1항제2호 및 제3호를 적용하지 아니한다.

* 필자 주(註) : 위의 집행기준에서 제③항의 1행과 2행의 「2010. 12. 31.」는 개정 법인세법부칙에 따라 각각 「2012. 12. 31.」로 개정될 것으로 보임.

## (4) 취득세 및 등록면허세의 중과세 적용

| 개인사업자 | 법인사업자 |
|---|---|
| 해당 사항 없음 | ① 과밀억제권역 내에서 법인을 설립(지점설치 포함)하거나 자본금을 변경하는 등기에 따른 등록면허세를 3배 중과세 하며 과밀억제권역 내에서 법인설립 후 5년이내에 과밀억제권역 내의 부동산을 취득하는 경우 취득세를 3배 중과세 함.<br>② 과밀억제권역 내에서 신·증축하는 본점·주사무소의 사업용 부동산은 그 취득세를 3배중과세 함 |

2010.12.27. 세법개정으로 2011년부터는 종전의 지방세 단일세법의 체계에서 지방세 기본법, 지방세법, 지방세특례제한법의 3법 체계로 개편 되었습니다.

세목의 종류도 16개에서 11개로 통폐합 되었는데 종전의 지방세법상 등록세 중 소유권의 취득과 관련된 내용은 취득세로 통합하였고, 소유권 취득 이외의 등기·등록에 관한 사항은 면허세와 통합하면서 등록면허세로 신설하면서 등록세가 폐지 되었습니다.

이에 따라 종전의 등록세 중과세 하던 것이 취득세의 중과세로 적용하게 됨에 따라 2011.1.1. 이후부터는 종전 취득세에 해당하는 부분에 대해서는 중과세가 적용되지 않도록 지방세법 제13조 재②항에서 산식에의해 조정하고 있습니다.

## (5) 과점주주의 취득세

| 개 인 사 업 자 | 법 인 사 업 자 |
| --- | --- |
| 해당사항 없음 | 주주 1인 또는 친족, 기타 특수관계자에 있는 자들의 지분이 주식, 출자금액의 $\frac{50}{100}$ 을 초과하게 되면 이와 같은 과점주주는 당해법인의 부동산, 차량 등 취득세 과세대상 자산을 취득한 것으로 보아 그 지분비율대로 취득세를 내야합니다. 이를 과점주주의 취득세라고 합니다(단, 설립시부터 과점주주인 경우는 제외). |

## (6) 추계신고시

| 개 인 사 업 자 | 법 인 사 업 자 |
| --- | --- |
| 기준경비율추계 또는 단순경비율추계에 의하여 필요경비로 계산하여 추계신고 하는 경우 실제 장부를 기장하여 소득금액을 계산하는 것보다 세부담이 오히려 더 적은 경우도 많이 있게 됩니다. | 추계신고라는 것이 없으며 무신고 하여 추계조사결정을 받게 되면 결정된 과세표준과 당기순이익과의 차액은 대표자에 대한 상여로 처분하므로 추계소득에 의한 법인세외에 법인대표자는 종합소득세 추가적인 부담이 있게 됩니다. |

## (7) 대표자에 대한 급여

| 개 인 사 업 자 | 법 인 사 업 자 |
| --- | --- |
| 당해연도 소득금액 계산상 필요경비로 인정되지 않는 것입니다. | 대표자에 대한 급여, 상여는 각사업연도 소득금액 계산상 손금으로 인정됩니다. |

## (8) 소득처분

법인세에서는 세무조정사항이 사외유출이 분명하나 그 귀속자가 불분명한 경우 익금산입하여 법인세를 내는 것 외에 대표자에 대한 상여로 처분하여 대표자의 종합소득세를 추가로 물립니다.

종합소득세에서는 사업자가 인출하여 증여한 것으로 보므로 소득처분이라는 것이 없습니다.

이런 이유로 해서 세무조사시 가공경비계상 등이 발견되면 법인사업자의 경우 손금불산입되는 부분에 대한 부담이 대표자의 상여로 처분되어 법인세 외에도 그 금액에 대한 대표자의 소득세 부담분까지 추가로 발생하게 되어 개인사업자보다 그 부담이 커지게 되는 것입니다.

### (9) 청산소득에 대한 법인세

법인이 청산으로 인해 인격이 소멸할 때 유보된 잔여재산이 자본금을 초과하는 부분이 있으면 이론상으로 볼 때 각사업연도소득에 대한 법인세 누락분으로 보아 청산소득에 대한 법인세를 과세하는 것입니다.

개인사업자가 사업을 폐지하는 때에 기초자본금을 초과하는 유보금액을 과세하는 것은 없으며 사망으로 인해 인격이 소멸할 때 상속으로 인한 재산가액에 대해 상속인들이 상속세를 내게 됩니다.

### (10) 기타사항

기부금의 한도액, 접대비 시부인 단위, 대손충당금 한도액, 최저한세의 적용, 성실납세 적용요건, 소득공제액, 각종 세액공제·감면, 의무불이행에 대한 각종 가산세제도 등에서 종합소득세와 법인세의 세법적용상 차이가 있습니다.

## 3 주식이동에 따른 양도소득세

주식이란 주식회사의 자본을 이루는 구성요소로서 주주들이 출자한 지분을 말합니다. 주식의 거래를 위해 한국증권거래소에 상장시킨 것은 상장주식이라 하고 상장주식이 아닌 것을 비상장주식이라고 합니다.

비상장법인 중 한국증권업협회에 등록시킨 것은 코스닥상장주식이라 하

고 코스닥상장주식이 아닌 것을 비등록주식이라고 합니다.

주식이동에 대하여 소득세법에서는 상장주식과 코스닥상장주식을 동일하게 취급하게 있는데 코스닥상장주식이 아닌 비등록주식은 전부가 양도소득세 과세대상으로 하고 있지만 상장주식과 코스닥상장주식은 대주주양도분과 장외 양도분에 해당하는 것만 과세대상으로 하고 있습니다.

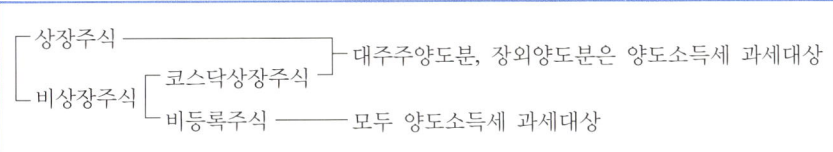

이와 같은 양도소득세 과세대상 주식을 보통 양도소득세 과세대상 일반주식이라고 합니다. 이하에서 간단히 줄여서 일반주식이라고 사용합니다.

대주주란 양도일의 직전 사업연도말 현재 다음 중 어느 하나에 해당하는 자를 말합니다.

① 지분율 : 주주 1인 및 그와 국세기본법상 특수관계에 있는 자가 해당 법인의 주식의 합계액의 3%(코스닥시장상장법인 5%) 이상을 소유한 경우
② 시가총액 : 주주 1인 및 그와 국세기본법상 특수관계에 있는 자가 소유하고 있는 해당 법인의 주식의 시가총액이 100억원(코스닥시장상장법인 50억원) 이상인 경우. 시가총액은 최종시세가액에 의하는 것입니다.

직전사업연도 기준으로 대주주가 아닌 자가 해당 연도 중에 주식을 취득함으로써 지분율 3%(코스닥상장법인 5%) 이상을 소유하게 된 때에는 취득일부터 해당 사업연도 종료일까지 대주주로 봅니다.

위의 일반 주식 외에 소득세법에서 양도소득세 과세대상으로 기타자산에 해당하는 주식이 있는데 이를 보통 특정주식이라고 합니다.

특정주식은 과점주주의 주식과 부동산과다보유법인의 주식 및 비사업용 토지 과다법인의 주식이 있습니다.

과점주주의 주식이란 주주 1인과 그 특수관계자가 다음 요건을 모두 갖춘 주식(출자지분 포함)을 양도한 경우로서 그 양도주식이 총발행주식의 50%이상인 경우를 말합니다.

(가) 부동산 등의 비율 : $\dfrac{\text{부동산과 부동산권리의가액}}{\text{자산총액}} \geq 50\%$

(나) 보유 지분율 : $\dfrac{\text{주주 1인과 그 특수관계자가 보유한 주식수}}{\text{발행주식총수}} \geq 50\%$

부동산과다보유법인의 주식이란 다음의 요건을 모두 충족하는 주식 등을 말합니다.

(가) 부동산 등의 비율 : $\dfrac{\text{부동산과 부동산권리의가액}}{\text{자산총액}} \geq 80\%$

(나) 사치성 업종 : 골프장, 스키장, 휴양콘도미니엄, 전문휴양시설을 건설 또는 취득하여 직접 경영하거나 분양 또는 임대하는 사업을 영위할 것

➡ **과점주주의 주식과 부동산과다보유 법인의 주식 비교**

| 구         분 | 과점주주의 주식 | 부동산과다보유법인의 주식 |
|---|---|---|
| 업         종 | 모든 업종 | 골프장, 스키장, 휴양콘도미니엄, 전문휴향시설 |
| 부 동 산 비 율 | 50% 이상 | 80% 이상 |
| 주식소유비율 | 주주 1인 및 특수관계자가 총발행주식의 50% 이상 소유 | 제한 없음 |
| 양 도 비 율 | 총발행주식의 50% 이상 양도 | 제한 없음 |

## (1) 과점주주의 주식

당해 법인의 자산총액 중 토지·건물, 부동산에 관한 권리가액의 합계액이 50%이상이고, 당해 법인의 주식 등의 합계액 중 주주 1인과 기타주주가 소유하고 있는 주식 등의 합계액이 50%이상으로서 주주 1인 및 기타주주가

주주 1인 및 기타주주 외의 자에게 양도하는 주식 등이 그 법인의 주식 등의 합계액의 100분의 50이상인 경우의 주식(소득세법시행령 제158조 ①항 1호).

## (2) 부동산과다보유법인의 주식

당해 법인의 자산총액 중 토지·건물, 부동산에 관한 권리가액의 합계액이 80%이상이고 골프장, 스키장, 휴양콘도미니엄, 전문휴양시설을 건설 또는 취득하여 직접 경영하거나 분양 또는 임대하는 법인의 주식(소득세법시행령 제158조 ①항 5호)

## (3) 비사업용토지 과다보유법인의 주식(2009.3.15 이전 또는 2013.1.1 이후 양도시)

소득세법시행령 제158조 제①항 1호(특정주식) 또는 5호(부동산과다보유 법인 주식)의 규정에 해당하는 주식으로서 당해 법인의 자산총액 중 소득세법 제104조의3(비사업용토지의 범위)의 규정에 따른 비사업용토지의 가액이 차지하는 비율이 100분의 50이상인 법인의 주식을 말합니다(소득세법시행령 제 167의7).

주식이동(주식양도양수)시 주식양도차익에 대해 적용하는 세율은 다음과 같습니다.

| 구 분 | | 세 율 |
|---|---|---|
| 일반주식 | 중소기업 주식 | 10% |
| | 일반기업 주식 | 20% |
| | 일반기업의 대주주가 1년 미만 보유 | 30% |
| 특정주식 | 과점주주의 주식<br>부동산과다보유 법인의 주식<br>비사업용토지 과다보유법인의 주식 | 6%~35% 누진세율<br>6%~35% 누진세율<br>60%(2009. 3. 16 ~<br>2012.12.31까지는<br>6% ~ 35% 누진세율 적용됨) |

부동산매매를 주업으로 하는 법인은 조세특례제한법상의 중소기업에 해당하지 않는 것이지만 위의 세율적용에 있어서는 소득세법시행령 제167조의8(중소기업의 범위)에 따라 중소기업기본법 제2조에 따른 중소기업에 해당하는 기업의 주식은 중소기업 주식으로 보고 있으므로 부동산매매를 주업으로 하는 법인의 주식이라 하더라도 자산총액 5천억원 등 법이 정한 일정규모 이하인 법인의 주식은 중소기업 주식이 되는 것입니다.

## (4) 주식이동의 유표적 의미

앞의 세율표에서 보면 2009. 3. 15 이전 양도시 비사업용토지 과다보유법인주식의 양도소득세율은 60%로 중과세하고 있는데 그 취지를 음미해 보시기 바랍니다.

자산의 구성이 전체자산의 50%이고 과점주주가 갖고 있는 주식 또는 80% 이상이 부동산으로 되어 있는 부동산과다보유 법인의 주식에 대한 양도소득은 기타자산에 해당하여 개인이 부동산 및 부동산에 관한 권리를 양도하는 경우와 같이 일반세율(6% ~ 35%)을 적용하고 있습니다.

그런데 개인이 비사업용토지를 양도하게 되면 60%의 중과세율에 의해 과세되고 있습니다.

이와 같은 상황에서는 비사업용토지 양도로 인한 양도소득세 중과세를 회피하기 위하여 개인이 법인을 설립하여 비사업용토지를 다수 보유하고 법인의 주식을 양도양수하고 그 주식양도차익에 대해 중소기업 주식의 양도소득세율 10%에 의해 양도소득세를 신고·납부함으로서 양도소득세의 중과세를 피할 수 있게 되는 것입니다.

이와 같은 조세회피를 방지하기 위하여 비사업용토지 과다법인 주식의 양도소득세율을 60%로 하고 있는 것으로 볼 수 있습니다.

원래 다수의 부동산을 보유하고 있는 법인의 주식 양도는 그 실질이 부동산의 양도와 다른 것이 없는 것입니다.

이 경우 법인이 부동산의 양도에 대하여 법인세를 내는 것이 아니라 주주가 주식양도에 대한 양도소득세를 내게 되는 것입니다.

258

예를들어 자본금 2억원인 법인이 차입금을 8억 일으켜 원룸주택 1동을 시가의 절반도 안되는 10억원에 경매로 매입하였다고 하고 부동산가격상승에 힘입어 시가인 20억원에 매각 했을 때 매수인이 법인으로부터 부동산의 소유권을 등기이전 받는 것이 아니라 주식양도양수 방식에 의해 그 대가 12억을 지불하고 주식 지분 전부를 인수한다는 것입니다.

양도법인의 주주는 부동산양도에 대한 양도소득세가 아니라 주식양도에 따른 양도소득세를 내는 것인데 매수자의 입장에서 보면 형식은 양도법인 주주의 주식을 인수하는 것이지만 실질적인 내용면에서는 부동산의 취득에 따른 취득세·등록세 등 부담없이 부동산을 취득하게 되는 것입니다.

이 경우 만일 부동산양도 법인이 부동산의 소유권을 이전등기 하는 방식의 부동산 양도를 하여 법인이 양도소득에 대한 법인세를 내게 되면 주택의 양도이므로 일반법인세 외에 토지 등 양도차익에 대한 법인세 30%를 추가(2009. 3. 15 이전 또는 2013. 1. 1 이후 양도시)하여 내게 되는 것입니다.

그러나 주식양도에 따른 양도소득세를 내게 되면 비사업용토지과다 법인의 주식양도가 아니므로 60% 중과세 되지는 않는 것이며, 부동산양도 법인의 주주가 주식양도차익에 대해 10%의 양도소득세율에 의한 양도소득세만 내면 되는 것입니다(골프장, 스키장 등 영위법인이 아니므로 부동산과다보유 법인의 주식에 해당하지 않고 과점주주가 아닌 주주일 경우에는 특정 주식도 해당하지 않으므로 당연히 비사업용토지 과다법인 주식이 될 수 없는 것이고, 중소기업주식이라 하면 중소기업주식의 양도소득세율인 10% 세율 적용 되는 것임).

이와 같이 과세요건이 달라지는 것은 부적절한 절세를 위한 탈법을 통해 생기는 것이 아니라 정상적인 법률행위를 통해 현행 세법상 당연히 발생하는 것입니다.

사실 대기업들의 인수·합병이라는 것이 주식·출자지분의 양도양수를 통해 이루어지는 것이지만 그 실질은 거대한 규모의 부동산 양도양수를 포함하고 있는 것입니다.

   그러나 소규모의 작은 법인의 주주들이 이와 같은 방식으로 주식이동을 일으키는 것은 법률적으로 검토할 부분이 많은 것이므로 상당한 주의를 요합니다.

   주식 양도양수를 통해 법인을 인수한다는 것은 그 법인의 권리·의무를 승계하는 것이 아니라 직접적으로 그 법인의 주주가 되는 것이기 때문에 그 법인이 부담해야 할 부채 또는 보증채무, 민·형사상의 책임 등 예상치 못한 부담을 주주가 떠안게 되는 경우도 있는 것입니다.

   부동산매매업의 세무부분에 대해 많은 관심을 갖고 있는 독자들께서 여러 가지 관점에서 다양한 시각을 가지고 검토해 보시기 바랍니다.

   그리고 2009. 4. 30 개정세법 및 2010. 12. 27 개정세법에 의해 법인이 2009. 3. 16 이후 주택 또는 비사업용토지를 양도하는 경우 양도차익에 대하여 법인세를 추가과세(30%)하는 것이 2012. 12. 31까지 유예되었으므로 부동산매매업을 사업목적으로 하여 법인형태의 사업조직으로 부동산매매업을 영위하는 것이 실효세율적용면에서 개인매매사업자보다 세부담을 크게 줄일 수 있게 되었습니다.

   다만, 법인사업자로 사업을 영위하고자 하는 경우에는 효율적인 세무처리를 위해 세무사 등 세무대리인에게 그 기장 및 신고를 맡기는 것이 바람직합니다.

제 7 편

# 비사업용토지 특례적과세

# 비사업용토지 특례적과세

## 1 개 요

2005. 8. 31 발표된 「서민주거안정과 부동산투기억제를 위한 부동산제도 개혁방안」의 입법화 과정에서 1세대2주택자 50% 중과세 및 비사업용토지 60% 중과세제도가 탄생하였습니다.

그러나 이와 같은 비사업용토지에 관한 중과세에 관한 규정은 2009. 4. 30 개정세법 및 2010. 12. 27 개정세법에 의해 그 내용이 개정되어 2009. 3. 16 이후 2012. 12. 31까지 양도하는 것은 일반세율(1년 미만 50%, 1년 이상 ~ 2년 미만 40%, 2년 이상 보유 6% ~ 35%)을 적용하는 것으로 변경되어 시행하고 있습니다.

다만, 비사업용토지를 3년 이상 보유한 경우라 해도 장기보유특별공제를 적용하지 않으며 부동산매매업자가 비사업용토지를 양도하는 경우에는 부동산매매업자에 대한 세액계산의 특례가 적용되어 종합소득세와 양도소득세 상당금액을 비교하여 큰 금액을 종합소득세로 내게 됩니다.

이와 같은 것을 비사업용토지의 특례적과세라는 용어로 사용하고자 합니다.

일반인 또는 부동산매매업자가 토지를 양도하는 경우 그 토지가 비사업용토지에 해당하는가 여부를 판단하는 것이 출발점이라 할 수 있는데 비사업용토지의 해당여부를 판단하기 위해서는 과거에 있었던 토지초과이득세법에 있어서의 유휴토지개념, 과거 법인세법상 비업무용 부동산개념, 그리고 현행 지방세법의 종합합산토지, 별도합산토지, 분리과세대상토지규정과 관련된 개념에 대한 정교한 이해가 선행적으로 요구되고 있습니다.

   또한 비사업용토지 과세요건에 대한 소득세법 규정도 어쩔 수 없이 복잡
하게 되어 있어 일반인은 물론 전문적인 세무종사자들 마저도 개별토지에
대해 비사업용토지 해당여부를 판단하기가 곤란한 사안이 많습니다.

   반면에 시행초기인 관계로 관련 해석이나 판례도 빈곤하여 납세자나 세무
대리인 또는 세무관청에서도 어려움이 많은 것이 사실입니다.

   다주택 특례적과세에 대해서는 제4편에서 살펴본 바 있으며 본 장에서는
비사업용토지의 특례적과세 요건에 대해 살펴보겠습니다.

## 2 기간기준

   비사업용토지에 관한 규정 중 종전의 유사한 과세제도에서와 달리 새롭게
도입된 개념이 기간기준에 관한 규정입니다.

   과거에 있다가 폐지된 토지초과이득세에서는 과세기간 종료일(12/31) 현
재의 현황에 따라 유휴토지 여부를 판정 하였습니다.

   세무공무원이 눈 덮인 논·밭을 누비고 다니며 농사지은 땅인지 유휴토지
로 묵혀둔 땅인지 파악해야 했으며, 일정시점에서의 토지이용현황이 과세요
건이 되므로 농지의 경우 10년 동안 묵히고 있거나 또는 부재지주로 있다가
일정시점에서만 재촌·자경하고 있으면 유휴토지에서 빠져나갔던 것입니다.

   도심 한복판의 중심상업지역 노른자위 땅을 계속 놀리고 있다가 토지초과
이득세 과세기준일이 되는 일정시점에 맞추어 경량골조로 얼렁뚱땅 1층짜리
갈비집을 지어 임대하고 유휴토지에서 빠져나감으로서 토지이용의 심각한
왜곡을 가져왔으며 법을 잘 모르는 사람이나 해외에 있는 자, 행방불명자들
만 대책 없이 고액의 토지초과이득세를 부담하였다는 것입니다.

   이러한 문제점을 해소하기 위해 일정시점의 이용상태가 아니라 일정기간
동안 사업용으로 사용해야만 사업용토지로 인정되도록 한 것이 기간기준이
라는 규정입니다.

　　기간기준에 관하여 세법은 비사업용에 해당하는 경우를 기준으로 규정하였으나 그 내용을 사업용에 해당하는 경우로 바꾸면 다음의 요건 중 하나를 충족하는 경우 사업용토지로 보게 됩니다.

---

① 양도일직전 5년 중 3년을 직접 사업에 사용하는 경우
② 양도일직전 3년 중 2년을 직접 사업에 사용하는 경우
③ 보유기간 중 80%이상을 직접사업에 사용하는 경우

---

**적용사례 – 보유기간이 10년인 경우(2001. 1. 1 ～ 2010. 12. 31)**

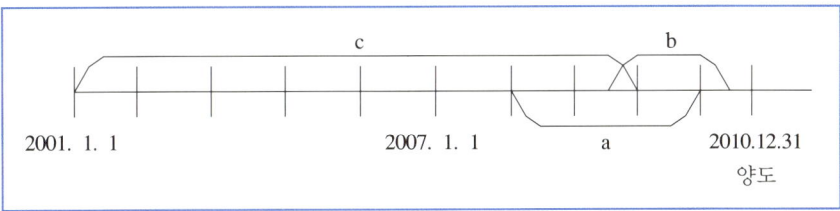

### ① a 의 경우

---

• 비사업용기간 ┌ 2001. 1. 1 ～ 2007. 12. 31 (6년)
　　　　　　　 └ 2010. 1. 1 ～ 2010. 12. 31 (1년)
• 사업용기간　　 2007. 1. 1 ～ 2009. 12. 31 (3년)

---

→ 양도일직전 5년 중 3년을 직접사업에 사용했으므로 사업용토지에 해당함

### ② b 의 경우

---

• 비사업용기간 ┌ 2001. 1. 1 ～ 2008. 6. 30 (7년 6월)
　　　　　　　 └ 2010. 7. 1 ～ 2010. 12. 31 (6월)
• 사업용기간　　 2008. 7. 1 ～ 2010. 6. 30 (2년)

---

→ 양도일직전 3년 중 2년을 직접사업에 사용했으므로 사업용토지에 해당함

③ c 의 경우

- 비사업용기간    2009. 1. 1 ~ 2010. 12. 31 (2년)
- 사업용기간      2001. 1. 1 ~ 2008. 12. 31 (8년)

→ 보유기간 중 80%이상을 직접사업에 사용했으므로 사업용토지에 해당함

이와 같은 기간기준을 적용함에 있어서 세법은 모든 토지를 농지, 임야, 목장용토지, 별장용지, 기타토지(지방세법상 토지분 재산세가 종합 합산되는 토지)로 구분하고 각 토지의 유형에 따라 사업용으로 사용한 기간을 해당되는 기준에 각각 적합하게 등록해야만 사업용토지로 보게 됩니다.

예를들어 목장용지의 경우 축산업을 직접 영위(사용기준)하는 기간이 기간요건을 충족해야 하며, 축산업을 영위하는 지역(지역기준)요건으로 도시지역 밖에 소재하는 기간이 기간요건을 충족해야 하며, 가축별 기준면적(면적기준)에 적합하게 유지된 기간이 기간요건에 충족해야 사업용토지로 보는 것입니다.

그러나 나대지의 지상에 건물을 신축하였다면, 건물이 신축(사업용기준)된 날로부터 사업용으로 사용된 것으로 보아 기간기준을 적용합니다.

그리고 건축물의 바닥면적에 일정배수(주거전용지역 5배, 상업지역 3배등)를 곱한면적(면적기준)이내의 건축물이 있던 기간도 기간요건이 충족해야 사업용토지로 보는 것입니다.

한편 건물을 신축하였다면 나대지 취득일로부터 2년은 나대지 상태이지만 사업용 기간으로 보아(사업용 사용의제) 직접 사업용으로 사용된 기간에 포함시킵니다.

그러나 나대지의 경우에는 목장용지에서와 같이 지역기준은 적용하지 않는 것입니다.

이와 같이 세법은 토지의 유형에 따라 기간기준을 적용함에 있어 여러 가지 별도의 요건기준을 두고 있는데 위에 살펴본 ①사용기준(사업용으로 사용한 것으로 간주하는 것 포함), ②면적기준, ③지역기준 외에 ④수입금액비

율기준이 있습니다.

그런데 모든 토지가 위의 4가지 사업용 요건기준에 적합한기간이 기간요건을 충족해야 하는 것이 아니며 토지유형에 따라 요구되는 요건기준이 각각 다르게 됩니다.

위에서 살펴본 것과 같이 목장용지의 경우 사용기준, 지역기준, 면적기준이 모두 기간기준에 충족해야만 사업용토지가 됩니다.

그러나 기타토지 중 폐기물처리업자에게 임대한 토지는 수입금액 비율기준만 기간기준에 충족하면 사업용토지가 됩니다.

한편 일정한 토지는 기간기준 자체를 따질 필요 없이 무조건 사업용토지로 보는 것도 있습니다.

본 장에서는 독자의 이해를 돕기 위해 토지의 이용현황에 따른 구분 즉 농지, 임야, 목장용지, 별장용지, 기타토지로 나누어 비사업용토지의 범위를 살펴보고자 합니다.

## 3 비사업용토지의 범위

### 농 지

만일 농지를 직접 사업에 사용하였는가 여부에 대한 기간기준을 적용할 때 재촌·자경기간 즉 농지소재지나 인접 시·군·구 또는 직선거리 20km이내 거주하면서 직접 자경하는 기간이 법이 정한 기간기준에 충족해야 사업용으로 보게 됩니다.

그러나 세법상 농지라는 요건이 「시 이상의 도시지역 중 주거·상업·공업지역에 편입된 날로부터 2년」이 지난 농지는 농지로 보지 아니하므로 세법상 농지로 보는 기간이 동시에 법이정한 기간기준에 충족해야 사업용토지로 보게 됩니다.

즉 농지에 있어서는 재촌·자경하여야 한다는 사용기준(사용한 것으로 의제하는 것 포함)과 시 이상의 지역 중 주거·상업·공업지역에 포함된 날로부터 2년이 경과되지 아니한 토지로 유지된 기간(지역기준)이 기간기준에 충족하면 사업용토지로 판정합니다.

양도하는 농지가 사업용 토지에 해당하는가 여부를 판정하기 위해서는 다음과 같은 순서로 검토해 보시기 바랍니다.

### (1) 당해 농지가 실제적으로 세법에서 보는 농지에 해당하는지 확인 합니다.

도시지역 주거·상업·공업지역 내의 농지라면 지목이 전·답이라 하더라도 그리고 실제 영농에 제공되는 농지라 하더라도 세법상 농지로 보지 않는 것입니다.

왜냐하면 그와 같은 용도지역 내에서는 지목에 관계없이 용도지역에 따른 건축허가가 나는 땅이기 때문입니다.

다만, 도시지역 중 녹지지역이나 개발제한지역은 농지로 보며 녹지지역이 아닌 위의 주거·상업·공업지역에 편입된 땅은 그 용도지역으로 지정된 날로부터 2년간은 농지로 봅니다(소득세법 시행령 제168조의 8제⑥항 참조).

세법상 농지로 보지 않는 토지는 지목이전, 답이라 하더라도 기타토지(재산세가 종합과세되는 토지)로 보아 비사업용 토지요건을 별도로 판정해야 합니다.

### (2) 당해농지가 기간요건에 관계없이 무조건 사업용으로 보는 토지인가 여부를 확인합니다.

① 2006. 12. 31 이전에 상속받은 농지(2009. 12. 31 이전에 양도한 경우)

② 2007. 1. 1 이후 상속받은 농지로 도시지역 내 주거·상업·공업지역에 소재하는 농지(상속개시일로부터 5년 이내 양도한 경우)

③ 2006. 12. 31 이전에 20년 이상 소유한 농지(2009. 12. 31 이전에 양도한

경우)

④ 공익사업법에 의해 협의 매수되는 농지(단, 사업인정고시일 2006. 12. 31 이전에 한함) 또는 취득일(상속받은 토지는 피상속인이 해당토지를 취득한 날을 말한다)이 사업인정 고시일로부터 5년 이전인 토지

⑤ 공해 등으로 소유자의 요구로 취득한 공장용지의 인접용지

⑥ 2006. 12. 31 이전에 이농한 농지(2009. 12. 31 이전에 양도한 경우)

⑦ 2005. 12. 31 이전에 취득한 종중농지(주거·상업·공업지역에 한함)

위의 7가지에 해당하면 사용기준, 기간기준을 따져볼 필요 없이 농지요건 (지역기준)만 충족하면 사업용토지가 됩니다.

## (3) 기간기준동안 재촌·자경한 농지인가여부를 확인합니다.

농지의 경우에는 재촌·자경한 기간이 기간기준을 충족하면 사업용토지 가 됩니다.

이때 재촌·자경이라 함은 「농지법」그 밖의 법률에 의하여 소유할 수 있 는 농지로서 법령(소득세법시행령 제168조의8 제③항)이 재촌·자경한 것으 로 간주하는 경우(사업용사용의제라 한다)를 포함합니다.

재촌이라 함은, 농지소재지와 동일한 시·군·구(자치구인 경우를 말함) 또는 그와 연접한 시·군·구안의 지역에 주민등록이 되어 있고 사실상 거 주하는 경우를 말합니다.

일반적으로 거주요건을 과세요건으로 판단하는 경우에는 주민등록상에 거주 여부에 불구하고 실질과세 원칙에 따라 실제거주 여부를 기준으로 판 단합니다.

비사업용대상 토지를 판정함에 있어서는 사실상 거주하는 것은 물론 주민 등록이 되어 있어야 하는 형식적인 요건까지 거주요건으로 규정하고 있음에 유의할 필요가 있습니다.

2008. 2. 22 양도하는 분부터 농지소재지 또는 연접 시·군·구로 한정된

「재촌」의 범위를 합리적으로 조정하여 농지로부터 직선거리 20㎞이내에 주민등록이 되어있고 사실상 거주하는 경우에도 재촌하는 것으로 봅니다(소득세법시행령 제168조의8 제②항, 2008.2.2 개정).

자경이라 함은, 농지법 제2조 제5호의 규정에 따르고 있는데, 농지법상 자경은 농작업에 상시 종사하거나 농작업의 1/2이상을 자기의 노동력에 의하여 경작하는 것을 말합니다.

2006. 2. 9 개정 전 조세특례제한법상 자경농지에 대한 양도소득세 감면규정에서는 '거주자가 직접 경작한 농지'라고 규정하고 있었는데 반해, 비사업용을 판정함에 있어서는 개정세법에 따라 농지법상의 자경을 준용하도록 규정하고 있습니다.

과거에는 통상의 자경의 의미를 자기 책임하에 경작을 하는 것으로 보아 대리 경작이 아닌한 자경한 것으로 보았습니다. 반면에 농지법상 자경의 의미는 '상시 농작업에 종사하거나 농작업의 1/2이상을 자기의 노동력에 의하여 경작하는 것'을 의미하므로 단순히 자기 책임하에 경작을 한 경우와 차이가 있다고 보아야 합니다.

즉 소유자의 나이, 건강상태는 물론 소유자의 직업도 함께 감안하여 판단하여야 합니다.

실무에서 보면 직장에 근무하거나 사업에 종사(부동산임대업, 부동산매매업등은 제외)하는 경우 직접경작으로 보지 않고 있어 8년 이상 자경농지양도감면을 배제하는 것은 물론이고 비사업용토지의 양도로 보고 있습니다.

이와 같은 해석은 농지법의 규정인 농작업의 1/2이상을 자기의 노동력에 의해 경작해야 한다는 규정의 문리적 해석에 치우친 판단의 결과인데 사실 벼농사라는 것이 직장인이 봄·가을 휴가를 내서 모내기하고 추수하면 되는 것이지 1년 중 183일을 논에 나가서 지키고 있어야 하는 것이 아니기 때문에 직장인이든 사업에 종사하는 경우든 실제적인 직접자경사실에 따라 판단되어야 하는 것이 아닌가 생각되는 부분입니다.

한편 세대원이 경작한 경우는 종전의 8년 이상 자경농지에 대한 감면요건

에서는 생계를 같이하는 세대원이 자경한 경우에 대해서도 자경한 농지의 감면대상에 포함하였던 것이나 개정된 법령(조세특례제한법 제66조 제⑫항, 2006. 2. 9 신설) 시행 이후 생계를 같이하는 세대원이 실제 자경을 하였다고 하더라도 자경으로 보지 않고 있습니다.

## (4) 재촌·자경한 것으로 간주하는 기준(사업용사용의제)에 해당하는지 확인합니다.

이와 같은 요건에 해당하면 재촌·자경하지 않은 경우라도 재촌·자경한 것으로 보므로 기간요건과 지역요건(예외 있음)만 충족하면 사업용토지가 되는데 다음과 같은 것이 있습니다.

### ① 주말·체험영농 소유 농지(세대당 1,000㎡)

주말·체험영농(농업인이 아닌 개인이 주말 등을 이용하여 취미 또는 여가활동으로 농작물을 경작하거나 다년생식물을 재배하는 것을 말함)을 하고자 소유하는 경우(농지법 제6조 ②항 3호)로서 상기 규정을 적용받는 농지는 주말영농목적에 대한 농지의 소유를 허용한 농지법상 시행시기인 2003. 1. 1 이후 취득한 농지에 대하여 적용된다. 따라서 2002. 12. 31 이전에 취득한 농지는 재촌·자경을 하는 경우에 한하여 사업용으로 사용한 것으로 인정됩니다(서사-2371, 2006. 7. 20).

### ② 종자생산자, 농업기자재 생산자 소유농지

「초·등교육법 및 고등교육법」에 의한 학교, 농림수산식품부령이 정하는 공공단체·농업연구기관·농업생산자치단체 또는 종묘 기타 농업기자재를 생산하는 자가 그 목적사업을 수행하기 위하여 필요로 하는 시험·연구·실습지 도는 종묘생산용지로 농림수산식품부령이 정하는 바에 의하여 농지를 취득하여 소유하는 경우를 말합니다(농지법 제6조 제②항 2호).

③ 상속농지(상속일로부터 3년이 경과하지 않는 토지)

상속(상속인에게 유증한 경우를 포함한다)에 의하여 농지를 취득한 경우(농지법 제6조 ②항 4호)로서 상속개시일로부터 3년을 재촌·자경한 것으로 보는 것이므로 상속 개시일로부터 5년 이내 양도하는 경우 재촌·자경의 기간기준(5년 중 3년을 사업용으로 사용)요건을 갖춘 이어야 합니다.

상속받은 농지는 피상속인 및 상속인의 재촌·자경여부, 농지의 소재 지역에 불구하고 사업용으로 의제되지만 상속개시일로부터 양도일까지 농지로 사용된 경우에 한하여 상속농지에 해당합니다(서사-1961, 2006. 6. 23, 서사-2736, 2006. 2. 8).

따라서 상속받을 당시에는 농지였으나 양도일 현재는 지목이 변경된 경우에는 상속농지에 해당하지 아니합니다. 또한 상속개시일로부터 3년간을 사업용으로 사용한 것으로 볼 수 없다고 할 것입니다.

④ 이농농지(이농일로부터 3년이 경과하지 않은 토지)

8년 이상 농업경영을 하던 자가 이농하고, 이농당시 소유하고 있던 농지를 계속 소유하는 경우

이농일로부터 3년을 재촌·자경으로 보는 것이므로 이농일로부터 5년 이내 양도하는 경우 재촌·자경의 기간기준 요건을 갖춘 토지가 됩니다.

2006. 12. 31 이전에 이농한 자가 이농당시 소유하고 있는 농지는 2009. 12. 31까지 양도시 비사업용에서 제외됩니다(소득세법시행규칙 제83의5 제③항 2호, 2008. 4. 29 개정).

⑤ 농지전용허가를 받는 농지

「농지법」 제34조 제1항의 규정에 의하여 농지 전용 허가(다른 법률에 따라 농지전용허가가 의제되는 인가·허가·승인 등을 포함한다)를 받거나 농지전용 신고를 한 자가 소유하는 농지(농지법 제6조 ②항 7호)로서 당해 전용목적으로 사용되는 토지

⑥ 농지 전용 협의 완료 농지

「농지법」제34조 제2항의 규정에 의하여 농지전용협의를 완료한 농지(농지법 제6조 ②항 8호)로서 당해 전용목적으로 사용되는 토지

⑦ 한국농촌공사가 개발한 농지

한국농촌공사가 「한국농촌공사 및 농지관리기금법」제24조 제2항에 따라 개발하여 매도하는 개발사업지구 안에 소재하는 농지로서 도·농간 교류 촉진을 위한 1,500㎡미만의 농지 및 「농어촌 정비법」제84조 제3항의 규정에 의한 농지를 취득하여 소유하는 경우(농지법 제6조 ②항 9호)

⑧ 「한국농촌공사」가 소유한 농지

「한국농촌공사 및 농지관리기금법」에 의하여 한국농촌공사가 농지를 취득하여 소유하는 경우(농지법 제6조 ②항 10호 가목)

⑨ 매립농지

「공유수면매립법」에 의하여 매립농지를 취득하여 소유하는 경우(농지법 제6조 ②항 10호 다목)

⑩ 개발사업자가 취득한 농지

토지수용, 「공익사업법」에 의하여 취득한 농지 및 토지동의 개발사업과 관련하여 사업시행자 등이 농지를 취득하여 소유하는 경우로서 당해 사업목적에 사용되는 농지(농지법 제6조 ②항 10호 라목 ~ 바목)

⑪ 종중 소유 농지(2005. 12. 31 이전에 취득한 농지에 한한다)

상기 종중소유 농지는 녹지지역에 있는 농지를 말하며, 도시지역 내 주거·상업·공업지역에 소재하는 농지(2005. 12. 31 이전에 취득한 농지에 한한다)는 소득세법 시행령 제168조의14 제3항의 규정(무조건 사업용의제)에 의거 비사업용토지에서 제외됩니다. 따라서 종중이 2005. 12. 31 이전에 소

유하는 농지는 지역과 양도시기에 불구하고 모두 비사업용토지에서 제외됩니다.

⑫ 부득이한 경우로 자경할 수 없는 경우

소유자가 질병, 고령, 징집, 취학, 선거에 의한 공직 취임, 농지법시행령 제25조 제2항 제2호에 해당하는 경우 등 부득이한 사유로 인하여 자경할 수 없는 경우로서 다음의 요건을 모두 갖춘 토지

사유발생일로부터 소급하여 5년 이상 계속하여 재촌·자경한 농지로서 사유발생일 이후에도 소유자가 재촌하고 있을 것

다만, 사유발생일 당시 소유자와 동거하던 가족이 농지소재지에 재촌하고 있는 경우에도 소유자가 재촌한 것으로 봅니다.

농지법 제23조의 규정에 따라 농지를 임대하거나 사용할 것

가. 소유자는 소득세법 제154조 제6항(가족의 범위)의 규정 중 소유자와 동거를 하면서 함께 영농에 종사하는 자를 포함합니다.

나. 질병 : 1년 이상의 치료나 요양을 필요로 하는 질병

고령 : 65세 이상의 연령

⑬ 비영리사업자가 소유하는 농지

제사·종료·자선·학술·기예 등 공익사업을 목적으로 하는 지방세법 제186조 제1호 본문의 규정에 따른 비영리 사업자가 그 사업에 직접 사용하는 토지

⑭ 농지법 그 밖의 법률에 따라 소유할 수 있는 농지로서 지식경제부령이 정하는 농지(2009. 1. 1 현재 지식경제부령에 규정하고 있는 농지는 없습니다)

⑮ 한국농촌공사에 8년 이상 임대하거나 사용대를 위탁한 농지

농지은행의 임대수탁사업을 활성화함으로써 영농규모화를 촉진하고 농지임대차거래의 투명성 제고하기위하여 2008. 2. 22 이후 양도하는 분부터 적용합니다.

## 임 야

임야라 함은 산림 및 원야를 이루고 있는 수림지·죽림지·암석지·자갈땅·모래땅·습지·황무지 등의 토지를 말합니다.

따라서 지목이 임야인 경우 농지 또는 기타의 특정용도로 이용되고 있지 아니하는 한 이용 상황을 임야로 봅니다.

다만, 도시지역 안에 있는 임야로 기타의 공공목적으로 이용되고 있지 않은 임야에 대해서는 임야 주변의 여건, 실제 토지의 현황 등을 고려하여 나대지 또는 잡종지로 판단이 되는 경우에는 임야로 볼 수 없다. 특히 토지형질변경에 따른 산림전용부담금 및 대체조림비를 부담하고 형질을 변경한 경우라면 사실상 나대지에 해당된다고 보아야 합니다(국심 97서 964, 1997. 8. 1 참조).

또한 임야를 시장 또는 군수에게 골재채취허가를 받아 골재채취에 사용되고 있는 임야는 실제 사용현황에 따라 골재채취용 토지를 보는 것이며, 골재채취를 완료한 토지는 이후 사용현황에 따라 용도를 판단하여야 한다.

임야에 대한 사업용토지는 범위는 비교적 간단하므로 비사업용토지 여부의 판정이 대체로 용이한 편입니다.

세법의 규정에 따르면 임야는 원칙적으로 비사업용에 해당합니다. 다만, 다음의 경우에는 비사업용에서 제외하고 있습니다.

---

① 일정기간 동안 재촌하는 자가 소유하는 임야
② 공익상 필요 또는 산림의 보호 육성에 필요한 임야
③ 거주 또는 사업과 직접관련이 있는 임야

---

임야에 대해 사업용토지 여부를 판단하기 위해서는 사업용으로 사용하였는가하는 사용기준만 충족하면 되고 특수한 경우에는 세법상 임야요건인 지역기준도 적용됩니다.

면적기준이나 수입금액비율기준은 해당되지 아니합니다. 사용기준에는 사업용으로 사용으로 간주하는 경우를 포함합니다. 따라서 사용기준, 지역기준

(특수한 경우)이 기간기준에 충족하면 사업용토지가 됩니다.

양도하는 임야가 사업용토지에 해당하는가 여부를 판정하기 위해서는 다음과 같은 순서로 검토해 보시기 바랍니다.

### (1) 당해토지가 세법상 임야에 해당하는가 여부를 확인합니다.

임야는 원칙적으로 지역기준의 적용을 받지 않습니다.

따라서 임야가 국토계획법상 주거지역, 상업지역 또는 공업지역에 소재를 하는 경우에도 사업용 사용기준만 적합하면 사업용 토지에 해당됩니다.

다만, 「산지관리법」에 따른 산지 안의 임야로서

- 「산림자원의 조성 및 관리에 관한 법률」에 따른 산림경영계획인가를 받아 사업 중인 임야
- 「산림자원의 조성 및 관리에 관한 법률」에 따른 특수산림사업지구 안의 임야에 한해 지역기준을 적용받게 됩니다.

위 두가지 규정을 적용받는 임야는 「국토의 계획 및 이용에 관한 법률」에 따른 도시지역(보전녹지지역을 제외한다)안의 임야로서 도시지역으로 편입된 날로부터 2년이 경과되지 아니한 임야에 한하여 비사업용 토지에서 제외됩니다.

임야의 경우에는 원칙적으로 지역기준이 적용되지 않지만 유일하게 상기 두가지에 해당하는 임야만 지역기준이 적용되므로 이외의 임야는 임야의 소재지역을 따져볼 필요가 없습니다.

따라서 재촌하는 임야의 경우에도 도시지역 안의 어느 용도지역에 소재하더라도 재촌요건과 기간기준 요건만 충족되면 비사업용 임야에서 제외됩니다.

### (2) 무조건 사업용으로 간주하는 임야에 해당하는가 여부를 확인합니다.

소득세법 시행령 제168조의14 제3항에서 열거하고 있는 무조건 사업용 토

지에 해당하는 임야는 다음과 같습니다.

> ① 2006. 12. 31 이전에 상속받은 임야로 2009. 12. 31 이전에 양도하는 임야
> ② 2006. 12. 31 이전에 20년 이상 소유한 임야로 2009. 12. 31 이전에 양도하는 임야

## (3) 양도자가 당해 임야를 일정기간(기간기준동안) 재촌하면서 소유하였는 지 여부를 확인합니다.

재촌은 임야소재지에 거주하는 경우를 말합니다. 임야소재지에 거주하는 경우라 함은 임야의 소재지와 동일한 시·군·구(자치구를 말함) 또는 그와 연접한 시·군·구 안의 지역에 주민등록이 되어 있고 사실상 거주 하는 것을 말합니다.

2008. 2. 22 양도하는 분부터 농지소재지 또는 연접 시·군·구로 한정된 「재촌」의 범위를 통작거리를 감안하여 합리적으로 조정하여 농지로부터 직선거리 20㎞이내에 주민등록이 되어있고 사실상 거주하는 경우에도 재촌하는 것에 추가하였습니다.

따라서 임야의 경우에는 임야 소재지에서 일정기간동안 거주요건만 충족하면 되고 별도로 임야를 특별한 목적으로 이용하지 않더라도 상관없습니다. 여기서 일정한 기간 동안 재촌 요건은 기간기준(사업용 사용기간)의 판단대상이 됩니다.

### ① 부득이한 사유로 재촌하지 못한 경우

재촌하는 자가 소유하는 임야는 재촌 이외에 별도로 사업용에 직접 사용하는 등 제한요건이 없습니다. 따라서 미성년자가 소유하더라도 재촌만 하고 있으면 비사업용토지에서 제외됩니다. 이때 토지소유자가 취학등의 사유로 일시적으로 재촌하지 못하는 경우에 대해 예외규정을 두고 있지 않습니다.

따라서 부득이한 사유로 재촌을 하지 못한 경우라고 할지라도 비사업용토지에서 제외되지 아니합니다(서사-3645, 2006. 11. 6).

② 세대원만 재촌한 경우

토지소유자는 재촌하지 못하고 세대원만 재촌한 경우에 대해서도 농지의 경우처럼 재촌으로 인정할 수가 없다고 봅니다. 반대로 토지소유자는 사실상 재촌을 하였으나 세대원은 재촌을 못한 경우에는 재촌에 해당되는 것으로 보아야 할 것입니다.

## (4) 공익상 필요 또는 산림의 보호육성에 필요한 임야(사업용 사용의제)에 해당하는가를 검토해야 합니다.

공익상 필요 또는 산림의 보호육성에 필요한 임야를 비사업용토지에서 제외되는 사유는 임야의 이용목적, 이용상태, 소유주체 및 용도의 특수성이나 법률상 처분 및 이용이 제한·금지되어 있는 점, 투기의 대상을 막고 조세의 형평성을 고려하기 위해 비사업용 토지의 규정을 입법한 취지에 비추어 공익목적으로 사용되고 있는 임야에 대해서는 취득시기 및 취득목적에 불구하고 당해 목적으로 사용되는 기간은 비사업용 토지에서 제외하였습니다.

「산림법」또는 그 밖의 법률에 의하여 공익상 필요 또는 산림의 보호육성에 필요한 임야는 다음과 같습니다.

1) 「산림자원의 조성 및 관리에 관한 법률」에 의한 산림유전자원보호림·보안림·채종림 또는 시험림

2) 「산지관리법」에 따른 산지안의 임야로서 다음 어느 하나에 해당하는 임야
   ① 「산림자원의 조성 및 관리에 관한 법률」, 「산림법」에 따른 산림경영계획인가를 받아 사업중인 임야
   ② 「산림자원의 조성 및 관리에 관한 법률」에 따른 특수산림사업지구안의 임야

위의 2)의 규정을 적용받는 임야는 「국토의 계획 및 이용에 관한 법률」에 따른 도시지역(보전녹지지역을 제외한다)안의 임야로서 도시지역으로 편입

된 날로부터 2년이 경과되지 아니한 임야에 국한됩니다.

임야의 경우에는 원칙적으로 지역기준이 적용되지 않지만 유일하게 2)에 해당하는 임야만 지역기준이 적용되므로 2)이외의 임야는 임야의 소재지역을 따져 볼 필요가 없습니다.

따라서 재촌하는 임야의 경우에도 도시지역 안의 어느 용도지역에 소재하더라도 재촌요건과 기간기준 요건만 충족되면 비사업용 임야에서 제외됩니다(임야는 원칙적으로 지역기준을 적용받지 않지만 (2)의 ①과 ②에 열거된 임야에 한해 지역기준을 적용받음).

3) 사찰림 또는 동유림
4) 「자연공원법」에 따른 공원자연 보존지구 및 공원자연 환경지구안의 임야
5) 「도시공원 및 녹지 등에 관한 법률」에 따른 도시공원안의 임야
6) 「문화재보호법」에 따른 문화재 보호구역안의 임야
7) 「전동사찰보존법」에 따라 전통사찰이 소유하고 있는 경내지
8) 「개발제한구역의 지정 및 관리에 관한 특별조치법」에 따른 개발제한 구역안의 임야
9) 「군사시설보호법」에 따른 군사시설 보호구역, 「해군기지법에 따른 해군기지구역 또는 군용전기통신법」에 따른 특별보호구역안의 임야
10) 「도로법」에 따른 접도구역안의 임야
11) 「철도안전법」에 따른 철도 보호지구안의 임야
12) 「하천법」에 따른 연안구역안의 임야
13) 「수도법」에 따른 상수원 보호구역안의 임야
14) 그 밖의 공익상 필요 또는 산림의 보호육성을 위하여 필요한 임야로서 기획재정부령이 정하는 임야(2009. 1. 1 기획재정부령이 정한 임야는 없음)

(5) 임야의 소유자, 소재지, 이용상황, 보유기간 및 면적등을 감안하여 거주 또는 사업과 직접 관련이 있다고 인정할 만한 상당한 이유가 있는 임야 에 해당하는가 여부를 검토합니다.

이때 당해 기간이 사업용기간으로 간주됩니다(소득세법시행령 제168조의 9 제③항).

다음의 임야가 사업용으로 간주됩니다.

1) 「임업 및 산촌진흥촉진에 관한 법률」에 따른 임업후계자가 산림용 종 자, 산림용 묘목, 버섯, 분재, 야생화, 산나물 그 밖의 임산물의 생산에 사용하는 임야

2) 「산림자원의 조성 및 관리에 관한 법률」에 따른 종묘 생산업자가 산림 용 종자 또는 산림용 묘목의 생산에 사용하는 임야

3) 「산림문화·휴양에 관한 법률」에 따른 자연휴양림을 조성 또는 관리· 운영하는 사업에 사용되는 임야

4) 「수목원 조성 및 진흥에 관한 법률」에 따른 수목원을 조성 또는 관리· 운영하는 사업에 사용되는 임야

5) 산림계가 그 고유목적에 직접 사용하는 임야

6) 제사·종교·자선·학술·기예 그 밖의 공익사업을 목적으로 하는 「지 방세법」 제186조 제1호 본문의 규정에 따른 비영리 사업자가 그 사업 에 직접 사용하는 임야

비영리 사업자가 그 사업에 직접 사용하는 임야라 함은 당해 공익사업 또는 공공사업등 고유목적사업에 직접 사용하는 것만을 의미하므로 당 해 목적사업을 수행하는데 필요한 자금등의 마련을 위해 수익사업세 사용되는 경우는 그 사업에 직접 사용하는 경우에 해당되지 않는다고 보아야 합니다(대법 97누9338, 1997. 11. 14).

7) 상속받은 임야로서 상속개시일로부터 3년이 경과하지 아니한 임야

① 상속개시일로부터 3년을 사업용으로 보는 것이므로 상속개시일로 부터 5년 이내 양도하는 경우 사업용의 기간기준요건을 갖춘 토지 가 되는 것입니다.

② 2007년 이후 상속된 임야에 한해 적용대상이 됩니다.

③ 2006. 12. 31 이전에 상속을 받은 임야는 상속개시일에 불구하고 2009. 12. 31까지 양도시에는 비사업용토지에서 무조건 제외됩니다.

8) 종중이 소유한 임야(2005. 12. 31 이전에 취득한 것에 한함)

9) 2006. 12. 31까지 20년 이상 소유한 임야(2009. 12. 31까지 양도)

10) 그 밖에 토지의 소유자, 소재지, 이용상황, 소유기간 및 면적등을 감안 하여 거주 또는 사업과 직접 관련이 있는 임야로서 기획재정부령이 정 하는 임야(2009. 1. 1 현재 기획재정부령에 별도로 규정한 임야가 없음)

## 목장용지

목장용지라 함은 축산용으로 사용되는 축사와 부대시설의 토지, 초지 및 사료포를 말합니다. 따라서 공부상 토지의 지목에 불구하고 사실상 토지 이용 현황이 목장용지로 사용되는 경우에 한하여 이 규정을 적용합니다.

목장용지에 있어서는 사용기준, 지역기준, 면적기준에 의한 사업용요건이 기간기준에 충족되어야 사업용토지가 됩니다.

양도하는 목장용지가 사업용토지에 해당하는가 여부를 판정하기 위해서 는 다음과 같은 순서로 검토해 보시기 바랍니다.

### (1) 당해토지가 실제 목장용지인지 여부를 확인합니다.

목장용지라 함은 축산용으로 사용되는 다음의 토지를 말합니다.

---

① 축사의 부수토지

② 부대시설 : 가축사육을 위한 사무실, 관리인의 집, 창고, 건초사, 싸이로, 급수시설, 두엄간, 운동장 및 그늘막과 그 보조시설, 축사 및 부대시설 진입을 위한 도로

③ 초지 : 다년생개량목초의 재배에 이용되는 토지의 목도, 진입로로, 축사 및 부대시 설을 위한 토지

④ 사료포 : 조사료를 생산하기 위하여 다년생작물을 재배하는 토지

---

축산용 목장용지라 함은 축산법상 가축을 통하여 축산물 생산에 이용되는 토지라고 할 수 있습니다.

이때 축산물을 생산하는 가축과 관련하여 축산법 제2조 제1호 및 축산법 시행규칙 제2조, 제4호, 농림부령에 고시하는 동물로 정의하고 있습니다.

---

① 축산법 제2조 제1호에 규정한 가축
   소, 말, 양(염소, 산양포함), 돼지, 닭
② 축산법 시행규칙 제2조에 규정한 가축
   - 노새, 당나귀, 토끼, 개 및 사슴
   - 오리, 거위, 칠면조 및 메추리
   - 꿀벌
③ 농림부령이 고시한 동물(2004년 5월 고시)
   - 짐승 : 오소리, 뉴트리아
   - 가금 : 타조, 꿩
   - 관상용조류 : 금와조 등 15종
   - 기타 : 지렁이

---

한편 소득세법시행령 제168조의11 제7항의 규정을 보면 비사업용토지를 적용함에 있어서 업종의 분류는 이 영에 정하는 특별한 규정이 있는 경우를 제외하고는 통계법 제17조의 규정에 따라 통계청장이 고시하는 한국표준산업분류에 따른다고 규정하고 있습니다.

### ➡ 한국표준산업분류표상 축산업의 범위

---

• 소, 말, 양 사육업
• 기타 축산업
 - 양돈, 산란계, 유계
 - 고기, 알 등을 생산하는 오리, 거위, 칠면조, 메추리 등 각종 조류사육
 - 양봉업
 - 고기 및 기타 동물성 물질생산 또는 종금 및 종축, 관상용, 애완용 기타 목적 등으로 판매하기 위해 유용 또는 고기용, 소, 말, 돼지, 양, 가금과 각종의 육지동물을 사육·증식하는 업

---

위와 같이 축산법상 가축의 범위와 한국표준산업분류상 축산업의 범위는

다소 차이는 있지만 소득세법시행령 제168조의11 제17항에 근거한 한국표준 산업분류상에는 낙농 또는 알, 고기를 생산할 목적이든 관상용과 애완용까지 일체의 가축 사육 및 양식을 하는 경우를 축산업에 포괄적으로 규정하고 있습니다.

따라서 가축별 기준면적에 열거되어 있지 아니한 가축의 경우에도 축산업을 포함한다고 보아야 합니다.

### (2) 무조건 사업용으로 간주되는 목장용지인지 여부를 확인합니다.

부득이한 사유로 비사업용 토지에 해당되는 경우 사업에 직접 사용한 것으로 간주되는 다음의 목장용지는 사용기준, 면적기준, 지역기준에 불구하고 비사업용토지에서 제외됩니다.

> ① 2006년 12월 31일 이전에 상속받은 목장용지로서 2009. 12. 31 이전에 양도하는 경우
> ② 2006년 12월 31일 이전에 20년 이상을 소유한 목장용지로서 2009. 12. 31 이전에 양도하는 경우
> ③ 공익사업목적으로 협의매수 또는 수용되는 경우로서 2006년 12월 31일 이전에 사업인정고시된 지역의 목장용지 또는 취득일(상속받은토지는 피상속인이 해당토지를 취득한 날을 말한다)이 사업인정고시일로부터 5년 이전인 목장용지
> ④ 공해 등으로 매수자의 요청에 의해 취득한 공장용 부속토지의 인접토지

### (3) 양도자가 당해 목장용지를 일정기간 이상 축산업에 사용하였는지, 기준 면적을 초과하는지, 당해 목장용지가 도시지역 내에 소재하는지 여부를 확인합니다.

사업용에 직접 사용한 토지라 함은 축산업을 직접 영위한 목장용지를 말합니다. 따라서 타인에게 임대를 준 경우에는 직접 사용에 해당되지 아니하므로 비사업용 토지에 해당 됩니다. 농지 또는 임야의 경우에 직접 사용은 재촌 요건을 축적하여야 하지만 목장용지의 경우에는 재촌 요건이 없으므로 직접 축산업을 영위하면서 사용기준을 충족합니다.

일정기간동안 다음 중 어느 하나에 해당하는 경우에는 비사업용 목장용지에 해당됩니다(소득세법 제104조의3 ①항 3조).

> (1) 축산업을 영위하지 아니하는 자가 소유하는 목장용지
> (2) 축산업을 영위하는 자가 소유하는 목장용지로서
>   ① 기준면적을 초과하는 토지
>   ② 특별시, 광역시(군지역 제외), 시지역(읍·면지역 제외)의 도시지역 안의 목장용지(도시지역에 편입된 날로부터 2년이 경과되지 아니한 경우를 제외)

### (4) 사업용으로 사용 간주되는 목장용지에 해당하는가 여부를 확인합니다.

토지의 소유자, 소재지, 이용상황, 보유기간 및 면적등을 감안하여 거주 또는 사업과 직접 관련이 있다고 인정할 만한 상당한 이유가 잇는 임야로서 일정기간동안 다음에 해당하는 것은 비사업용 목장용지에서 제외한다(소득세법시행령 제168조의10 ①항).

> ① 상속받은 목장용지로서 상속개시일로부터 3년이 경과하지 아니한 것(상속일로부터 5년 이내에 양도하는 경우)(2006. 12. 31 이전에 상속받은 경우에는 2009. 12. 31까지 양도시 비사업용토지에서 제외됨)
> ② 종중소유 목장용지(2005. 12. 31 이전 취득분에 한함)
> ③ 제사·종교·자선·학술·기예 그 밖의 공익사업을 목적으로 하는「지방세법」제186조 제1호 본문의 규정에 따른 비영리사업자가 그 사업에 직접 사용하는 목장용지
> ④ 그 밖의 토지 소유자, 소재지, 이용상황, 소유기간 및 면적 등을 감안하여 거주 또는 사업과 관련이 있는 목장용지로서 재정경제부령이 정하는 것(2007. 3. 1 현재 재정경제부령이 정하는 목장용지는 별도 규정이 없음)

상기 사업용 사용의제 규정이 적용되는 목장용지는 원칙적으로 기간기준을 적용받으므로 이정기간 사업용에 사용하여야 합니다. 그러나 ①의 상속받은 목장용지와 ②의 종중소유 목장용지는 별도의 사업용 사용기준이 적용되지 않고 상속이라는 취득원인과 종중소유라는 소유자 기준만 충족되면 사업용에 사용된 것으로 의제되므로 결국 ③의 경우만 사용기간기준이 적용됩니다.

목장용지는 도시지역 안에 소재하는 경우 비사업용에 해당하므로 도시지역 밖에 소재하는 목장용지만 비사업용에서 제외됩니다.

농지는 도시지역 안이라고 하더라도 녹지지역과 개발제한구역 내에 소재하는 경우에는 비사업용제외지역기준에 해당됩니다.

하지만 목장용지는 농지와 달리 도시지역 안의 녹지지역과 개발제한구역 내에 소재하는 경우 지역기준을 충족하지 못해 비사업용에 해당이 됩니다.

2008. 2. 22 이후 양도하는 분부터 도시지역 안이라고 하더라도 녹지지역과 개발제한구역을 제외하고 비사업용토지를 판정함으로써 농지와 형평성을 제고하였습니다.

즉 도시지역 중에서 녹지지역 및 개발제한구역 내에서 축산업을 영위하고 축산용 토지 기준면적 이내의 토지는 사업용 기간에 해당됩니다.

목장용지는 직접 사업에 사용되는 경우에 비사업용 토지에서 제외되기 때문에 토지 사용현황이 합리적, 효율적으로 사용되어야 한다. 따라서 농지 또는 임야와는 달리 적정 사용여부를 판단하기 위한 기준면적의 적용이 필요합니다.

- 기준면적(소득세법시행령 제168조의10 ③항 관련)

축산용 토지의 기준면적은 축사, 부대시설, 초지, 사료포 등 4가지에 대해 각각 기준면적을 별도로 적용합니다.

축사와 부대시설의 기준면적은 건물의 면적을 의미하는 것이 아니라, 축사 및 부대시설이 정착되어 있는 부속토지 전체의 기준면적을 뜻합니다. 따라서 원칙적으로 각 건물(축사 및 부대시설을 말함)의 면적은 기준면적처럼 건축물의 바닥면적에 용도지역별 일정배율을 적용하는 방법으로 기준면적을 산정하지 아니함에 유의하여야 합니다.

축산용토지 및 건물의 기준면적은 양도일 전 축산업을 영위한 일정기간의 최고 사육두수를 평균한 두수에 축산용토지 기준을 적용하여 기준면적을 산정합니다.

또한 기준면적은 축사, 부대시설, 초지 또는 사료포의 기준면적을 모두 합산한 면적으로 하되, 각각의 토지면적이 그 기준면적에 미달하는 경우에는 그 미달하는 면적은 없는 것으로 봅니다.

① 가축별 기준면적

| 구 분 | 사업 | 가축두수 | 축사및부대시설(㎡) | | 초지 · 사료포(ha) | | 비 고 |
|---|---|---|---|---|---|---|---|
| | | | 축사 | 부대시설 | 초지 | 사료포 | |
| 한우(육우) | 사육 | 1두당 | 7.5 | 5 | 0.5 | 0.25 | 말 · 노새 · 당나귀사육 포함 |
| 한우(육우) | 비육 | 1두당 | 7.5 | 5 | 0.2 | 0.1 | |
| 유우 | 목장 | 1두당 | 11 | 7 | 0.5 | 0.25 | |
| 양 | 목장 | 10두당 | 8 | 3 | 0.5 | 0.25 | |
| 사슴 | 목장 | 10두당 | 66 | 16 | 0.5 | 0.25 | |
| 토끼 | 사육 | 100두당 | 33 | 7 | 0.2 | 0.1 | 친칠라사육 포함 |
| 돼지 | 양돈 | 5두당 | 50 | 13 | – | – | 개사육 포함 |
| 가금 | 양계 | 100두당 | 33 | 16 | | | |
| 밍크 | 사육 | 5두당 | 7 | 7 | | | 여우사육 포함 |

② 가축두수

가축두수는 다음 각 목의 어느 하나의 방법 중 납세자가 선택하는 방법에 따라 산정한다.

> ㉠ 양도일 이전 최근 6과세기간(양도일이 속하는 과세기간을 포함) 중 납세자가 선택하는 축산업을 영위한 3과세기간의 최고사육두수를 평균한 것
> ㉡ 양도일 이전 최근 4과세기관 중 납세자가 선택하는 축산업을 영위한 2과세기간의 최고사육두수를 평균한 것
> ㉢ 축산업을 영위하는 기간이 2년 이하인 경우에는 축산업을 영위한 과세기간의 최고 사육두수를 평균한 것

### 주택의 부속토지

지방세법상 재산세 과세대상을 구분함에 있어서 부속토지는 종합합산대상으로 분류됩니다. 원칙적으로 비사업용토지의 범위를 지방세법상 재산세 과세대상 중 종합합산대상 토지로 삼았습니다.

주택의 부속토지의 사업용 사용기준은 주택의 부속토지로 사용되기만 하면 요건을 충족합니다. 따라서 사용기준을 판단함에 있어서 주택의 소유자는 영향을 미치지 아니합니다. 즉 토지소유자와 주택의 소유자가 동일하지 않더라도 사업용에 직접 사용되는 것으로 보기 때문에 타인소유 주택의 부속토지도 비사업용토지에서 제외됩니다.

주택으로 사용되고 있더라도 사용기간에 대한 기간기준은 당연히 적용됩니다. 그러나 취득당시부터 주택의 부속토지로 사용되는 토지를 취득하고 그 부속토지의 면적이 기준면적을 초과하지 아니한 경우에는 보유기간 전체가 사업용 사용 기간기준에 적합하므로 비사업용토지에서 제외됩니다.

주택의 사업용 사용에 대한 기간기준은 나대지를 취득하여 주택을 신축한 경우 또는 기준면적을 초과한 토지에 증축을 할 경우등과 같은 경우에 있어서는 별도로 사용기간기준의 적정성 여부를 판단하여야 합니다.

### • 주택을 신축한 경우

① 1주택 이상을 소유한자가 신축한 경우

나대지를 취득하여 주택을 신축한 경우에는 취득일로부터 2년간에 건설에 착공하여 공사가 진행 중인 기간을 가산한 기간을 사업용 사용기간으로 봅니다.

② 무주택자가 신축한 경우

무주택자가 200평 이하의 나대지를 보유한 경우에는 나대지를 보유한 기간도 사업용에 사용한 것으로 보므로 공사에 착공을 하여 건설이 진행 중인 기간 및 주택이 완공되어 주택의 부속토지로 사용한 기간등 보유기간 천제를 사업용에 사용한 기간으로 봅니다.

다만, 기준면적을 초과한 부속토지에 대해서는 비사업용토지에 해당됩니다.

- **증축한 경우**

기존주택만으로 기준면적을 초과한 토지가 없는 경우에는 증축에 불구하고 사용기간기준을 충족합니다. 그러므로 증축면적에 해당하는 부속토지에 대한 기간기준의 적정성 여부를 별도로 판단할 필요가 없다고 판단됩니다.

다만, 기존주택만으로 기준면적을 초과한 면적이 있는 경우에는 증축된 면적의 사용기간기준을 별도로 충족하는지를 검토하여야 합니다.

- **용도변경을 한 경우**

주택을 주택이외의 용도 또는 주택이외의 용도를 주택으로 용도변경을 한 경우에는 당해 용도로 사용하던 기간의 면적기준에 차이가 있으므로 양도일 직전의 사용용도만을 기준으로 사용기간기준을 판단하면 안 될 것입니다.

즉 근린생활시설로 사용하던 건물을 주택으로 용도 변경한 경우에 주택의 사용기간기준이 충족되지 못하다면 근린생활시설로 사용한 기간을 별도로 기간기준에 적합한지 여부를 검토하여야 합니다.

주택의 부속토지 기준면적은 주택의 정착면적에 지역별 적용배율을 곱하여 산정합니다.

기준면적을 초과하는 면적을 산정하기 위해서는 1단계로 사실상 사용면적을 확인한 다음 2단계로 사실상 사용 면적이 기준면적을 초과하는지 여부를 검토하여야 합니다. 따라서 1세대1주택 비과세 규정에서 정한 주택의 부수토지와 기본개념은 동일합니다. 다만, 타인이 소유하는 주택의 부수토지에 대해 비과세 규정에서는 부수토지에서 제외되지만 비사업용토지에서는 타인이 소유하는 주택의 부수토지도 부속토지에 포함되는 점이 다르게 됩니다.

① 부속토지의 범위

㉠ 사실상 사용면적

주택의 부속토지라 함은 당해 주택이 정착하고 있는 면적과 주거생활을 하는데 필요한 공간으로서 주택과 경제적 일체를 이루고 있는 토지를 말한다. 통상의 주택의 부속토지는 담장이나 울타리 등으로 경계를 두고 있어 사실상 주거생활로 사용되고 있는 면적이 구분되므로 주택의 부속토지에 해당이 되는지 여부가 명백합니다. 담장 등의 경계가 없다고 하더라도 자연적 또는 인공물에 의해 경계구분이 가능하고 평상시에 사용한 용도가 사회통념상 주거생활공간으로 사용(마당 등을 말함)한 것이라면 주택의 부속토지로 보아야 할 것입니다(같은 뜻 : 대법 98두6890, 1998. 6. 12).

주택의 소유자에 불구하고 정착된 주택의 부속토지로 사용된다면 주택의 사실상 사용면적에 포함합니다.

㉡ 한필지의 토지를 일부만 사용한 경우

한필지의 토지 중 일부만 주택의 부속토지로 사용한 경우에는 실제사용한 면적을 산정하여야 합니다. 재산세 과세대상 또는 기타의 공적인 서류에 의해 주택의 실제사용면적이 확인되는 경우에는 확인된 면적을 주택의 부속토지로 봅니다. 객관적인 문서에 의해 실제사용면적이 확인되지 아니하는 경우에는 지적공사의 현황측량에 의해 확인된 면적을 기준으로 판단하어야 할 것입니다.

㉢ 한 울타리 내에 여러 필지가 있는 경우

주택의 부속토지는 단지 한필지의 토지만으로 제한되어 있지 아니하므로 여러 필지의 토지를 주거생활에 실제로 사용한 경우에는 토지 필지 수에 상관없이 모두 부속토지로 봅니다.

㉣ 전용 사도

당해 토지가 양도주택에만 전용으로 사용하는 별도 필지의 도로인 경우에는 주택의 부수토지로 봅니다. 다만, 다른 세대도 공동으로 사용하는 사도인 경우에는 주택의 부수토지로 보지 않는 것입니다(재일 46014−2307, 1997. 9. 30).

② 기준면적을 초과하는 부속토지

한필지의 토지에 주택이 정착되어 있더라도 사실상 주택의 부속토지로 사용되지 아니한 토지는 주택의 부속토지에 해당되지 않습니다. 반면에 사실상 주택의 부속토지로 사용을 하였더라도 일정기준 면적을 초과하는 토지에 대해서는 비사업용토지로 봅니다.

이때 기준면적은 주택의 정착면적에 일정한 배율을 적용하여 산정합니다.

㉠ 주택의 정착면적

주택의 정착면적은 건물(무허가 건물을 포함)의 수평투영(해당건물의 그림자)면적을 기준으로 하되 지상 및 지하의 건물에 불구하고 전층의 투영면적으로 합니다.

수평투영면적이란 각층의 평면도를 합쳤을 경우 나타나는 도면의 전체면적을 의미합니다. 따라서 단순히 건물의 각 층의 면적 중 가장 넓은 면적을 의미하는 것이 아니라 건물의 위에서 내려다보았을 경우 전체 건물의 면적을 의미합니다.

㉡ 지역별 적용 배율

지역별 적용 배율을 다음과 같습니다.

---

- 도시지역 안의 토지 : 5배
- 토지지역 밖의 토지 : 10배

---

도시지역이라 함은 「국토의 계획 및 이용에 관한 법률」 제6조에 국토의 이용구분에 따라 분류된 도시지역, 관리지역, 농림지역, 자연환경보전지역 중 하나입니다.

도시지역은 다시 같은 법 제36조(용도지역의 지정)에서 주거지역, 상업지역, 공업지역, 녹지지역으로 세분되어 지정되고 있습니다. 따라서 도시지역 안에 소재하는 주택의 경우에는 용도지역의 분류에 불구하고 적용배율이 5배입니다. 그러므로 주거·상업·공업지역이 아닌 녹지지역 또는 개박제한구역도 도시지역에 포함되므로 주택의 부속토지 기준면적은 주택정착면적의 5배 이내로 합니다.

> **참 고**
> ① 지방세법상 주택의 부속토지 기준
>   • 경계가 확정된 경우에는 경계 안
>   • 경계불명확한 경우는 바닥면적의 10배 이내
> ② 일반건축물의 부수토지 기준면적의 범위는 용도지역별 배율을 적용하여 계산합니다.

ⓒ 부속토지 전체면적이 660㎡이내인 경우

주택의 부속토지 전체면적이 660㎡이내인 경우로서 기준면적을 초과한 면적이 있는 경우에도 초과면적은 비사업용토지로 봅니다.

주택의 부속토지는 상기 사용기준과 면적기준만 적용되고 지역기준은 적용되지 않습니다. 즉 주택의 소재지역에 따라 비사업용토지에 해당여부가 달라지지는 아니합니다. 다만, 도시지역 안과 밖에 따라 주택의 부속토지 기준면적에 차이만 있습니다.

② 사업용 사용의제 기준

㉠ 무조건 사업용 의제

주택을 상속받았거나 20년 이상 장기보유한 경우 등에 대해 농지등과 같은 특례규정이 별도로 없습니다. 다만, 다음의 경우에는 무조건 사업용 토지로 의제되므로 사용기간 및 기준면적의 초과여부 등은 따질 필요가 없습니다.

ⅰ) 2006.12.31. 이전에 사업인정고시를 받은 공익사업으로 협의매수·수용되는 경우 또는 취득일(상속받은 토지는 피상속인이 해당토지를 취득한 날을 말한다.)이 사업인정고시일로부터 5년 이전인 토지.

ⅱ) 공해 등으로 토지 소유자의 매수 요청에 의해 취득한 공장용지 인접토지

    ⓒ 사업용 사용기간 의제

부득이한 사유로 주택의 부속토지로 사용 못한 사유가 있는 경우에는 사업에 사용하지 못한 기간을 사업에 직접 사용한 것으로 간주합니다.

ⅰ) 법령상 사용금지 또는 제한이 있는 경우에는 사용금지 또는 제한기간을 사업에 사용한 것으로 봅니다.

상기규정은 현재 사용되고 있는 토지에 대해서 본래의 사용목적대로 사용을 하지 못하도록 사용금지 또는 제한이 있는 경우에만 적용대상이 됩니다. 따라서 현재의 사용용도는 용인되거나 제한이 없는 경우에는 사용금지 또는 제한에 해당되지 않습니다. 예를 들어 도시개발법에 의한 도시개발구역으로 지정된 경우라고 하더라도 현재 사업구역 안에 거주하고 있는 주택에 대해서는 주택으로 사용하는데 제한을 두고 있지 아니하다면 사용금지 또는 제한이 있다고 볼 수 없다는 의미입니다.

ⅱ) 지상에 건축물이 정착되어 있지 아니한 토지를 취득하여 주택을 신축하기 위하여 건설에 착공한 경우에는 토지의 취득일로부터 2년 및 착공일 이후 건설이 진행 중인 기간(단, 착공한 건축물의 바닥면적에 지역별 적용배율을 곱하여 계산한 면적이 이내에 한함)

ⅲ) 건축물이 멸실·철거되거나 무너진 토지 : 건축물이 멸실 또는 철거되거나 무너진 날로부터 2년간(다만, 기준면적을 초과한 면적은 적용제외)

### 별장 및 별장의 부속토지

주거용 건축물로서 상시주거용으로 사용하지 아니하고 휴양·피서·위락 등의 용도로 사용하는 건축물을 말합니다.

첫째, 주거용 건축물이어야 하므로 주거 이외의 용도의 건축물은 제외됩니다.

둘째, 상시 주거용으로 사용여부는 본인 또는 타인에 불구하므로 제3자가 임차를 받아 상시주거용으로 사용하는 경우에는 적용대상이 아닙니다. 다만, 건물의 관리를 위해 건축물의 일부 또는 부속사 등에서 관리인이 상주하는 것은 상시주거용으로 사용한 것으로 볼 수 없습니다.

셋째, 휴양·피서·위락 등의 용도로 사용하더라도 사업목적으로 사용하는 경우에는 적요할 수 없다고 보아야 합니다. 즉 펜션 등의 건축물을 사업목적으로 사용되고 있다면 별장으로 볼 수 없습니다.

일반 건축물과 주택의 경우에는 당해 건축물과 그 부속토지 중 기준면적 이내는 사업용으로 보고 기준면적을 초과하는 부수토지로 봅니다. 그러나 별장의 경우에는 당해 건축물을 물론 그 부수토지 전체를 비사업용으로 보고 있습니다. 비사업용토지를 판정함에 있어서 6가지로 구분된 토지는 토지만을 대상으로 하고 있는데 건축물이 비사업용에 포함된 것은 유일하게 별장뿐입니다.

다음의 건축물 및 부수토지는 비사업용토지에 해당합니다.

- 별장으로 사용되는 건축물
- 그 부수토지 전체(경계불분명시에는 그 건축물과 바닥면적의 10배)

다음은 주택이 별장의 용도로 사용되더라도 비사업용토지에서 제외됩니다.

① 지역기준

다음 지역을 제외한 읍·면 지역에 소재할 것

> • 수도권과 광역시 소재 군지역
>   다만, 접경지역(연천군, 인천옹진군 등)은 포함됩니다.
> • 「국토의 계획 및 이용에 관한 법률」의 도시지역과 토지거래 허가구역
> • 소득세법 제104조의2 제1항의 규정에 의한 투기지역
> • 관광진흥법에 의한 관광단지

② 규모기준

대지면적이 660㎡이내이고 주택의 연면적이 150㎡이하일 것

③ 가액기준

건물과 부속토지의 가액이 기준시가 1억원 이하일 것

## 기타의 토지

지금까지 살펴본 유형의 토지(농지, 임야, 목장용지, 별장 주택부속토지)외의 토지를 기타의 토지라 하는데 기타의 토지는 원칙적으로 재산세 과세대상 구분 중 지방세법 과세체계를 그대로 준용하여 규정하고 있습니다.

지방세법상 종합합산대상 토지는 비사업용토지가 됩니다.

다만, 종합합산대상 토지 중 거주 또는 사업에 직접 관련 있는 토지에 대해서는 예외적으로 비사업용토지에서 제외하고 있습니다.

지방세법 또는 관계 법령에 의하여 재산세가 비과세 되거나 면제되는 토지와 재산세 별도합산대상 토지, 분리과세대상 토지는 사업용토지가 됩니다.

그러므로 이를 토지의 비사업용 여부를 판정하기 위해서는 지방세법상 토지에 대한 재산세의 과세대상 구분(분리과세, 별도합산, 종합합산)을 필수적으로 이해하여야 합니다.

이와 같은 기타토지는 지적법상 28개의 토지유형 중 전, 답, 과수원, 임야, 목장용지를 제외한 나머지 지목의 토지가 해당하는 것인데 나대지, 잡종지, 건축물 부속토지(대)가 비사업용토지 여부를 판정하는 대부분을 차지하고

있습니다.

### ➡ 지적법상 지목의 구분

①전 ②답 ③과수원 ④목장용지 ⑤임야 ⑥광천지 ⑦염전 ⑧대 ⑨공장용지 ⑩학교용지 ⑪주차장 ⑫주유소용지 ⑬창고용지 ⑭도로 ⑮철도용지 ⑯제방 ⑰하천 ⑱구거 ⑲유지 ⑳양어장 ㉑수도용지 ㉒공원 ㉓체육용지 ㉔유원지 ㉕종교용지 ㉖사적지 ㉗묘지 ㉘잡종지

기타토지는 비사업용토지 여부를 판정함에 있어서 토지의 이용상황(유형)에 따라 해당 토지별로 각각 사용기준, 면적기준, 지역기준, 수입금액비율기준을 적용시켜 기간기준이 충족하는가 여부를 따져야 하므로 세법적 판정이 매우 까다롭게 됩니다.

그리고 지방세법상 재산세 과세근거는 비사업용토지에 있어서 중요한 판단기준입니다. 특히 농지, 임야, 목장용지, 주택의 부속토지, 별장 및 별장의 부속토지를 제외한 기타의 토지는 지방세법상 과세근거를 그대로 차용하고 있어서 지방세법에 의한 과세근거는 비사업용토지를 판단함에 있어서 결정적 역할을 합니다.

그러나 비사업용토지의 범위에서 지방세법상 과세대상의 분류기준을 차용한 것이지 지방세법에 부과한 근거대로 비사업용토지를 판단한다는 의미는 아닙니다.

즉 지방세법에 따라 해당 재산세를 부과함에 있어서 착오과세를 하는 경우에는 해당 과세근거를 비사업용토지의 판단근거로 삼을 수 없다는 것입니다.

또한 지방세법상 재산세는 현황부과를 원칙으로 하는 만큼 공부상 지목에 불구하고 과세기준일에 확인된 현황에 따라 부과합니다.

이러한 과세상의 차이로 실무상에 비사업용토지의 범위를 지방세법에 의한 재산세 부과근거를 판단의 기준으로 삼는 경우 유의사항은 다음과 같습니다.

① 건축물의 용도착오

공장용 건축물에 대해 제조업이 폐업되고 일반건축물로 사용되는 경우에도 계속 공장용 건축물로 과세를 하는 경우에는 기준면적이 달라지므로 실제 이용대로 판단하여야 합니다.

② 면적착오

주택의 경우 무허가건축물이 있는 경우 재산세를 부과함에 있어서 과세 누락되는 경우가 있으므로 무허가건축물을 포함하여 비사업용토지를 판정하여야 합니다.

③ 사실상 용도차이

공부상지목이 나대지 또는 잡종지로 되어있는 경우라고 하더라도 사실상 지목이 농지인 경우로서 지역기준에 적합한 경우(도시지역 내 주거·상업·공업지역 외의 지역)에는 분리과세를 한 경우에도 실제 사용용도에 따라 비사업용토지를 판정하여야 합니다(나대지 및 잡종지가 분리과세 되었다는 이유로 사업용으로 볼 수 없으므로 실제 농지인 경우에는 재촌·자경요건을 검토하여야 함).

④ 사실상 지목차이

공부상 임야로 되어 있으나 사실상 지목이 농지인 경우에는 분리과세 되므로 이 경우에는 재촌 요건 이외에 자경요건까지 검토하여야 합니다.

⑤ 구축물 등이 확인되지 아니한 경우

건축물의 부수토지를 검토함에 있어서 지방세법상 건축물에 부수되는 구축물 또는 시설물도 건축물의 면적에 포함되어 있으므로 공부상에 나타나지 아니한 구축물 등의 실제면적으로 검토하여야 합니다.

⑥ 일반건축물과 공장용 건축물의 경우 무허가 건물 등 불포함

건물분 재산세 과세대상에는 무허가 건축물도 포함하여 과세를 함에 따라 용도지역별 배율 적용시 무허가 건물이 포함된 경우에는 무허가 건축물은 제외하고 배율 적용을 하여야 합니다.

⑦ 일반건축물의 경우 3%미달 여부 판단

일반건축물의 경우 건물가액이 토지가액의 3%가 미달되는 경우에는 나대지로 봅니다. 이때 무허가 건물은 건물가액에서 제외되어야 함에도 건물가액에 포함하여 계산된 경우에는 3%를 초과하는 경우가 있으므로 무허가 건물을 제외하고 검토하여야 합니다.

이때 건물가액은 각각 해당년도에 신축된 것으로 보아 토지와 건물의 시가표준액을 적용하여 계산함에 유의하여야 합니다(지방세법시행규칙 73조).

즉 2011년도에 비율계산을 하는 경우에는 건물가액 계산시 실제신축년도에 불구하고 2011년도 신축으로 보아 시가표준액을 계산하고 2010년도에 비율계산은 2010년도에 신축된 것으로 보아 시가표준액을 계산한다는 의미입니다.

또한 1과세기간에 미달이 있는 경우에도 기간기준을 적용하여 3%이상인 경우가 기간기준에 적합한 경우에는 건축물의 부속토지로 보아야 합니다.

토지에 대한 시가표준액을 적용하는 경우에는 1월 1일부터 당해연도 공시지가 고시일(통상 5월 31일임) 전일까지는 직전년도의 시가표준액을 적용하고 공시지가 고시일부터 당해연도의 시가표준액을 적용하여야 합니다.

양도하는 기타의 토지가 사업용 토지에 해당하는가 여부를 판정하기 위해서는 다음과 같은 순서로 검토해 보시기 바랍니다.

(1) 당해 토지의 실제적인 이용상황(사실상지목)을 확인합니다.

예를들어 공부상 지목이 대, 잡종지, 임야로 되어있다 해도 사실상 이용상황이 농지에 해당하고 도시지역내 주거·상업·공업지역이 아닌 곳에 있다면 실제 농지로 보아 재촌·자경요건 등 농지에 대한 비사업용토지 해당요건을 검토해야 한다는 것입니다.

(2) 무조건 사업용으로 간주되는 토지인지 여부를 확인합니다.

공익사업법에 의해 수용, 협의매수된 토지(2006. 12. 31 이전 사업인정 고시된 경우 또는 취득일(상속받은 토지는 피상속인이 해당토지를 취득한 날을 말한다)이 사업인정고시일로부터 5년 이전인 토지의 경우)와 공해 등으로 토지 소유자가 요청하여 매수한 공장용지의 인접 토지는 기간요건에 무관하게 사업용토지로 봅니다.

(3) 당해토지가 지방세법 또는 관계 법령의 규정에 의해 재산세가 비과세되거나 면제되는 토지인가, 지방세법 규정에 의해 재산세가 분리과세 되는 토지인가, 별도합산 되는 토지인가 확인합니다.

재산세 종합합산대상 토지가 아닌 경우에는 사업용토지가 됩니다.

## 1. 지방세법상 재산세 종합합산대상 토지(지방세법 제182조)

상기에서 비사업용토지에서 제외되는 토지를 제외한 토지는 결국 종합합산대상 토지가 됩니다. 따라서 나대지, 잡종지 등의 기타토지는 종합합산대상 토지를 비사업용토지로 규정하고 있습니다. 다만, 종합합산대상 토지 중에서 거주 또는 사업과 직접적인 관련이 있는 토지에 대해서는 비사업용토지에서 제외하고 있습니다.

지방세법 중 토지에 대하여 종합합산대상 토지는 다음과 같습니다.

(1) 건축물이 없는 일반적 의미의 나대지, 잡종지 등
(2) 건축물이 있더라도 건축물이 없는 토지로 보는 경우
  • 건축물시가표준액이 당해부속토지 시가표준액의 3%에 미달하는 건축물의 부속토지
  • 무허가 또는 사용승인 등을 받지 아니한 건축물의 부속토지

(3) 분리과세 대상토지 중 기준면적초과 토지

- 시지역의 산업단지 및 공업지역과 군, 읍, 면지역에 위치한 공장용 건축물의 부속토지 중 공장입지 기준면적 초과토지
  - 공장입지기준면적 = 공장건축물연면적 × 100/업종별기준공장면적률

(4) 별도합산 대상토지 중 기준초과 토지

- 특별시·광역시·시지역(산업단지 및 공업지역과 군·읍·면지역 제외)에 소재하는 공장용 건축물의 부속토지로 용도지역별 배율을 적용하여 기준초과 토지
- 영업용 건축물의 부속토지로 기준면적 초과 토지
- 지상정착물(가스배관시설, 옥외배전시설, 방송전파 송수신시설, 전기통신 송수신시설 및 중계시설)의 부속토지로 기준면적을 초과한 부속토지)

## 2. 재산세 비과세·면제대상 토지

(1) 국가 등에 대한 비과세

① 국가·지방자치단체·지방자치단체조합·외국정부 및 주한국제기구의 소유에 속하는 재산

단, 대한민국 정부기관의 재산에 대하여 과세하는 외국정부의 재산과, 지방세법 제183조 제2항 제4호의 규정에 의하여 매수계약자에게 납세의무가 있는 재산은 과세합니다.

② 국가·지방자치단체 및 지방자치단체조합이 1년 이상 공용 또는 공공용에 사용하는 재산 단, 유료로 사용하는 경우는 과세합니다.

(2) 용도구분에 의한 비과세

다음에 규정한 재산(지방세법 제122조 제2항의 규정에 의한 과세대상을 제외함) 다만, 대통령령이 정하는 수입사업에 사용하는 경우와 당해 재산이 유료로 사용되는 경우의 그 재산 및 당해 재산의 일부가 그 목적에 직접 사용되지 아니하는 경우의 그 일부 재산에 대하여는 과세합니다.

① 제사·종교·자선·학술·기예 기타 공익사업을 목적으로 하는 대통령령이 정하는 비영리사업자가 그 사업에 직접 사용하는 부동산. 이경우 그 사업에 직접 사용할 건축물을 건축 중인 경우와 건축허가 후행정기관의 건축규제조치로 인하여 건축에 착공하지 못한 경우의 그건축예정 건축물의 부속토지는 이를 그 사업에 직접 사용하고 있는 것으로 봅니다.

② 마을주민의 복지증진 등을 도모하기 위하여 마을 주민만으로 구성된마을회 등 주민공동체소유 부동산

③ 별정우체국이 공용 또는 공공용으로 사용하는 부동산

④ 다음의 도로·하천·제방·구거·유지·사적지 및 묘지

- 도로 : 「도로법」에 의한 도로 그밖에 일반인의 자유로운 통행에 공여할 목적으로 개설한 사도. 다만, 건축법 시행령 제80조의 2에 따른대지 안의 공지 제외합니다.
- 하천 : 「하천법」에 의한 하천과 「소하천정비법」에 의한 소하천
- 제방 : 「지적법」에 의한 제방. 다만, 특정인이 전용하는 제방 제외
- 구거 : 농업용 구거와 자연유수의 배수처리에 공여하는 구거
- 유지 : 농업용 및 발전용에 공여하는 댐·저수지·소류지와 자연적으로 형성된 호소
- 사적지 : 「문화재보호법」에 의하여 사적지로 지정된 토지. 다만, 소유자가 사용수익하는 사적지 제외
- 묘지 : 분묘와 이에 접속된 부속시설물의 부지로 사용되는 토지로서지적공부상 지목이 묘지인 토지

⑤ 임시로 사용하기 위하여 건축된 건축물로서 재산세과세기준일 현재1년 미만의 것

⑥ 군사시설보호법상 군사시설보호구역(해군기지법상 해군기지구역을 포함)중 통제보호구역 안에 있는 토지. 다만, 전·답·과수원 및 대지는

제외합니다.

⑦ 전통사찰보존법상 전통사찰이 소유하고 있는 경내지

⑧ 행정기관으로부터 철거명령을 받은 건축물 등 재산세를 부과함이 부적절한 건축물로서 대통령령이 정하는 것

- 재산세를 부과하는 당해연도 내에 철거하기로 계획이 확정되어 재산세 과세기준일 현재 행정관청으로부터 철거명령을 받았거나 철거보상계약이 체결된 건축물(건축물의 일부분을 철거하는 경우에는 철거되지 아니하는 부분 제외)

## (3) 재산세 감면·면제대상 토지

① 외국인 투자와 관련한 재산세 감면(조세특례제한법 제121조의2)

② 제주투자진흥구역 또는 제주자유무역지역 입주기업에 대한 재산세 감면(조세특례제한법 제21조의9)

③ 제주국제자유도시개발센터가 취득하는 부동산에 대한 재산세 면제(조세특례제한법 제121조의16)

## 3. 재산세 분리과세대상 토지

지방세법상 토지에 대한 재산세 분리과세대상 토지는 다음과 같습니다.

---

- 고율분리과세대상 토지 : 골프장, 고급오락장
- 저율분리과세대상 토지
  - 농지·임야·목장용지
  - 공장용지
  - 기타 공급용 토지

---

상기 분리과세대상 토지 중 고율분리과세대상 토지는 비사업용토지 규정에서 제외되었고 저율분리과세대상 토지 중 농지·임야·목장용지는 별도로 비사업용토지의 범위를 규정하고 있으므로 나대지, 잡종지등 기타토지에 해당하는 토지는 공장용지와 기타 공급용토지만 해당됩니다.

### (1) 공장용 건축물의 부속토지

공장용 건축물은 건축물이 소재하는 지역에 따라 과세대상이 달라집니다. 지역별 과세대상 구분은 다음과 같습니다.

---

• 분리과세대상 건축물
 - 읍면지역
 - 산업입지 및 개발에 관한 법류에 의하여 지정된 산업단지
 - 국토의 계획 및 이용에 관한 법률에 의하여 지정된 공업지역
• 별도합산대상 건축물
 - 특별시지역·광역시지역·시지역 안(상기 분리과세대상 지역을 제외함)

---

따라서 분리과세대상에 해당하는 공장용 건축물만 이 규정의 적용대상이 되고 별도합산대상에 해당하는 공장용 건축물은 별도합산대상 토지에서 별도로 규정하고 있음에 유의하여야 합니다.

① 공장용 건축물의 기준면적 산정

공장용 건축물의 기준면적 다음의 공장입지기준면적에 추가인정기준을 가산한 면적의 범위 안의 토지는 분리과세 됩니다.

---

$$공장입지기준면적 = \frac{공장건축물연면적}{업종별 \ 기준공장면적률} \times 100 + 추가인정기준에 \ 의한 \ 면적$$

---

ⅰ) 공장입지기준면적

---

공장건축물 연면적 × 100 / 업종별 기준공장면적률

---

㉠ 공장건축물의 연면적

당해공장의 경계구역 안에 있는

• 모든 공장용 건축물의 연면적(제조시설지원 또는 부대시설용 건축물을 포함하되, 무허가건축물 및 위법시공 건축물연면적을 제외함)

• 옥외에 있는 기계장치 또는 저장시설의 수평투영면적을 합한 면적
이때 연면적은 각층 바닥면적을 합한 면적이며 바닥면적은 외벽 또는
기둥의 중심선으로 둘러싸여 있는 부분의 수평투영면적을 말합니다. 기
계장치의 수평투영면적은 구적도상의 면적이 이에 해당하는 것입니다.

ⓒ 업종별 기준공장면적률

산업직접 활성화 및 공장설립에 관한 법률 제8조의 규정에 의하여 산
업자원부장관이 고시하는 「업종별 기준공장면적률」에 의하되, 1개의
단위공장에 2개 이상의 업종을 영위하는 경우에는 각 업종별 공장입지
기준면적을 산출하여 이를 합한 면적을 공장입지기준면적으로 보며,
명확한 업종구분이 불가능한 경우에는 매출액이 가장 많은 업종의 기
준공장면적률을 적용하여 산출합니다.

ii) 공장입지기준면적의 추가인정기준

공장입지기준면적을 초과하는 토지 중 다음에 해당하는 토지는 공장입지
기준면적에 포함되는 것으로 합니다.

ⓐ 산업집적활성화및공장설립에관한법률시행령 제3조(과밀억제지역)·제
4조(성장관리지역) 및 제4조의2(자연보전지역)의 규정에 의한 지역에
소재하는 공장의 경우에는 산출된 면적의 100분의10이내의 토지(그 면
적이 3,000㎡를 초과하지 아니하는 부분에 한함)

ⓑ "ⓐ"에 규정된 지역 외의 지역에 소재하는 공장의 경우에는 산출된 면
적의 100분의20이내의 토지

ⓒ 그 밖에 추가 인정면적 범위

• 도시관리계획상의 녹지지역, 활주로, 철로, 6m이상 넓이의 도로 및
접도구역은 공장입지기준면적에 포함되는 것으로 합니다.

• 생산공정의 특성상 대규모 저수지 또는 침전지로 사용되는 토지는
공장입지기준면적에 포함합니다.

• 공장용으로 사용하는 것이 적합하지 아니한 경사도가 30도 이상인
사면용지는 공장입지 기준면적에 포함합니다(1필지에 30도 이상과

이하가 혼재해 있을 경우 30도 이상만 실측하며 인정함이 타당함).

• 재산세의 분리과세대상이 되는 공장입지기준면적을 산출함에 있어서 부록 [별표5]의 기준면적에 해당하는 종업원용체육시설용지(공장입지기준면적의 100분의 10이내에 해당하는 토지에 한함)는 공장입지기준면적에 포함되는 것으로 합니다.

• 공장의 가동으로 인하여 소음, 분진, 악취 등 생활환경의 오염피해가 발생하게 되는 토지로서 당해 공장과 인접한 토지를 그 토지소유자의 요구에 따라 취득하는 경우에는 공장경계구역 안에 있는 공장의 면적과 이를 합한 면적을 당해 공장의 부속토지로 모아 공장입지기준면적을 산정합니다.

② 공장용 건축물의 범위

공장용 건축물이라 함은 영업을 목적으로 물품의 제조·가공·수선이나 인쇄 등의 목적에 사용할 수 있도록 생산설비를 갖춘 제조시설용 건축물과 그 제조시설을 지원하기 위하여 공장경계구역 안에 설치되는 다음 각 호의 부대시설용 건축물 및 「산업직접 활성화 및 공장설립에 관한 법률」 제33조의 규정에 의한 산업단지관리 기본계획에 의하여 공장 경계구역 밖에 설치된 종업원의 주거용 건축물을 말합니다.

즉 산업단지관리 기본계획에 의하여 종업원의 기숙사를 공장구 외에 배치토록 한 경우에는 비록 공장구 외에 위치하고 있더라도 공장구 내에 있는 공장용 건축물로 보아 입지기준면적을 산출하여야 합니다.

제조시설 지원 또는 부대시설용 건축물의 범위는 다음과 같습니다.

• 사무실, 창고, 경비실, 전망대, 주차장, 화장실 및 자전거 보관시설
• 수조, 저유조, 사일로, 저장조 등 저장용 옥외구축물
• 송유관, 옥외주유시설, 급·배수시설 및 변전실
• 폐기물 처리시설 및 환경오염 방지시설
• 시험연구시설 및 에너지이용 효율증대를 위한 시설
• 공동산업안전시설 및 보건관리시설

> • 식당, 휴게실, 목욕실, 세탁장, 의료실, 옥외체육시설 및 기숙사 등 종업원의 복지후
> 생 증진에 필요한 시설

### ⅰ) 건축 중인 공장용 건축물

공장용 건축물을 건축 중인 경우 공장용 건축물에 해당 여부를 판단함에 있어서 과세기준일 현재 공장을 건축 중인 경우에는 건축물에 포함합니다. 이때 건축 중이라 함은 공장용 건축물의 건축허가를 받아 건축 중에 있는 경우를 말하므로 건축의 전단계인 공장부이 조성사업 중인 경우에는 건축 중에 해당되지 않는 것입니다. 건축물면적은 설계면적을 기준으로 합니다. 과세기준일 현재 건축기간이 경과하였거나 정당한 사유없이 6월 이상 공사가 중단된 경우에는 건축물이 없는 것으로 봅니다.

### ⅱ) 휴업 또는 폐업 중인 공장

공장용 건축물을 폐업 등으로 공장용 건축물을 가동하고 있지 아니할 경우에 공장용 건축물로 볼 수가 없으므로 과세기준일 현재에는 종합토지분리과세대상에서 제외되는 것입니다. 그러나 휴업 중인 경우에는 언제든지 영업을 재개할 수가 있으므로 분리과세대상으로 보아야 하는 것입니다.

## (2) 기타 분리과세대상 토지

### ① 비영리사업자가 1995. 12. 31 이전부터 소유하고 있는 토지

지방세법시행령 제79조의 규정에 의한 비영리사업자가 1995. 12. 31 이전부터 소유하고 있는 토지 중 지방세법 제182조 제1항 제3호 다목에 규정된 토지를 제외한 모든 토지는 분리과세 됩니다. 1996. 1. 1 이후에는 취득한 토지에 대한 과세표준구분은 고유 업무에 직접 사용하는 토지는 비과세하고 기타 토지는 용도에 따라 종합합산, 별도합산, 분리과세표준으로 구분하여야 합니다.

## ➡ 1996. 1. 1 이후 취득한 토지에 대한 과세구분

| 사업에 직접 사용하는 토지 | 용도구분에 의한 비과세 |
|---|---|
| 0.07% 분리과세대상 | 복지시설의 자가소비용 농지, 보전임대지 내의 영림계획 인가림, 보전임지 내의 특수개발지역 지정지, 개발제한구역 내의 임야, 군사보호시설구역 및 특별보호구역 안의 임야(1989. 12. 31 이전부터 소유하고 있는 토지에 한함) |
| 0.2% 분리과세대상 | 수익사업용 토지, 유료로 사용되는 토지, 그 목적에 직접 사용되지 아니하는 토지, 법인의 비업무용 토지 |
| 4% 분리과세대상 | 골프장, 고급오락장용 토지 |

- 적용대상 비영리사업자의 범위
  - 종교 및 제사를 목적으로 하는 단체
  - 초·중등교육법 및 고등교육법에 의한 학교를 경영하는 자 및 평생교육법에 의한 교육시설을 운영하는 평생교육단체
  - 사회복지사업법의 규정에 의하여 설립된 사회복지 법인
  - 양로원·보육원·모자원·한센병자치료보호시설 등 사회복지사업을 목적으로 하는 단체 및 한국한센복지협회
  - 정당법에 의하여 설립된 정당

② 염전

과세기준일 현재 계속 염전으로 실제 사용하고 있거나 계속 염전으로 사용하다가 사용을 폐지한 토지. 다만, 염전으로 사용을 폐지한 후 다른 용도로 사용하는 경우에는 그러하지 아니합니다.

③ 광구 내의 토지

광업법에 의하여 광업권이 설정된 광구 내의 토지로서 산업자원부장관으로부터 채광계획의 인가를 받은 토지는 분리과세대상이나, 광업권이 설정된 광구 내의 토지라 하더라도 채광계획의 인가를 받은 토지는 분리과세고 채광계획의 인가가 되지 아니한 광구내의 토지는 종합합산과세대상이 됩니다.

④ 공유수면매립토지

공유수면매립법에 의하여 매립 또는 간척한 토지로서 공사준공인가일(공사준공인가일 전에 사용승낙이나 허가를 받은 경우에는 사용승락일 또는 허가일)부터 4년이 경과되지 아니한 토지에 한하여 분리과세 됩니다.

⑤ 주택건설사업자의 소유 토지

주택법에 의하여 주택건설사업자 등록을 한 주택건설사업자(주택법 제32조의 규정에 의한 주택조합 및 고용자인 사업주체와 도시 및 주거환경정비법 제7조 내지 제9조의 규정에 의한 사업시행자를 포함함)가 주택을 건설하기 위하여 동법에 의한 사업계획의 승인을 받은 토지로서 주택건설사업에 공여되고 있는 토지는 분리과세 됩니다.

⑥ 국방상의 목적 이외에는 그 사용 및 처분 등을 제한하는 공장 구내의 토지

국가 또는 지방자치단체가 국방상의 목적 이외에는 그 사용 및 처분 등을 제한하는 공장 구내의 토지를 말하고, 주로 방위산업체가 보유하고 있는 공장용지 중 사용 및 처분이 제한된 토지가 이에 해당됩니다.

⑦ 농·수·임협 등의 구파난업용 토지

농업협동조합법에 의하여 설립된 조합·수산업현동조합·산림조합 및 엽연초생산협동조합(이들 조합의 중앙회를 포함함)이 과세기준일 현재 구판사업에 직접 사용하는 토지와 농수산물 유통 및 가격 안정에 관한 법률 제70조의 규정에 의한 유통자회사에게 농수산물유통시설로 사용하게 하는 토지 및 농수산물유통공사법에 의하여 설립된 농수산물유통공사가 농수산물유통시설로 직접 사용하는 토지를 말합니다.

⑧ 도시개발사업용지

도시개발법 제11조의 규정에 의한 도시개발사업의 시행자가 그 도시개발사업에 공여하는 주택건설용 및 산업단지조성용 토지. 다만, 실시 계획을 고

시한 날로부터 동법 제25조의 규정에 의한 조성토지의 공급계획에 따라 공급이 완료(매수자의 취득일을 말한다)되거나 동법 제50조의 규정에 의한 공사완료공고를 할 때까지 도시개발사업에 공여되고 있는 주택건설용 및 사업단지조성용 토지에 한합니다. 따라서 주택건설용이 아닌 상가나 근린생활시설용지 부분은 분리과세대상에서 제외되는 것입니다.

⑨ 여객자동차터미널 및 화물터미널용 토지

여객자동차운수사업법 및 화물유통촉진법의 규정에 의하여 면허 또는 인가를 받은 자가 계속하여 사용하는 여객자동차터미널 및 화물터미널용 토지에 대하여 분리과세대상 토지로 합니다.

⑩ 무역전시장

무역거래 기반조성에 관한 법률 시행령 제2조 제2항의 제1호 규정에 의한 무역전시장으로 사용되는 토지에 대하여 분리과세대상 토지로 합니다.

➡ **기타분리과세대상 토지**

- 한국토지공사·대한주택공사의 공급목적 소유 토지(5년 이내)
- 한국수자원공사의 공급목적 소유 토지
- 전기사업법에 의한 전기사업자가 발전·송전·변전시설에 직접사용 토지
- 매립 및 간척한 토지(공사준공인가일로부터 4년 이내)
- 석유비축시설용·석유저장·송유설비 토지(한국석유공사)
- 가스공급설비용 토지(한국가스공사)
- 열생산설비용 토지(한국지역난방공사)
- 중소기업진흥공단이 중소기업자에게 분양·임대 목적으로 소유한 토지
- 농어촌 정비사업자의 공급목적용 토지
- 한국자산관리공사 및 농업협동조합자산관리회사가 타인에게 매각할 목적으로 일시적으로 소유한 토지
- 한국산업단지공단이 타인에게 공급할 목적으로 소유한 토지(임대포함)
- 산업단지조성공사를 시행하고 있는 토지
- 대덕연구단지관리계획 원형지 지정 토지
- 한국수자원공사의 발전·수도·공업·농업용수 공급 또는 홍수조절용 토지
- 군용화약류시험장용 토지(허가취소 1년 이내 포함)

> • 부동산투자회사의 목적사업용 토지
> • 한국철도공사의 목적사업용 철도용지
> • 산업단지안의 물류 및 서비스 산업용 토지

### 4. 재산세 별도과세대상 토지

건축물의 부속토지로서 기준면적 이내의 토지는 별도합산대상이고 기준면적을 초과하는 토지는 종합합산대상 토지이다. 따라서 기준면적 이내의 토지는 비사업용토지에서 제외되면 기준면적을 초과한 면적에 대해서는 비사업용토지에 해당됩니다.

별도합산대상인 건축물은 주택과 별장 및 분리과세대상인 공장용 건축물을 제외한 건축물을 말합니다. 즉 공장용 건축물(분리과세대상인 공장용 건축물은 제외)과 일반건축물이 별도합산대상 건축물입니다.

➡ **별도합산대상 건축물의 기준면적**

> 기준면적 = 건축물의 바닥면적 × 용도지역별 배율

건축물의 바닥면적이란 건축물의 수평투영면적을 의미하므로 건축법에 의한 건축면적이나 바닥면적과는 일치하지 아니합니다.

| 용도지역별 | | 적용배율 |
|---|---|---|
| 도시 지역 | 주거전용지역 | 5배 |
| | 상업지역, 준주거지역 | 3배 |
| | 일반주거지역, 공업지역 | 4배 |
| | 녹지지역 | 7배 |
| | 미계획지역 | 4배 |
| 도시지역 외의 지역 | | 7배 |

### 1) 공장용 건축물

공장용 건축물의 부속토지는 원칙적으로 분리과세대상 토지입니다. 다만,

특별시지역·광역시지역 및 시지역(다음에 해당하는 지역을 제외함) 안의 공장용 건축물이 부속토지는 별도합산대사 토지에 해당하므로 공장용 건축물의 바닥면적(건물 외의 시설물의 경우에는 그 수평투영면적을 말한다)에 용도지역별 적용배율을 곱하여 기준면적을 산정합니다.

> • 읍·면지역
> • 「산업입지 및 개발에 관한 법률」에 의하여 지정된 산업단지
> • 「국토의 계획 및 이용에 관한 법률」에 의하여 지정된 공업지역

### 2) 일반 건축물

일반 영업용 건축물(모든 건축물 중 주거용 건축물, 공장용 건축물, 골프장, 고급오락장용 건축물을 제외) 부속토지로서 건축물(바닥면적)과 시설물 및 지상정착물(수평투영면적)의 연면적에 당해지역의 용도지역별 적용배율을 적용하여 산출한 기준면적 이내의 토지는 별도합산대상입니다.

다만, 다음에 해당하는 건축물의 부속토지를 제외한 건축물의 부속토지의 경우에는 별도합산대상 토지에 해당합니다.

> • 골프장 및 고급오락장용 토지 안의 건축물의 부속토지
> • 건축물의 시가표준액이 당해 부속토지의 시간표준액의 100분의 3에 미달하는 건축물의 부속토지
> • 건축법 등 관계법령의 규정에 의하여 허가 등을 받아야 할 건축물로서 허가 등을 받지 아니한 건축물 또는 사용승인을 받아야 할 건축물로서 사용승인(임시사용승인을 포함한다)을 받지 아니하고 사용 중인 건축물의 부속토지

### ⅰ) 건축물의 범위

건축물이라 함은 지방세법 제104조 제4호의 규정에 의한 건축물 및 동법 시행규칙 제71조에 규정된 지상정착물을 말하며 그 범위는 다음과 같습니다.

① 가스배관시설 및 옥외배전시설
② 전파법에 의하여 방송전파를 송·수신하거나 전기통신역무를 제공하기 위한 무선국 허가를 받아 설치한 송·수신시설 및 중계시설

• 건물이 멸실된 경우

과세기준일 현재 건물멸실 등기를 한 날부터 6월이 경과하지 아니한 건축물은 건축물에 포함합니다.

• 건축 중인 건축물

건축 중인 건물의 부속토지에 대하여 별도합산과세대상으로 인정함에 따라 모든 건축물의 부속토지에 대하여도 건축 중인 경우를 인정하되, 과세기준일 현재 건축기간이 경과하였거나 정당한 사유 없이 6월 이상 공사가 중단된 건축물을 제외합니다.

건축물과 지상정착물을 건축 중인 경우도 건축설계서상의 바닥면적에 용도지역별 배율을 적용하여 초과 여부를 판단하여 별도합산대상과 종합합산대상 토지 여부를 판단하여야 합니다.

ii) 건축물이 있더라도 건축물이 없는 나대지로 보는 경우

공장 구내의 건축물과 주거용 건축물을 제외한 건축물로서, 건축물의 시가표준액(과세기준일 현재 신축된 것으로 보아 계산한 과세표준액)이 당해 부속토지의 시가표준액의 3/100에 미달하는 건축물과 위법무허가건축물은 건축물이 없는 나대지로 보아 종합합산과세하게 됩니다.

건축물에 따라 무허가건축물과 건물가액 3%기준의 적용 여부가 아래와 같이 다르게 됩니다.

| 건축물 구분 | 무허가건물 | 3% 미달 |
|---|---|---|
| 공장용건축물 | 적용대상 | 적용제외 |
| 일반건축물 | 적용대상 | 적용대상 |
| 주택 | 적용제외 | 적용제외 |

### 3) 기타 별도합산대상 토지(인·허가 사업용 토지)

다음 토지는 건축물의 부속토지가 아닌 공지상태로 이용되는 경우라 하더라도 건축물의 부속토지와 같이 취급하여 별도합산대상으로 합니다. 여기서 주의할 것은 건축물의 부속토지로 보는 토지는 지방세법에 규정된 관계법령에 의하여 인·허가를 받은 토지만을 대상으로 하므로 관계법령에 의거 인·허가를 받지 아니한 토지를 유추·확장 해석하여 용도가 같거나 비슷한 토지라 하여 별도합산과세대상에 포함시켜서는 아니 됩니다.

① 자동차운송사업자 및 대여사업자의 차고용 토지

「여객자동차운수사업법」 또는 「화물자동차운수사업법」에 의한 여객·화물자동차운송사업의 면허·등록 또는 자동차대여사업의 등록을 받은 자가 그 면허·등록조건에 따라 사용하는 차고용 토지로서 자동차운송 또는 대여사업의 최저보유차고면적기준의 1.5배에 해당하는 면적이내의 토지를 말합니다.

② 건설기계대여사업자의 주기장 및 건설기계정비업자의 옥외작업장

「건설기계관리법」에 의하여 건설기계사업의 신고를 한자가 그 신고조건에 따라 사용하는 건설기계대여사업·건설기계정비업·건실기계매매업 또는 건설기계 없이 신고기준에 적합한 주기장 또는 옥외작업장 토지로서 그 시설의 최저면적기준의 1.5배에 해당하는 면적 이내의 토지를 말합니다.

③ 자동차운전학원용 토지

「도로교통법」에 의하여 등록된 자동차운전학원의 자동차운전학원용 토지

로서 동법에서 정하는 시설을 갖춘 구역 안의 토지를 말합니다.

④ 야적장, 컨테이너장치장용 토지 및 보세창고용 토지

「항만법」에 의하여 해양수산부장관 또는 시·도지사가 지정 또는 고시한 야적장 및 컨테이너장용 토지와 「관세법」에 의하여 세관장의 특허를 받는 특허보세구역 중 보세창고용 토지로서 당해 사업연도 및 직전 2개 사업연도 중 물품 등의 보관·관리에 사용된 최대면적의 1.2배 이내의 토지를 말합니다.

⑤ 자동차관리사업용 토지

「자동차관리법」에 의하여 자동차관리사업의 등록을 한 자가 그 시설기준에 따라 사용하는 자동차관리사업용 토지(자동차정비업소용·자동차폐차업소용·자동차매매사업장용 또는 자동차경매사업장용 토지에 한함)로서 그 시설의 최저면적기준의 1.5배에 해당하는 면적 이내의 토지를 말합니다.

⑥ 자동차검사용 토지

「교통안전공단법」에 의하여 설립된 교통안전공단이 동법 제6조 제6호의 규정에 의한 자동차의 성능 및 안전도에 관한 시험·연구·검사 등의 용도로 사용하는 토지 및 「자동차관리법」 제44조 및 제45조의 규정에 의하여 자동차검사 대행업무의 지정을 받는 자, 「건설기계관리법」 제14조의 규정에 의하여 건설기계검사 대행업무의 지정을 받은 자 및 「대기환경보전법」 제37조의4의 규정에 의하여 자동차배출가스 정밀검사 업무의 지정을 받은 자가 자동차 또는 건설기계 검사용 및 자동차배출가스 정밀검사용으로 사용하는 토지를 말합니다.

⑦ 유통단지 안의 유통시설용 토지

「유통단기개발촉진법」 제5조의 규정에 의한 유통단지 안의 토지로서 동법 제2조 제2호 각목의 1에 해당하는 유통시설용 토지 및 「유통산업발전법」 제

2조 제15호의 규정에 의한 공동집배송센터로 행정자치부장관이 산업자원부
장관과 협의하여 정하는 토지를 말합니다.

이 규정의 적용을 받기 위해서는 유통시설용 토지는 「유통단지개발촉진법」
제5조의 규정에 의거 건설교통부장관 또는 시·도지사의 지정을 받은 유통
단지 안에서 소유하는 유통시설용 토지에 한하여 별도 합산하는 것이므로
이와 유사한 유통시설용 토지라 하더라도 건설교통부장관 또는 시·도지사
의 지정을 받지 않은 경우에는 이에 해당되지 아니하고 공동집배송센터를
행정자치부장관이 산업자원부장관과 협의하여 정하는 토지에 한정합니다.

⑧ 레미콘제조업용 토지

특별시·광역시(군 지역을 제외함)·시 지역(읍·면지역을 제외함) 안에
위치한 「산업직접 활성화 및 공장설립에 관한 법률」의 적용을 받는 레미콘
제조업용 토지(「산업입지 및 개발에 관한 법률」에 의하여 지정된 산업단지
및 「국토의 계획 및 이용에 관한 법률」에 의하여 지정된 공업지역 안에 있는
토지를 제외함)로서 제132조 제1항 제1호의 규정에 의한 공장입지 기준면적
이내의 토지를 말합니다. 따라서 공장용지의 기준초과 면적이 발생하는 경
우에는 별도합산과세대상에서 제외되는 것입니다.

⑨ 운동시설용 토지

「체육시설의 설치·이용에 관한 법률」에 의한 대중체육시설업자가 대중
체육시설업의 시설기준에 따라 설치하여야 하는 필수시설 중 운동시설용 토
지를 말합니다.

이 경우 대중체육시설업의 경우는 「회원을 모집하지 아니하고 체육시설을
경영하는 업」을 의미하여, 그 중 대중골프장업의 종류는 정규대중골프장업,
일반대중골프장업, 간이골프장업으로 구분됩니다. 따라서 대중체육시설업의
경우라고 하더라도 회원제로 운영되는 경우에는 별도합산과세대상에서 제
외되고 종합합산과세대상에 해당합니다.

⑩ 야외전시장용 토지

「관광진흥법」에 의한 관광사업자가 「박물관 및 미술관 진흥법」에 의한 시설기준을 갖추어 설치한 박물관·미술관·동물원·식물원의 야외전시장용 토지를 말합니다.

⑪ 부설주차장용 토지

다음의 시설에 대한 부설주차장으로 「주차장법」에 의한 부설주차장 설치기준면적 이내의 토지를 말합니다. 다만, "㉠"에 해당하는 시설의 부설주차장으로서 「환경·교통·재해 등에 관한 영향평가법」 제4조 및 제17조에 따른 교통영향평가의 협의결과에 따라 설치된 주차장의 경우에는 당해 협의결과에 규정된 범위 이내의 주차장용 토지를 말합니다.

- ㉠ 「관광진흥법 시행령」 제2조 제1항 제3호의 규정에 의한 관광객이용시설업 중 전문 휴양업·종합휴양업 및 동항 제5호의 규정에 의한 유원시설업
- ㉡ 「공연법」 제9조의 규정에 의한 유원시설업
- ㉢ 「체육시설의 설치·이용에 관한 법률」 제10조의 규정에 의하여 등록 또는 신고한 체육 시설업
- ㉣ 「의료법」에 의한 의료시설기준을 갖추어 허가받은 의료기관
- ㉤ 「방송법」에 의한 시설기준을 갖추어 허가받은 방송국

⑫ 장사 등에 관한 법률에 의한 묘지

「장사 등에 관한 법률」 제13조 제3항에 따른 설치·관리허가를 받은 법인묘지용 토지로서 지적공부상 지목이 묘지인 토지

⑬ 체육시설용 토지의 부속 임야

다만, 「체육시설의 설치·이용에 관한 법률」에 따른 회원제 골프장용 토지 내의 임야를 제외한다.

ⓒ 「체육시설의 설치·이용에 관한 법률 시행령」 제12조에 따른 스키장 및 골프장용 토지 중 원형이 보전되는 임야

ⓛ 「관광진흥법」에 따른 종합휴양업 및 유원시설업용 토지 중 「환경·교통·재해 등에 관한 영향평가법」 제4조 및 제17조에 따른 환경영향평가의 협의결과에 따라 원형이 보전되는 임야

⑭ 모델하우스

지방세법 규정에 의하여 재산세가 별도합산 또는 분리과세 대상이 되는 토지의 경우 비사업용토지에서 제외하는 것입니다(서면4팀 - 1227, 2007. 4. 13).

## 5. 당해토지가 종합합산대상토지 이지만 토지의 이용상황, 관계법령의 의무이행 여부, 수입금액 등을 감안하여 거주 또는 사업과 관련이 있다고 인정되는 토지인가 여부를 확인합니다.

이와 같은 토지는 비사업용토지에서 제외되며 당해기간을 사업용으로 간주 합니다.

### (1) 체육시설용 토지

운동장·경기장 등 체육시설용 토지로서 다음의 어느 하나에 해당하는 것 (소득세법시행령 제168조의11 제①항 제1호)

#### 1) 선수전용 체육시설용 토지

① 「국민체육진흥법」에 따라 직장운동경기부를 설치한 자가 선수전용으로 계속하여 제공하고 있는 체육시설용 토지로서 재정경제부령이 정하는 전수전용 체육시설의 기준면적 이내의 토지
다만, 직장운동경기부가 재정경제부령이 정하는 선수·지도자 등에 관한 요건에 해당하지 아니하는 경우에는 그러하지 아니합니다.
ⓒ 선수전용·체육시설 기준면적은 소득세법 시행규칙 제83조의4 제1

항에 규정에 의한 「별표3」의 기준면적을 말합니다.

ⓛ 선수·지도자 등에 관한 요건은 다음의 모든 요건을 말합니다.

- 선수는 대한체육대회에 가맹된 경기단체에 등록되어 있는 자일 것
- 경기종목별 선수의 수는 당해 종목의 경기정원 이상일 것
- 경기종목별로 경기지도가자 1인 이상일 것

② 운동경기업을 영위하는 자가 선수훈련에 직접 사용하는 체육시설로서 재정경제부령이 정하는 기준면적 이내의 토지

기준면적은 소득세법시행규칙 제83조의4 제3항에 규정한 [별표4]의 기준면적을 말합니다.

## 2) 종업원 체육시설용 토지

종업원의 복지후생을 위하여 설치한 체육시설용지 토지 중 재정경제부령이 정하는 종업원체육시설의 기준면적 이내의 토지.

다만, 재정경제부령이 정하는 종업원 체육시설의 기준에 적합하지 아니하는 경우에는 그러하지 아니합니다.

① 종업원 체육시설의 기준면적은 소득세법시행규칙 제83조의4 제4항에 규정한 [별표5]의 기준면적을 말합니다.

② 종업원 체육시설의 기준이라 함은 다음의 기준을 말합니다.

ㄱ 운동장과 코트는 축구·배구·테니스 경기를 할 수 있는 시설을 갖출 것

ⓛ 실내체육시설은 영구적인 시설물이어야 하고, 탁구대를 2면 이상을 둘 수 있는 규모일 것

## 3) 체육시설업 사용토지

「체육시설의 설치 및 이용에 관한 법률」에 따른 체육시설업을 영위하는 자가 동법의 규정에 따른 적합한 시설 및 설비를 갖추고 당해 사업에 직접 사용하는 토지

체육시설업은 등록체육시설업과 신고체육시설업이 있으며 당해사업에 직접 사용하는 토지이어야 하므로 체육시설업을 직접 경영할 것을 요건으로 하고 있는 점에 유의할 필요가 있습니다.

※ 체육시설의 설치 및 이용에 관한 법률 제10조 【체육시설업의 구분·종류】
• 등록체육시설업 : 골프장업, 스키장업, 자동차경주장업
• 신고체육시설업 : 요트장업, 조정장업, 카누장업, 빙상장업, 승마장업, 종합체육시설업, 수영장업, 체육도장업, 골프연장습업, 체력단련장업, 당구장업, 썰매장업, 무도학원업, 무도장업

### 4) 경기장운영업 토지

경기장운영업을 영위하는 자가 당해 사업에 직접 사용하는 토지는 비사업용토지에서 제외됩니다.

### (2) 주차전용 토지

주차장용 토지로서 다음 각 호의 어느 하나에 해당하는 것은 비사업용토지에서 제외됩니다(소득세법시행령 제168조의11 제1항 제2호).

### 1) 건축물 부설주차장용 토지

「주차장법」에 따른 부설주차장(주택의 부설주차장을 제외함)으로서 동법에 따른 부설주차장 설치기준면적(별표7)이내의 토지. 다만, 휴양시설업용 토지 안의 부설주차장용 토지를 제외합니다.

### 2) 자가의 주차장용 토지

지방세법시행령 제131조의2 제3항 제2호의 규정에 따른 사업자 외의 자로서 업무용자동차(승용차·이륜자동차 및 종업원의 통근용 승합자동차를 제외함)를 필수적으로 보유하여야 하는 사업에 제공되는 업무용자동차의 주차장용 토지.

다만, 소유하는 업무용자동차의 차종별 대수에 「여객자동차 운수사업법」 또는 「화물자동차 운수사업법」에 규정된 차종별 대당 최저 보유차고 면적기

준을 곱하여 계산한 면적을 합한 면적(이하 "최저차고 기준면적"이라 함)에 1.5를 곱하여 계산한 면적 이내의 토지에 한합니다.

### 3) 주차장운영업용 토지

주차장운영업을 영위하는 자가 소유하고, 「주차장법」에 따른 노외주차장으로 사용하는 토지로서 토지의 가액에 대한 1년간의 수입금액의 비율이 3%이상인 토지

노외주차장은 건축물 이외에 설치되는 주차장으로서 노상주차장·부설주차장과 함께 「주차장법」의 적용을 받는 주차장 중 하나입니다.

노외주차장의 설치 및 폐지에 관해서는 인가 또는 허가사항은 아니지만 관할 시장·군수·구청장에게 통보하여야 합니다(주차장법 12조).

다만, 「주차장법」 제6조의 규정에 따라 주차장의 구조 및 설비기준을 갖추어야 하며 법의 규정에 따른 관리를 받아야 합니다.

노외주차장으로 비사업용토지에서 제외되기 위한 요건은

① 「주차장법」에 의한 설치기준에 적합하게 개설된 주차장이어야 하고
② 토지소유자가 직접 주차장업을 영위하여야 하므로 타인에게 임대를 준 경우에는 적용 배제되며
③ 연간수입금액이 토지가액의 3%이상이 되어야 합니다.

또한 「주차장법」에 따라 적법하게 개설한 노외주차장을 일반인에게 제공하지 아니하고 일정시설물에 일괄로 임대를 주고 월정액을 받는 경우에 적용대상이 되는지가 문제입니다.

이는 토지의 임대로 볼 것인지 주차장의 이용에 대한 사용료로 볼 것인지에 따라 적용여부가 달라질 수 있다고 보아야 하므로 실제사업의 내용 및 계약의 내용 등에 의하여 사실판단할 사항이라 할 것입니다(서오-1832, 2007. 6. 19).

### (3) 개발사업자가 조성한 토지

「사회기반시설에 대한 민간투자법」에 따라 지정된 사업시행자가 동법에서 규정하는 민간투자사업의 시행으로 조성한 토지 및 그 밖의 법률에 따라 사업시행자가 조성하는 토지로서 재정경제부령이 정하는 토지. 다만, 조성이 완료된 날부터 2년이 경과한 토지를 제외합니다(소득세법시행령 제168조의11 제①항 제3호).

> **토지의 조성 후 3년 이내에 양도하는 경우 사업용에 해당**
> ① 「경제자유구역의 지정 및 운영에 관한 법률」에 따른 개발사업 시행자가 경제자유구역 개발계획에 따라 경제자유구역 안에서 조성한 토지
> ② 「관광진흥법」에 따른 사업시행자가 관광단지 안에서 조성한 토지
> ③ 「기업도시특별법」에 따라 지정된 개발사업 시행자가 개발구역 안에서 조성한 토지
> ④ 「유통단지개발촉진법」에 따른 유통단지 개발사업 시행자가 당해 유통단지 안에서 조성한 토지
> ⑤ 「중소기업진흥 및 제품구매촉진에 관한 법률」에 따라 단지조성사업의 실시계획이 승인된 지역의 사업시행자가 조성한 토지
> ⑥ 「지역균형개발 및 지방중소기업육성에 관한 법률」에 따라 지정된 개발촉진지구 안의 사업시행자가 조성한 토지
> ⑦ 「한국컨테이너부두공단법」에 따라 설립된 한국컨테이너부두공단이 조성한 토지

### (4) 청소년 수련시설용 토지

「청소년활동진흥법」에 따른 청소년 수련시설용 토지로서 동법에 따른 시설·설비기준을 갖춘 토지. 다만, 재정경제부령이 정하는 기준면적(수용 정원에 200㎡를 곱한 면적)을 초과하는 토지는 제외합니다(소득세법시행령 제168조의11 제1항 제1호).

### (5) 예비군훈련장용 토지

종업원 등의 예비군훈련을 실시하기 위하여 소유하는 토지로서 다음 요건을 모두 갖춘 토지(소득세법시행령 제168조의11 제1항 제4호)

① 지목이 대지 또는 공장용지가 아닐 것
② 「국토의 계획 및 이용에 관한 법률」에 따른 도시지역의 주거지역·사업지역 및 공업지역 안에 소재하지 아니할 것
③ 재정경제부령이 정하는 시설기준을 갖추고 재정경제부령이 정하는 기준면적 이내일 것
  ⅰ) 시설기준 : 시행규칙 제83조의4 제9항에 규정한 [별표6-1]의 면적을 말합니다.
  ⅱ) 기준면적 : 시행규칙 제83조의4 제10항의 규정한 [별표6-2]의 면적을 말합니다.
④ 수임 군대부의 장으로부터 예비군 훈련의 실시를 위임 받는 자가 소유할 것

## (6) 휴양시설용 토지

「관광진흥법」에 따른 전문휴양업·종합휴양업등 재정경제부령이 정하는 휴양시설업용 토지로서 재정경제부령이 정하는 기준면적 이내의 토지(소득세법시행령 제168조의11 제①항 제6호)

"휴양시설업용 토지"라 함은 「관광진흥법」에 따른 전문 휴양업·종합휴양업 그 밖에 이와 유사한 시설을 갖추고 타인의 휴양이나 여가선용을 위하여 이를 유용하게 하는 사업용토지(「관광진흥법」에 따른 전문휴양업·종합휴양업 그 밖에 이와 유사한 휴양시설업의 일부로 운영되는 스키장업 또는 수영장업용 토지를 포함하며, 온천장용 토지를 제외함)를 말합니다(소득세법시행규칙 제83조의4 제⑩항).

휴양시설용 토지의 기준면적은 다음과 같습니다.

① 옥외 동물방목장 및 옥외 식물원이 있는 경우 그에 사용되는 토지의 면적
② 부설주차장이 있는 경우 「주차장법」에 따른 부설주차장 설치기준면적의 2배 이내의 부설주차장용 토지의 면적. 다만, 「환경·교통·재해 등에 관한 영향평가법」에 따른 교통영향평가의 협의결과에 따라 설치된 주차장의 경우에는 당해 협의결과에 규정된 범위 이내의 주차장용 토지의 면적으로 합니다.
③ 「지방세법 시행령」 제131조의2 제1항 제2호의 규정에 따른 건축물이 있는 경우 재산세 종합합산과세대상 토지 중 건축물의 바닥면적(건물 외의 시설물인 경우 그 수평투영면적을 말함)에 동조 제2항의 규정에 따른 용도지역별 배율을 곱하여 산정한 면적범위 안의 건축물 부속토지의 면적

### (7) 하치장용 등의 토지

물품의 보관·관리를 위하여 별도로 설치·사용되는 하치장·야적장·적치장 등(「건축법」에 따른 건축허가를 받거나 신고를 하여야 하는 건축물로서 허가 또는 신고 없이 건축한 창고용 건축물의 부속토지를 포함)으로서 매년 물품의 보관·관리에 사용된 최대면적의 120%이내의 토지(소득세법시행령 제168조의11 제①항 제7호)

### ① 하치장 등의 정의

비사업용토지 규정에서 하치장·야적장·적치장 등의 용어에 대하여 구체적으로 규정하고 있지 아니합니다. 다만, 물품의 보관·관리를 위하여 별도로 설치·사용되는 토지라고 규정하고 있을 뿐입니다. 하치장 등에 대한 규정을 별도로 두고 있는 법령과 소득세법 제168조의11 제1항 제12호 및 같은법 시행규칙 제83조의4 제14항에 수입금액 기준이 적용되는 업종을 별도로 규정하고 있는 취지에 비추어 판단하여야 할 것입니다.

하치장에 대한 관련 규정을 보면 다음과 같습니다.

• 부가가치세법 제4조 제2항 【사업장의 범위】

사업자가 재화의 보관·관리시설만을 갖추고 다음 각호의 사항을 기재한 하치장설치신고서를 하치장 관할세무서장에게 제출한 장소는 사업장으로 보지 아니합니다.

• 서삼 46015-10203, 2003. 2. 6 【사업장 여부】

판매 등 독자적인 거래행위는 하지 아니하고 재화의 보관·관리시설만을 갖추어 타사업장의 지시에 의하여 재화를 반출하는 장소로서 하치장설치신고서를 제출한 장소는 사업장에 해당하지 아니합니다.

• 서삼 46016-12060, 2002. 12. 2 【주세법상 하치장】

주세사무처리규정 제17조 제2항의 규정에 의하여 2 이상의 주류도매업자

또는 주류중개업자가 동동보관·공동배송을 목적으로 물류창고를 건립하여 사용하고자 하는 경우에는 2 이상의 도매업자에게 모두 연접한 시군지역에 추가로 하치장을 설치할 수 있습니다.

② 직접사용의 의미

하치장 등을 사용함에 있어서 하치장 등의 설치허가 또는 신고 등에 관한 제한 규정을 두고 있지 아니하므로 사실상 하치장 등의 용도로 사용하는 경우에는 직접 사용한 것으로 봅니다. 또한 토지소유자가 직접 사용하도록 사용자의 제한 규정을 별도로 두고 있지 아니하므로 소유자 또는 임차인이 사용한 경우에도 적용대상이 됩니다.

③ 면적기준

매년 물품의 보관·관리에 사용된 최대면적의 1.2배의 토지에 대해서는 비사업용토지에서 제외됩니다. "매년 물품의 보관·관리에 사용된 최대면적"이라 함은 하치장 등의 설치구조, 보관·관리하는 물품의 종류, 형상, 보관·관리의 편의성 등이 참작된 개별사안 별로 사실상의 현황을 파악하여 통상적인 보관·관리방법으로 당해연도 중에 물품을 보관·관리하는 경우에 사용된 면적을 말한다고 볼 것입니다.

실무상으로는 보관·관리되고 있는 물품 등에 대한 관리대장을 별도로 비치·기장하지 아니한 경우에는 연중 최대사용면적을 확인한다는 것이 사실상 불가능 합니다. 물품관리대장 등이 비치·기장된다고 하더라도 적재방법 등에 따라 사용면적이 차이가 사회통념에 비추어 사업자의 매출액 등에 비해 과도면적이 객관적으로 확인되지 아니하는 이상 기준면적을 초과한 면적을 산정하는 것은 곤란하다 할 것입니다.

④ 적용사례

ⅰ) 재활용 자원의 수집·보관용 토지

「자원의 절약과 재활용 촉진에 관한 법률」에 따라 재활용 사업에 종사하는 사업자가 재활용 가능 자원의 수집·보관에 사용하는 토지는 소득세법시행령 제168조의11 제1항 제7호의 규정한 하치장용 토지에 해당합니다(서사-3385, 2006. 10. 10, 서사-82, 2007. 1. 5).

ⅱ) 건설업자의 중기주기장용 토지

건설업을 영위하는 법인이 보유하고 있는 중기의 보관·정비에 상시 사용되는 토지는 야적장으로 보아 하치장 등의 기준면적을 계산합니다(재무부법인 22631-308, 1991. 3. 6).

(7) 골재채취장용 토지

「골재채취법」에 따라 시장·군수 또는 구청장(자치구의 구청장에 한함)으로부터 골재채취허가를 받은 자가 허가받은 바에 따라 골재채취에 사용하는 토지(소득세법시행령 제168조의11 제①항 제8호)

「골재채취법」에 따라 골재채취의 허가를 받은 자가 허가받은 바에 따라 골재채취에 사용하는 토지는 당해 허가 받은 자의 소유가 아니더라도 비사업용토지에서 제외됩니다(재재산-149, 2007. 3. 6).

(8) 광천지

광천지(청량음료제조업·온천장업 등에 사용되는 토지로서 지하에서 온수·약수 등이 용출되는 용출구 및 그 유지를 위한 부지를 말함)로서 토지의 가액에 대한 1년간의 수입금액의 비율이 4%이상인 토지(소득세법시행령 제168조의11 제①항 제10호)

(9) 양어장, 지소용 토지

「지적법」에 따른 양어장 또는 지소용 토지(내수면양식업·낚시터운영업

등에 사용되는 댐·저수지·소류지 및 자연적으로 형성된 호소와 이들의 유지를 위한 부지를 말함)로서 다음 어느 하나에 해당하는 토지(소득세법시행령 제168조의11 제①항 제11호)

① 「수산업법」에 따라 허가를 받은 육상해수양식어업 및 종묘생산어업에 사용되는 토지
 • 육상해수양식어업 : 인공적으로 조성한 육상의 해수면에서 수산동식물을 양식하는 어업
 • 종묘생산어업 : 일정하게 구획된 바다·바닷가 또는 인공적으로 조성된 육상의 해수면에서 시설물을 설치하여 수산종묘를 생산하는 어업
② 「내수면어업법」에 따라 시장·군수 도는 구청장(자치구의 구청장을 말하며, 서울특별시의 한강의 경우에는 한강관리에 관한 업무를 관장하는 기관의 장을 말함)으로부터 면허 또는 허가를 받거나 시장·군수·구청장에게 신고한 자가 당해 면허어업·허가어업 및 신고어업에 사용하는 토지
 • 내수면 : 하천·댐·호소·저수지 기타 인공으로 조성된 담수나 기수의 수류 또는 수면
③ 위의 ①, ② 외의 토지로서 토지의 가액에 대한 1년 간의 수입금액의 비율이 4% 이상인 토지

### (10) 기타수입금액 적용 토지

블록·석물 및 토관제조용 등 토지로서 토지의 가액에 대한 수입금액의 비율이 일정비율 이상인 토지(소득세법시행령 제168조의11 제①항 제12호, 소득세법시행규칙 제83조의4 제⑭항, 제⑮항)

① 블록·석물 및 토관제조업용 토지 : 20%
② 조경작물식재업용 토지 및 화훼판매시설업용 토지 : 7%
③ 학원용 토지
   i ) 자동차정비·중장비정비·중장비운전에 관한 과정을 교습하는 학원용 토지 : 10%
   ii) 농업에 관한 과정을 교습하는 학원용 토지 : 7%
④ 블록·석물 등 유통업에 사용하는 토지 : 10%

블록·석물·토관·벽돌·콘크리트제품·옹기·철근·비철금속·플라스틱파이프·골재·조경·작물·화훼·분재·농산물·수산물 및 축산물의 도매업용 및 소매업용(농산물·수산물 및 축산물의 경우에는 「유통산업발전법」에 따른 시장과 그 밖에 이와 유사한 장소에서 운영하는 경우에 한함) 토지를 말합니다.

**➡ 수입금액의 비율 계산(소득세법시행령 제168조의11 제②항 내지 제④항)**

> 토지의 가액에 대한 1년간의 수입금액비율은 과세기간별로 계산하되 구체적인 계산방법 등은 비사업용토지 판정요령편을 참조

### (11) 무주택자가 소유하는 나지

주택을 소유하지 아니한 1세대가 소유하는 1필지의 나지로서 주택신축이 가능한 660㎡이내의 토지(소득세법시행령 제168조의11 제①항 제13호, 소득세법시행규칙 제83조의4 제⑯항, 제⑲항)

#### ① 무주택기간

1세대가 주택을 소유하지 아니한 기간 동안은 사업용 기간으로 보는 것이므로 기간기준 요건을 충족하는 경우 양도일 현재 반드시 무주택자가 아니어도 적용받을 수 있습니다(서면4팀 - 1098, 2007. 4. 4).

#### ② 용도제한

어느 용도로도 사용되지 아니한 토지를 말합니다.

#### ③ 지역기준 해당 토지

법령의 규정에 따라 주택의 신축이 금지 또는 제한되는 지역 이외의 지역에 소재하고, 그 지목이 대지이거나 실질적으로 주택을 신축할 수 있는 토지

다만, 건축법 제33조의 규정에 따른 대지와 도로와의 관계를 충족하지 못하거나 동법 제49조의 규정에 따른 대지면적의 최소한도에 미달하여 건축허

가를 받지 못하는 토지를 포함합니다.

④ 나지가 2필지 이상인 경우

나지가 2필지 이상인 경우에는 당해 세대의 구성원이 지역기준 해당토지
를 선택할 수 있습니다.

다만, 무주택세대에 소유 나지의 비사업용토지 제외 신청서를 제출하지
아니한 경우에는 지역기준 해당 필지의 결정은 다음의 순서에 의합니다.

　i ) 1세대의 구성원 중 2인 이상이 나지를 소유하고 있는 경우

　　㉠ 세대주

　　㉡ 세대주의 배우자

　　㉢ 연장자

　ii) 2세대 구성원 중 동일인이 2필지 이상의 나지를 소유하는 경우

　　㉠ 면적이 큰 필지의 나지

　　㉡ 먼저 취득한 나지

⑤ 재개발로 멸실된 주택의 무주택기간 계산 기산일

비사업용토지 여부를 판단함에 있어서 관리처분계획인가일 이후에 주택
이 멸실된 경우에는 멸실된 날로부터 당해주택을 소유하지 아니한 것으로
봅니다(서오-2837, 2007. 10. 26).

⑥ 무주택세대 소유 나지의 비사업용 제외신청

　i ) 신청시기

양도일이 속하는 과세기간의 과세표준신고시 납세지 관할세무저장에게
구비서류를 갖추어 신청하여야 합니다.

ii) 구비서류

ㄱ 무주택 세대임을 확인하는 서류

ㄴ 세대원의 나지 소유 현황

iii) 납세지관할 세무서장이 확인할 서류

ㄱ 주민등록표등본

ㄴ 등기부등본 또는 토지대장등본

부록

# 참고서식

[별지 제12호 서식] (개정 2008. 4. 22)                                     (1장 앞 쪽)

| 일반과세자 부가가치세 | □예정□확정□기한후과세표준 신고서 □영세율 등 조기환급 | | 처리기간 |
|---|---|---|---|
| 관리번호 □□□□ - □□□□ | 신고기간 □□□□ 년 □ 기( 월 일 ~ 월 일) | | 즉 시 |

| 사업자 | 상호(법인명) | | 성명(대표자명) | | 사업자등록번호 □□□ - □□ - □□□□□ | | |
|---|---|---|---|---|---|---|---|
| | 주민(법인) 등록번호 | — | | 전화번호 | 사업장 | 주소지 | 휴대전화 |
| | 사업장주소 | | | | 전자우편 주소 | | |

### ❶ 신 고 내 용

| 구 분 | | | | 금 액 | 세율 | 세 액 |
|---|---|---|---|---|---|---|
| 과세표준 및 매출세액 | 과 세 | 세 금 계 산 서 교 부 분 | ① | | $\frac{10}{100}$ | |
| | | 매 입 자 발 행 세 금 계 산 서 | ② | | $\frac{10}{100}$ | |
| | | 기 타 | ③ | | $\frac{10}{100}$ | |
| | 영 세 율 | 세 금 계 산 서 교 부 분 | ④ | | $\frac{0}{100}$ | |
| | | 기 타 | ⑤ | | $\frac{0}{100}$ | |
| | 예 정 신 고 누 락 분 | | ⑥ | | | |
| | 대 손 세 액 가 감 | | ⑦ | | | |
| | 합 계 | | ⑧ | | ㉮ | |
| 매입세액 | 세금계산서 수 취 분 | 일 반 매 입 | ⑨ | | | |
| | | 고 정 자 산 매 입 | ⑩ | | | |
| | 예 정 신 고 누 락 분 | | ⑪ | | | |
| | 매 입 자 발 행 세 금 계 산 서 | | ⑫ | | | |
| | 기 타 공 제 매 입 세 액 | | ⑬ | | | |
| | 합 계(⑨+⑩+⑪+⑫+⑬) | | ⑭ | | | |
| | 공 제 받 지 못 할 매 입 세 액 | | ⑮ | | | |
| | 차 감 계(⑭-⑮) | | ⑯ | | ㉯ | |
| 납부(환급)세액 (매출세액㉮-매입세액㉯) | | | | | ㉰ | |
| 경감공제세액 | 기 타 경 감 · 공 제 세 액 | | ⑰ | | | |
| | 신 용 카 드 매 출 전 표 등 발 행 공 제 등 | | ⑱ | | | |
| | 합 계 | | ⑲ | | ㉱ | |
| 예 정 신 고 미 환 급 세 액 | | | ⑳ | | ㉲ | |
| 예 정 고 지 세 액 | | | ㉑ | | ㉳ | |
| 금 지 금 매 입 자 납 부 특 례 기 납 부 세 액 | | | ㉒ | | ㉴ | |
| 가 산 세 액 계 | | | ㉓ | | ㉵ | |
| 차가감하여 납부할 세액(환급받을 세액)(㉰-㉱-㉲-㉳-㉴+㉵) | | | | | ㉔ | |
| 총괄납부사업자 납부할 세액(환급받을 세액) | | | | | | |

| ❷ 국세환급금계좌신고 | 거래은행 | | 은행 | 지점 | 계좌번호 | |
|---|---|---|---|---|---|---|
| ❸ 폐 업 신 고 | 폐업일자 | | | 폐업사유 | | |

| ❹ 과 세 표 준 명 세 | | | | | 「부가가치세법」 제18조·제19조 또는 제24조와 「국세기본법」 제45조의 3에 따라 위의 내용을 신고하며, 위 내용을 충분히 검토하였고 신고인이 알고 있는 사실 그대로를 정확하게 작성하였음을 확인합니다. |
|---|---|---|---|---|---|
| 업 태 | 종 목 | 업종코드 | 금 액 | | |
| ㉕ | | | | | 년 월 일 |
| ㉖ | | | | | 신고인 (서명 또는 인) |
| ㉗ | | | | | 세무대리인은 조세전문자격자로서 위 신고서를 성실하고 공정하게 작성하였음을 확인합니다. |
| ㉘수입금액제외 | | | | | 세무대리인 (서명 또는 인) |
| ㉙합 계 | | | | | 세무서장 귀하 |
| 세무대리인 성 명 | | 사업자등록번호 | | 전화번호 | 구 비 서 류          뒤 쪽 참 조 |

이 쪽은 해당 사항이 있는 사업자만 사용합니다. (2장 앞 쪽)

사업자등록번호 [ | | ] - [ | ] - [ | | | | ] *사업자등록번호는 반드시 적으시기 바랍니다.

| | | 구 분 | | | 금액 | 세율 | 세액 |
|---|---|---|---|---|---|---|---|
| 예정신고 누락분 명세 | ⑥ 매출 | 과세 | 세금계산서 | ㉚ | | 10/100 | |
| | | | 기타 | ㉛ | | 10/100 | |
| | | 영세율 | 세금계산서 | ㉜ | | 0/100 | |
| | | | 기타 | ㉝ | | 0/100 | |
| | | 합계 | | ㉞ | | | |
| | ⑪ 매입 | 세금계산서 | | ㉟ | | | |
| | | 기타공제매입세액 | | ㊱ | | | |
| | | 합계 | | ㊲ | | | |

| | 구 분 | | 금액 | 세율 | 세액 |
|---|---|---|---|---|---|
| ⑬ 기타공제 매입세액 명세 | 신용카드매출전표등수취명세서제출분 | ㊳ | | | |
| | 의제매입세액 | ㊴ | | 뒤쪽참조 | |
| | 재활용폐자원등매입세액 | ㊵ | | 뒤쪽참조 | |
| | 고금의제매입세액 | ㊶ | | | |
| | 과세사업전환매입세액 | ㊷ | | | |
| | 재고매입세액 | ㊸ | | | |
| | 변제대손세액 | ㊹ | | | |
| | 합계 | ㊺ | | | |

| | 구 분 | | 금액 | 세율 | 세액 |
|---|---|---|---|---|---|
| ⑮ 공제받지 못할 매입세액명세 | 공제받지 못할 매입세액 | ㊻ | | | |
| | 공통매입세액 면세사업분 | ㊼ | | | |
| | 대손처분받은세액 | ㊽ | | | |
| | 합계 | ㊾ | | | |

| | 구 분 | | 금액 | 세율 | 세액 |
|---|---|---|---|---|---|
| ⑰ 기타 공제·경감 세액 명세 | 전자신고세액공제 | ㊿ | | | |
| | 택시운송사업자경감세액 | (51) | | | |
| | 현금영수증사업자세액공제 | (52) | | | |
| | 기타 | (53) | | | |
| | 합계 | (54) | | | |

| | 구 분 | | 금액 | 세율 | 세액 |
|---|---|---|---|---|---|
| ㉒ 가산세 명세 | 사업자미등록등 | (55) | | 1/100 | |
| | 세금계산서미교부등 | (56) | | 2/100 | |
| | 세금계산서합계표제출불성실 | (57) | | 뒤쪽참조 | |
| | 신고불성실 | (58) | | 뒤쪽참조 | |
| | 납부불성실 | (59) | | 뒤쪽참조 | |
| | 영세율과세표준신고불성실 | (60) | | 1/100 | |
| | 수입금액명세서미제출 | (61) | | 5/1,000 | |
| | 합계 | (62) | | | |

| | 업 태 | | 종 목 | 코드번호 | 금 액 |
|---|---|---|---|---|---|
| 면세사업 수입금액 | (63) | | | | |
| | | | | | |
| | | | | (65)합 계(63+65) | |

| | | |
|---|---|---|
| 계산서 교부 및 수취내역 | (66)계산서 교부금액 | |
| | (67)계산서 수취금액 | |

부록 : 참고서식

[별지 제19호 서식] (개정 2008. 4. 29)  (앞 쪽)

# 사업장현황신고서

| 관리번호 | | 과세기간( 년 월 일 ~ 년 월 일) |

## 1. 인적사항

| ①상　　　호 | | ②사업자등록번호 | - - | 공동사업 □여 □부 |
|---|---|---|---|---|
| ③성　　　명 | | ④주민등록번호 | - | |
| ⑤사 업 장 주 소 | | | ⑥전 화 번 호 | |
| ⑦전화번호(자택) | | ⑧휴 대 전 화 | ⑨전자우편 주소 | |
| ⑩개 업 연 월 일 | | ⑪폐 업 연 월 일 | ⑫폐 업 사 유 | |

## 2. 수입금액(매출액) 내역 (단위 : 원)

| ⑬업　태 | ⑭종　목 | ⑮업종코드 | 수 입 금 액 ( 매 출 액 ) | | |
|---|---|---|---|---|---|
| | | | <16> 소계(<17>+<18>) | <17> 계산서발행금액 | <18> 그 밖의 수입금액 |
| 01 | | | | | |
| 02 | | | | | |
| 03 | | | | | |
| <19>합　계 | | | | | |

## 3. 수입금액(매출액)결제수단별 구성명세 (단위 : 원)

| <20> 합계(=<19>) | <21> 신용카드/ 선불카드매출액 | <22> 현금영수증 매출액 | <23> 지로(GIRO) 매출액 | <24> 금융기관 수납금액 (<23>과 중복분 제외) | <25> 그 밖의 매출액 |
|---|---|---|---|---|---|
| | | | | | |

## 4. 계산서·세금계산서·신용카드 수취금액 (단위 : 원)

| <26>합　계 | <27> 계산서를 받고 매입한 금액 | <28> 세금계산서를 받고 매입한 금액 | <29> 신용카드 등으로 매입한 금액 (<27>·<28>과 중복분은 제외) |
|---|---|---|---|
| | | | |

## 5. 기본사항(연도말 기준) (단위 : ㎡,원,대,명)

| 시　설　현　황 | | | | <34>종업원수 |
|---|---|---|---|---|
| <30>건물면적 | <31>임차보증금 | <32>차　량 | <33> 그 밖의 특수시설 등 | |
| | | | | |

## 6. 기본경비(연간 금액) (단위 : 원)

| <35>합　계 | <36>임 차 료 | <37>매 입 액 | <38>인 건 비 | <39>그 밖의 제경비 |
|---|---|---|---|---|
| | | | | |

## 7. 첨부서류(해당자만 표기)

| <40>매 입 처 별 계 산 서 합 계 표 □전산매체 □서면 |
| <41>매 출 처 별 계 산 서 합 계 표 □전산매체 □서면 |
| <42>매입처별세금계산서합계표 □전산매체 □서면 |
| <43>수 입 금 액 검 토 표 □ |

신고인은 「소득세법」 제78조 및 동법 시행령 제141조제1항에 따라(□서면 □전자) 신고하며, 위 내용을 충분히 검토하였고 신고인이 알고 있는 사실 그대로를 정확하게 기재하였음을 확인합니다.

　　　　　　　　　　　　　　　　년　　　월　　　일

　신 고 인　　　　　　(서명 또는 인)

세무대리인은 조세전문자격자로서 위 신고서를 성실하고 공정하게 작성하였음을 확인합니다.

　　세무대리인　　　　　　(서명 또는 인)

세무서장 귀하

333

[별지 제16호 서식] (개정 2007. 4. 17)　　　　　　　　　　　　　　　(앞 쪽)

| ※관리번호　　－ | 토지등매매차익 | □ 예정신고서 |
| | | □ 예정신고자진납부계산서 |

| 신고인 | ① 성　　　　　명 | | ② 주 민 등 록 번 호 | 　－　 |
| | ③ 상　　　　　호 | | ④ 사 업 자 등 록 번 호 | 　－　　－　 |
| | ⑤ 주　　　　　소 | | ⑥ 전 화 번 호 | |
| | ⑦ 사 업 장 소 재 지 | | ⑧ 전 화 번 호 | |

| 구　　　　　분 | | 자산구분 : | 자산구분 : | 합　계 |
|---|---|---|---|---|
| 매 　매 　가 　액 ( 실 지 거 래 가 액 ) | ⑨ | | | |
| 필 　요 　경 　비 | ⑩ | | | |
| 장 기 보 유 특 별 공 제 | ⑪ | | | |
| 토 지 등 매 매 차 익 ( ⑨ - ⑩ - ⑪ ) | ⑫ | | | |
| 기 신 고 ( 결 정 ) 된 매 매 차 익 합 계 액 | ⑬ | | | |
| 토 지 등 매 매 차 익 합 계 액 ( ⑫ + ⑬ ) | ⑭ | | | |
| 양 　도 　소 　득 　세 　세 　율 | ⑮ | | | |
| 산 　　　출 　　　세 　　　액 | <16> | | | |
| 기 납 부 세 액 ( 산 출 세 액 ) | <17> | | | |
| 예 정 신 고 납 부 세 액 공 제 ( <16> - <17> ) × 10 % | <18> | | | |
| 납 부 할 총 세 액 ( <16> - <17> - <18> ) | <19> | | | |
| 분 　납 　할 　세 　액 ( 4 5 일 　이 내 ) | <20> | | | |
| 신 고 기 한 내 납 부 할 세 액 ( <19> - <20> ) | <21> | | | |
| 주민세자진납부계산서 | | | | |
| 과 　세 　표 　준 ( < 1 9 > 납 부 할 총 세 액 ) | <22> | | | |
| 세 　　　　　　　　　　　율 | <23> | | 10% | |
| 납 　부 　할 　세 　액 ( < 2 2 > × < 2 3 > ) | <24> | | | |

　신고인은 「소득세법」 제69조 및 「지방세법」 제177조의4에 따라 위의 내용을 신고하며, 위 내용을 충분히 검토하였고 신고인이 알고 있는 사실 그대로를 정확하게 기재하였음을 확인합니다.

　　　　　　　　　　　년　　　　　　월　　　　　　일
　　　　　　　　　　　신고인　　　　　　　　　　　　　　　　　(서명 또는 인)

　세무대리인은 조세전문자격자로서 위 신고서를 성실하고 공정하게 작성하였음을 확인합니다.
　　　　　　　　　　　세무대리인　　　　　　　　　　　　　　　(서명 또는 인)
　　　　　세무서장 귀하

| 첨부서류 | 신청인 제출서류 | 담당 공무원 확인사항<br>(담당 공무원의 확인에 동의하지 아니하는 경우 신청인이 직접 제출하여야 하는 서류) |
|---|---|---|
| | 1. 토지등매매차익계산명세서(부표) 1부<br>2. 매매계약서 및 필요경비증명서류 1부 | 1. 건물(토지)등기부 등본(1부)<br>2. 건축물(토지)대장(1부) |

　본인은 이 건 업무처리와 관련하여 「전자정부 구현을 위한 행정업무 등의 전자화촉진에 관한 법률」 제21조제1항에 따른 행정정보의 공동이용을 통하여 담당 공무원이 위의 담당 공무원 확인사항을 확인하는 것에 동의합니다.

　　　　　　　　　　　　　　　　신청인　　　　　　　　　　　　　(서명 또는 인)

부록 : 참고서식

[별지 제16호 서식 부표(1)] (개정 2007. 4. 17)　　　　　　　(앞 쪽)

## 토지등매매차익계산명세서

※ 관리번호 [　　　－　　　]

### 1. 인적사항

| ①성　　　　명 | | ②주 민 등 록 번 호 | |
|---|---|---|---|
| ③상　　　　호 | | ④사업자등록번호 | |
| ⑤주　　　　소 | | | |

### 2. 양도자산 명세

| ⑥자산구분 코드 | | | | | 합계 |
|---|---|---|---|---|---|
| ⑦ 자 산 종 류 | | | | | |
| ⑧ 부 동 산 소 재 지 | | | | | |

### 3. 매매가액 계산

| ⑨ 양 도 일 자 | | | | | |
|---|---|---|---|---|---|
| ⑩ 양 도 면 적 | | | | | |
| ⑪ 매 매 가 액 | | | | | |

### 4. 매매차익 계산

| 필요경비 | ⑫취 득 가 액 | | | | |
|---|---|---|---|---|---|
| | ⑬자본적지출액 | | | | |
| | ⑭양 도 비 | | | | |
| | ⑮건 설 자 금 충 당 이 자 | | | | |
| | <16>공 과 금 | | | | |
| | <17>필요경비계 | | | | |
| <18>장기보유특별공제 | | | | | |
| <19>매 매 차 익 (⑪-<17>-<18>) | | | | | |

335

[별지 제16호 서식 부표(2)] (개정 2007. 4. 17)                    (앞 쪽)

| 관리번호    –    | 토지등매매차익계산명세서(기준경비율 적용대상자) |
|---|---|

**1. 인적사항**

| ① 상　　　　　호 | | ② 사 업 자 등 록 번 호 |   –    –   |
|---|---|---|---|
| ③ 성　　　　　명 | | ④ 주 민 등 록 번 호 |   –   |
| ⑤ 사 업 장 소 재 지 | | | |

**2. 양도자산 명세**

| ⑥ 자 산 구 분(코드) | | |
|---|---|---|
| ⑦ 자 산 종 류 | | |
| ⑧ 부 동 산 소 재 지 | | |

**3. 매매가액 계산**

| ⑨ 양 도 일 자 | | |
|---|---|---|
| ⑩ 양 도 면 적 | | |
| ⑪ 매 매 가 액 | | |

**4. 매매차익 계산**

| 기준<br>소득<br>금액 | 필요<br>경비 | 주요<br>경비 | ⑫ 기초재고자산에 포함된 주요경비 | |
|---|---|---|---|---|
| | | | ⑬ 당기에 지출한 주요경비(=<36>) | |
| | | | ⑭ 기말재고자산에 포함된 주요경비 | |
| | | | ⑮　　계　　( ⑫ + ⑬ - ⑭ ) | |
| | | 기준경비율에 의해<br>계 산 한 경 비 | <16> 기 준 경 비 율 | |
| | | | <17> 금 액(⑪×<16>) | |
| | | <18> 필요경비 계(⑮+<17>) | | |
| | <19> 준소득금액(⑪-<18>) | | | |
| 비교<br>소득<br>금액 | 단순경비율에 의해<br>계산한 소득금액 | <20> 단 순 경 비 율 | | |
| | | <21> 금 액[⑪×(1-<20>)] | | |
| | <22> 비교소득금액(<21>×국세청장이 정한 배율) | | | |
| <23> 소득금액(<19> 또는 <22> 중 작은 금액) | | | | |

**5. 당기 지출 주요경비 계산명세**

| 구　분 | 계(A)<br>(=B+C+D) | 정규증빙서류<br>수취금액(B) | 주요경비지출명세서<br>작성금액(C) | 주요경비지출명세서<br>작성제외금액(D) |
|---|---|---|---|---|
| 매입비용 | <24> | <25> | <26> | <27> |
| 임 차 료 | <28> | <29> | <30> | <31> |
| 인 건 비 | <32> | <33> | <34> | <35> |
| 계(<36> = ⑬) | <36> | <37> | <38> | <39> |

※ 첨부서류 : 주요경비지출명세서 1부

336 ● ● ●

**[별지 제40호 서식(1)]** (제3쪽)

| 거주구분 | 거주자1 / 비거주자2 |
| --- | --- |
| 내 · 외국인 | 내국인1 / 외국인9 |
| 외국인단일세율적용 | 여 1 / 부 2 |
| 거주지국 | 거주지국코드 |

| 관리번호 | ＿ | ( 년 귀속)종합소득세 · 농어촌특별세 · 주민세 과세표준확정신고 및 자진납부계산서 |
| --- | --- | --- |

**❶기본사항**

| ①성 명 | | | | ②주민등록번호 | | | － | |

| ③주 소 | 도 · 시 | 구 · 군 | 동 · 읍 · 면 | 가 · 리 | 번지 | 호 | 아파트 · 연립 등 | 동 | 호 |
| --- | --- | --- | --- | --- | --- | --- | --- | --- | --- |

| ④주소지 전화번호 | | ⑤사업장 전화번호 | |
| --- | --- | --- | --- |
| ⑥휴 대 전 화 | | ⑦전 자 우 편 주 소 | |

| ⑧신 고 유 형 | ⑪자기조정 ⑫외부조정 ⑳간편장부 ㉛추계 - 기준율 ㉜추계 - 단순율 ㊵비사업자 |
| --- | --- |
| ⑨기 장 의 무 | ①복식부기의무자 ②간편장부대상자 ③비사업자 |
| ⑩신 고 구 분 | ⑩정기신고 ⑳수정신고 ㉚경정청구 ㊵기한후신고 ㊿추가신고(인정상여) |

**❷환급금 계좌신고** | ⑪금융기관/체신관서명 | | ⑫계 좌 번 호 |

| ❸세 무 대리인 | ⑬성 명 | | ⑭전화번호 | | ⑮대 리 구 분 | ①기장 ②조정 ③신고 |
| --- | --- | --- | --- | --- | --- | --- |
| | ⑯관리번호 | － | ⑰조정반번호 | | | － |

**❹세액의 계산**

| 구 분 | | 종합소득세 | 주 민 세 | | 농어촌특별세 | |
| --- | --- | --- | --- | --- | --- | --- |
| 종 합 소 득 금 액 | ㉑ | | | | | |
| 소 득 공 제 | ㉒ | | | | | |
| 과 세 표 준 (㉑－㉒) | ㉓ | | ㊶ | | ㊿ 51 | |
| 세 율 | ㉔ | | ㊷ | 10% | 52 | |
| 산 출 세 액 | ㉕ | | ㊸ | | 53 | |
| 세 액 감 면 | ㉖ | | | | | |
| 세 액 공 제 | ㉗ | | | | | |
| 결 정 세 액 (㉕－㉖－㉗) | ㉘ | | | | 54 | |
| 가 산 세 | ㉙ | | | | 55 | |
| 추 가 납 부 세 액 (농어촌특별세의 경우에는 환급세액) | ㉚ | | | | 56 | |
| 합 계 (㉘＋㉙＋㉚) | ㉛ | | | | 57 | |
| 기 납 부 세 액 | ㉜ | | ㊹ | | 58 | |
| 차감 | 납부(환급)할 총세액(㉛－㉜) | ㉝ | | ㊺ | | 59 | |
| | 분 납 할 세 액 (45일 내) | ㉞ | | | | 60 | |
| | 신고기한 이내 납부할 세액(㉝－㉞) | ㉟ | | ㊻ | | 61 | |

신고인은 「소득세법」 제70조, 「농어촌특별세법」 제7조, 「지방세법」 제177조의 4 및 「국세기본법」 제45조의 3에 따라 위의 내용을 신고하며, 위 내용을 충분히 검토하였고 신고인이 알고 있는 사실 그대로를 정확하게 기재하였음을 확인합니다.

년 월 일
신고인       (서명 또는 인)

| 세무대리인은 조세전문자격자로서 위 신고서를 성실하고 공정하게 작성하였음을 확인합니다.<br><div align="center">세무대리인 (서명 또는 인)</div> | 접수(영수)일자 |
| --- | --- |
| 세무서장 귀하 | |
| ※ 첨부서류(각 1부) : 제1쪽 참조 | 전산입력필 (인) |

[별지 제40호 서식(1)] (5쪽)

**❺이자소득명세서**

| ①<br>소득<br>구분<br>코드 | ②<br>일련<br>번호 | 이자 지급자 | | ⑤<br>이자소득금액 | ⑥원천징수된<br>소득세 |
|---|---|---|---|---|---|
| | | ③<br>상호(성명) | ④<br>사업자등록번호(주민등록번호) | | |
| | | | | | |
| | | | | | |
| | | | | | |
| | | | | | |
| | | | | | |
| | | | | | |
| | | | | | |
| | | | | | |
| | | | | | |
| | | | | | |
| | | | | | |
| | | | | | |
| | | | | | |
| | | | | | |
| | | | | | |
| | | | | | |
| | | | | | |
| | | | | | |
| | | | | | |
| | | | | | |

[별지 제40호 서식(1)]                                                                        (7쪽)

| ①소득구분코드 | ②일련번호 | 배당 지급법인 ③법 인 명 ④사업자등록번호 | ⑤배당액 | 배당가산액(Gross－Up) ⑥대상금액 | ⑦가산액(⑥×15/100) | ⑧배당소득금액(⑤＋⑦) | ⑨원천징수된소득세 |
|---|---|---|---|---|---|---|---|
| | | | | | | | |
| | | | | | | | |
| | | | | | | | |
| | | | | | | | |
| | | | | | | | |
| | | | | | | | |
| | | | | | | | |
| | | | | | | | |
| | | | | | | | |
| | | | | | | | |
| | | | | | | | |
| | | | | | | | |

[별지 제40호 서식(1)] (9쪽)

| ❼부동산임대소득 · 사업소득명세서 | | | | | | |
|---|---|---|---|---|---|---|
| ①소 득 구 분 코 드 | | | | | | |
| ②일 련 번 호 | | | | | | |
| ③ 사업장 | 소 재 지 | | | | | |
| | 국내1/국외9 | 소재지국코드 | | | | |
| ④상 호 | | | | | | |
| ⑤사 업 자 등 록 번 호 | | | | | | |
| ⑥신 고 유 형 코 드 | | | | | | |
| ⑦주 업 종 코 드 | | | | | | |
| ⑧총 수 입 금 액 | | | | | | |
| ⑨필 요 경 비 | | | | | | |
| ⑩소 득 금 액(⑧-⑨) | | | | | | |
| ⑪과 세 기 간 개 시 일 | | | | | | |
| ⑫과 세 기 간 종 료 일 | | | | | | |
| ⑬ 대 표 공동사업자 | 성 명 | | | | | |
| | 주 민 등 록 번 호 | | | | | |
| ⑭ 특수관계자 | 성 명 | | | | | |
| | 주 민 등 록 번 호 | | | | | |
| | 성 명 | | | | | |
| | 주 민 등 록 번 호 | | | | | |
| | 성 명 | | | | | |
| | 주 민 등 록 번 호 | | | | | |

| 사업소득에 대한 원천징수 및 납세조합징수 세액 | | | | |
|---|---|---|---|---|
| ⑮ 일련 번호 | 원천징수자 또는 납세조합 | | 원천징수 또는 납세조합징수 세액 | |
| | ⑯상호(성명) | ⑰사업자등록번호 (주민등록번호) | ⑱소득세 | ⑲농어촌특별세 |
| | | | | |
| | | | | |
| | | | | |
| | | | | |
| | | | | |

[별지 제40호 서식(1)]                                                    (11쪽)

❽근로소득·연금소득·기타소득명세서

| ① 소득 구분 코드 | ② 일련 번호 | 소득의 지급자 (부여자의 국내사업장) | | ⑤ 총수입금액 | ⑥ 필요경비 | ⑦ 소득금액 (⑤−⑥) | 원천징수 또는 납세조합징수세액 | |
|---|---|---|---|---|---|---|---|---|
| | | ③상          호(성명) | | | | | ⑧ 소득세 | ⑨ 농어촌 특별세 |
| | | ④사업자등록번호 (주민등록번호) | | | | | | |
| | | | | | | | | |
| | | | | | | | | |
| | | | | | | | | |
| | | | | | | | | |
| | | | | | | | | |
| | | | | | | | | |
| | | | | | | | | |
| | | | | | | | | |
| | | | | | | | | |
| | | | | | | | | |

[별지 제40호 서식(1)] (13쪽)

**❾종합소득금액 및 결손금·이월결손금공제명세서**

| 구 분 | ① 소득별 소득금액 | ② 사업소득 결손금 공제금액 | 이월결손금 공제금액 | | ⑤ 결손금·이월 결손금공제 후 소득금액 |
|---|---|---|---|---|---|
| | | | ③사업소득 이월결손금 공제금액 | ④ 부동산임대소득 이월결손금 공제금액 | |
| 이 자 소 득 금 액 | | | | | |
| 배 당 소 득 금 액 | | | | | |
| 수 입 배 당 금 액 (「조세특례제한법」제104조의11) | | | | | |
| 출자공동사업자의 배당소득 (「소득세법」제17조제1항제6호의3) | | | | | |
| 부 동 산 임 대 소 득 금 액 | | | | | |
| 사 업 소 득 금 액 | | | | | |
| 근 로 소 득 금 액 | | | | | |
| 연 금 소 득 금 액 | | | | | |
| 기 타 소 득 금 액 | | | | | |
| 합        계(종합소득금액) | | | | | |

**❿이월결손금명세서**

| 구 분 | 이월결손금 발생내역 | | ③ 전기까지 공제액 | 당기 공제액 | | | ⑦ 잔 액 |
|---|---|---|---|---|---|---|---|
| | ① 발생 과세기간 | ② 발생금액 | | ④ 당기 공제액 | ⑤ 소급공제액 | ⑥ 그밖의 공제액 | |
| 부동산 임대소득 (30) | | | | | | | |
| | | | | | | | |
| | | | | | | | |
| | | | | | | | |
| | | | | | | | |
| 사업소득 (40) | | | | | | | |
| | | | | | | | |
| | | | | | | | |
| | | | | | | | |
| | | | | | | | |

[별지 제40호 서식(1)]                                                    (15쪽)

**❶ 소득공제명세서**

<table>
<tr><td colspan="6" align="center">「소득세법」상 소득공제</td></tr>
<tr><td colspan="3" align="center">인 적 공 제</td><td colspan="3" align="center">특 별 공 제</td></tr>
<tr><td colspan="2" align="center">구　　분</td><td align="center">금　액</td><td colspan="2" align="center">구　　분</td><td align="center">금　액</td></tr>
<tr><td colspan="2">①기　본　공　제(　명)</td><td></td><td colspan="2">⑭보　험　료　공　제</td><td></td></tr>
<tr><td rowspan="6" align="center">②<br>추가<br>공제</td><td>③70세 이상인 자(　명)</td><td></td><td colspan="2">⑮의　료　비　공　제</td><td></td></tr>
<tr><td>④65세 이상인 자(　명)</td><td></td><td colspan="2">⑯교　육　비　공　제</td><td></td></tr>
<tr><td>⑤장　애　인(　명)</td><td></td><td colspan="2">⑰주　택　자　금　공　제</td><td></td></tr>
<tr><td>⑥부　　녀　　자</td><td></td><td colspan="2">⑱기　부　금　공　제</td><td></td></tr>
<tr><td>⑦6세 이하인 자(　명)</td><td></td><td colspan="2">⑲혼 인·장 례·이 사 비 공 제</td><td></td></tr>
<tr><td>⑧　　계　　(③~⑦)</td><td></td><td colspan="2"></td><td></td></tr>
<tr><td colspan="2">⑨다　자　녀　추　가　공　제</td><td></td><td colspan="2"></td><td></td></tr>
<tr><td colspan="2">⑩인 적 공 제 합 계(①+⑧+⑨)</td><td></td><td colspan="2">⑳표　　준　　공　　제</td><td></td></tr>
<tr><td colspan="2">⑪국 민 연 금 보 험 료 공 제</td><td></td><td rowspan="4" align="center">㉑<br>특별<br>공제<br>합계</td><td>근로소득이 있는 자<br>(⑭~⑲ 또는 ⑳)</td><td></td></tr>
<tr><td colspan="2">⑪의1.기 타 연 금 보 험 료 공 제</td><td></td><td></td><td></td></tr>
<tr><td colspan="2">⑫주택담보노후연금이자비용공제</td><td></td><td rowspan="2">근로소득이 없는 자<br>(⑱+⑳ )</td><td></td></tr>
<tr><td colspan="2">⑬퇴 직 연 금 소 득 공 제</td><td></td><td></td></tr>
</table>

**㉒기 본 공 제 자 명 세**

<table>
<tr><td>관계</td><td>성　명</td><td>내외<br>국인</td><td>주민등록번호<br>(외국인등록번호 등)</td><td>관계</td><td>성　명</td><td>내외<br>국인</td><td>주민등록번호<br>(외국인등록번호 등)</td></tr>
<tr><td></td><td></td><td></td><td>-</td><td></td><td></td><td></td><td>-</td></tr>
<tr><td></td><td></td><td></td><td>-</td><td></td><td></td><td></td><td>-</td></tr>
<tr><td></td><td></td><td></td><td>-</td><td></td><td></td><td></td><td>-</td></tr>
<tr><td></td><td></td><td></td><td>-</td><td></td><td></td><td></td><td>-</td></tr>
</table>

※ 관계코드 : 소득자 본인=0, 소득자의 직계존속=1, 배우자의 직계존속=2, 배우자=3, 직계비속=4,
　　　　　　형제자매=5, 기타=6 (4, 5, 6의 경우 소득자와 배우자의 각각의 관계 포함함)
※ 내외국인코드 : 내국인=1, 외국인=9

<table>
<tr><td colspan="4" align="center">「조세특례제한법」상 소득공제</td></tr>
<tr><td align="center">㉓「조세특례제한법」조문(제목)</td><td align="center">㉔코드</td><td align="center">㉕금　　액</td><td align="center">㉖사업자등록번호</td></tr>
<tr><td></td><td></td><td></td><td></td></tr>
<tr><td></td><td></td><td></td><td></td></tr>
<tr><td></td><td></td><td></td><td></td></tr>
<tr><td align="center">㉗「조세특례제한법」상 소득공제 합계</td><td></td><td></td><td></td></tr>
</table>

<table>
<tr><td align="center">소득공제 합계<br>㉘(⑩+⑪+⑪의1+⑫+⑬+㉑+㉗)</td><td></td><td>㉔코드 는 납세자가 적지 아니합니다.</td></tr>
</table>

[별지 제40호 서식(1)]  (17쪽)

**❷ 세액감면명세서**

| ①해당 법 조문(제목) | ②코드 | ③세액감면 | ④사업자등록번호 |
|---|---|---|---|
|  |  |  |  |
|  |  |  |  |
|  |  |  |  |
|  |  |  |  |
| ⑤세액감면 합계 |  |  |  |

**❸ 세액공제명세서**

| ①해당 법 조문(제목) | ②코드 | ③세액공제 | ④사업자등록번호 |
|---|---|---|---|
|  |  |  |  |
|  |  |  |  |
|  |  |  |  |
|  |  |  |  |
| ⑤세액공제 합계 |  |  |  |

**❹ 준비금명세서**

| ① 「조세특례제한법」 조문(제목) | ② 코드 | 준비금 손금산입액 | | 준비금 환입액 | | ⑦ 사 업 자 등록번호 |
|---|---|---|---|---|---|---|
|  |  | ③연도 | ④금액 | ⑤ 당기환입액 | ⑥ 환입액누계 |  |
|  |  |  |  |  |  |  |
|  |  |  |  |  |  |  |
|  |  |  |  |  |  |  |
|  |  |  |  |  |  |  |
|  |  |  |  |  |  |  |

②코드 는 납세자가 적지 아니합니다.

## [별지 제40호 서식(1)] (19쪽)

### ⑮ 가산세명세서

| 구 분 | | | 계 산 기 준 | 기 준 금 액 | 가 산 세 율 | | 가산세액 |
|---|---|---|---|---|---|---|---|
| ①무 신 고 | 부 당 무 신 고 | 미 달 세 액 | | | 40/100 | (50%) | |
| | | 수 입 금 액 | | | 14/10,000 | | |
| | 일 반 무 신 고 | 미 달 세 액 | | | 20/100 | (50%) | |
| | | 수 입 금 액 | | | 7/10,000 | | |
| ②과 소 신 고 | 부 당 과 소 신 고 | 미 달 세 액 | | | 40/100 | | |
| | | 수 입 금 액 | | | 14/10,000 | (50%) | |
| | 일 반 과 소 신 고 | 미 달 세 액 | | | 10/100 | | |
| ③초과환급신고 | 부 당 초 과 환 급 | 초 과 환 급 세 액 | | | 40/100 | (50%) | |
| | 일 반 초 과 환 급 | 초 과 환 급 세 액 | | | 10/100 | | |
| ④납 부(환 급) 불 성 실 | 미 납 일 수 | ( ) | | | 3/10,000 | (50%) | |
| | 미 납 부 (환 급) 세 액 | | | | | | |
| ⑤ 보고불성실 | 지 급 명 세 서 | 미 제 출(불명) | 지 급(불명)금 액 | | 2/100 | | |
| | | 지 연 제 출 | 지연제출금액 | | 1/100 | | |
| | 계 산 서 | 미 교 부 | 공 급 가 액 | | 1/100 | | |
| | | 불 명 | 불명금액 | | 1/100 | | |
| | 계 산 서 합 계 표 | 미 제 출(불명) | 공 급(불명)가액 | | 1/100 | | |
| | | 지 연 제 출 | 지연제출금액 | | 0.5/100 | | |
| | 매입처별세금 계산서합계표 | 미 제 출(불명) | 공 급(불명)가액 | | 1/100 | | |
| | | 지 연 제 출 | 지연제출금액 | | 0.5/100 | | |
| | 소 계 | | | | | | |
| ⑥증 빙 불 비 | | | 미수취 금액 | | 2/100 | | |
| ⑦영 수 증 수 취 명세서미제출 | 미 제 출 | | 미제출 금액 | | 1/100 | | |
| | 불 명 | | 불명 금 액 | | 1/100 | | |
| ⑧사 업 장 현 황 신 고 불 성 실 | 무 신 고 | | 수 입 금 액 | | 0.5/100 | | |
| | 과 소 신 고 | | 수 입 금 액 | | 0.5/100 | | |
| ⑨공 동 사 업 장 등 록 불 성 실 | 미 등 록 · 허 위 등 록 | | 총 수 입 금 액 | | 0.5/100 | | |
| | 손익분배비율허위신고등 | | 총 수 입 금 액 | | 0.1/100 | | |
| ⑩무 기 장 | | | 산 출 세 액 | | 20/100 | | |
| ⑪사 업 용 계 좌 미 사 용 | 미 개 설 · 미 신 고 | | 총수입금액등 | | 0.5/100 | | |
| | 미 사 용 | | 미 사 용 금 액 | | 0.5/100 | | |
| ⑫신 용 카 드 매 출 전표미발급 | 발 급 거 부 · 불 성 실 금 액 | | | | 5/100 | | |
| | 발 급 거 부 · 불 성 실 건 수 | | | | 5,000원 | | |
| ⑬현 금 영 수 증 미 발 급 | 미 가 맹 | | 총 수 입 금 액 | | 0.5/100 | | |
| | 발 급 거 부 · 불 성 실 금 액 | | | | 5/100 | | |
| | 발 급 거 부 · 불 성 실 건 수 | | | | 5,000원 | | |
| ⑭기 부 금 영 수 증 불 성 실 | 영 수 증 불 성 실 발 급 | | 불성실기재금액 | | 2/100 | | |
| | 발급명세서미작성 · 미보관 | | 미작성등금액 | | 0.2/100 | | |
| ⑮원 천 징 수 납 부 불 성 실 | | | 미 납 세 액 | | 10/100한도 | | |
| ⑯납 세 조 합 불 납 | | | 미 납 세 액 | | 5/100 | | |
| ⑰합 계 | | | | | | | |

### ⑯ 기납부세액명세서

| 구 분 | | 소 득 세 | 농 어 촌 특 별 세 |
|---|---|---|---|
| 중 간 예 납 세 액 | ① | | |
| 토 지 등 매 매 차 익 예 정 신 고 납 부 세 액 | ② | | |
| 토 지 등 매 매 차 익 예 정 고 지 세 액 | ③ | | |
| 수 시 부 과 세 액 | ④ | | ㉑ |
| 원천징수세액 및 납세조합징수세액 | 이 자 소 득 ⑤ | | ㉒ |
| | 배 당 소 득 ⑥ | | ㉓ |
| | 사 업 소 득 ⑦ | | ㉔ |
| | 근 로 소 득 ⑧ | | ㉕ |
| | 연 금 소 득 ⑨ | | |
| | 기 타 소 득 ⑩ | | |
| 기 납 부 세 액 합 계 | ⑪ | | ㉖ |

☐ 란은 적지 아니합니다.

[별지 제40호 서식(1)]  (21쪽)

| ❿ 종합소득산출세액계산서(금융소득자용) | | | | | |
|---|---|---|---|---|---|

**1** 금융소득 명세

| 구 분 | 금 액 | 구 분 | 금 액 |
|---|---|---|---|
| ① 비영업대금이익 | | ⑤ 배당가산(Gross-Up)대상배당소득 | |
| ② 원천징수되지 아니하는 이자소득 | | ⑥ 원천징수되지 아니하는 배당소득 | |
| ③ 위 ①·② 외의 이자소득 | | ⑦ 위 ⑤·⑥ 외의 배당소득 | |
| ④ 이자소득 합계(①+②+③) | | ⑧ 배당소득 합계(⑤+⑥+⑦) | |

| **2** 금융소득금액(④+⑧)이 종합과세기준금액 (4,000만원)을 초과하는 경우 | | **3** 금융소득금액(④+⑧)이 종합과세기준금액 (4,000만원) 이하인 경우 | |
|---|---|---|---|
| 구 분 | 금 액 | 구 분 | 금 액 |
| ⑨금융소득금액(④+⑧) | | ㉛원천징수되지 아니하는 금융소득 (②+⑥) | |
| ⑩종합과세기준금액 | 40,000,000 | ㉜[㉛×(14/100, 15/100)] | |
| ⑪기준초과금액(⑨-⑩) | | ㉝금융소득 외의 다른 종합소득 | |
| ⑫배당가산액 | | ㉞소득공제 | |
| ⑬금융소득 외의 다른 종합소득 | | ㉟과세표준(㉝-㉞) | |
| ⑭종합소득금액(⑪+⑫+⑬) | | ㊱기본세율 | |
| ⑮소득공제 | | ㊲산출세액 | |
| ⑯과세표준(⑭-⑮) | | ㊳종합소득산출세액(㉜+㊲) | |
| ⑰기본세율 | | | |
| ⑱산출세액 | | | |
| ⑲[⑩×(14/100, 15/100)] | | | |
| ⑳비교산출세액계(⑱+⑲) | | | |
| ㉑비영업대금이익(①×25/100) | | | |
| ㉒비영업대금이익 외의 금융소득(⑨-①) | | | |
| ㉓[㉒×(14/100, 15/100)] | | | |
| ㉔금융소득 외의 다른 종합소득 | | | |
| ㉕소득공제 | | | |
| ㉖과세표준(㉔-㉕) | | | |
| ㉗기본세율 | | | |
| ㉘산출세액 | | | |
| ㉙비교산출세액 계(㉑+㉓+㉘) | | | |
| ㉚종합소득산출세액(⑳와㉙ 중 큰 금액) | | | |
| **4** 배당세액공제 | | | |
| ㊴[⑫와 (㉚-㉙) 중 작은 금액] | | | |

[별지 제40호 서식(1)] (2010. 4. 30. 개정)  (25쪽)

| ⑲ 종합소득산출세액계산서(주택등매매업자용) |
|---|

1. 종합소득산출세액 비교

| 구       분 | ⑧ 종합소득<br>금액 합계 | 비교산출세액의 계산 | | |
|---|---|---|---|---|
| | | ② 합    계 | ③ 주택 등 매매차익<br>외 종합소득 | ④ 주택등매매차익합계<br>(⑤+∼+⑪) |
| ㉮ 총 수 입 금 액<br>(주택등매매가액) | | | | |
| ㉯ 필 요 경 비 | | | | |
| ㉰ 소 득 금 액 | | | | |
| ㉱ 소 득 공 제<br>(양도소득공제) | | | | |
| ㉲ 과 세 표 준 | | | | |
| ㉳ 세       율 | | | | |
| ㉴ 산 출 세 액 | | | | |

2. 주택 등 매매차익에 대한 산출세액의 계산

| 구       분 | ⑤<br>누진세율<br>적용자산 | ⑥<br>누진+10%<br>세율<br>적용자산 | ⑦<br>40%세율<br>적용자산 | ⑧<br>45%세율<br>적용자산 | ⑨<br>50%세율<br>적용자산 | ⑩<br>60%세율<br>적용자산 | ⑪<br>70%세율<br>적용자산 |
|---|---|---|---|---|---|---|---|
| ㉮총수입금액 | | | | | | | |
| ㉯필 요 경 비 | | | | | | | |
| ㉰소 득 금 액 | | | | | | | |
| ㉱소 득 금 액<br>(양도소득<br>기본공제) | | | | | | | |
| ㉲과 세 표 준 | | | | | | | |
| ㉳ 세     율 | | | | | | | |
| ㉴산 출 세 액 | | | | | | | |

[별지 제82호 서식] (개정 2007. 4. 17)　　　　　　　　　　　　　　　　　　(앞 쪽)

## 간 편 장 부 소 득 금 액 계 산 서 (　　귀속)

| ①주소지 | | | ②전화번호 | | | |
|---|---|---|---|---|---|---|
| ③성　명 | | | ④주민등록번호 | | - | |
| 사업장 | ⑤소　　　　재　　　　지 | | | | | |
| | ⑥업　　　　　　　　종 | | | | | |
| | ⑦주　업　종　코　드 | | | | | |
| | ⑧사업자등록번호 | | | | | |
| | ⑨과　　세　　기　　간 | . . .부터<br>. . .까지 | . . .부터<br>. . .까지 | . . .부터<br>. . .까지 | . . .부터<br>. . .까지 |
| | ⑩소　　득　　종　　류 | (30, 40) | (30, 40) | (30, 40) | (30, 40) |
| 총<br>수입<br>금액 | ⑪장 부 상 수 입 금 액 | | | | |
| | ⑫수입금액에서 제외할 금액 | | | | |
| | ⑬수입금액에 가산할 금액 | | | | |
| | ⑭세 무 조 정 후 수 입 금 액<br>(⑪-⑫+⑬) | | | | |
| 필요<br>경비 | ⑮장 부 상 필 요 경 비<br>(부표<33>의 금액) | | | | |
| | <16>필요경비에서 제외할 금액 | | | | |
| | <17>필요경비에 가산할 금액 | | | | |
| | <18>세 무 조 정 후 필 요 경 비<br>(⑮-<16>+<17>) | | | | |
| <19>차 가 감 소 득 금 액(⑭-<18>) | | | | | |
| <20>기 부 금 한 도 초 과 액 | | | | | |
| <21>기부금이월액 중 필요경비 산입액 | | | | | |
| <22>해 당 연 도 소 득 금 액<br>(<19>+<20>-<21>) | | | | | |

「소득세법」 제70조제4항제3호 단서 및 동법 시행령 제132조에 따라 간편장부소득금액계산서를 제출합니다.

년　　　월　　　일

제 출 인　　　　　　　　　　(서명 또는 인)
세무대리인　　　　　　　　　(서명 또는 인)
(관리번호 :　　　　　　　　　　　　)

세무서장 귀하

※ 첨부서류 : 총수입금액 및 필요경비명세서(별지 제82호서식 부표) 1부

부동산매매업과 세금이야기

[별지 제82호 서식 부표] (개정 2003. 4. 14)                                    (앞 쪽)

## 총수입금액 및 필요경비명세서(     귀속)

| ①주　소　지 | | | | ②전화번호 | | | |
|---|---|---|---|---|---|---|---|
| ③성　　　명 | | | | ④주민등록번호 | | | |

| 사 업 장 | ⑤소　　　재　　　지 | | | | |
|---|---|---|---|---|---|
| | ⑥업　　　　　　　종 | | | | |
| | ⑦주　업　종　코　드 | | | | |
| | ⑧사 업 자 등 록 번 호 | | | | |
| | ⑨소　득　종　류 | (30, 40, 90) | (30, 40, 90) | (30, 40, 90) | (30, 40, 90) |
| 장 부 상 수입금액 | ⑩매　　　출　　　액 | | | | |
| | ⑪기　　　　　　　타 | | | | |
| | ⑫수 입 금 액 합 계(⑩+⑪) | | | | |
| 필요 경비 | 매출 원가 | ⑬기　초　재　고　액 | | | | |
| | | ⑭당 기 상 품 매 입 액 또 는 제 조 비 용 (㉓) | | | | |
| | | ⑮기　말　재　고　액 | | | | |
| | | ⑯매　출　원　가(⑬+⑭-⑮) | | | | |
| | 제조 비용 | 재료비 | ⑰기　초　재　고　액 | | | | |
| | | | ⑱당　기　매　입　액 | | | | |
| | | | ⑲기　말　재　고　액 | | | | |
| | | | ⑳당　기　재　료　비 (⑰+⑱-⑲) | | | | |
| | | ㉑노　　　무　　　비 | | | | |
| | | ㉒경　　　　　　　비 | | | | |
| | | ㉓당　기　제　조　비　용 (⑳+㉑+㉒) | | | | |
| | 일반 관리 비등 | ㉔급　　　　　　　료 | | | | |
| | | ㉕제　세　공　과　금 | | | | |
| | | ㉖임　　　차　　　료 | | | | |
| | | ㉗지　급　이　자 | | | | |
| | | ㉘접　　　대　　　비 | | | | |
| | | ㉙기　　　부　　　금 | | | | |
| | | ㉚기　　　　　　　타 | | | | |
| | | ㉛일 반 관 리 비 등 계 (㉔+㉕+㉖+㉗+㉘+㉙+㉚) | | | | |
| | ㉜필　요　경　비　합　계(⑯+㉛) | | | | | |

350 ● ● ●

[별지 제40호의6 서식] (개정 2008. 4. 29)

## 표준대차대조표

단위 : 원

| 성 명 | | 사업자등록번호 | | 대 상<br>과세기간 | . . . 부터<br>. . . 까지 | |
|---|---|---|---|---|---|---|

| 계 정 과 목 | 코드 | 금 액 | 계 정 과 목 | 코드 | 금 액 |
|---|---|---|---|---|---|
| Ⅰ. 유 동 자 산 | 01 | : : : | Ⅰ. 유 동 부 채 | 27 | : : : |
| 1. 당 좌 자 산 | 02 | : : : | 1. 매 입 채 무 | 28 | : : : |
| 가. 현 금 과 예 금 | 03 | : : : | 2. 지 급 어 음 | 29 | : : : |
| 나. 매 출 채 권 | 04 | : : : | 3. 단 기 차 입 금 | 30 | : : : |
| 다. 받 을 어 음 | 05 | : : : | 4. 미 지 급 금 | 31 | : : : |
| 라. 기 타 | 06 | : : : | 5. 선 수 금 | 32 | : : : |
| 2. 재 고 자 산 | 07 | : : : | 6. 기 타 | 33 | : : : |
| 가. 상 품 과 제 품 | 08 | : : : | Ⅱ. 비 유 동 부 채 | 34 | : : : |
| 나. 반 제 품 및 재 공 품 | 09 | : : : | 1. 장 기 차 입 금 | 35 | : : : |
| 다. 재 료 | 10 | : : : | 2. 임 대 보 증 금 | 36 | : : : |
| 라. 기 타 | 11 | : : : | 3. 퇴 직 급 여 충 당 부 채 | 37 | : : : |
| Ⅱ. 비 유 동 자 산 | 12 | : : : | 4. 제 준 비 금 | 38 | : : : |
| 1 투 자 자 산 | 13 | : : : | 5. 기 타 충 당 부 채 | 39 | : : : |
| 가. 임 차 보 증 금 | 14 | : : : | 6. 기 타 | 40 | : : : |
| 나. 기 타 | 15 | : : : | 부 채 총 계 ( Ⅰ + Ⅱ ) | 41 | : : : |
| 2. 유 형 자 산 | 16 | : : : | Ⅲ. 자 본 금 | 42 | : : : |
| 가. 토 지 | 17 | : : : | Ⅳ. 당 기 순 이 익 | 43 | : : : |
| 나. 건 물 | 18 | : : : | 자 본 총 계 ( Ⅲ + Ⅳ ) | 44 | : : : |
| 다. 기 계 장 치 | 19 | : : : | 부 채 및 자 본 총 계<br>( Ⅰ + Ⅱ + Ⅲ + Ⅳ ) | 45 | : : : |
| 라. 선 박 | 20 | : : : | | | |
| 마. 공 구 · 기 구 | 21 | : : : | | | |
| 바. 차 량 운 반 구 | 22 | : : : | | | |
| 사. 기 타 | 23 | : : : | | | |
| 3. 무 형 자 산 | 24 | : : : | | | |
| 4. 기 타 비 유 동 자 산 | 25 | : : : | | | |
| 자 산 총 계 ( Ⅰ + Ⅱ ) | 26 | : : : | | | |

※ 작성방법
1. 사업장별, 소득별(사업, 부동산)로 각각 별지로 작성하여야 합니다.
2. 공동사업자는 공동사업장별로 작성하여야 합니다.
3. 계정과목에 기재할 금액이 없는 때에는 금액란에 "0"으로 적습니다.
4. 의료업자의 의료기구 또는 의료시설은 "마. 공구·기구"란에 적어야 합니다.

[별지 제40호의7 서식] (개정 2008. 4. 29)

# 표준손익계산서

단위 : 원

| 성 명 | | 사업자등록번호 | | 과세<br>기간 | . . . 부터 |
| | | | | | . . . 까지 |

| 계 정 과 목 | 코드 | 금 액 | 계 정 과 목 | 코드 | 금 액 |
|---|---|---|---|---|---|
| Ⅰ. 매 출 액 | 01 | : : : | 15. 지 급 수 수 료 | 24 | : : : |
| Ⅱ. 매 출 원 가(1+2-3) | 02 | : : : | 16. 판 매 수 수 료 | 25 | : : : |
| 1. 기초상품(제품)재고액 | 03 | : : : | 17. 대 손 상 각 비<br>(충당금전입액포함) | 26 | |
| 2. 당기매입액또는제조원가 | 04 | : : : | 18. 소 모 품 비 | 27 | |
| 3. 기말상품(제품)재고액 | 05 | : : : | 19. 인 적 용 역 비 | 28 | |
| Ⅲ. 매 출 총 이 익(Ⅰ-Ⅱ) | 06 | : : : | 20. 기 타 | 29 | |
| Ⅳ. 판 매 비 및 관 리 비 | 07 | : : : | Ⅴ. 영 업 손 익(Ⅲ-Ⅳ) | 30 | : : : |
| 1. 급 여 와 임 금·제 수 당 | 08 | : : : | Ⅵ. 영 업 외 수 익 | 31 | : : : |
| 2. 퇴 직 급 여<br>(충당금전입액포함) | 09 | : : : | 1. 고 정 자 산 처 분 이 익 | 32 | : : : |
| 3. 의 약 품 비 | 10 | : : : | 2. 이 자 수 익 | 33 | : : : |
| 4. 복 리 후 생 비 | 11 | : : : | 3. 판 매 장 려 금 | 34 | : : : |
| 5. 여 비 교 통 비 | 12 | : : : | 4. 국 고 보 조 금 | 35 | : : : |
| 6. 세 금 과 공 과 | 13 | : : : | 5. 제 준 비 금 환 입 액 | 36 | : : : |
| 7. 임 차 료 | 14 | : : : | 6. 기 타 | 37 | : : : |
| 8. 보 험 료 | 15 | : : : | Ⅶ. 영 업 외 비 용 | 38 | : : : |
| 9. 감 가 상 각 비 | 16 | : : : | 1. 고 정 자 산 처 분 손 실 | 39 | : : : |
| 10. 수 선 비 | 17 | : : : | 2. 이 자 비 용 | 40 | : : : |
| 11. 접 대 비 | 18 | : : : | 3. 기 부 금 | 41 | : : : |
| 가. 해 외 접 대 비 | 19 | : : : | 4. 재 해 손 실 | 42 | : : : |
| 나. 국 내 접 대 비 | 20 | : : : | 5. 제 준 비 금 전 입 액 | 43 | : : : |
| 12. 광 고 선 전 비 | 21 | : : : | 6. 기 타 | 44 | : : : |
| 13. 운 반 비 | 22 | : : : | Ⅷ. 당 기 순 손 익(Ⅴ+Ⅵ-Ⅶ) | 45 | : : : |
| 14. 차 량 유 지 비 | 23 | : : : | | | |

주) 1. "의약품비"란은 의료업자만 적습니다.
 2. 단체퇴직보험료 등은 코드번호 "09"란에 적어야 합니다.
 3. 인적용역비는 인적용역사업자에게 영업실적에 따라 지급한 수당(수수료)를 적습니다.
  (학원강사, 외판원, 음료품 배달원 등)
 4. 그밖의 사항은 표준대차대조표 작성요령과 동일합니다.

[별지 40호의8 서식]

# 표준원가명세서

단위 : 원

| 성 명 | | 사업자등록번호 | | 과세기간 | . . . 부터<br>. . . 까지 |
|---|---|---|---|---|---|

| 계 정 과 목 | 코드 | 금 액 | 비 고 |
|---|---|---|---|
| Ⅰ. 당 기 제 조 비 용 ( 1 + 2 + 3 ) | 01 | : : : | (작성요령) |
| 1. 재 료 비 | 02 | : : : | |
| 가. 기 초 재 료 재 고 액 | 03 | : : : | 1. 대상자 : |
| 나. 당 기 재 료 매 입 액 | 04 | : : : | 제조, 광업, 채석업, 건설업 |
| 다. 기 말 재 료 재 고 액 | 05 | : : : | 그 밖에 별도의 원가계산이 필 |
| 2. 노 무 비 | 06 | : : : | 요한 업종 |
| 가. 급료 및 임금 · 제수당 | 07 | : : : | 2. 그 밖의 사항은 표준대차대조 |
| 나. 퇴직급여(충당금전입액 포함) | 08 | : : : | 표 작성요령과 동일 |
| 3. 경 비 | 09 | : : : | |
| 가. 전 력 · 가 스 · 수 도 비 | 10 | : : : | |
| 나. 운 임 | 11 | : : : | |
| 다. 감 가 상 각 비 | 12 | : : : | |
| 라. 수 선 비 | 13 | : : : | |
| 마. 소 모 품 비 | 14 | : : : | |
| 바. 세 금 과 공 과 | 15 | : : : | |
| 사. 임 차 료 | 16 | : : : | |
| 아. 보 험 료 | 17 | : : : | |
| 자. 복 리 후 생 비 | 18 | : : : | |
| 차. 여 비 교 통 비 | 19 | : : : | |
| 카. 접 대 비 | 20 | : : : | |
| 타. 차 량 유 지 비 | 21 | : : : | |
| 파. 외 주 가 공 비 | 22 | : : : | |
| 하. 기 타 | 23 | : : : | |
| Ⅱ. 기 초 재 공 품 재 고 액 | 24 | : : : | |
| Ⅲ. 합 계 ( Ⅰ + Ⅱ ) | 25 | : : : | |
| Ⅳ. 기 말 재 공 품 재 고 액 | 26 | : : : | |
| Ⅴ. 고정자산(또는 타계정) 대체액 | 27 | : : : | |
| Ⅵ. 당기제품제조원가( Ⅲ- Ⅳ- Ⅴ ) | 28 | : : : | |

부동산매매업과 세금이야기

[별지 제40호의9 서식] (개정 2008. 4. 29)

# 표준합계잔액시산표
## (      년  월 현재)
단위: 원

| 차 변 | | 계 정 과 목 | 대 변 | |
|---|---|---|---|---|
| 잔 액 | 합 계 | | 합 계 | 잔 액 |

성 명 　　사업자등록번호　　과 세 기 간　. . .부터 . . .까지

| 차변 잔액 | 차변 합계 | 계정과목 | 대변 합계 | 대변 잔액 |
|---|---|---|---|---|
| | | < 유 동 자 산 > | | |
| | | < 당 좌 자 산 > | | |
| | | 현 금 과 예 금 | | |
| | | 매 출 채 권 | | |
| | | 받 을 어 음 | | |
| | | 기 　 타 | | |
| | | < 재 고 자 산 > | | |
| | | 상 품 과 제 품 | | |
| | | 반제품및재공품 | | |
| | | 재 　 료 | | |
| | | 기 　 타 | | |
| | | <비 유 동 자 산> | | |
| | | < 투 자 자 산 > | | |
| | | 임 차 보 증 금 | | |
| | | 기 　 타 | | |
| | | < 유 형 자 산 > | | |
| | | 토 　 지 | | |
| | | 건 　 물 | | |
| | | 기 계 장 치 | | |
| | | 선 　 박 | | |
| | | 공 구 · 기 구 | | |
| | | 차 량 운 반 구 | | |
| | | 기 　 타 | | |
| | | < 무 형 자 산 > | | |
| | | <기타비유동자산> | | |
| | | < 유 동 부 채 > | | |
| | | 매 입 채 무 | | |
| | | 지 급 어 음 | | |
| | | 단 기 차 입 금 | | |
| | | 미 지 급 금 | | |
| | | 선 수 금 | | |
| | | 기 　 타 | | |
| | | < 비 유 동 부 채 > | | |
| | | 장 기 차 입 금 | | |
| | | 임 대 보 증 금 | | |
| | | 퇴직급여충당부채 | | |
| | | 제 준 비 금 | | |
| | | 기 타 충 당 부 채 | | |
| | | 기 　 타 | | |
| | | < 자 　 본 > | | |
| | | < 손 　 익 > | | |
| | | 매 　 출 | | |
| | | 매 출 원 가 | | |
| | | 제 조 원 가 | | |
| | | 판 매 비 및 관 리 비 | | |
| | | 영 업 외 수 익 | | |
| | | 영 업 외 비 용 | | |
| | | 당 기 순 이 익 | | |
| | | 합 　 계 | | |

354

[별지 제1호 서식] (앞 쪽)

# 법인세 과세표준 및 세액신고서

| | | 처리기간 |
|---|---|---|
| | | 즉 시 |

| ①사 업 자 등 록 번 호 | | ②법 인 등 록 번 호 | |
|---|---|---|---|
| ③법 인 명 | | ④전 화 번 호 | |
| ⑤대 표 자 성 명 | | ⑥전 자 우 편 주 소 | |
| ⑦소 재 지 | | | |
| ⑧업 태 | | ⑨종 목 | ⑩주업종코드 |
| ⑪사 업 연 도 | . . . ~ . . . | ⑫수 시 부 과 기 간 | . . . ~ . . . |

| ⑬법 인 구 분 | 1. 내국 2.외국 3.외투(비율 %) | ⑭조 정 구 분 | 1. 외부 2. 자기 | | |
|---|---|---|---|---|---|
| ⑮종 류 별 구 분 | 중소 | 일반 | 당기순이익과세 | ⑯외부감사대상 | 1. 여 2. 부 |
| 영리 법인 | 상 장 법 인 | 11 | 12 | | ⑰신 고 구 분 | 1. 정기신고 |
| | 코스닥상장법인 | 21 | 22 | | | 2. 수정신고(가.서면분석, 나.기타) |
| | 기 타 법 인 | 30 | 40 | | | 3. 기한후 신고 |
| 비 영 리 법 인 | 60 | 70 | 50 | | | 4. 중도폐업신고 |
| ⑱법 인 유 형 별 구 분 | | 코드 | | ⑲결 산 확 정 일 | |
| ⑳신 고 일 | | | | ㉑납 부 일 | |
| ㉒신고기한 연장승인 | 1. 신청일 | | | 2. 연 장 기 한 | |

| 구 분 | 여 | 부 | 구 분 | 여 | 부 |
|---|---|---|---|---|---|
| ㉓주식변동 | 1 | 2 | ㉔장부전산화 | 1 | 2 |
| ㉕사업연도의제 | 1 | 2 | ㉖결손금소급공제 법인세환급신청 | 1 | 2 |
| ㉗감가상각방법(내용연수)신고서 제출 | 1 | 2 | ㉘재고자산등평가방법신고서 제출 | 1 | 2 |

| 구 분 | 법 인 세 | | | |
|---|---|---|---|---|
| | 법 인 세 | 토지 등 양도소득에 대한 법인세 | 계 | |
| ㉙수 입 금 액 | ( | ) | | |
| ㉚과 세 표 준 | | | | |
| ㉛산 출 세 액 | | | | |
| ㉜총 부 담 세 액 | | | | |
| ㉝기 납 부 세 액 | | | | |
| ㉞차 감 납 부 할 세 액 | | | | |
| ㉟분 납 할 세 액 | | | | |
| ㊱차 감 납 부 세 액 | | | | |
| ㊲실 납 부 세 액 | | | | |

| ㊳조 정 반 번 호 | | ㊵조정자 | 성 명 | |
|---|---|---|---|---|
| ㊴조 정 자 관 리 번 호 | | | 사업자등록번호 | |

| 국 세 환 급 금 계 좌 신 고 | | | 신고인은 「법인세법」 제60조 및 「국세기본법」 제45조의3에 따라 위의 내용을 신고하며, 위 내용을 충분히 검토하였고 신고인이 알고 있는 사실 그대로를 정확하게 기재하였음을 확인합니다. |
|---|---|---|---|
| ㊶예 입 처 | 은행 | (본)지점 | 신고인(대표자) (서명 또는 인) |
| ㊷예금종류 | | 예금 | 세무대리인은 조세전문자격자로서 위 신고서를 성실하고 공정하게 작성 하였음을 확인합니다. |
| ㊸계좌번호 | | | 세무대리인 (서명 또는 인) |
| | | | 세무서장 귀하 |

※ 첨부서류
  1. 대차대조표, 2. 손익계산서, 3. 이익잉여금처분(결손금처리)계산서, 4. 현금흐름표(「주식회사의 외부감사
     에 관한 법률」 제2조에 따른 외부감사의 대상이 되는 법인의 경우에 한합니다), 5. 세무조정계산서
※ 신고안내
  1. 결손금소급공제에 따른 법인세액의 환급을 받으려는 법인은 소급공제법인세액환급신청서(별지 제68호 서
     식)를 제출하여야 합니다.
  2. 소득할 주민세도 사업연도종료일부터 4개월(수정신고의 경우에는 수정신고일부터 1개월) 이내에 해당
     시·군·구청에 신고납부하여야 합니다.

| 사 업<br>연 도 | ．．～．． | 법인세과세표준 및 세액조정계산서 | 법 인 명 | |
|---|---|---|---|---|
| | | | 사업자등록번호 | |

| ① 각 사 업 도 소 득 계 산 | | | | |
|---|---|---|---|---|
| | ⑩결산서상당기순손익 | 01 | | |
| 소득<br>조정<br>금액 | ⑩익 금 산 입 | 02 | | |
| | ⑩손 금 산 입 | 03 | | |
| | ⑩차 가 감 소 득 금 액<br>(⑩ + ⑩ − ⑩) | 04 | | |
| | ⑩기 부 금 한 도 초 과 액 | 05 | | |
| | ⑩기부금한도초과이월액<br>손 금 산 입 | 54 | | |
| | ⑩각 사 업 연 도 소 득 금 액<br>(⑩ + ⑩ − ⑩) | 06 | | |

| ② 과 세 표 준 계 산 | | | | |
|---|---|---|---|---|
| | ⑩각사업연도소득금액(⑩=⑩) | | | |
| | ⑩이 월 결 손 금 | 07 | | |
| | ⑩비 과 세 소 득 | 08 | | |
| | ⑪소 득 공 제 | 09 | | |
| | ⑪과 세 표 준<br>(⑩ − ⑩ − ⑩ − ⑪) | 10 | | |
| | ⑮선 박 표 준 이 익 | 55 | | |

| ③ 산 출 세 액 계 산 | | | | |
|---|---|---|---|---|
| | ⑪과 세 표 준 (⑪ + ⑮) | 56 | | |
| | ⑪세 율 | 11 | | |
| | ⑪산 출 세 액 | 12 | | |
| | ⑪지점유보소득(법 제96조) | 13 | | |
| | ⑪세 율 | 14 | | |
| | ⑪산 출 세 액 | 15 | | |
| | ⑪합 계(⑪ + ⑪) | 16 | | |

| ④ 납 부 할 세 액 계 산 | | | | | |
|---|---|---|---|---|---|
| | ⑫산 출 세 액(⑫= ⑪) | | | | |
| | ⑫공 제 감 면 세 액(ㄱ) | 17 | | | |
| | ⑫차 감 세 액 | 18 | | | |
| | ⑫공 제 감 면 세 액(ㄴ) | 19 | | | |
| | ⑫가 산 세 액 | 20 | | | |
| | ⑫가 감 계 (⑫ − ⑫ + ⑫) | 21 | | | |
| 기<br>납<br>부<br>세<br>액 | 기<br>한<br>내<br>납<br>부<br>세<br>액 | ⑫중 간 예 납 세 액 | 22 | | |
| | | ⑫수 시 부 과 세 액 | 23 | | |
| | | ⑫원 천 납 부 세 액 | 24 | | |
| | | ⑫간접투자회사 등의<br>외 국 납 부 세 액 | 25 | | |
| | | ⑬소계(⑫ + ⑫ + ⑫ + ⑫) | 26 | | |
| | | ⑬신 고 납 부 전 가 산 세 액 | 27 | | |
| | | ⑬합 계 (⑬ + ⑬) | 28 | | |

| | ⑬감 면 분 추 가 납 부 세 액 | 29 | | |
|---|---|---|---|---|
| | ⑬차 감 납 부 할 세 액<br>(⑫ − ⑫ + ⑬) | 30 | | |

| ⑤ 토 지 등 양 도 소 득 에 대 한 법 인 세 계 산 | | | | |
|---|---|---|---|---|
| 양 도<br>차 익 | ⑬등 기 자 산 | 31 | | |
| | ⑬미 등 기 자 산 | 32 | | |
| | ⑬비 과 세 소 득 | 33 | | |
| | ⑬과 세 표 준 (⑬ + ⑬ − ⑬) | 34 | | |
| | ⑬세 율 | 35 | | |
| | ⑭산 출 세 액 | 36 | | |
| | ⑭감 면 세 액 | 37 | | |
| | ⑭차 감 세 액 (⑭ − ⑭) | 38 | | |
| | ⑭공 제 세 액 | 39 | | |
| | ⑭가 산 세 액 | 40 | | |
| | ⑭가 감 계 (⑭ − ⑭ + ⑭) | 41 | | |
| 기납부<br>세액 | ⑭수 시 부 과 세 액 | 42 | | |
| | ⑭( ) 세 액 | 43 | | |
| | ⑭ 계 (⑭ + ⑭) | 44 | | |
| | ⑭차감납부할세액(⑭ − ⑭) | 45 | | |

| ⑥ 세 액 계 | | | | |
|---|---|---|---|---|
| | ⑮차감납부할세액계(⑬ + ⑭) | 46 | | |
| | ⑮사 실 과 다 른 회 계 처 리<br>경 정 세 액 공 제 | 57 | | |
| | ⑮분 납 세 액 계 산 범 위 액<br>(⑮ − ⑫ − ⑬ − ⑭ + ⑬ − ⑮) | 47 | | |
| 분납할<br>세액 | ⑮현 금 납 부 | 48 | | |
| | ⑮물 납 | 49 | | |
| | ⑮ 계 (⑮ + ⑮) | 50 | | |
| 차 감<br>납 부<br>세 액 | ⑮현 금 납 부 | 51 | | |
| | ⑮물 납 | 52 | | |
| | ⑮ 계 (⑮ + ⑮)<br>(⑮ = ⑮ − ⑮ − ⑮) | 53 | | |

| 사 업<br>연 도 | ·　·　·<br>~<br>·　·　· | 자본금과 적립금조정명세서(갑) | | | | | 법인명 | |

## I. 자본금과 적립금 계산서

| ① 과목 또는 사항 | | 코드 | ②기초잔액 | 당 기 중 증 감 | | ⑤기말잔액 | 비　고 |
|---|---|---|---|---|---|---|---|
| | | | | ③ 감　소 | ④ 증　가 | | |
| 자<br>본<br>금<br>및<br>잉<br>여<br>금<br>등<br>의<br>계<br>산 | 1. 자　　본　　금 | 01 | | | | | |
| | 2. 자　본　잉　여　금 | 02 | | | | | |
| | 3. 자　본　조　정 | 15 | | | | | |
| | 4. 기타포괄손익누계액 | 16 | | | | | |
| | 5. 이　익　잉　여　금 | 14 | | | | | |
| | | 17 | | | | | |
| | | | | | | | |
| | | | | | | | |
| | | | | | | | |
| | | | | | | | |
| | | | | | | | |
| | 5.　　　　　계 | 20 | | | | | |
| 6. 자본금과적립금명세서(을) 계 | | 21 | | | | | |
| 손익미계상<br>법인세등 | 7. 법　　인　　세 | 22 | | | | | |
| | 8. 주　　민　　세 | 23 | | | | | |
| | 9.　계　　(7+8 ) | 30 | | | | | |
| 10. 차　가　감　계(5+6−9) | | 31 | | | | | |

## II. 이월결손금 계산서

| ⑥<br>사업<br>연도 | 이월결손금 | | | 감　소　내　역 | | | | 잔　액 | | |
|---|---|---|---|---|---|---|---|---|---|---|
| | ⑦<br>발생액 | ⑧<br>소급<br>공제 | ⑨<br>차감계 | ⑩<br>기공<br>제액 | ⑪<br>당기<br>공제액 | ⑫<br>보전 | ⑬<br>계 | ⑭<br>기한내 | ⑮<br>기한<br>경과 | ⑯<br>계 |
| | | | | | | | | | | |
| | | | | | | | | | | |
| | | | | | | | | | | |
| | | | | | | | | | | |
| | | | | | | | | | | |
| | | | | | | | | | | |
| 계 | | | | | | | | | | |

[별지 제50호 서식(을)] (개정 1999. 5. 24)　　　　　　　　　　　　　　　(앞　쪽)

| 사 업<br>연 도 | ·　·　·<br>~<br>·　·　· | 자본금과 적립금 조정명세서(을) | | | 법인명 | |

| ※ 관리<br>번호 | | - | | | 사업자등록번호 | | | - | | - | | | |

※ 표시란은 기입하지 마십시오.

세무조정유보소득 계산

| ①과목 또는 사항 | ②기초잔액 | 당 기 중 증 감 | | ⑤기말잔액<br>(익기초현재) | 비　　고 |
| | | ③감 소 | ④증 가 | | |
| --- | --- | --- | --- | --- | --- |
| | | | | | |
| | | | | | |
| | | | | | |
| | | | | | |
| | | | | | |
| | | | | | |
| | | | | | |
| | | | | | |
| | | | | | |
| | | | | | |
| | | | | | |
| | | | | | |
| | | | | | |
| | | | | | |
| | | | | | |
| | | | | | |
| | | | | | |
| | | | | | |
| | | | | | |
| 합　　계 | | | | | |

[별지 제15호 서식] (개정 2008. 3. 31)   (앞 쪽)

| 사업연도 | | 소득금액조정합계표 | | | | 법인명 | |
|---|---|---|---|---|---|---|---|
| 사업자등록번호 | | | | 법인등록번호 | | | |

| 익금산입 및 손금불산입 | | ③소득처분 | | 손금산입 및 익금불산입 | | ⑥소득처분 | |
|---|---|---|---|---|---|---|---|
| ①과목 | ②금액 | 처분 | 코드 | ④과목 | ⑤금액 | 처분 | 코드 |
| | | | | | | | |
| 합 계 | | | | 합 계 | | | |

[별지 제4호 서식] (앞 쪽)

| 사 업<br>연 도 | · · ·<br>~<br>· · · | 최저한세조정계산서 | | 법 인 명 | | | |
|---|---|---|---|---|---|---|---|
| | | | | 사업자등록번호 | | | |

| ①구　　　　　　　　分 | 코드 | ②<br>감면 후 세액 | ③<br>최저한세 | ④<br>조정감 | ⑤<br>조정 후 세액 |
|---|---|---|---|---|---|
| ⑩결 산 서 상 당 기 순 이 익 | 01 | | | | |
| 소　득<br>조정금액　⑫익　금　산　입 | 02 | | | | |
| 　　　　　⑬손　금　산　입 | 03 | | | | |
| ⑭조 정 후 소 득 금 액(⑩+⑫-⑬) | 04 | | | | |
| 최저한세<br>적용대상<br>특별비용　⑮준　　　비　　　금 | 05 | | | | |
| 　　　　　⑯특 별 상 각 및<br>　　　　　特례자산감가상각비 | 06 | | | | |
| ⑰특별비용 손금산입 전 소득금액<br>　　　(⑭ + ⑮ + ⑯) | 07 | | | | |
| ⑱기 부 금 한 도 초 과 액 | 08 | | | | |
| ⑲기부금한도 초과 이월액 손금산입 | 09 | | | | |
| ⑳각 사 업 연 도 소 득 금 액<br>　　　(⑰ + ⑱ - ⑲) | 10 | | | | |
| ⑪이　월　결　손　금 | 11 | | | | |
| ⑫비　과　세　소　득 | 12 | | | | |
| ⑬최저한세 적용대상 비과세소득 | 13 | | | | |
| ⑭최저한세 적용대상 익금불산입 | 14 | | | | |
| ⑮차 가 감 소 득 금 액<br>　　(⑩ - ⑪ - ⑫ + ⑬ + ⑭) | 15 | | | | |
| ⑯소　　득　　공　　제 | 16 | | | | |
| ⑰최저한세적용대상 소득공제 | 17 | | | | |
| ⑱과 세 표 준 금 액<br>　　(⑮ - ⑯ + ⑰) | 18 | | | | |
| ⑲선 박 표 준 이 익 | 24 | | | | |
| ⑳과 세 표 준 금 액(⑱ + ⑲) | 25 | | | | |
| ㉑세　　　　　　　　　율 | 19 | | | | |
| ㉒산　　출　　세　　액 | 20 | | | | |
| ㉓감　　면　　세　　액 | 21 | | | | |
| ㉔세　　액　　공　　제 | 22 | | | | |
| ㉕차 감 세 액(㉒-㉓-㉔) | 23 | | | | |

[별지 제3호 서식] (개정 2008. 4. 22)　　　　　　　　　　　　　　　　　　　(앞 쪽)

| 접수번호 | 사업자등록신청서(개인사업자용)<br>(법인이 아닌 단체의 고유번호 신청서) | 처리기간 |
|---|---|---|
|  |  | 5일(보정기간은 불산입) |

> 귀하의 사업자등록 신청내용은 영구히 관리되며 납세성실도를 검증하는 기초자료로 활용됩니다. 아래 해당 사항을 사실대로 작성하시기 바라며, 신청서에 본인이 자필로 서명하여 주시기 바랍니다.

### 1. 인적사항

| 상　　호(단체명) |  | 전화번호 | (사 업 장) |  |
|---|---|---|---|---|
| 성　　명(대표자) |  |  | (자　　택) |  |
|  |  |  | (휴대전화) |  |
| 주 민 등 록 번 호 |  | FAX번호 |  |  |
|  |  | 전자우편주소 |  |  |
| 사 업 장(단 체)<br>소　　재　　지 |  | 국세청이　제공<br>하는　국세정보<br>수신 동의 여부 | 동의함 (　　)<br>동의하지 않음 (　　) |  |

### 2. 사업장현황

| 업　　종 | 주업태 |  | 주종목 |  | 주업종코드 | 개업일 | 종업원수 |
|---|---|---|---|---|---|---|---|
|  | 부업태 |  | 부종목 |  | 부업종코드 |  |  |

| 사업장구분 | 자가 | 타가 | 사업장을 빌려준 사람<br>(임 대 인) | | | 임대차 내역 | | |
|---|---|---|---|---|---|---|---|---|
|  |  |  | 성명<br>(법인명) | 사업자<br>등록번호 | 주민(법인)<br>등록번호 | 임대차<br>계약기간 | (전세)<br>보증금 | 월세 |
|  | ㎡ | ㎡ |  |  |  |  | 원 | 원 |

| 인 허 가<br>사업여부 | 신고(　) 등록(　) 허가(　) 해당없음(　) | | | 주류면허 | 면허번호 | 면허신청 | |
|---|---|---|---|---|---|---|---|
|  |  | | | | | 여(　) 부(　) | |

| 개별소비세<br>해당여부 | 제조(　) 판매(　) 장소(　) 유흥(　) | | | | | | |
|---|---|---|---|---|---|---|---|

| 사업자금 내역<br>(전세보증금 포함) | 자기자금 |  | 원 | 타인자금 |  | 원 |
|---|---|---|---|---|---|---|

| 연간 공급대가<br>예 상 액 |  |  | 원 | 간이과세 적용<br>신고 여부 | 여(　) 부(　) | |
|---|---|---|---|---|---|---|

| 그 밖의<br>신청사항 | 확정일자<br>신청여부 | 공동사업자<br>신청여부 | 사업장소 외<br>송달장소<br>신청여부 | 양도자의<br>사업자등록번호<br>(사업양수의<br>경우에 한함) | 사업자단위과세<br>사업자<br>종된사업장의<br>신설여부 |
|---|---|---|---|---|---|
|  | 여(　) 부(　) | 여(　) 부(　) | 여(　) 부(　) |  | 여(　) 부(　) |

(뒤 쪽)

3. 사업자등록신청 및 사업시 유의사항 (아래 사항을 반드시 읽고 확인하시기 바랍니다)

가. 귀하가 다른 사람에게 사업자명의를 빌려주는 경우 사업과 관련된 각종 세금이 명의를 빌려준 귀하에 게 나오게 되어 다음과 같은 불이익이 있을 수 있습니다.
  (1) 소득이 늘어나 국민연금 및 건강보험료를 더 낼 수 있습니다.
  (2) 명의를 빌려간 사람이 세금을 못내게 되면 체납자가 되어 소유재산의 압류·공매처분, 체납내역의 금융기관 통보, 출국규제 등의 불이익을 받을 수 있습니다.
나. 귀하가 다른 사람의 명의로 사업자등록을 하고 실제 사업을 영위하는 것으로 확인되는 경우 다음과 같 은 불이익이 있습니다.
  (1) 「부가가치세법」 제22조제1항제2호에 따라 사업개시일부터 실제 사업을 영위하는 것으로 확인되 는 날이 속하는 예정신고기간(예정신고기간이 경과한 경우에는 그 과세기간)까지의 공급가액에 대 하여 100분의 1에 상당하는 금액을 납부세액에 가산하여 납부하여야 합니다.
  (2) 「주민등록법」 제21조제2항제9호에 따라 다른 사람의 주민등록번호를 부정사용한 자는 3년 이하 의 징역 또는 1천만원 이하의 벌금에 처해집니다.
다. 귀하가 실물거래 없이 세금계산서 또는 계산서를 교부하거나 받는 경우 「조세범처벌법」 제11조의2에 따라 해당 법인 및 대표자 또는 관련인은 3년 이하의 징역이나 공급가액 및 그 부가가치세액의 2배 이 하에 상당하는 벌금에 처하는 처벌을 받을 수 있습니다.
라. 신용카드 가맹 및 이용은 반드시 사업자 본인명의로 하여야 하며 사업상 결제목적 외의 용도로 신용카 드를 이용할 경우 「여신전문금융업법」 제70조제2항에 따라 3년 이하의 징역이나 2천만원 이하의 벌 금에 처하는 처벌을 받을 수 있습니다.

신청인의 위임을 받아 대리인이 사업자등록신청을 하는 경우에는 아래 사항을 적어 주시기 바랍니다.

| 대리인 인적사항 | 성명 | 주민등록번호 | 전화번호 | 신청인과의 관계 |
|---|---|---|---|---|
| | | | | |

위에서 작성한 내용과 실제 사업자 및 사업내용 등이 일치함을 확인하며, 「부가가치세법」 제5조제1항 ·제25조제3항, 같은 법 시행령 제7조제1항·제74조제4항, 같은 법시행규칙 제2조제1항 및 「상가건물임 대차보호법」 제5조제2항에 따라 사업자등록 [□일반과세자 □간이과세자 □면세사업자 □그 밖의 단체] 및 확정일자를 신청합니다.

년      월      일

신청인                (서명)
위 대리인              (서명)

세무서장 귀하

첨 부 서 류

1. 사업허가증 사본·사업등록증 사본 또는 신고필증 사본 중 1부(법령에 따라 허가를 받거나 등록 또는 신고를 하여야 하는 사업인 경우에 한합니다)
2. 임대차계약서사본(사업장을 임차한 경우에 한합니다) 1부
3. 「상가건물임대차보호법」이 적용되는 상가건물의 일부분을 임차한 경우에는 해당부분의 도면 1부
4. 자금출처명세서(08년 7월부터 금지금 도·소매업 및 과세유흥장소에의 영업을 영위하려는 경우에 한합 니다) 1부

사업자등록 신청시 다음과 같은 사유에 해당하는 경우 붙임의 서식 부표에 추가로 적어 주시기 바랍니다.
① 공동사업자에 해당하는 경우
② 종업원을 1명 이상 고용한 경우
③ 사업장 외의 장소에서 서류를 송달 받고자 하는 경우

# 사업장 무상 사용계약서

"갑"

상         호 :                  성       명 :

사업자등록번호 :

사 업 장 주 소 :


"을"

상         호 :                  성       명 :

주민등록번호 :

주          소 :


## 1. 계약내용

  1) "갑"은 "을"에게 "을"의 사업(     /     )에 필요한 "갑"의 사업장
     (             )내의 시설과 장소를 무상으로 제공키로 한다.

  2) "갑" 또는 "을"이 본 계약을 해지 하고자 할때는 해지 하고자하는 날로부터 3개월
     전에 문서로 미리 통보함을 원칙으로 한다(단, 쌍방의 합의가 있거나 어느 일방의
     과실로 상대방에게 현저한 손해를 입히는 경우, 즉시 계약을 해지할 수 있다).


  본 계약은     년    월    일부터     년    월    일까지로 하고 계약기간
종료시까지 쌍방간에 의이가 없을시는 2년씩 자동연장 되는 것으로 한다.


                                                      년      월      일


                                 "갑"                    (인)
                                 "을"                    (인)

# 공 동 사 업 계 약 서

"갑"  성      명 :                    (주민등록번호 :                    )
       주      소 :


"을"  성      명 :                    (주민등록번호 :                    )
       주      소 :


　　상기 공동사업자 "갑"과 "을"은 공동사업을 영위함에 있어서 다음과 같이 계약을
체결한다.


다　　음

제 1 조 : "갑"과 "을"은 　　　　　　　　　　　　소재에서 부동산 매매업을
　　　　　공동으로 운영하기로 한다.

제 2 조 : "갑"과 "을"의 공동사업에 필요한 일체행위는 공동사업계약일로부터 효력
　　　　　을 발생한다.

제 3 조 : "갑"과 "을"의 공동사업체 투자금 내역은 다음과 같다.
　　　　　"갑"　　　　　　%
　　　　　"을"　　　　　　%

제 4 조 : "갑"과 "을"은 공동사업체의 결산을 매년 연말로 하며, 손익의 분배는 위
　　　　　제3조 투자비율에 의하여 실시한다.

제 5 조 : "갑"과 "을"은 사업자등록신고를 "갑"과 "을"의 공동 명의로 한다.

제 6 조 : "갑"과 "을"은 영업 중 발생한 사항에 관하여 상호 공동사업자에게 주지케 할 의무가 있다.

제 7 조 : "갑"과 "을"은 위 제3조 투자비율에 의한 각자지분에 관하여 어떠한 경우에도 타인에게 담보제공, 양도, 임대차 및 일체의 처분 행위를 하지 못한다.

제 8 조 : "갑"과 "을"은 동업업체 운영에 관하여 "갑"과 "을"의 합의로 운영하며 만약 긴급으로 인하여 동업자의 합의를 득하지 않고 진행한 사람은 사후 즉시 동업자에게 통지하여야 하며, 만약 공동사업자의 동의 없이 시행한 사항으로 손해가 발생하였을 경우 그 손해에 대한 배상 책임은 단독 시행자가 부담하고 이익발생시에는 위 4조에 의하여 배당한다.

제 9 조 : "갑"과 "을"은 본 공동계약을 해지하고자 할 경우 공동사업자 상대방에게 3개월 전에 계약 해지의 취지를 통지하여야 한다.

제10조 : 이 계약으로 인하여 분쟁이 생긴 경우 관할 법원은          의 주소지 관할 법원으로 할 것을 합의한다.

제11조 : "갑"과 "을"은 본 공동사업계약서를 2통 작성하고 "갑"과 "을"이 각각 1통씩 소지한다.
　　　　단, "갑"과 "을"은 각자 공동사업자가 영업의 장부, 금전출납부 등 기타 영업 상황에 관하여 상대방의 요구가 있을시 즉시 관계 장부의 제출, 내용의 설명, 기타 공동사업자로서 알아야할 사항에 대하여 자료 등의 제출 업무를 부담한다.

년　　　월　　　일

　　　　　　　"갑"　주소
　　　　　　　　　성명　　　　　　　　　　(인)

　　　　　　　"을"　주소
　　　　　　　　　성명　　　　　　　　　　(인)

[별지 제73호 서식] (개정 2008. 3. 31)　　　　　　　　　　　　　　　　　　　　　　　　(앞 쪽)

| 접수번호 | □ 법인설립신고 및 사업자등록신청서<br>□ 국내사업장설치신고서(외국법인) | 처리기간<br>5일<br>(보정기간은 불산입) |
|---|---|---|

귀 법인의 사업자등록신청서상의 내용은 사업내용을 정확하게 파악하여 근거과세의 실현 및 사업자등록 관리업무의 효율화를 위한 자료로 활용됩니다. 아래의 사항에 대하여 사실대로 작성하시기 바라며 신청서에 서명 또는 인감(직인)날인하시기 바랍니다

## 1. 인적사항

| 법 인 명 ( 단체명 ) | | 승 인 법 인 고 유 번 호<br>(폐업당시 사업자등록번호) | |
|---|---|---|---|
| 대　　표　　자 | | 주　민　등　록　번　호 | － |
| 사업장(단체)소재지 | | | |
| 총괄사업장소재지 | | 총 괄 사 업 장 등 록 번 호 | |
| 전　화　번　호 | (사업장)<br>(휴대전화) | 전 자 우 편 주 소 | ＠ |
| | | 국세청이 제공하는<br>국세정보 수신 동의여부 | 동의함 ( )<br>동의하지 않음( ) |

## 2. 법인현황

| 법인등록번호 | | － | | 자 본 금 | | 천원 | 사업연도 | 월 일 ~ 월 일 |
|---|---|---|---|---|---|---|---|---|
| | | | | 법　인　성 | 격(해당란에 ○표) | | | |

| 내 국 법 인 | | | | | | 외 국 법 인 | | 지 점(내국법인의 경우) | |
|---|---|---|---|---|---|---|---|---|---|
| 영리<br>일반 | 영리<br>외투 | 비영리 | 국가<br>지방<br>자치 | 법인으로<br>보는 단체 | | 지점<br>(국내<br>사업장) | 연락<br>사무소 | 기타 | 여 부 | 본점사업자<br>등록번호 |
| | | | | 승인법인 | 기타 | | | | | |

| 조합법인<br>해당여부 | | 공　익　법　인 | | | | 외국·<br>외투<br>법인 | 국 적 | 투자비율 |
|---|---|---|---|---|---|---|---|---|
| 여 | 부 | 해당여부 | 사업유형 | 주무부처명 | 출연자산여부 | | | |
| | | 여　부 | | | 여　부 | | | |

## 3. 외국법인 내용 및 관리책임자(외국법인에 한함)

| 본점 | 외 국 법 인 내 용 | | | | | | | |
|---|---|---|---|---|---|---|---|---|
| | 상 호 | 대 표 자 | 설 치 년 월 일 | | 소 재 지 | | | |

| | 관 리 책 임 자 | | | |
|---|---|---|---|---|
| 성 명<br>( 상 호 ) | 주민등록번호<br>(사업자등록번호) | 주　　　　소<br>(사업장소재지) | | 전 화 번 호 |

## 4. 사업장현황

| 사 업 의 종 류 | | | | | | 사업(수익사업) 개시일 |
|---|---|---|---|---|---|---|
| 주업태 | 주 종 목 | 주업종코드 | 부업태 | 부 종 목 | 부업종코드 | 년 월 일 |

| 사업장 구분 및<br>면적 | | 도면첨부 | | 사업장을 빌려준 사람(임대인) | | | |
|---|---|---|---|---|---|---|---|
| 자가 | 타가 | 여 | 부 | 성명(법인명) | 사업자등록번호 | 주민(법인)등록번호 | 전화번호 |
| ㎡ | ㎡ | | | | | | |

| 임 대 차 계 약 기 간 | | (전세)보증금 | 월 세(부가세 포함) |
|---|---|---|---|
| 20 . . . ~ 20 . . . | | 원 | 원 |

| 개 별 소 비 세 | | | 주 류 면 허 | | 부가가치세<br>과세사업 | | 인·허가 사업 여부 | | | |
|---|---|---|---|---|---|---|---|---|---|---|
| 제조 | 판매 | 장소 | 유흥 | 면 허 번 호 | 면허신청 | 여 | 부 | 신고 | 등록 | 인·허가 | 기타 |
| | | | | | 여　부 | | | | | |

| 설립등기일 현재 기본 재무상황 등 | | | | | | |
|---|---|---|---|---|---|---|
| 자산 계 | 유동자산 | 고정자산 | 부채 계 | 유동부채 | 고정부채 | 종업원수 |
| 천원 | 천원 | 천원 | 천원 | 천원 | 천원 | 명 |

(뒤 쪽)

5. 사업자등록신청 및 사업시 유의사항(아래 사항을 반드시 읽고 확인하시기 바랍니다)

가. 사업자등록 상에 자신의 명의를 빌려주는 경우 해당 법인에게 부과되는 각종 세금과 과세자료에 대하여 소명 등을 하여야 하며, 부과된 세금의 체납시 소유재산의 압류·공매처분, 체납내역 금융기관 통보, 여권발급제한, 출국규제 등의 불이익을 받을 수 있습니다.

나. 내국법인은 주주(사원)명부를 작성하여 비치하여야 합니다. 주주(사원)명부는 사업자등록신청 및 법인세 신고시 제출되어 지속적으로 관리되므로 사실대로 작성하여야 하며, 주주명의 대여시는 양도소득세 또는 증여세가 과세될 수 있습니다.

다. 사업자등록 후 정당한 사유 없이 6개월이 경과할 때까지 사업을 개시하지 아니하거나 부가가치세 및 법인세를 신고하지 아니하거나 사업장을 무단 이전하여 실지사업여부의 확인이 어려울 경우에는 사업자등록이 직권으로 말소될 수 있습니다.

라. 실물거래 없이 세금계산서 또는 계산서를 교부하거나 수취하는 경우 「조세범처벌법」 제11조의2에 따라 해당 법인 및 대표자 또는 관련인은 3년 이하의 징역 또는 공급가액 및 그 부가가치세액의 2배 이하에 상당하는 벌금에 처하는 처벌을 받을 수 있습니다.

마. 신용카드 가맹 및 이용은 반드시 사업자 본인 명의로 하여야 하며 사업상 결제목적 이외의 용도로 신용카드를 이용할 경우 「여신전문금융업법」 제70조제2항에 따라 3년 이하의 징역 또는 2천만원 이하의 벌금에 처하는 처벌을 받을 수 있습니다.

| 신청인의 위임을 받아 대리인이 사업자등록신청을 하는 경우 아래 사항을 적어 주시기 바랍니다. | | | |
|---|---|---|---|
| 대 리 인 인적사항 | 성 명 | | 주민등록번호 | |
| | 주 소 지 | | | |
| | 전화 번호 | | 신청인과의 관계 | |

| 신청 구분 | □ 사업자등록만 신청　　□ 사업자등록신청과 확정일자를 동시에 신청 □ 확정일자를 이미 받은 자로서 사업자등록신청(확정일자 번호 :　　　　　　　　　) |
|---|---|

신청서의 기입내용과 실제 사업내용이 일치함을 확인하고, 「법인세법」 제109조·제111조, 같은 법 시행령 제152조부터 제154조까지, 같은 법 시행규칙 제82조제3항제11호 및 「상가건물 임대차보호법」 제5조제2항에 따라 법인설립 및 국내사업장설치 신고와 사업자등록 및 확정일자를 신청합니다.

년　　　　월　　　　일

신 청 인　　　　　　　　(서명 또는 인)

위 대리인　　　　　　　　(서명 또는 인)

세무서장 귀하

| | 신청인 제출서류 | 담당 공무원 확인사항 (담당 공무원의 확인에 동의하지 아니하는 경우 신청인이 직접 제출하여야 하는 서류) |
|---|---|---|
| 구 비 서 류 | 1. 정관 1부 2. 임대차계약서 사본(사업장을 임차한 경우에 한합니다) 1부 3. 「상가건물 임대차보호법」의 적용을 받는 상가건물의 일부를 임차한 경우에는 해당 부분의 도면 1부 4. 주주 또는 출자자명세서 1부 5. 사업허가·등록·신고필증 사본(해당 법인에 한합니다) 또는 설립허가증사본(비영리법인에 한합니다) 1부 6. 현물출자명세서(현물출자법인의 경우에 한합니다) 1부 7. 자금출처소명서('08년 7월부터 금지금 도·소매업 및 과세유흥장소에의 영업을 영위하려는 경우에 한합니다) 1부 8. 본점 등의 등기에 관한 서류(외국법인만 한합니다) 1부 9. 국내사업장의 사업영위내용을 입증할 수 있는 서류(외국법인에 한하며, 담당 공무원 확인사항에 의하여 확인할 수 없는 경우에 한합니다) 1부 | 법인등기부 등본(1부)(지점을 포함합니다) |

본인은 이 건 업무처리와 관련하여 「전자정부법」 제21조제1항에 따른 행정정보의 공동이용을 통하여 담당 공무원이 위의 담당 공무원 확인사항을 확인하는 것에 동의합니다.

신청인　　　　　　　　(서명 또는 인)

※ 기재요령 : 사업장을 임차한 경우 「상가건물임대차보호법」의 적용을 받기 위하여서는 사업장 소재지를 임대차계약서 및 건축물관리대장 등 공부상의 소재지와 일치되도록 구체적으로 적어야 합니다.

(작성 예) ○○동 ○○○○번지 ○호 ○○상가(빌딩) ○○동 ○○층 ○○○○호